제2판

알기 쉬운

부동산학 원론

알기 쉬운

부동산학 원론

펴낸날 / 1판 1쇄 2022년 2월 28일
2판 1쇄 2025년 8월 25일

저　자 / 유주연 · 윤동건 · 최우석 · 손재영
펴낸이 / 원종필
펴낸곳 / 건국대학교출판부
등록 / 제 4-3 호 (1971. 6. 21)
주소 / 05029, 서울특별시 광진구 능동로 120 건국대학교
전화 / (02) 450-3891~3
팩스 / (02) 457-7202
홈페이지 / http://press.konkuk.ac.kr
e-mail / press@konkuk.ac.kr

책임편집 / 박명희
찍은곳 / 네오프린텍㈜

정가 / 25,000원

ISBN 978-89-7107-797-9 93320

제2판

알기 쉬운
부동산학 원론

유주연 · 윤동건 · 최우석 · 손재영 공저

건국대학교출판부

제2판 서문

부동산은 여전히 인간 생활과 사회 시스템의 핵심적 기반을 이루는 독특한 재화입니다. 부동성, 부증성, 영속성 등 물리적 · 경제적 특성을 지니며, 주식이나 채권과 같은 일반적인 자본 자산과는 다른 성격을 갖습니다. 나아가 생존의 기반인 주거 공간으로서의 기능뿐만 아니라, 사회적 형평성과 공공성을 함께 요구받는 존재로 자리매김하고 있습니다. 이러한 복합성과 다면성은 부동산학이라는 독립된 학문 분야가 존재해야 할 당위성을 설명해 줍니다.

『알기 쉬운 부동산학 원론』 초판은 부동산학을 처음 접하는 입문자들에게 이론과 실무를 아우르는 폭 넓고 균형 잡힌 이해를 제공하고자 하는 목적 아래 집필되었습니다. 출간 이후 여러 대학과 교육기관에서 교재로 사용되었고, 독자 여러분의 관심과 애정 어린 조언을 통해 많은 격려와 함께 부족한 점도 확인할 수 있었습니다.

이번 제2판에서는 초판의 기조는 유지하되, 최근 변화된 부동산 환경과 제도, 정책 동향 등을 충실히 반영하고자 하였습니다. 특히 디지털 기술의 진보, ESG 기반 부동산의 부상, 부동산 조각 투자와 같은 신종 금융 기법의 등장, 코로나19(COVID-19) 팬데믹 이후의 공간 활용 방식 변화 등은 부동산학 교육에서 더 이상 간과할 수 없는 핵심 주제로 자리 잡았습니다. 이에 따라 본 개정판에서는 따로 장을 한 장 추가하여 그 내용을 담았습니다.

책의 구성은 다음과 같습니다.

제1장 총론에서는 부동산의 본질과 특성을 경제적, 제도적, 사회적 시각에서 재정리하였습니다.

제2장과 제3장에서는 부동산과 관련한 기본 경제이론 및 금융 기법을 최신 동향과 함께 설명하였습니다.

제4장과 제6장에서는 투자 및 개발 이론을 실무 사례와 연계하여 현실 감각을 높였습니다.

제5장에서는 부동산의 공공성과 정부 정책의 역할을 중점적으로 다루었으며,

제7장 감정평가론에서는 부동산 가치 산정에 있어 합리적 판단의 기반이 되는 평가 이론과 제도를 설명하였습니다.

제8장에서는 최근 부동산 환경의 변화와 새로운 이슈를 다루었습니다.

이번 제2판도 세부 전공을 달리하는 공저자들의 협업으로 집필되었습니다. 무엇보다도 저희의 학문적 뿌리가 되어주신 손재영 교수님과 다시 한 번 뜻을 함께할 수 있어 더없는 영광이었습니다. 아울러 집필 과정에서 격려와 조언을 아끼지 않으신 여러 독자님과 교육 현장의 교수님들께 깊은 감사의 말씀을 드립니다. 출판을 맡아주신 건국대학교출판부에도 진심 어린 감사를 전합니다.

이 책을 통해 부동산학이라는 폭넓고 융합적인 학문 세계에 첫발을 디딘 독자 여러분 모두가 학문적 성장과 실천적 통찰을 얻기를 바랍니다. 독자 여러분의 건전한 비판과 격려는 이 책이 더욱 나아지는 데 큰 힘이 될 것입니다. 앞으로도 끊임없이 변화하는 부동산 세계를 함께 탐색해 나가기를 기대합니다. 감사합니다.

2025년 여름

건국대학교 해봉관에서

저자 일동

초판 서문

부동산은 독특한 재화입니다. 주변에서 흔히 볼 수 있는 일반 재화나 주식, 채권과 같은 자본 자산(Capital Assets)과는 달리 부동성, 부증성, 영구성 등의 속성을 지니고 있습니다. 따라서 부동산을 대상으로 이루어지는 활동, 즉 '부동산 활동'을 영위하기 위해서는 부동산 특유의 여러 원칙을 익히고 적용해야 할 것입니다. 여기에 부동산학의 존재 이유가 있습니다. 여타 다른 인문학이나 사회과학이 홀로 존재할 수 없는 것처럼 부동산학도 법학, 경제학, 경영학 등 관련된 여러 학문과 상호 영향을 주고받으며 성장, 발전해 왔습니다. 앞으로도 부동산이 갖는 높은 사회성 · 공공성을 훼손시키지 않으면서도 인간 사회의 편익을 높이기 위해 필요한 관련 학문과의 융합 노력은 지속되어야 할 것입니다.

부동산은 인간 생활에서 절대적으로 빠질 수 없는 재화입니다. 인간의 생존을 위해 필요한 의 · 식 · 주 중 하나이며, 경제 · 사회 · 문화 등 사회 활동 전반에 있어 필수 불가결의 재화입니다. 또한, 우리 세대에서만 쓰고 버리는 소비재가 아니라 후손에게 물려주어야 할 소중한 자산이라는 측면에서도 높은 공공성이 요구되는 재화입니다. 이 같은 많은 요소가 복합되어 있는 부동산을 한 번에 이해하고 다루기에는 무리가 있고, 검토되어야 할 것들이 많습니다. 부동산학은 이러한 다양한 측면을 종합적인 시각에서 바라보면서 보다 발전된 사회로 나아갈 수 있는 해법을 제시함에 궁극의 목표가 있다고 할 수 있습니다.

이 책의 집필 취지는 부동산학 입문자가 부동산에 대해 조금은 쉽고 폭넓게 이해할 수 있도록 하는 데 있습니다. 대학 교단에서 학생들을 가르치면서 느꼈던 경험을 바탕으로 학생들이 어려워하는 내용을 좀 더 쉽게 풀어쓰고자 많은 노력을 기울였습니다. 책의 제목 『부동산학 원론』 앞에 '알기 쉬운'이란 부제(Subtitle)를 단 연유도 여기에 있습니다. 따라서 이 책을 통해 부동산학에 입문한 후 보다 깊이 있는 수준의 학습을 원하시는 분들은 각 부문별 전문 심화 서적을 학습하실 것을 권장합니다.

이 책의 내용은 다음과 같습니다.

제1장 총론에서는 부동산이 갖는 독특한 특성을 경제적 · 제도적 · 사회적 측면에서 고찰함으로써 다른 재화와 대비되는 점을 명확히 하였습니다.

제2장과 제3장에서는 부동산에 적용되는 경제이론을 개괄적으로 살핀 후, 부동산을 매개로 금융이 이뤄지는 제반사항을 다뤘습니다.

제4장과 제6장에서는 부동산 투자 및 개발 활동에 대해서 이론적인 측면과 더불어 실무에서 이뤄지는 각종 사례들을 접목시켜 서술하였습니다.

제5장에서는 부동산의 공공성과 더불어 부동산 활동에 큰 영향을 미치게 되는 부동산 정책에 대하여 고찰하였습니다.

제7장에서는 부동산 시장의 한계를 극복하고 적정한 부동산 가격을 유도하기 위한 활동으로서 감정평가론에 대해 살펴보았습니다.

이 책은 세부 전공별로 공저자가 공동 집필하였습니다. 특히 공저자들의 은사님이신 손재영 교수님과 함께 할 수 있어서 더없이 뜻깊은 시간이었습니다. 지면으로나마 존경과 감사의 인사를 드립니다. 더불어 이 책의 출간을 위해 물심양면으로 애써 주신 건국대학교 출판부 관계자분께 감사드립니다. 마지막으로 이 책을 통해 부동산학을 섭하세 된 독자분들의 건강과 안녕을 기원합니다. 건전한 비판과 따끔한 지적은 이 책이 더 좋은 책이 되는 데 최고의 밑거름이 될 것입니다. 부족한 부분에 대한 아낌없는 조언을 부탁드립니다. 감사합니다.

2022년 임인년 새해
건국대학교 해봉관에서
저자 일동

차 례

제3장 부동산 금융론

차 례

제4장 부동산 투자론

제5장 부동산 정책론

차 례

제6장 부동산 개발론

제7장 부동산 감정평가론

제1절 감정평가제도

제2절 부동산 가치이론

제3절 부동산 가치형성원리

제4절 부동산 가치제원칙

제5절 지역분석 및 개별분석

차 례

제1장

부동산학 총론

제1절

부동산의 개념

부동산 활동과 부동산 현상은 법률적(제도적) 측면, 경제적 측면, 기술적(물리적) 측면이 복합적으로 작용한다. 이를 부동산 또는 부동산학의 3대 측면이라고 한다. 예를 들어 어떤 토지 위에 건물을 신축하고자 할 때는 건축허가가 가능한지(법률적 측면), 예상되는 수익과 건축에 따른 비용이 적정한지(경제적 측면), 토지의 지반상태 등 물리적 조건에 따라 해당 규모와 구조의 건축이 기술적으로 가능한지(기술적 측면) 등을 복합적으로 검토해야 한다.

이러한 부동산학의 3대 측면은 긴밀한 상호의존관계에 있다. 법률적(제도적) 측면(Legal Aspect)에서는 부동산과 관련된 각종 공 · 사법상 제한 등의 법 · 제도적 검토가 필요하다. 경제적 측면(Economic Aspect)에서는 시장에서의 수요와 공급에 따라 결정되는 부동산의 가격과 임대료, 그리고 수익성과 투자가치에 대한 검토가 필요하다. 기술적(물리적) 측면(Engineering Aspect)은 부동산 공간의 이용기법과 관련된 것으로서 건물에 관해서는 건축기술수준과 설계 · 설비 · 건축자재 · 시공상태 등을, 토지에 관해서는 지형 · 지질 · 지반 · 지세 등을 검토할 필요가 있다.

결국 부동산학의 관점에서 바라보는 부동산은 유형적 측면(기술적 측면)과 무형적 측면(법률적 · 경제적 측면)이 복합된 개념이다. 이렇게 부동산을 복합개념으로 본다면 부동산학의 접근 방법 역시 법률적 · 경제적 · 기술적 측면의 종합적 접근 방법이 타당하다. 이에 따라 부동산의 개념은 물리적(기술적) 개념, 경제적 개념, 그리고 법률적(제도적) 개념의 세 가지 측면으로 나누어 생각할 수 있다.

1 물리적(기술적) 개념

물리적(기술적) 개념으로서의 부동산은 자연, 공간, 위치, 환경 등 주로 부동산 활동의 대상이 되는 유형적 측면의 개념을 의미하고, 이는 부동산의 자연적 특성과 밀접한 관련이 있다.

1) 자연으로서의 부동산(토지)

자연으로서의 토지는 토지의 자연적 특성 중 부증성(희소성)과 밀접한 관련이 있고, 지리적 위치의 고정성(부동성)으로 인해 토지의 가치와 유용성은 그 물리적 위치(입지)가 결정한다. 그밖에 개별성, 영속성 등 토지의 자연적 특성들은 자연환경으로서의 토지 개념에서 비롯된다. 토지는 국가의 존립과 인간의 생존에 필수적인 요소이지만 인위적으로 생산할 수 없는 자연에 해당하므로 사회성 · 공공성과 지속 가능한 개발이 강조되며 여러 가지 부동산 문제의 근원이 된다.

2) 공간으로서의 부동산(토지)

공간으로서의 토지는 수평공간인 지표뿐 아니라 지하공간과 공중공간을 포함하는 3차원적 개념이다. 이에 따라 토지소유권은 공간적으로 지표권, 공중권, 지하권으로 구분된다. 「민법」 제212조에서는 토지의 소유권이 정당한 이익이 있는 범위 내에서 토지의 상하에 미친다고 규정한다. 이때 정당한 이익의 범위는 사회통념이나 용도에 따라 구체적인 법원의 판단으로 결정된다.

부동산 활동은 공간 활동이고, 부동산의 가격은 3차원 공간이 갖는 공간 가격의 총합이다. 기술발전으로 건물의 고층화나 지하화가 가능해지고 집합건물이 등장하는 등 도시가 집약적으로 발달함에 따라 토지면적은 그대로이더라도 지중과 공중공간 등의 입체공간이 확대되는 현상이 나타나고 있다. 이러한 입체공간의 확대는 과도한 직주분리 현상을 방지하는 효과가 있다. 구분소유권과 지하철 · 터널 · 고가도로 등에 대한 구분지상권의 개념은 입체공간의 확대와 밀접한 관련이 있다.

이에 따라 공중권, 지하권, 환경권, 일조권 등의 범위와 한계 문제가 중요해지고 있다. 지하권이란 지하공간으로부터 이익을 취득하거나 이를 이용할 수 있는 권리로서 지하자원을 채굴하거나 지하시설물을 설치 · 유지 및 관리를 할 수 있는 권리이다(사적 지하권). 이러한 사적 지하권이 침해되면 보상의 문제가 발생한다. 지하수는 토지의 구성 부분이므로 지하수를 이용하는 권리도 토지의 소유권에 포함되어 사적 지하권의 범위에 들어간다. 따라서 이를 침해하면 보상이 필요하다.

반면 광업법상 광업권의 객체인 미채굴 광물에 대해서는 토지소유권이 미치지 못하고(공적 지하권의 영역), 광물이 침해되더라도 해당 토지소유자에 대한 보상은 불필요하다. 한편 지하철 공사 등과 관련하여 한계심도의 개념이 인정된다. 한계심도 이내의 지하공간은 사적 지하권의 범위에 들어가므로 침해 시 보상이 필요하지만, 한계심도보다 아래의 지하공간은 공적 지하권의 영역으로서 침해 시 보상이 불필요하다.

공중권이란 공중공간을 일정한 높이까지 다른 사람의 방해를 받지 않고 포괄적 · 독점적으로 이용 및 관리를 할 수 있는 권리를 말한다(사적 공중권). 사적 지하권과 마찬가지로 사적 공중권이 침해되면 보상의 문제가 발생한다. 공중권은 항공기 통행이나 전파의 송 · 수신 등 공익목적으로 공중공간을 사용할 수 있는 공적 공중권[1]과 토지소유자의 사익을 위한 사적 공중권으로 구별된다. 아무리 사적 공중권의 영역이라 하더라도 그 이용으로 인해 인접한 타인의 일조권, 조망권 등을 침해할 수는 없다. 용적률이나 TDR 등의 개념도 사적 공중권과 관련이 있다.

토지소유권이 미치지 않는 공적 공중권과 관련해서는 보상의 문제가 생기지 않지만 사적 공중권과 관련해서는 보상의 문제가 생긴다. 예를 들어, 선하지 보상 문제는 사적 공중권의 영역에서 발생한다. 구분지상권과 구분소유권은 토지소유자의 권리가 미치는 사적 공중권과 사적 지하권의 공간범위에서 인정되는 권리로서 공적 공중권과 공적 지하권의 공간범위에서는 인정되지 않는다. 토지는 영속성이 있으므로 환경친화적이고 지속 가능한 공간 개발이 이루어져야 할 것이다.

3) 위치로서의 부동산(토지)

부동산 특히 토지는 부동성(지리적 위치의 고정성)으로 인해 그 절대적 위치가 고정되므로 부동산 활동과 부동산 현상이 지역화 · 국지화되는 경향이 있다. 반면 그 용도와

1) 항공기의 운항을 위한 항공권, 전파의 교신을 위한 전파권 등

유용성(효용) 측면에서 파악되는 부동산(토지)의 상대적 위치는 주변 토지와의 관계나 주변 토지의 이용 상황에 따라 상대적 · 가변적으로 결정된다.

주변 토지이용과 적합할 경우에는 해당 토지의 가치가 상승하지만 적합하지 않을 경우에는 토지 가치가 하락한다. 적합성의 원칙, 경제적 감가 등의 개념은 이와 관련된다. 토지는 그 위치에 따라 가치와 이용상태가 달라지는데, 토지의 위치(입지)를 평가할 때에는 용도에 따른 유용성을 고려해야 한다. 따라서 주거지는 쾌적성, 상업지는 매출액과 수익성, 공업지는 생산성과 생산 · 수송비용의 절감 가능성 등을 기준으로 그 위치의 양부를 평가한다.

어떤 대상에 도달하는 데 소요되는 시간적 · 경제적 · 거리적 · 심리적 부담이 적은 정도를 접근성이라 한다. 이는 지리적 거리 개념만을 뜻하지는 않고 가까워서 편리함의 상대적 정도를 뜻한다. 접근성은 흔히 교통시간과 교통비용으로 측정된다. 접근성이 좋을수록 일반적으로 토지의 위치가치는 높아지지만 대상물이 위험과 혐오의 대상이라면 접근성이 오히려 감가요인이 된다. 대상물이 인간 생활에 필요한 경우라 하더라도 지나치게 근접하면 불편할 수도 있다. 예를 들어 도로나 시장이 주택에 너무 근접한 경우에는 오히려 주택에 대한 감가요인으로 작용할 수 있다.

다만 부동산(토지)의 용도에 따라 접근성의 중요도는 달라진다. 흡인력이 강하거나 독점력이 있는 시설, 요양원과 같이 사람이 찾는 빈도가 낮은 시설 등은 접근성이 그리 중요하지 않은 반면, 대체경쟁 관계가 심한 소매상점의 경우에는 접근성이 매우 중요하다.

4) 환경으로서의 부동산(토지)

개별 부동산(토지)은 그 주변 환경과 끊임없이 영향을 주고받으며 환경의 한 구성부분으로서 환경의 지배를 받는다. 즉 환경과 부동산은 전체와 부분의 관계이다. 또한 부동산 활동에 따라 외부 환경이 개선될 수도 있고 악화될 수도 있다. 이를 외부성과 외부효과라 한다.

환경으로서의 부동산이 강조된다면 개발보다는 보전이 더욱 중요시된다. 부동산을 둘러싼 환경에는 자연적 환경뿐 아니라 사회적 · 경제적 · 법제도적 환경 등이 포함된다.

참 고

한계심도

「서울특별시 도시철도의 건설을 위한 지하부분토지의 사용에 따른 보상기준에 관한 조례」 제2조 제4호에 따르면, 한계심도란 토지소유자의 통상적 이용행위가 예상되지 않으며 지하시설물 설치로 인해 토지소유자의 일반적인 토지이용에 지장을 초래하지 않는 깊이를 의미한다.

지하철 공사 등으로 인해 토지소유자의 토지이용이 저해되는 한계심도는 동 조례에 따라 토지의 용도나 이용상태별로 다르되, 최대 40m로 규정되어 있다. 이 범위 내에서 토지소유자의 토지이용을 저해하는 경우에는 깊이에 따른 이용저해율에 따라 보상한다.

동 조례 제8조에 따르면 한계심도는 고층 시가지의 경우 40m, 중층 시가지의 경우 35m, 저층 시가지 및 주택지의 경우 30m, 농지와 임지의 경우 20m로 한다.

참 고

TDR(Transferable Development Right)

TDR은 개발권양도제라 하여 개발권과 소유권을 분리시킨 개념으로서 개발이 제한되는 지역의 개발권을 고밀개발이 가능한 지역으로 양도할 수 있도록 하는 제도이다.

개발이 제한되는 지역의 토지소유자들에게 발생하는 재산상의 손실을 시장을 통해 해결하고자 고안된 제도이다. 이는 주로 건축물 상부에 이용되지 않는 공중공간에 대한 용적률의 개발권을 개발 가능한 인근지역의 토지로 양도하는 방식으로 행해진다.

참 고

복합부동산

복합부동산이란 부동산 활동상의 개념으로서 토지와 건물이 일체로 결합된 상태의 부동산을 의미한다.

토지와 그 지상의 건물은 법률적으로는 각각 독립된 부동산으로서 별개로 등기가 이루어지고 법적으로 독립된 거래의 객체가 된다. 그러나 부동산 활동에 있어서는 마치 일체로 결합된 상태로 다루어진다는 점에서 복합부동산 개념이 생겨났다.

이에 따라 부동산 감정평가에 있어서도 토지는 주로 공시지가기준법, 건물은 주로 원가법 등을 통해 독립적·개별적으로 평가하는 것이 원칙이지만 복합부동산은 거래사례비교법 등을 통해 일괄평가할 수 있다.

한편 복합건물이란 주상복합건물처럼 1개의 건물에 다양한 용도가 결합된 건물을 의미한다. 복합건물 감정평가 시 그 용도별로 구분평가함이 원칙이다.

2 경제적 개념

경제적 개념으로서의 부동산은 가치와 가격, 수요와 공급 등에 중점을 두어 파악하는 개념이다. 자산(재산), 자본(자본재), 생산재(생산요소), 소비재, 상품 등 무형적 측면에서 부동산을 바라보는 개념이다. 즉 경제적 측면에서의 부동산은 희소성을 가지며 일반 재화처럼 생산, 유통, 소비되는 것이다.

부동산은 다른 재화에 비해 경제적 가치와 비중이 큰 재화이므로 자산으로서의 성격이 강하다. 그리고 생산 주체인 기업의 입장에서는 토지 자체가 노동 · 자본과 함께 생산의 3요소 중 하나이면서 동시에 자본(자연자본)으로서의 성격을 갖는다. 또한 부동산은 생산재이면서 동시에 최종소비재이기도 하고 시장에서 거래되는 상품이 되기도 한다.

3 법률적(제도적) 개념

법률적 개념으로서의 부동산은 부동산에 대한 권리의 측면에서 파악하는 개념이다. 협의의 부동산과 준부동산, 그리고 양자를 포괄하는 광의의 부동산[2)]의 개념이 이에 속한다. 경제적 개념으로서의 부동산과 마찬가지로 무형적 측면의 개념이다.

1) 협의의 부동산(민법상의 부동산)

협의의 부동산이란 민법 제99조 제1항에 규정된 '토지 및 그 정착물'을 의미한다. 민법 제212조에 따르면 토지의 소유권은 정당한 이익이 있는 범위 내에서 토지의 상하에 미친다. 즉 토지소유권이 지하 또는 공중으로 무한하게 미치는 것이 아니라 사회통념이나 용도에 따라 그 범위가 제한된다.

---

2) 광의의 부동산은 협의의 부동산과 준부동산을 합한 개념이다.

따라서 지하에 매장된 광물은 토지소유권이 이에 미치지 않고 광업법상 광업권의 목적이 될 뿐이지만, 지하수나 암반 등은 토지의 구성 부분에 해당하여 토지소유권이 미치는 것으로 보아 토지의 소유자가 지하수를 이용할 수 있다. 토지는 무한히 연속되므로 지표에 인위적으로 선을 그어 구획하고 그 필지마다 지번을 붙여 지적공부에 등록한다.

토지 위의 정착물은 사회 · 경제적인 측면에서 토지에 부착되어 계속적으로 이용된다고 인정되며 이동이 곤란한 물건이다. 이러한 정착물은 다시 토지와는 독립되어 토지소유권이 미치지 않는 독립정착물[3]과 토지의 일부로 취급되어 토지소유권이 미치는 종속정착물(부속물)[4]로 나눌 수 있다. 건물 등 토지와 독립된 정착물은 토지와 별개로 거래 및 등기할 수 있다.

2) 준부동산(의제부동산, 간주부동산)

준부동산이란 그 성질상 부동산은 아니지만 물건의 성격이나 관리상 부동산으로 의제되는 것들을 의미한다. 준부동산에는 민법이 아닌 각각의 개별법에 따라 등기 또는 등록 등의 공시수단을 갖추면 부동산으로 의제되는 것,[5] 개별법에 따른 부동산과 동산의 집합물,[6] 무형의 권리인 각종 준물권[7] 등이 포함된다. 이러한 준부동산 역시 일반적인 부동산과 마찬가지로 소유권이나 저당권의 객체가 되고 감정평가와 중개의 대상이 될 수 있다.

---

3) 건물, 명인방법을 갖춘 수목의 집단 · 미분리 과실, 농작물 등이 이에 해당한다.
4) 축대, 도로, 교량, 제방, 도랑, 돌담, 우물, 굴뚝, 명인방법을 갖추지 않은 수목 등이 이에 해당한다.
5) 자동차, 항공기, 건설기계, 20톤 이상의 선박, 입목 등이 이에 해당한다.
6) 공장재단, 광업재단 등이 이에 해당한다.
7) 어업권, 광업권 등이 이에 해당한다.

제2절

부동산의 분류

1 토지의 분류

1) 공법상의 토지 분류

(1) 「공간정보의 구축 및 관리 등에 관한 법률」상의 지목에 따른 분류

동 법에 따르면 토지에 인위적인 선을 그어 필지로 구분하고 각각의 필지마다 용도에 따른 이름을 정하는데, 이를 '지목'이라 한다. 이에 따라 모든 토지는 28개의 지목으로 구분된다.[8] 법상 규정된 28개 지목은 전(田), 답(沓), 과수원, 목장용지, 임야, 광천지, 염전, 대(垈), 공장용지, 학교용지, 주차장, 주유소용지, 창고용지, 도로, 철도용지, 제방, 하천, 구거(溝渠), 유지(溜池), 양어장, 수도용지, 공원, 체육용지, 유원지, 종교용지, 사적지, 묘지, 잡종지 등이다.

이 중 주거용이나 상업용 건물의 부지를 나타내는 대(垈)는 지목의 한 종류로서 토지의 이용상 분류 중 하나인 대지(垈地)와는 구별된다.

(2) 「국토의 계획 및 이용에 관한 법률」상의 분류

동 법에 따르면 원칙적으로 우리나라의 모든 토지에는 용도지역이 지정되고, 그 용도지역의 종류에 따라 토지의 이용 및 건축물의 용도 · 건폐율 · 용적률 · 높이 제한 등이 달리 적용된다.

8) 「공간정보의 구축 및 관리 등에 관한 법률 시행령」 제58조

〈표 1-1〉 용도지역 · 지구제(Zoning)에 따른 용도지역, 용도지구, 용도구역의 비교

용도지역	용도지구	용도구역
• 용도지역은 토지의 이용 및 건축물의 용도, 건폐율, 용적률, 높이 등을 제한함으로써 토지를 경제적 · 효율적으로 이용하고 공공복리의 증진을 도모하기 위해 서로 중복되지 않게 도시 · 군 관리계획으로 결정하는 지역이다. • 전국의 모든 토지를 대상으로 지정한다.	• 용도지구는 용도지역의 제한을 강화 또는 완화하여 적용함으로써 용도지역의 기능을 증진시키고 미관 · 경관 · 안전 등을 도모하기 위해 도시 · 군 관리계획으로 결정하는 지역이다. • 용도지역 내의 일부 토지를 대상으로 지정한다.	• 용도구역은 용도지역, 용도지구의 제한과는 별도로 시가지의 무질서한 확산 방지, 계획적이고 단계적인 토지이용 도모, 토지이용의 종합적 조정 · 관리 등을 위해 도시 · 군 관리계획으로 결정하는 지역이다. • 용도지역, 용도지구와는 별도로 필요 시 지정 가능하다.

용도지역은 도시지역, 관리지역, 농림지역, 자연환경보전지역으로 구분되고, 그 중 도시지역은 다시 주거지역, 상업지역, 공업지역, 녹지지역으로 세분된다. 관리지역은 다시 보전관리지역, 생산관리지역, 계획관리지역으로 세분되며, 용도가 지정되지 않은 지역에 대하여는 자연환경보전지역에 대한 행위 제한 등을 적용한다.

2) 부동산 활동 내지 토지의 이용에 따른 분류

(1) 부지, 택지, 대, 대지

대(垈)란 지목의 한 종류로서 주로 주거용과 상업용 건물의 건축이 가능한 토지를 뜻한다.[9] 「건축법」상의 대지(垈地)란 이에 더해 공업용 · 학교용 · 종교용 건물 등 모든 건물의 건축이 가능한 토지를 의미한다. 감정평가상 용어인 택지(宅地)란 현재 건축물이 있거나 건축할 수 있는 토지를 뜻하므로 「건축법」상의 대지(垈地)와 사실상 같은 개념이라고 할 수 있다. 그리고 부지(敷地)란 건축이 가능한 택지뿐 아니라 건축이 불가능한 토지까지 포괄하는 개념이다.[10]

즉 개념상 '대(垈)〈대지(垈地)≒택지(宅地)〈부지(敷地)'라 할 수 있다. 따라서 모든 대지(垈地)나 택지(宅地)는 부지(敷地)에 속하지만 모든 부지(敷地)가 대지(垈地)나 택지(宅地)에 해당하지는 않는다. 대지(垈地)와 택지(宅地)는 다시 건축물이 이미 들어서

9) 공장용지 · 학교용지 · 체육용지 등은 별도의 지목으로 분류된다.
10) 하천부지, 철도부지, 도로부지 등과 같이 일정 용도로 제공되는 바닥토지는 건축이 불가능한 토지로서 택지(宅地)나 대지(垈地)에는 포함되지 않지만 부지(敷地)에는 해당한다.

이용 중인 건부지와 아직 건축물이 들어서지 않았지만 건축하여 이용 가능한 나지로 나눌 수 있다.

(2) 나지, 건부지, 갱지, 저지

나지(裸地)란 토지상에 건물 기타의 정착물이 없고 지상권 등 토지의 사용 · 수익을 제한하는 사법상 권리가 설정되어 있지 않은 토지를 뜻한다. 반면 건부지(建附地)란 건물 기타의 정착물이 부착된 토지 즉 건축물이 이미 들어서 있어 토지의 사용 · 수익에 제한을 받는 택지를 의미한다.

나지(裸地)는 건폐율 · 용적률 · 층수제한 등의 공법상 제한은 받을지언정 건축물이 들어서 있지 않고 소유자의 사용 · 수익을 제한하는 사법상의 권리도 설정되어 있지 않으므로 건부지에 비해 시장성과 가치가 높은 토지이다. 이때 나지의 지목이 반드시 대(垈)일 필요는 없다. 건부지는 최유효 이용에 제약을 받으므로 감정평가 시 건부지의 가격은 나지 가격을 상한으로 하여 산정되는 것이 일반적이다. 즉 건부지는 원칙적으로 나지에 비해 감가(건부감가)된다. 나지(裸地)는 최유효 이용이 가능한 토지이므로 건부지라 하더라도 최유효 이용을 전제로 토지를 감정평가할 때는 나지를 상정하여 평가한다.

만약 대상 건부지를 현재 최유효 이용하고 있다면 '나지 가격=건부지 가격'이 되겠지만, 현재 최유효 이용하고 있지 못할 때는 건부감가가 발생하여 '나지 가격〉건부지 가격'이 된다. 건물이 들어서 있는 땅(건부지)은 일반적으로 건부감가가 발생한다(원칙). 건부감가란 토지 위에 최유효 이용이 아닌 건물이 존재함으로써 건부지의 가치를 나지상태의 가치보다 낮게 평가하는 것을 뜻한다. 최유효 이용이 아닌 정도에 따라 감가의 크기가 결정된다.

반면 개발제한구역에 이미 건축물이 들어서 있는 경우, 건폐율 · 용적률이 강화되기 이전에 건축된 건물이 있는 경우, 택지개발예정지구나 수몰예정지구 등에서 토지수용과 보상이 이루어지는 경우 등에 있어서는 토지 위에 건축물이 있다는 사실만으로 건부지의 가치가 나지상태의 가치보다 오히려 증가하는 건부증가가 발생한다.

건부증가가 발생하는 경우에는 '나지 가격〈건부지 가격'이 될 수 있다. 건부증가는 정부개입이나 규제 강화 등을 통해 예외적으로 발생하는 것이고 지상 건물이 최유효 이용이 아니더라도 발생할 수 있다. 그밖에 일본의 토지 분류에 따르면, 그 위에 건축물이 없는 토지로서 공법상 제한은 받지만 사법상 제한은 받지 않는 토지를 갱지(更地), 건축물이 없는 토지로서 공법상 제한과 함께 지상권 등의 사법상 제한도 받는 토지를 저지(底地)라고 한다. 결국 갱지(更地)는 나지(裸地)와 거의 같은 개념이다.

(3) 공지, 공한지, 유휴지, 휴한지

공지(空地)란 건폐율 등의 공법상 제한으로 인해 필지 내에서 건축을 하지 않고 남겨둔 토지를 뜻한다. 반면 공한지(空閑地)란 도시 토지로서 지가 상승만을 기대하여 투기목적으로 건축물을 건축하지 않은 채 장기간 방치하는 토지를 의미한다. 따라서 도시이용계획에 따라 비워진 토지는 공한지에 해당하지 않는다.

유휴지(遊休地)란 바람직스럽지 못하게 놀리고 있는 토지를 뜻하고, 휴한지(休閑地)란 농지 등의 지력회복을 위해 정상적으로 쉬게 하는 토지를 의미한다. 공한지(空閑地)와 유휴지(遊休地)는 투기목적이 강하다는 공통점이 있다.

(4) 필지, 획지

필지(筆地)란 하나의 지번이 붙는 토지의 등록단위를 뜻한다. 토지소유자의 권리를 구분하기 위해 「부동산등기법」, 「공간정보의 구축 및 관리 등에 관한 법률」 등에서 규정하는 법률적 개념이다. 필지는 한 개의 토지에 대해 소유권 등 물권의 효력이 미치는 범위 및 한계를 표시하고 매매 등 거래의 단위, 등기 · 등록의 단위, 하나의 지번으로서 권리관계(법률관계)의 단위가 된다.

획지(劃地)란 인위적 · 자연적 · 행정적 조건에 따라 다른 토지와 구별되고 가격수준 또는 용도가 유사한 일단의 토지를 뜻한다. 획지는 토지의 이용, 개발, 관리, 입지선정, 감정평가, 거래 등의 부동산 활동과 부동산 현상의 단위로 쓰이는 것으로서 가격수준을 구분하기 위한 부동산학적 · 경제적 개념이다. 예를 들어 1개 필지의 토지가 2 이상의 가격수준을 나타낸다면 2개 이상의 획지로 구분될 수 있고, 반면 2개 이상 필지의 가격수준이 같다면 2개 이상의 필지가 1획지가 될 수도 있다.

감정평가 시 1개의 필지가 1획지라면(필지=획지) 각각의 획지를 개별평가하고, 1개의 필지가 여러 개의 획지로 구성된다면(필지〉획지) 구분평가를, 여러 개의 필지가 1개의 획지를 이룬다면(필지〈획지) 일괄평가를 한다. 즉 감정평가는 원칙적으로 획지를 단위로 한다.

(5) 대지, 맹지

대지(袋地)란 사도로 개설된 좁은 통로(출입로)를 통해 한 면이 도로와 접하는 자루 모양의 토지를 뜻한다(자루형 토지). 대지에서의 건축은 가능하지만 감정평가 시 대지감가를 요한다. 도로와의 접속면이 넓을수록 대지감가는 작아진다.

맹지(盲地)란 타인의 토지에 완전히 둘러싸여 도로와 접하지 못하는 토지를 뜻한다. 맹지에서는 민법상 상린관계에 따라 주위토지통행권이 인정되지만 예외적으로 지역권이 설정된 경우를 제외하고는 「건축법」에 따라 건축이 불가능하다. 감정평가 시 맹지감가를 요하지만 지역권 설정 여부나 토지의 용도에 따라 맹지감가의 정도는 달라진다. 맹지는 감정평가상 가격의 종류 중 한정가격과 관련된다.

(6) 법지, 빈지

법지(法地)란 등기부가 존재하고 법적 소유권은 인정되지만 활용 실익이나 이용가치는 없는 토지를 뜻한다. 주로 택지의 유효지표면 경계와 인접지 또는 도로면과의 경사진 토지 부분을 말하며, 이는 토지의 붕괴를 막기 위해 경사를 이루어 놓은 것이다. 법지는 소유권도 인정되고 측량면적에는 포함되지만 실제로 사용할 수 없는 토지 부분이다. 법지는 위, 아래 중 위 토지의 소유이고 위 토지의 측량면적에 포함된다.

빈지(濱地)란 등기부가 존재하지 않고 법적 소유권은 인정되지 않지만 활용 실익이나 이용가치가 있는 토지를 뜻한다. 주로 바다 · 강과 육지 사이의 해변 또는 강변 토지[11)]가 이에 해당한다. 「공유수면 관리 및 매립에 관한 법률」에 따라 만조수위선으로부터 지적공부에 토지로 등록된 지점까지의 사이를 말한다. 빈지는 소유권이 인정되지 않지만 이용가치가 있으므로 법지와는 반대의 개념이다.

(7) 기타

소지(素地)란 택지 등으로 개발되기 이전의 자연적 상태 그대로의 토지를 뜻한다. 원지(原地)라고도 한다. 소지는 감정평가 방법 중 원가방식에서 조성지나 매립지의 원가를 산정할 때 쓰이는 개념이다.

선하지(線下地)란 고압선 아래에 있는 토지를 뜻한다. 선하지는 법지와 마찬가지

11) 백사장, 갯벌 등

로 활용도가 떨어지므로 감정평가 시 선하지 감가를 행한다. 이에 따라 선하지 보상의 문제가 발생한다.

포락지(捕落地)란 지반이 절토되어 무너져 내린 토지로서 지적공부에 등록된 토지가 하천 또는 물이 범람하여 수면 밑으로 잠긴 토지를 뜻한다.[12] 포락지는 등기부가 존재하지만 사적 소유권이 인정되지 않고(국유) 사용의 실익도 없다.

한계지(限界地)란 택지로 이용할 수 있는 최원방권에 있는 토지로서 다른 지역의 토지와 인접한 해당 지역의 경계선 끝에 있는 토지를 뜻한다. 한계지를 용도별로 구분할 수도 있는데, 상업한계지가 가장 도심에 가깝게 위치하고, 그다음에 주거한계지, 공업한계지 등의 순으로 도심에서 멀어진다. 농지의 한계지는 한계생산성이 0이 되는 열등지로서 지대 또한 0이 되는 토지이다.

성숙지란 시간과 비용의 투자 없이도 즉시 건축 등 소기의 목적대로 사용할 수 있는 토지를 뜻하고, 미성숙지란 건축 등 소기의 목적대로 사용하려면 시간과 비용의 투자가 필요한 토지를 의미한다. 보통 미성숙지가 대규모 투자의 대상이 되며, 투기의 대상이 되기도 한다.

전환 중이거나 이행 중인 토지를 후보지 또는 이행지라 하는데 이는 미성숙지에 해당한다. 일반적으로 전환이나 이행이 완료되면 성숙지(성숙도 100%)가 된다. 예를 들어, 농지나 임지가 택지로 전환될 때 농지 · 임지는 미성숙지, 전환된 택지는 성숙지가 된다.

2 주택의 분류

주택이란 세대의 구성원이 장기간 독립된 주거생활을 영위할 수 있는 구조로 된 건축물의 전부 또는 일부 및 그 부속토지를 말하고, 단독주택과 공동주택으로 구분된다.[13] 단독주택과 공동주택은 다시 주거호수 및 구조의 독립성 여부에 따라 다음과 같이 구분된다.[14]

12) 「공유수면 관리 및 매립에 관한 법률」 제2조
13) 「주택법」 제2조 제1호
14) 「건축법 시행령」 별표 1

1) 단독주택

단독주택은 원칙적으로 1세대가 하나의 건축물 안에서 독립된 주거생활을 할 수 있는 구조로 된 주택으로서 단독주택, 다중주택, 다가구주택, 공관 등을 포괄하는 개념이다. 다중주택이나 다가구주택이라도 아파트, 연립주택, 다세대주택 등의 공동주택과는 달리 분양이 불가하다.

(1) 단독주택

1개의 건물에 1세대가 거주하는 주택으로서 가정보육시설을 포함한다.

(2) 다중주택

학생이나 직장인 등 다수인이 장기간 거주할 수 있는 구조로서 주택으로 쓰는 층수(지하층 제외)가 3개 층 이하이고 1개 동의 주택으로 쓰이는 바닥면적의 합계가 660㎡ 이하이며 독립된 주거형태가 아닐 것을 요한다. 독립된 주거형태가 아니라는 뜻은 각 실별로 욕실은 설치할 수 있으나, 취사시설은 설치하지 아니한 것을 말한다.

(3) 다가구주택

주택으로 쓰는 층수(지하층 제외)가 3개 층 이하이고 대지 내 동별 세대수를 합하여 19세대 이하가 거주할 것을 요한다. 그리고 1개 동의 주택으로 쓰이는 바닥면적(부설 주차장 면적은 제외)의 합계가 660㎡ 이하일 것을 요한다. 다만, 1층의 전부 또는 일부를 필로티 구조로 하여 주차장으로 사용하고 나머지 부분을 주택 외의 용도로 쓰는 경우에는 해당 층을 주택의 층수에서 제외한다.

(4) 공관

정부기관의 고위관리가 공적으로 사용하는 주택을 말한다.

2) 공동주택

공동주택이란 대지 및 건물의 벽 · 계단 · 복도 · 기타 설비의 전부 또는 일부를 공동으로 사용하고 각 세대가 하나의 건축물 안에서 각각 독립된 주거생활을 영위할 수 있는 구조로 된 주택을 의미한다.[15] 이는 아파트, 연립주택, 다세대주택, 기숙사 등을 포괄하는 개념이다.

층수를 산정할 때 아파트 또는 연립주택의 경우에는 1층 전부를 필로티 구조로 하여 주차장으로 사용할 경우 해당 층을 주택의 층수에서 제외하며, 다세대주택의 경우에는 1층의 전부 또는 일부를 필로티 구조로 하여 주차장으로 사용하고 나머지 부분을 주택 외의 용도로 쓰는 경우 해당 층을 층수에서 제외한다. 또한 공통적으로 지하층은 주택의 층수에서 제외한다.

(1) 아파트

주택으로 쓰는 층수가 5개 층 이상인 공동주택을 말한다.

(2) 연립주택

주택으로 쓰이는 1개 동의 바닥면적의 합계가 660㎡를 초과하고 4개 층 이하인 공동주택을 말한다.

(3) 다세대주택

주택으로 쓰이는 1개 동의 바닥면적의 합계가 660㎡ 이하이고 4개 층 이하인 공동주택을 말한다.

(4) 기숙사

학교 또는 공장 등의 학생이나 종업원 등을 위하여 쓰는 것으로서 1개 동의 공동취사시설 이용 세대 수가 전체의 50% 이상인 공동주택을 말한다.

---

15) 「주택법」 제2조 제3호

3 건물의 분류

건물은 수익성 여부에 따라 통상 수익성 건물과 비수익성 건물로 구분한다. 수익성 건물은 다시 임대용 건물과 기업용 건물(상업용 · 공업용 · 광업용 등)로 나뉘고, 비수익성 건물은 다시 주거용 건물과 공공서비스용 건물(정부청사, 학교, 교회 등)로 나뉜다.

수익성 부동산은 소유자 자신의 이용보다는 수익을 얻는 것이 주목적이므로 감정평가 시 주로 수익방식으로 평가하고 원가방식이나 비교방식으로 보완한다. 반면, 비수익성 부동산 중 정부청사, 학교, 교회 등의 공공서비스용 부동산은 수익을 목적으로 하는 것도 아니고 시장에서 거래도 거의 이루어지지 않으므로 주로 원가방식으로 평가하고 비교방식으로 보완하며 특정가격으로 평가한다. 비수익성 부동산 중 주거용 부동산은 시장에서 거래가 가장 활발하게 이루어지는 부동산이므로 주로 비교방식으로 평가한다.

「건축법」에서는 건축물의 용도, 규모, 구조 등 다양한 기준에 따라 건축물을 분류하고 있다. 「건축법」과 「건축법 시행령」은 건축물을 단독주택, 공동주택, 업무시설, 근린생활시설, 의료시설, 교육연구시설, 판매시설, 운동시설, 숙박시설, 문화 및 집회시설, 창고시설, 공장 등 다양한 용도별로 분류한다. 또한 연면적, 높이 등을 기준으로 규모별 분류를 하며 내력벽, 기둥, 보 등의 구성방식에 따라 구조별 분류를 한다. 이러한 용도, 규모, 구조별 분류에 따라 건축허가 · 사용승인을 위한 건축기준과 안전관리기준 등이 결정되며 도시계획 및 토지이용관리, 환경보호 등 다양한 측면에서 중요한 역할을 한다.

건물과 관련하여 건축면적, 바닥면적, 연면적, 건폐율, 용적률 등의 「건축법」상 주요 용어들을 알아두어야 한다. 건축면적이란 건축물의 외벽 또는 기둥의 중심선으로 둘러싸인 부분의 수평투영면적을 뜻한다.[16] 일반적으로 1층의 바닥면적이 건

16) 「건축법 시행령」 제119조 제1항 제2호. 건축면적은 대지에서 건축물이 차지하고 있는 면적을 말하며, 건폐율 산정의 기준이 된다. 건축면적은 대지를 덮고 있는 건축물의 그림자에 대한 면적으로, 한마디로 위에서 내려다본 건물의 가장 넓은 면적이라 할 수 있다. 보통 1층이 가장 넓게 지어지므로 1층의 바닥면적이 건축면적이 되지만, 1층보다 2층이 더 큰 건물의 경우에는 2층의 바닥면적이 건축면적이 될 수도 있다.

축면적이 된다.

바닥면적이란 건축물의 각 층 또는 그 일부로서 벽, 기둥 그밖에 이와 유사한 구획의 중심선으로 둘러싸인 부분의 수평투영면적을 뜻한다.[17] 연면적이란 하나의 건축물 각 층의 바닥면적의 합계를 뜻한다.[18] 건폐율은 대지면적에 대한 건축면적의 비율이다.[19] 용적률은 대지면적에 대한 연면적의 비율이다.[20]

17) 「건축법 시행령」 제119조 제1항 제3호. 건축면적이 지상층 부분의 건축물 전체에 대한 수평투영면적인 반면, 바닥면적은 건축물의 각 층(지상층 및 지하층)에 대한 수평투영면적이라는 점에서 차이가 있다.

18) 「건축법 시행령」 제119조 제1항 제4호. 연면적은 지하층, 지상층, 주차시설 등의 면적을 모두 포함한 건축물의 각층 바닥면적의 합계를 말하며, 용적률 산정의 기준이 된다.

19) 「건축법」 제55조. 건폐율은 건부지에 최소한의 공지를 확보하여 생활편의, 보안, 안전 등을 확보하기 위한 규제에 사용된다. 통상 용적률은 건축물의 높이에 대한 규제, 건폐율은 건축물의 넓이에 대한 규제로 이해된다.

20) 「건축법」 제56조. 용적률을 산정할 때 연면적에서 지하층의 면적, 지상층의 주차용(해당 건축물의 부속용도인 경우만 해당)으로 쓰는 면적, 주민공동시설의 면적, 초고층 건축물의 피난안전구역의 면적은 제외한다. 용적률은 건폐율과 함께 해당 지역의 개발밀도를 규제하는 기준으로 사용된다.

제3절

부동산(토지)의 특성

부동산 특히 토지는 일반적인 재화에 비해 고유한 특성이 있고 그에 따라 토지시장은 일반적인 시장과는 다른 특수성을 나타낸다. 이러한 토지의 특성은 다시 자연적 특성과 인문적 특성으로 구분할 수 있다.

토지의 자연적 특성은 인간의 행위와는 관계없이 토지 자체가 선천적 · 본원적으로 갖는 절대적 · 물리적인 특성이다. 이는 시대와 장소에 관계없이 고정적이고 불변 · 경직적인 특성이다. 반면 토지의 인문적 특성은 인간이 부동산 활동을 통해 인위적으로 토지에 부여한 특성(토지+인간)이다. 이는 후천적 · 인위적 특성이며 인간과 부동산의 관계로부터 파생되기 때문에 시대와 장소에 따라 가변적 · 신축적인 특성이다.

이 중 토지의 자연적 특성이 부동산 활동이나 부동산 현상에 큰 영향을 미치고 특히 토지시장의 특수성은 이러한 토지의 자연적 특성에서 기인한다. 토지의 인문적 특성은 고정적이고 경직적인 토지의 자연적 특성을 신축적으로 완화시켜 주는 역할을 한다. 자연적 특성으로 인해 물리적으로 불가능한 제약들이 인문적 특성으로 인해 경제적 · 용도적으로는 가능해지기도 한다.

1 토지의 자연적 특성

1) 부동성(지리적 위치의 고정성, 비이동성)

토지의 지리적 위치는 인간의 힘으로는 이동할 수 없는 고정된 것이므로 토지를 둘러싼 주변 환경들이 끊임없이 토지의 가치 · 이용방식 · 입지선정 등에 영향을 미친다(외부효과). 부동성은 부동산 가치(가격)의 제 원칙 중 적합의 원칙과 외부성의 원칙의 근거가 되며 경제적 감가의 원인이 되기도 한다. 이는 부동산과 동산의 구별 근거이면서 법석으로 양자의 공시 방법을 달리하는 이유이기도 하다(부동산은 등기, 동산은 점유). 부동산 중 건물 역시 토지에 고착되어 부동성의 특성이 있지만 건물의 경우에는 이축기술이나 조립식 주택 등의 건축기술의 발전으로 인해 이동 가능성이 생기고 있다.

부동성으로 인해 부동산 활동과 부동산 현상은 지역적 · 국지적으로 특화되고 인접성과 함께 지역분석이 필요한 근거가 된다. 또한 토지를 비롯한 부동산 시장이 지역적으로 세분화되어 여러 개의 서브마켓(하위시장 · 부분시장 · 국지시장)으로 존재함에 따라 거래관행이나 제도, 지대와 임료 등이 지역마다 다르게 결정된다. 또한 같은 지역이라 하더라도 부동산의 위치, 규모, 용도 등에 따라 다시 여러 개의 부분시장으로 세분된다.

따라서 부동산에 투자하기 위해서는 부동산 시장의 전반적인 동향 못지않게 해당 부동산이 속하는 부분시장별로 세부적인 분석이 필요하다. 이렇게 부분시장을 세분화할수록 분석의 정확성이 높아진다. 이에 따라 지역사정에 정통한 중개사에 대한 필요성이 대두된다. 다만 교통과 통신의 발달이 토지의 지역성과 국지성을 완화시킴으로써 지역적 · 국지적 경계가 보다 광역화되는 경향이 있다.

부동성으로 인해 견본거래나 진열거래 등을 할 수 없으므로 부동산 활동은 필연적으로 임장활동일 수밖에 없고, 부동산 시장이 추상적인 시장이 됨에 따라 정보에 의한 거래가 요구된다. 즉 부동산이 거래되는 시장은 구체적인 물건이 거래되는 시장이라기보다는 추상적인 권리가 거래되는 추상적 시장이라 할 수 있다.

토지의 부동성은 토지의 개별성(이질성)을 성립시키고 부동성, 부증성, 개별성 등의 특성으로 인해 부동산 시장은 불완전경쟁시장이 된다. 이로써 시장에서의 균형가격 성립이 어려워지고 자원의 효율적 배분이 이루어지지 않으므로 정부개입 및 감정평가의 필요성이 제기된다. 또한 토지의 부동성, 부증성, 개별성 등의 특성은 토지의 사회성 · 공공성이 강조되도록 한다.

토지는 움직일 수 없으므로 법제도적 규율대상이 되기 용이하며 이를 규율하는 토지관계제도가 복잡하게 나타난다. 이에 따라 부동산 특히 토지 시장 자체에 대해 여러 가지 법적 제한이 과다하게 부과되고 있다. 토지 시장에 대한 법적 제한으로는 토지거래허가제 등의 각종 거래의 제한과 개발행위허가제 등의 각종 이용 · 개발의 제한 등이 있다.

2) 부증성(비생산성, 면적의 유한성)

생산이 가능한 일반 재화와 달리 토지는 생산비를 투입하여도 물리적인 절대량(공급량)을 증가시킬 수 없다는 특성이다. 매립지, 간척지, 조성지(용도전환을 통한 택지조성) 등의 경우에도 물리적인 절대량이 증가하는 것이 아니라 토지자원의 용도전환 내지 유용성이 증대되는 것으로 본다. 즉 토지의 경우 물리적 부증성의 예외는 없다. 부증성으로 인해 토지가 물리적으로 증가할 수 없다는 점은 한정된 토지의 최유효이용이 필요한 근거가 된다.

건물은 토지와 달리 신축 · 재축 · 증축 등을 통한 생산 및 재생산 가능성이 있는 인위적인 축조물이다. 따라서 건물에 부증성이 있는 것은 아니지만 건물도 수요가 있다고 해서 시장에 즉각적으로 공급될 수는 없으므로(공급의 시차) 건물 공급도 가격에 대해 비탄력적이다. 이런 점에서 건물도 어느 정도는 부증성이 있다고 할 수 있다.

부증성에 따라 생산을 통한 토지의 물리적 공급은 불가능하나 용도전환, 유용성 증대 등 용도적 · 개발적 관점에서의 경제적 공급은 가능하다(용도의 다양성). 한정된 물리적 절대량(공급량) 내에서 유용성이 더 큰 용도로 토지이용의 전환과 이행이 발생한다. 생산을 통해 실질적 공급이 늘어나는 일반 재화와 달리 토지시장에서의 공급이란 토지의 보유자가 시장에 팔기 위해 내놓는 것을 뜻하는 보유공급을 의미한다.

부증성에 따라 토지의 물리적 공급곡선은 수직선이 되고 토지의 물리적 공급은 가격에 대해 완전비탄력적이다. 다만 경제적 공급곡선은 우상향하고 가격에 대해 탄력적이다. 부증성으로 인해 토지시장에서의 수급조절이 곤란해지고 시장에서의 균형가격 성립이 어려워짐에 따라(가격의 왜곡 발생) 정부개입과 감정평가의 필요성이 제기된다.

토지는 생산되지 않는 재화이므로 생산비가 가격을 결정한다는 생산비 법칙이 적용되지 않고 원칙적으로 감정평가 시 재생산을 전제로 하는 원가방식을 적용할 수 없다. 다만 토지의 경우에도 매립지, 간척지, 조성지 등은 예외적으로 원가방식을 통해 평가할 수 있다.[21)]

토지의 부증성은 토지의 부족문제를 야기하여 지가 앙등이나 지대 · 불로소득 발생 등 여러 가지 부동산 문제의 근본 원인이 된다. 이에 따라 토지 이용과 개발에 있어서 사회성 · 공공성이 요구되며 때로는 토지공개념 확대를 요구하는 원인이 되기도 한다. 부증성에 따라 토지의 공급은 한정되는 데 비해 도시화 · 산업화, 인구증가와 경제성장 등으로 인해 토지의 수요가 급증하여 토지의 상대적 희소성은 더욱 증대된다. 따라서 토지시장에서는 공급자 경쟁보다 수요자 경쟁(공간수요의 입지경쟁)이 발생하기 쉽고 집약적 토지이용의 필요성이 증대된다.

부증성으로 인해 부동산은 상당한 자본이 필요한 고가품이 되고(지가고의 문제 발생) 투자의 대규모성을 띠게 된다. 이에 따라 부동산 시장은 진출입이 어렵고 자본시장에서의 자금조달 가능성과 깊은 관련을 맺게 된다. 예를 들어 자본시장에서의 이자율 하락은 개발비용을 낮추어 부동산 공급을 증가시킴과 동시에 부동산 투자의 기회비용을 낮추고 수요자의 구매력을 향상시켜 수요를 증가시킨다.

3) 영속성(불변성, 비소모성)

토지는 일반 재화와 달리 시간의 흐름이나 사용에 의해 소모되거나 마멸되지 않는다는 특성이다. 영속성으로 인해 토지는 물리적 감가가 발생하지 않는 비상각자산이 된다. 토지는 부증성으로 인해 재생산이 되지 않고 영속성으로 인해 감가되지 않으므로 원칙적으로 감정평가 시 원가방식을 적용할 수 없다. 예외적으로 조성지 등 토지의 가치를 원가방식으로 평가할 때에도 감가수정은 불필요하다. 다만 토지의 경우에도 기능적 감가와 경제적 감가는 발생할 수 있다.

영속성에 따라 토지 수익의 유용성은 무한하므로 부동산의 가치(Value)는 장래

---

21) 토지의 가치를 원가방식으로 평가하는 방법으로 ① 조성원가법, ② 분양개발법이 있다. 조성원가법은 현재의 그 토지를 형성하기 위해 과거에 투입된 비용을 현재가치화하여 합산하는 방법이고, 분양개발법은 현재 토지에 개발비용을 투입했을 때 조성되는 미래의 토지를 가정한 후 그 미래의 토지가치에서 투입되는 개발비용을 공제하여 현재의 토지가치를 구하는 방법이다.

기대되는 편익을 현재가치로 환원한 값으로 정의된다. 또한 영속성이 있으므로 장기투자를 통해 자본이득과 소득이득을 얻을 수 있다. 내용연수 동안 물리적 감가가 발생하는 건물은 비영속적인 데 비해 토지는 수익 등 유용성이 영속적이므로 토지의 가치를 수익환원법으로 평가할 때에는 직접환원법으로 평가한다. 반면 건물의 가치를 수익환원법으로 평가할 때에는 직선환원법(직선법)으로 평가한다.

재개발 등을 통해 토지의 영속적인 이용이 가능해지고 영속적인 토지의 개별적 요인이 비영속적인 건물의 이용을 지배한다(토지의 지배성과 건물의 종속성). 건물은 비영속적이지만 다른 재화에 비해 내구성이 있고 때로는 건물의 특성이 토지의 특성을 지배하기도 한다. 즉 토지 위에 고착되어 축조되는 건물이 무엇인지에 따라 그 토지의 용도가 결정되므로 건물이 그 정착된 토지를 개별적으로 지배하는 특성을 가진다고 볼 수도 있다.

부증성으로 인해 공급이 증가하지 않을 뿐만 아니라 영속성으로 인해 소모되거나 감가되지도 않으므로 가격이 상승 또는 하락하더라도 토지 공급의 증감은 매우 비탄력적이다. 이는 미분양이 장기간 지속되는 원인이 되기도 한다. 만약 미분양 시 가격이 하락하고 공급이 탄력적으로 감소한다면 미분양이 장기화되지 않을 것이다.

토지는 영속적이므로 안전하고 가치보존력이 뛰어난 투자대상으로 인식된다. 영속적인 소유의 이익과 일시적인 사용의 이익이 분리될 수 있으므로 임대차 시장이 잘 발달된다. 부증성, 영속성 등으로 인해 토지시장은 원칙적으로 재고 시장에 해당하고 주택시장에서 중고 주택시장(재고 시장)이 활성화될 수 있다. 영속적인 토지로 인해 유지 · 관리 등의 부동산 활동에 있어서 장기적 배려가 요구되며 영속성은 부동산 가치(가격)의 제 원칙 중 예측의 원칙의 근거가 된다.

영속성과 함께 세금 등 부동산의 단기거래를 제한하는 제도적 특성으로 인해 부동산 매매와 공급(개발)기간은 장기성을 띤다. 부동산 투자는 기본적으로 투자자금을 회수하기까지 장기간이 소요될 수밖에 없으므로(투자의 고정성) 그 기간 동안의 경제환경 변화에 취약하고 유동성, 환금성 등에서 곤란한 측면이 있다. 또한 부동산 공급(개발)에는 계획의 수립, 부지의 확보, 인허가, 건축 등 완성에 이르기까지 많은 시간이 소요되고 공급의 시차가 발생하므로 단기적으로 시장에 불균형이 발생할 가능성이 크다. 즉 시장에서 공급이 부족하더라도 실제로 공급이 충분히 이루어지기까지는 오랜 시간이 걸린다.

참 고

물리적 감가, 기능적 감가, 경제적 감가

1. 물리적 감가요인

계속적 사용과 시간의 경과 등에 따른 마멸 및 훼손, 우발적인 사건에 따라 발생하는 손상 등이다.

2. 기능적 감가요인

유용성 감소, 기능의 진부화, 내부구성요소의 불균형, 건물과 부지의 부적응(배치의 부조화, 비효율적인 건폐율 등), 구조 · 자재 · 설계 등의 결함, 설비의 부족 또는 과잉, 디자인의 낙후성, 형식의 구식화 등이다. 예를 들어 지하주차장이 없는 것과 같이 아파트 설계가 신무화된 경우가 이에 해당한다. 부동산 가치(가격)의 제 원칙 중 균형의 원칙과 관련된다.

물리적 감가요인과 기능적 감가요인은 내부적 · 기술적 감가요인이다. 물리적 감가와 기능적 감가는 일반적으로 개 · 보수 등을 통해 치유가 가능하나 개 · 보수로 인한 가치상승분이 개 · 보수비용보다 작은 경우에는 치유 불가능한 감가에 해당한다.

3. 경제적 감가요인

인근지역의 쇠퇴, 부동산과 인근환경과의 부적합, 시장성 감퇴, 교통 혼잡, 위험 · 혐오시설과의 인접 등이다. 토지의 자연적 특성 중 인접성에 기인하는 것이다. 외부적 · 위치적 감가요인이라고도 하며 부동산 가치(가격)의 제 원칙 중 적합의 원칙, 외부성의 원칙과 관련된다.

해당 부동산 자체의 하자가 아닌 해당 부동산과 그것이 위치하고 있는 부근의 환경과의 관계에 따른 감가요인이므로 개 · 보수나 부가물 설치 등을 통해 치유되지 않는다. 즉 치유 불가능한 감가에 해당한다.

물리적 감가가 전혀 없는 토지나 신축건물의 경우에도 기능적 감가와 경제적 감가는 가능하다.

참 고

직접환원법과 직선환원법

수익환원법에서 순수익을 환원하여 가치를 평가할 때 그 순수익이 토지와 같은 영속적인 사산으로부터 발생하는지 아니면 건물과 같은 비영속적인 자산으로부터 발생하는지에 따라 ① 직접환원법(직접법)과 ② 직선환원법(직선법)으로 구분된다. 그밖에 토지 + 건물의 복합부동산에 적용되는 ③ 상환기금법과 ④ 연금법도 있다.

이들 네 가지 수익환원법은 모두 순수익이 계속적으로 일정액씩 발생하는 것을 전제하므로 순수익이 체증 내지 체감할 것으로 예상되는 경우에는 조정된 환원이율을 통해 적절히 반영해야 한다. 순수익이 체증할 것으로 예상되는 경우에는 환원이율을 낮게 조정하고, 향후 체감할 것으로 예상되는 경우에는 그 위험을 반영하여 환원이율을 높게 조정한다.

1. 직접환원법(직접법)

대상부동산의 순수익(순영업소득)을 상각률을 고려하지 않은 환원이율로 직접 환원하여 수익가격을 구하는 방법이다. 토지와 같이 감가상각이 되지 않아서 투하자본 회수가 불필요한 비상각자산에 적용된다.

$$수익가격 = \frac{순수익}{환원이율}$$

2. 직선환원법(직선법)

매년 일정액을 감가상각액으로 자본회수한다는 정액법을 전제로 하여 대상부동산의 1년 차 순수익(순영업소득)을 '상각률을 가산한 환원이율'로 환원하여 수익가격을 구하는 방법이다. 건물과 같이 내용연수가 한정되고 감가상각이 이루어짐에 따라 투하자본 회수가 필요한 상각자산에 적용된다.

$$수익가격 = \frac{순수익(상각 전)}{환원이율 + 상각률}, \quad 상각률 = \frac{1}{잔존내용연수}$$

4) 개별성(이질성, 비동질성, 비대체성)

물리적으로 완전히 동일한 토지는 없다는 특성이다. 모든 토지는 부동성으로 인해 물리적 위치나 특성이 각각 다르고 부동산 가치(가격)의 제 원칙 중 대체의 원칙이 적용되기 어려워진다. 즉 개별성은 부동성에서 파생된다. 개별성에 따라 여러 토지에 공통되는 원리나 이론을 도출하기 쉽지 않고, 비교방식(거래사례비교법)의 적용이 어려워지며 비교방식 적용 시에는 개별분석이 반드시 필요하다. 토지와 달리 건물은 동일한 형태나 구조 및 규격의 건물을 생산함으로써 동질성(대체 가능성)을 가질 수 있다.

개별성으로 인해 모든 토지는 물리적인 대체가 불가능하지만 인접성으로 인해 인근지역 등에서 용도적 · 경제적 대체는 가능하다. 용도적 · 경제적 대체가 가능한 토지들 간에는 유사한 가격수준이 형성되고 이렇게 대체 가능한 토지들이 존재하는 범위를 동일수급권이라 한다.

개별성 및 지리적 위치의 고정성으로 인해 표준화와 대량생산이 불가능하므로 부동산 특히 토지 시장에서는 일물일가의 원칙이 배제되고 불완전경쟁시장이 된다. 즉 개개의 부동산이 독점화된다. 이에 따라 시장에서 균형가격의 성립이 어려우므로 부동산 감정평가의 필요성이 제기된다. 그러나 아파트 등의 건물은 인위적인 생산물이므로 어느 정도 표준화 및 규격화가 가능하다. 이에 따라 동일한 아파트 내의 각 호는 층수 등에 따른 약간의 차이가 나타날 수는 있지만 대체적으로 동일한 수준에서 그 가격이 형성되는 경향이 있다.

개별성은 부동산 활동이나 현상을 개별화시키고 감정평가에서 개별분석 및 권리분석의 근거가 된다. 그리고 부동산의 가격, 임료, 감가 등이 그 개별적 특성에 따라 개별화 · 구체화되는 원인이 된다. 개별성으로 인해 부동산 간 비교와 표준지 선정 등이 어려워짐에 따라 감정평가 시 가치판단 기준을 객관화하기 어렵게 된다. 또한 개별성은 각각의 토지마다 최유효 이용의 모습이 달라지게 한다.

부동산의 개별성 및 사회적 통제나 관행에 따라 부동산 시장에서는 거래사실이나 그 구체적 내용(거래가격과 계약조건 등)이 비공개되는 경향이 있다(은밀성). 이로 인해 완전한 정보가 공개되는 완전경쟁시장에 비해 가격이 불합리하게 왜곡될 수 있다. 이는 부동산 투자에 있어서 자료와 정보수집 활동이 어려우면서도 중요한 이유이다. 이로써 거래비용이 상승하기도 한다. 이러한 문제는 최근 실거래가 공시제도 등으로 보완되고 있다.

개별성은 부동성과 함께 작용하여 부동산 시장을 정보시장으로 만든다. 개별성과 거래의 비공개성으로 인해 거래에 필요한 정보수집이 쉽지 않을 뿐만 아니라 매도인과 매수인 간에 주어지는 정보도 각각 다르게 된다. 이를 정보의 비대칭성 · 불균형성이라 한다. 예를 들어 부동산을 팔려고 하는 매도인은 그 건물의 하자나 층간 소음과 같은 문제점에 대해 잘 알고 있지만 매수인으로서는 이러한 점들을 제대로 파악하기 쉽지 않다. 따라서 특히 매수인으로서는 정보수집 활동에 많은 시간과 비용이 소요되고 공인중개사 등 중산사의 역할이 중요하게 된다.

부동산 시장이 완전경쟁시장으로 작동하려면 시장 참여자 간 정보의 대칭성과 균형성을 높여야 한다. 개별성으로 인해 부동산 시장에서는 상품의 비표준성, 유통기구의 비조직성 등의 특징이 나타난다.

참 고

감정평가 3방식

1. 원가방식(비용접근법)

공급자 측면에서 어느 정도 비용이 투입되었는지(비용성)를 기준으로 가치를 평가하는 방식이다. 이를 통해 구해지는 가치는 공급가격(공급자가격)의 성격을 띤다.

원가방식에 따라 부동산의 가격을 구하는 방법을 원가법(적산가격)이라 하고 임료를 구하는 방법을 적산법(적산임료)이라 한다.

2. 비교방식(시장접근법)

수요자와 공급자 측면을 모두 고려하여 시장에서 어느 정도 가격으로 거래되었는지(시장성)를 기준으로 가치를 평가하는 방식이다. 이를 통해 구해지는 가치는 수요·공급가격, 균형가격, 시장가격의 성격을 띤다.

비교방식에 따라 부동산의 가격을 구하는 방법을 거래사례비교법(비준가격)이라 하고 임료를 구하는 방법을 임대사례비교법(비준임료)이라 한다.

3. 수익방식(소득접근법)

수요자 측면에서 어느 정도 수익을 얻을 수 있는지(수익성)를 기준으로 가치를 평가하는 방식이다. 이를 통해 구해지는 가치는 수요가격(수요자가격)의 성격을 띤다.

수익방식에 따라 부동산의 가격을 구하는 방법을 수익환원법(수익가격)이라 하고 임료를 구하는 방법을 수익분석법(수익임료)이라 한다.

5) 인접성(연결성)

모든 토지는 다른 토지와 물리적으로 인접하여 연결되어 있고 인접 토지와 상호 밀접한 의존관계가 형성된다는 특성이다. 이로 인해 소유와 관련하여 필지 등의 개념을 통해 인위적으로 경계를 나누는 문제가 야기되고 경계 간 분쟁이 발생할 수 있다.

어떤 토지의 이용과 개발은 필연적으로 인접한 토지에 영향을 미치므로 외부효과를 발생시키고 각 토지는 인접 토지와의 협동적 이용(어울리는 이용)이 요구된다. 인접성은 토지의 가격형성에 있어서 인접 토지의 영향을 받게 하여 감정평가 시 시역분석의 근거가 된다.

개별성으로 인해 물리적 대체 가능성이 없는 토지라 하더라도 인접성으로 인해 용도적 측면에서는 대체 가능성이 존재한다. 인접성은 개발이익의 사회적 환수에 관한 논의나 개발손실에 대한 보상의 근거가 된다.

참 고

외부경제와 외부불경제

부동산은 인접성과 지리적 위치의 고정성으로 인해 외부환경의 영향을 많이 받게 되므로 부동산 시장에서는 시장실패가 발생할 가능성이 높다. 이를 외부효과성이라 한다.

어떤 토지에 공장보다는 공원이 들어서는 것이 그 지역의 공익에는 부합하겠지만 그 토지의 소유자 입장에서는 공원보다는 공장을 짓는 것이 훨씬 사적 이익에 부합할 것이다. 만약 이러한 선택을 시장과 토지소유자의 자율에 맡겨 놓는다면 공장[22]은 사회적으로 필요한 적정 수준보다 과다공급되고, 공원[23]은 적정 수준보다 과소공급되는 문제점이 발생한다.

이로 인해 합리적인 자원배분이 이루어지지 않게 되므로(시장실패 발생) 용도지역제 등의 방법으로 정부의 공적 개입 필요성이 제기된다.

1. 외부경제(+의 외부효과)

A 토지소유자의 행위가 인접한 B 토지소유자에게 이익을 주는 경우를 말한다. 이는 시장기구를 통하지 않는 것이므로 무상으로 이루어진다.

예를 들어 A 토지에 공원을 조성함으로써 B 토지의 지가가 상승하거나 정부가 인근에 지하철을 건설하면 인접한 토지의 지가가 상승하는 경우 등이 이에 해당한다.

2. 외부불경제(-의 외부효과)

A 토지소유자의 행위가 인접한 B 토지소유자에게 손해를 주는 경우를 말한다. 이는 시장기구를 통하지 않는 것이므로 원칙적으로 보상 등이 없이 이루어진다.

예를 들어 A 토지에 공장 등 공해시설을 조성함으로써 B 토지의 지가가 하락하거나 정부가 인근에 쓰레기 소각장을 건설하면 인접한 토지의 지가가 하락하는 경우 등이 이에 해당한다.

다만, 현대사회에서는 이러한 것들을 환경권 등의 권리 침해로 인식하여 보상 및 배상이 이루어진다.

---

22) 공장은 사회적 비용 〉 사적 비용, 사회적 편익 〈 사적 편익

23) 공원은 사회적 비용 〈 사적 비용, 사회적 편익 〉 사적 편익

2 토지의 인문적 특성

1) 용도의 다양성(용도전환의 가능성, 변용성)

토지는 하나의 용도가 아닌 주거용, 상업용, 공업용 등 다양한 용도로 이용될 수 있다는 특성이다. 토지이용에서 용도상의 우선순위의 문제가 발생하고 하나의 토지에 경합하는 여러 용도 중에서 최유효 이용을 할 수 있는 용도(최적의 용도)를 찾아내는 것이 중요하다.

따라서 용도의 다양성은 한정된 토지에 대한 용도 간 경쟁의 결과로 최유효 이용의 가능성을 높여 주고, 최유효 이용의 원칙, 가격(가치)다원설, 적지론(광의의 입지론) 등의 성립근거가 된다. 이는 창조적 이용이나 용도 간 이행과 전환을 가능하게 하며 용도전환을 통해 토지의 경제적 공급을 가능하게 한다.

최유효 이용과 관련하여 개별분석의 근거가 되며, 토지의 재산적 · 경제적 가치를 증대시키는 요인이 된다. 토지가 용도의 다양성을 갖는 것과 달리 건물은 신축 당시의 용도로 한정되는 용도의 한계성이 있다. 따라서 신축 전에 토지의 최유효 이용에 맞는 건물의 용도를 결정하는 것이 중요하다.

2) 병합 · 분할의 가능성(분합성)

토지는 이용목적에 따라 인위적으로 큰 규모로 병합하거나 작은 규모로 분할하여 이용할 수 있다는 특성이다. 이는 용도의 다양성을 지원하는 기능을 하며 병합과 분할을 통해 다양한 용도로 전환이 가능하게 되므로 토지의 최유효 이용을 위해서는 병합 · 분할이 효과적으로 이루어져야 한다. 즉 병합 · 분할의 가능성은 최유효 이용의 원칙, 균형 · 적합 · 기여의 원칙 등을 간접적으로 지원하는 기능을 한다. 일반적으로 토지의 병합 · 분할에는 「부동산등기법」이나 「공간정보의 구축 및 관리 등에 관한 법률」 등의 규제가 수반된다.

토지는 부동성이 있으므로 병합 · 분할 시 한정가격이 성립하게 된다. 예를 들어 인접한 맹지를 병합하기 위해 매수할 때 성립하는 가격이 한정가격이다. 토지의 병합을 통해 가치가 증가하거나 분할을 통해 가치가 감소하는 경우(합병증가, 분할감가)에는 규모의 경제가 적용된다. 이는 집적입지인자로 발전하므로 이러한 경우 토지이용을 대규모화하는 것이 유리하다.

반면 토지의 병합을 통해 가치가 감소하거나 분할을 통해 가치가 증가하는 경우(합병감가, 분할증가)에는 규모의 불경제가 적용된다. 이는 분산입지인자로 발전하므로 이러한 경우 토지를 분할하여 이용하는 것이 유리하다.

3) 사회적 · 경제적 · 행정적 위치의 가변성

부동성으로 인해 토지의 지리적 · 절대적 위치는 고정되어 물리적 이동은 불가능하지만 인간의 활동에 따라 어떤 토지를 둘러싼 인문적 환경이나 제도 등은 변화할 수 있다. 이에 따라 토지의 사회적 · 경제적 · 행정적 위치는 끊임없이 변화한다. 인접성으로 인해 토지의 상대적 위치는 가변적이고 경제적 이동은 가능하다.

부동산은 부동성으로 인해 다른 부동산과 함께 하나의 지역을 형성하고 부동산 간 상호작용을 통해 그 지역의 사회적 · 경제적 · 행정적 위치와 지역 특성 및 가격수준이 결정된다(지역성). 이러한 지역적 성질들은 감정평가 시 지역분석을 통해 파악된다. 토지의 사회적 · 경제적 · 행정적 위치를 변화시키는 각각의 요인들은 다음과 같다. 이는 부동산의 가치형성요인 중 부동산 가치에 전반적인 영향을 미치는 일반적 요인에 해당하며 지역적 요인 중 하나인 지역 내의 일반적 요인이 되기도 한다.

(1) 사회적 위치의 변화요인

인구밀도 등 인구의 상태, 가족구성 및 가구분리의 상태(1인가구의 증감 등), 도시형성 및 공공시설의 정비상태, 학교 이전 등 교육 및 사회복지의 수준, 건축양식의 상태, 공장 전입 · 공원 조성 · 슬럼화 · 빌딩의 과밀화 등 주거환경의 상태 등

(2) 경제적 위치의 변화요인

경제성장, 경기순환, 소득 · 소비 · 저축 · 투자의 상태, 재정 및 금융의 상태, 물가 · 임금 · 고용의 수준, 국제수지의 상태, 조세 부담의 상태, 산업구조의 상태, 기술혁신의 상태, 도로 신설 등 수송시설 · 교통체계의 상태,[24] 부동산의 수급 및 유용성의 변동, 토지의 용도 전환 등

24) 이를 사회적 요인에 포함시키는 견해도 있다.

(3) 행정적 위치의 변화요인

토지제도, 용도지역 등 토지이용 계획 및 규제의 상태, 택지 및 주택에 관한 규제의 상태, 건축물의 구조 · 방재 등에 관한 규제의 상태, 토지거래허가제 등 부동산 거래규제의 상태, 부동산 가격과 임료에 관한 규제의 상태, 부동산 세제의 상태, 공시지가제도 등

제2장

부동산 경제론

제1절 부동산과 경제분석

제1절

부동산과 경제분석

1 부동산 경제학의 의의

우리나라에는 약 3,800만 필지의 토지와 약 2,000만 호에 달하는 주택이 있다. 그 많은 토지와 주택은 이용, 소유, 거래 형태가 제각기 다르면서도 서로 영향을 주고받을 뿐 아니라 정치 · 경제 · 사회의 모든 다른 현상들과 관련되어 있다.

이처럼 다양하고 복잡한 현실을 파악하고, 그 원인과 결과의 인과관계를 체계적으로 이해하기는 매우 어렵다. 여러 사회과학 분야들은 나름의 방법으로 현상을 이해하고 미래를 전망하기 위해 노력하는데, 이를 위해서는 복잡한 현실을 단순화하여 핵심 변수들 간의 인과관계에 주목하는 방법론을 채택할 수밖에 없다.

경제학의 원리를 부동산 분야에 적용하여 시장을 분석하고 예측하는 부동산 경제학은 토지와 주택, 비주거용 건물 등으로 구성되는 부동산 시장을 대상으로 한다는 점에서 일반 경제학의 한 분과라고 할 수 있다.

경제학은 현실을 단순화하여 분석하는 도구로써 경제모형(Economic Model)을 활용한다. 관심의 대상이 되는 어떤 경제현상에 관련된 변수들 간의 인과관계에 관한 가설이 경제모형이다. 현실에서 작용하는 수백, 수천 가지 요인들 중 가장 중요한 소수의 요인들만을 추려내고 그들 간의 관계를 정립함으로써 현실의 단면을 일목요연하게 그려내는 것이다. 이렇게 단순화된 개념 틀을 가지고 문제를 분석함으로써 이론 전개나 경험적 분석을 사람들이 이해할 수 있는 범위 내에 묶어둘 수 있다.

경제이론에서 보편적으로 유용성이 인정되는 모형들은 많다. 그 중에서도 대부분의 사람들이 가장 먼저 접하는 것이 수요-공급곡선에 의한 가격결정 모형일 것이지만 현실의 다른 측면을 강조하면 얼마든지 다른 모형이 만들어질 수 있다.

가장 훌륭한 하나의 경제모형은 존재하지 않는다. 모형이 분석대상의 특성을 얼마나 잘 반영하는가, 또 분석자의 문제의식에 적합한 역할을 수행할 수 있는가가 그 모형을 평가하는 기준이 된다. 여기서 소개하는 몇 가지의 부동산 시장 모형들도 나름의 장단점과 한계를 가지고 있으므로 현실의 부동산 현상을 분석하고 예측하기 위해서는 그에 적합한 모형을 채택하고 필요한 만큼 변형하여 활용하여야 한다.

2 부동산 시장의 수요-공급 모형

1) 수요-공급 모형

수요-공급 모형은 경제학의 가장 기본적인 분석 틀이다. 이 모형을 통해 완전경쟁시장에서 소비자들과 공급자들의 상호작용에 의해 어떻게 균형가격과 거래량이 결정되며 어떤 요인에 의해 시장균형이 변할 수 있는지를 분석하고 예측할 수 있다.

완전경쟁시장은 몇 가지 중요한 가정이 충족되는 시장이다. **첫째로**, 시장에서 거래되는 재화는 동질적이며, 따라서 하나의 가격에서 거래된다. **둘째로**, 소비자와 공급자가 많아서 각 개별 소비자나 공급자가 가격에 영향을 미치지 못한다. 이들은 주어진 가격정보를 받아들여 각자의 이기심을 충족시키는 수요량과 공급량을 결정하는 가격순응자(Price Taker)이다. **셋째로**, 재화를 공급하는 기업들의 진입과 퇴출이 자유롭다. 기존의 기업들이 이윤을 내고 있으면 새로운 기업이 시장에 들어오고, 손실을 보는 기업들은 시장을 떠날 수 있다. **넷째로**, 시장참여자들이 재화에 관해 동일한 정보를 가지며, 각 경제 주체의 경제활동이 다른 주체들의 후생에 영향을 미치지 않는다.

이러한 조건들을 모두 충족하는 시장은 흔치 않다. 그러나 이런 조건을 가정하고 모형을 구축할 때 (다른 대안에 비해) 현실을 잘 설명하고 예측한다면 가정이 다소 강하다는 것은 큰 문제가 되지 않는다.

수요-공급 모형의 예를 〈그림 2-1〉이 보여주고 있다. 효용을 극대화하고자 하는

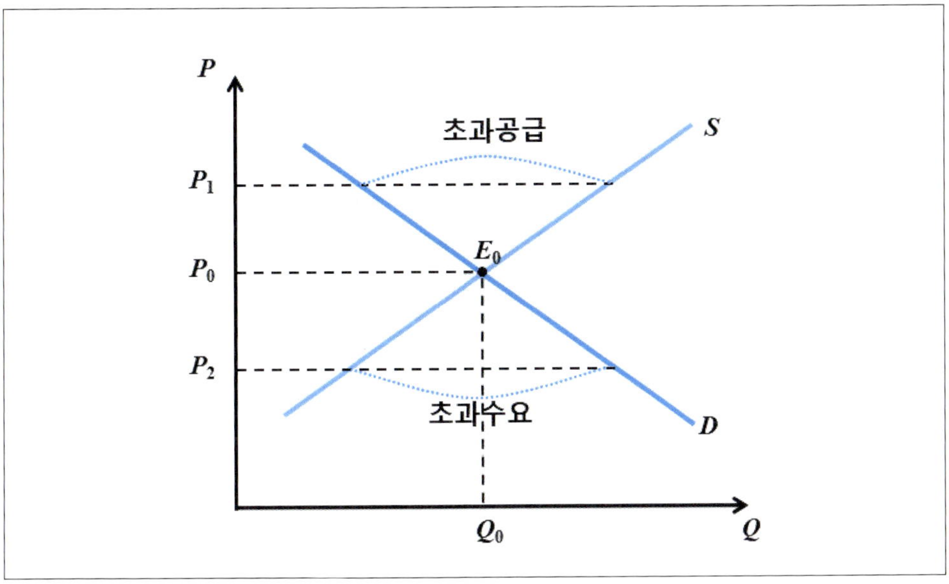

〈그림 2-1〉 수요-공급 모형의 시장균형

소비자들의 행동은 수요곡선으로 나타나고, 이윤을 극대화하는 기업들의 행동은 공급곡선으로 나타난다. 각각의 곡선은 가격과 수요량 또는 공급량의 관계만을 나타낸다.

가격 외에 수요에 영향을 미치는 다른 변수, 예컨대 소득이나 취향, 대체재나 보완재의 가격 등의 효과는 수요곡선 자체의 이동으로 표시된다. 마찬가지로 가격 외에 공급에 영향을 미치는 변수들, 예컨대 생산요소의 가격, 기술 등의 효과는 공급곡선의 이동으로 나타난다.

어떤 이유로 가격이 P_1이라면 수요량보다 공급량이 많아서 (즉, 초과공급이 있어서) 기업들이 원하는 만큼 생산물을 판매하지 못한다. 물건이 팔리지 않으면 기업들이 이윤 극대화를 못하므로, 일부 기업들은 가격을 낮추어서라도 생산물을 판매하려 한다. 시장에서 가격이 하락하는 힘이 작용한다.

반대로 만일 가격이 P_2이면 수요량이 공급량보다 많아서 소비자들이 원하는 만큼 이 재화를 살 수 없다. 즉 초과수요가 존재한다. 이 상태에서 일부 수요자들은 더 높은 가격을 지불하고서라도 재화를 구입하려 하기 때문에 시장가격이 상승하는 힘이 작용한다.

어디서 출발하든지 간에 가격이 P_0보다 높거나 낮으면 가격이 하락하거나 상승하려는 움직임이 있다. 수요곡선과 공급곡선이 만나는 점 E_0에서는 초과수요도 초

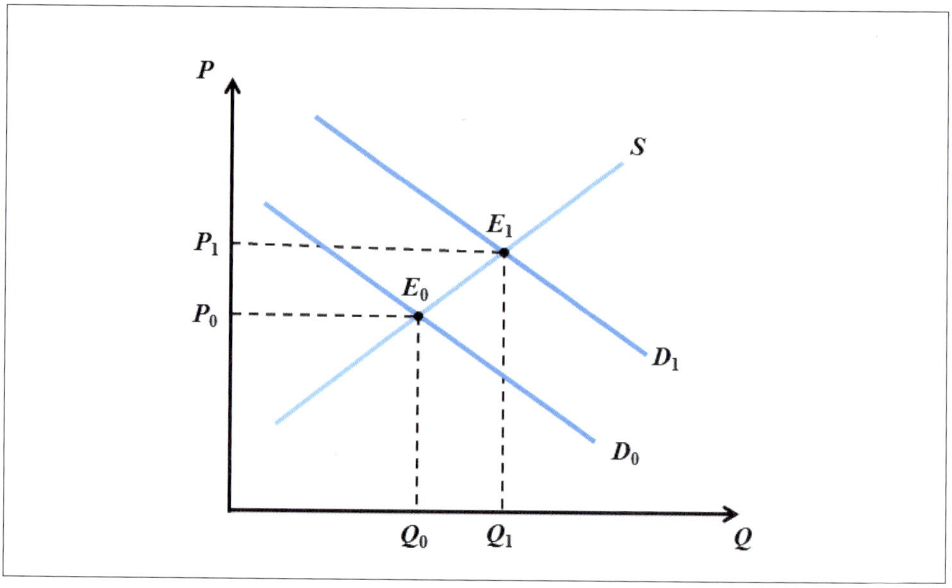

〈그림 2-2〉 수요곡선의 이동

과공급도 없으므로 더 이상 가격이 움직일 동력이 없다. 이처럼 변화가 없는 상태를 시장균형이라고 하며, 이때의 가격을 균형가격, 거래량을 균형거래량이라 한다.

〈그림 2-1〉에서 해당 재화의 가격 이외의 다른 변수들은 변하지 않는다고 가정하였다. 이들 변수가 변동하면 수요곡선 또는 공급곡선이 이동하여 균형이 변한다.

예를 들어, 〈그림 2-2〉가 어떤 도시의 주택시장 수요-공급 모형이라고 하자. 도시의 인구가 증가하면 주택에 대한 수요가 증가하여 수요곡선이 오른쪽으로 이동한다. 어떤 임의의 가격에서든 이전에 비해 수요량이 늘어날 것이기 때문이다. 〈그림 2-2〉에서 최초 균형은 수요곡선 D_0와 공급곡선 S가 만나는 E_0점이다. 인구 증가로 수요곡선이 D_1으로 이동하면 새로운 균형은 E_1에서 형성된다. 새로운 균형을 최초 균형과 비교하면 주택가격은 더 높고 주택 거래량도 더 많다.

다음으로 공급측면의 외생적 변화가 있는 예로써 주택생산에 새로운 공법이 도입되어 생산비용이 감소한다고 하자. 어떤 임의의 가격에서든 이전에 비해 공급량이 늘어날 것이며, 이는 주택 공급곡선이 오른쪽으로 이동하는 것으로 표시된다. 〈그림 2-3〉에서 최초 균형은 수요곡선 D와 공급곡선 S_0가 만나는 E_0점인데, 새로운 공법으로 주택 공급곡선이 S_1으로 이동하면 새로운 균형은 E_1에서 형성된다. 최초 균형에 비해서 새로운 균형에서 가격은 더 낮고 거래량은 더 많다.

이러한 방법으로 어떤 외생적 충격이 있을 때 균형이 어떻게 변할지, 새로운 균형

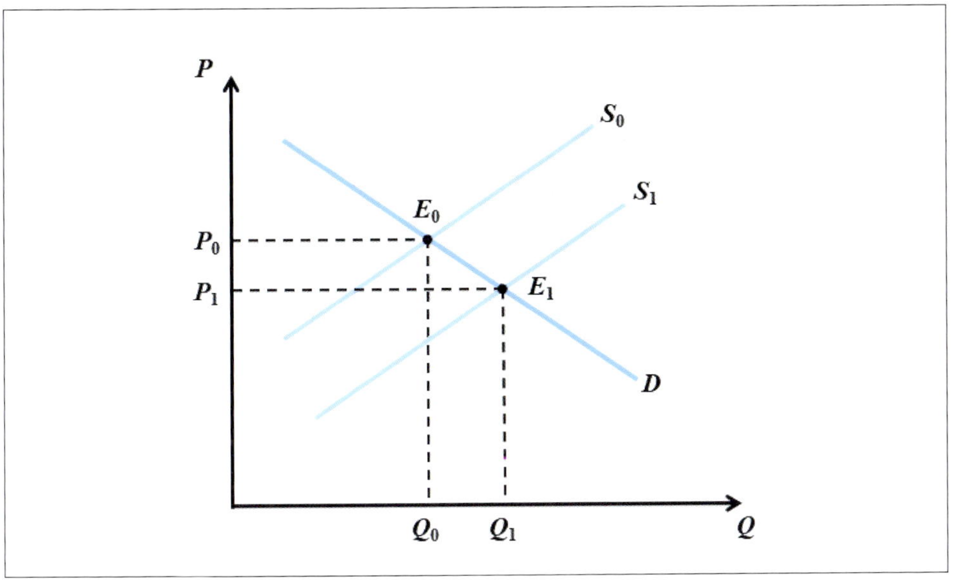

〈그림 2-3〉 공급곡선의 이동

에서 가격과 거래량이 어떤 수준에서 결정될지를 분석하고 예측할 수 있다. 예를 들어, 부동산세 부담의 변화, 인구추세의 변화, 업무와 주거행태의 변화, 임금 등 원가 요인의 변화 등등을 수요–공급 모형으로 분석할 수 있다.

다만, 이를 위해서는 수요곡선, 공급곡선의 위치와 모양이 위 그림들과 같은 일반적인 형태인지, 분석대상인 현상들이 올바르게 표시되는지 등등을 면밀히 따져야 할 것이다. 예컨대, 토지시장에서 가격변화가 있어도 공급량이 변하지 않는다면 우상향하는 공급곡선을 가진 수요–공급 모형의 분석결과가 맞지 않을 수 있다.

2) 완전비탄력적인 공급곡선 모형

부동산 시장에 초점을 맞추어 경제모형을 구축하기 위해서는 부동산의 특성을 잘 이해하고, 이 특성들을 모형에 반영하여야 한다. 부동산 고유의 특성에 대해서는 다른 장에서 논의한 바 있지만, 토지에 관해서 고전파 경제학에서 가장 중시된 특성은 그 총량이 고정되어 있다는 점이었다.[1] 가격이 높든 낮든 공급량이 변하지 않는다는 특성은 토지에 대한 사상과 이론을 특징짓는 주된 요소였다.

1) 토지의 공급이 줄지 않는다는 점을 영속성이라고 표현하고, 거꾸로 공급이 늘지 않는다는 점을 부증성으로 지칭한다.

주택은 단기적으로는 토지와 마찬가지로 공급량이 거의 고정되어 있지만, 충분히 시간이 주어지면 신규 주택을 생산하거나 기존 주택이 노후화되고 멸실되는 과정을 통해 공급량이 변화한다. 따라서 주택을 논의할 때는 고려되는 기간의 길이를 분명히 해야 한다.

부동산 시장에 수요–공급 모형을 적용할 때 고려해야 할 두 번째 특성은 부동산이 내구소비재이며 동시에 자산이라는 이중적인 성격을 가졌다는 사실이다. 주택이라면 주거공간 소비의 대상으로 임대차될 수도 있고 자산 투자의 대상으로 매매될 수도 있다. 전자로서의 가격이 임대료이고 후자로서의 가격이 자산가격이다.

수요–공급 모형이 임대료가 결정되는 서비스 시장인지, 매매가격이 결정되는 자산시장인지를 분명히 구분해야 한다. 여기서는 일단 부동산 시장이 임대료가 결정되는 공간서비스 시장이라고 보고 논의를 진행하고, 이후에 임대료와 자산가격과의 관계가 어떻게 결정되는지를 논의한다. 다만, 임대료와 자산가격이 일정한 관계에 있을 가능성이 크므로 임대료에 관한 논의의 상당 부분은 자산가격에 대해서도 적용될 수 있다.

토지의 공급이 고정되어 있다는 점에 착안하여 가격이 변해도 공급이 변하지 못하는 공급곡선으로 토지 서비스의 공급을 표시하고, 일반적인 우하향하는 모양의 수요곡선으로 토지 서비스의 수요를 표시하여 토지시장을 분석할 수 있다. 토지 서비스의 공급량이 가격변화에 따라 변하지 않는다는 가정은 공급곡선이 수직선(즉,

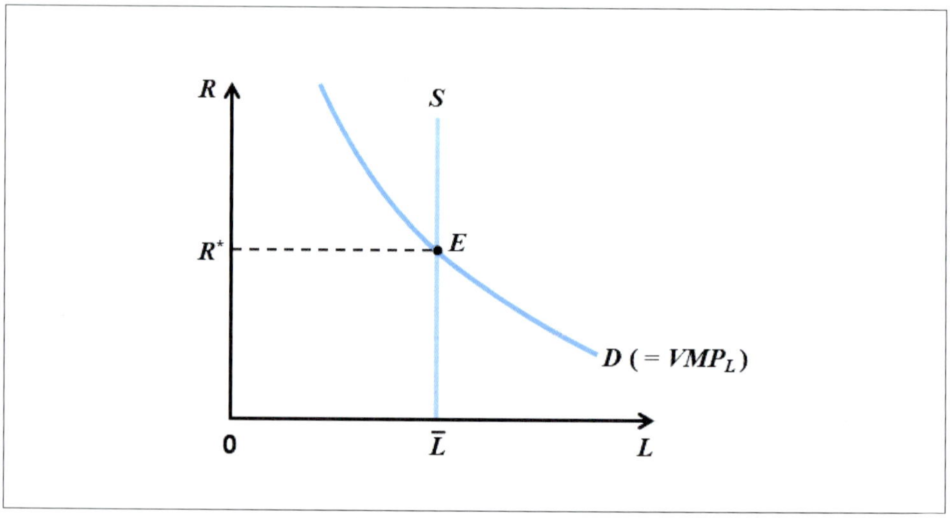

〈그림 2–4〉 토지 서비스 시장의 균형

완전비탄력적)임을 의미한다.

이 공급곡선과 우하향하는 수요곡선을 같이 그리면 두 곡선이 만나는 점에서 토지시장 균형이 이루어지고, 토지 서비스의 가격(즉, 임대료)이 결정된다. 수직의 공급곡선은 가격이 (+)이기만 하다면 토지소유자들이 토지를 전량 임대할 의사가 있다는 것을 의미한다. 따라서 토지가격은 수요측 요인에 의해서만 변화한다.

〈그림 2-4〉에서와 같이 수요곡선이 D여서 균형가격이 R^*라면, 수요자들 간의 경쟁으로 토지소유자들이 단위토지당 R^*만큼 횡재를 했다고 볼 수 있다. 가격이 0이라 하더라도 임대해 줄 의사가 있었는데, 수요가 많아서 R^*의 가격을 받을 수 있었기 때문이나. 이런 의미에서 토지 임대료를 뜻하는 지대(地代; Rent)는 불로소득이라는 의미도 내포한다. 우상향하는 공급곡선을 가진 수요-공급 모형에서라면, 높은 가격이 공급자들로 하여금 더 많은 생산을 하도록 유도하지만, 완전비탄력적인 공급곡선 하에서는 가격의 공급 확대 기능은 없다.

토지의 공급 특성 때문에 토지세의 효과도 일반 재화에 부과되는 세금과 다르다. 토지시장이 균형을 이루고 있는 상태 E에서 정부가 토지 임대료에 토지단위당 일정 금액 t의 세금(정액세)을 부과하기로 했다고 하자. 〈그림 2-5〉의 B점이 나타내는 바와 같이 토지소유자들은 처음에는 R^*에서 (R^*+t)로 임대료를 인상하여 세금을 임차인들에게 전가하려고 할지 모른다. 그러나 수요곡선이 우하향하는 모양이므로, 균형임대료보다 임대료를 올리면 임차인들은 이전만큼의 토지를 수요하지 않는다.

AB만큼의 초과공급이 생기고 이는 임대료를 하락시키는 힘으로 작용한다. 임대료가 (R^*+t)보다 낮아진다는 것은 임차인에게 완전히 세금을 떠넘기지 못함을, 즉 토지소유자들이 세금을 부담함을 뜻한다. 임대료 하락은 초과공급이 해소될 때까지 계속되는데, 임대료에 세금이 포함되어 있건 아니건 간에 임차인들이 지불하는 단위면적당 임대료가 이전의 균형임대료 R^*수준으로 떨어져야 비로소 도지의 초과공급이 해소된다.

이런 과정을 일목요연하게 표시하기 위해 토지세 부과는 토지 수요곡선을 t만큼 하향 수직이동시키는 것으로 나타내기도 한다. 새로운 균형에서 토지소유자들은 예전과 같은 임대료 R^*를 임차인으로부터 받고 그 중 세금 t를 납부한 차액 (R^*-t)만을 챙긴다. 정부가 부과한 토지 단위당 t의 세금은 토지소유자들이 전액 부담하는 것이다.

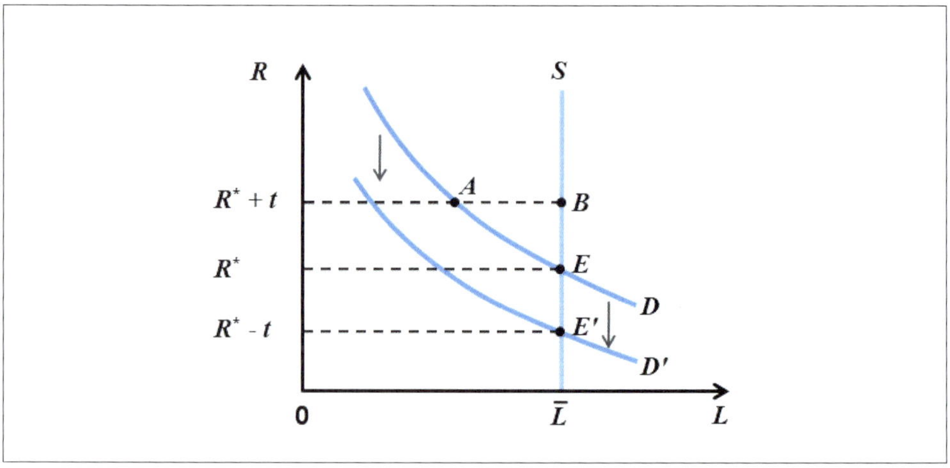

〈그림 2-5〉 토지세에 따른 새로운 균형

다시 말해 토지세는 전가되지 않는다. 임대료를 받는 토지소유자가 임대료를 내는 토지 임차자에 비해 부유한 사람들이라면, 토지소유자에게만 부담을 주는 토지세는 형평 차원에서 바람직한 특성을 가진다.

또한, 원래의 균형과 토지세 부과 이후의 균형을 비교해 볼 때 임차인들은 세금이 없었을 때와 다름없이 토지를 이용하여 경제활동을 한다. 이렇게 세금이 경제 주체들의 의사결정에 영향을 주지 않는다는 성질을 중립성이란 용어로 표현한다. 애초에 시장기능이 원활히 이루어져 왔고, 따라서 자원배분이 효율적이었다면 중립성은 경제의 효율성이 유지되는 것을 뜻한다.

이상의 이유들로 해서 토지세는 다른 종류의 세금에 비해 큰 장점을 가지고 있다고 보는 학자들이 많았다. 미국에서는 1900년 전후에 헨리 조지가 그 주장들을 체계화하여 토지단일세 운동을 전개하였다. 우리나라에서도 1980년대 후반 이후 토지보유과세를 강화하여야 한다는 주장이 대두되었는데, 이 주장의 이론적 기반 중 하나도 완전비탄력적인 공급곡선에 기인한 토지세 효과라고 할 수 있다. 이 주장들에 대해서는 추후에 다시 검토하도록 하겠다.

완전비탄력적인 공급곡선을 가진 수요–공급 모형의 특징과 한계를 살펴보자.

첫째로, 모형은 하나의 횡축으로 모든 토지를 표시하고 있으며 이들을 서로 구별하지 않는다. 이는 모형이 토지의 이질성과 같은 성질을 추상해 버렸다는 것을 의미한다. 전국의 모든 토지가 창출하는 서비스는 동일하고, 따라서 정확히 대체 가능하다고 가정된다. 모형에서는 모든 토지가 동질적이므로 하나의 가격에서 거래되지만, 현실에서는 위치, 형상, 주변환경 등 토지의 특성에 따라 가격이 천차만별이다.

둘째로, 토지 서비스는 얼마든지 분할 가능한 것으로 여겨진다. 현실의 토지는 일정한 면적으로 구획되어 있어 이를 분할하거나 합병하려면 상당한 시간적 · 금전적 비용이 소요되지만, 이 모형에서는 그런 비용을 고려하지 않는다. 이는 모형이 다루는 대상이 토지 자체라기보다 토지 서비스라는 측면에서 정당화되기 쉬운 가정이다.

셋째로, 토지의 공급 총량이 대체로 고정되어 있는 것은 사실이지만, 현실에서 용도별 토지 공급량은 고정되어 있지 않다. 특정 용도의 토지에 대한 논의에서 공급을 완전비단력적으로 보는 데는 무리가 있다. 또 현실에서 유용한 대부분의 토지는 자본과 노동을 투입하여 생산되는 토지이다. 집이나 공장을 짓기 위해서는 땅을 고르고, 상하수도를 설치하고, 도로를 연결하여야 한다. 이런 생산 과정이 토지개발이며, 토지개발은 토지의 가격에 민감하게 영향을 받는다. 토지개발을 통한 택지나 공장용지의 공급은 탄력적이다.

결국 모형이 나타내는 세계는 현실의 세계와 다르며, 모형이 가진 단순화 가정들은 모형의 유용성과 한계를 동시에 규정한다. 전국의 토지에 균일하게 적용되는 것으로 보아 큰 무리가 없는 현상을 다룰 때 이 모형은 간단하고 명료한 분석 틀이 된다. 반면에, 토지의 공간적 특성이나 이질성과 관련된 현상들을 분석하는 데는 이 모형을 이용할 수 없다. 이처럼 관심의 대상인 문제들이 무엇인가에 따라 모형이 유용할 수도 무용할 수도 있다.

3) 우상향하는 공급곡선 모형

충분한 시간이 주어지면 부동산도 그 양이 변한다. 한 나라의 토지부존량이 고정되어 있더라도, 개별용도 토지의 양은 변할 수 있다. 예컨대 농지 · 산지를 개발하여 택지나 공장용지의 양을 늘리는 것은 얼마든지 가능하다. 주택 등 건물의 경우도 신규 건설을 통해 스톡을 증가시킬 수 있고, 노후화 · 멸실 등을 통해 스톡이 감소되기도 한다. 이런 성질을 감안하여 도출한 부동산의 공급곡선은 우상향하는 모습을 가질 것이다.

정책이나 기타 요인들에 의해 주택 등의 공급이 변할 수 있다는 것이 얼핏 비현실적으로 들릴 수 있지만, 3~5년 이상의 긴 기간을 상정하면 다음과 같은 요인들에 의해 공급이 크게 변화할 수 있다. 주택의 공급을 늘리는 요인들은 다음과 같다.

① 건설: 높은 임대료와 주택가격은 주택건설업자의 이윤을 늘린다. 따라서 이들은 더 많은 주택을 건설하여 시장에 공급한다. 주택에 대한 수요가 증가하는 것을 뒷받침하기 위해 토지의 개발도 활발해진다.

② 용도전환 · 증개축: 주택이 다른 용도의 건물에 비해 상대적으로 높은 가격이라면 다른 용도의 건물이 주거용으로 전용된다. 또 기존 주택들에 대해서도 주거면적을 확장하고 주택 호수를 늘리거나, 주택의 질을 제고하기 위한 투자가 늘어난다.

③ 재건축 · 재개발: 기존 노후주택과 신축되는 주택의 가격차이가 충분히 크다면, 개별건물의 차원을 넘어서 도시 내 넓은 구역의 낙후된 건물들을 집단적으로 헐고 새로 짓는 사업도 추진될 수 있다.

반대로 정책이나 기타의 요인들로 인해 주택의 가격이 오랫동안 낮은 수준에 머물러 있다면 다음과 같은 과정이 누적적으로 주택의 양을 줄일 것이다.

① 노후화: 주택 등 모든 건물은 정상적인 사용 환경하에 서서히 노후화하며, 일정 기간 사용 후에는 물리적 수명이 다한다. 주택의 노후화(질적 저하), 이에 따른 가치의 하락을 감가상각이라고 한다. 2020년 우리나라의 전체 주택 수가 약 2,000만 호인데, 주택의 수명이 40년이라면 매년 약 50만 호에 해당되는 만큼의 주택이 노후화를 통해 소멸된다고 볼 수 있다. 주택의 노후화는 적극적인 유지, 보수로써 지연시키거나 역전시킬 수 있다. 만약 주택의 가격이 높다면 주택소유자는 유지 · 보수에 투자하여 노후화를 저지하는 반면, 주택의 가격이 낮다면 유지 · 보수에 필요한 투자를 회피하여 주택이 가속적으로 노후화된다.

② 유기(Abandonment) · 철거(Demolition): 주택의 노후화가 어느 정도 이상 진전되어 더 이상 정상적인 사용이 어려워지면 주택소유자는 주택을 포기하든지, 허물어 버린다. 이런 결정에는 재산세 등의 세금이나 기타 정책이 영향을 줄 수 있다. 예컨대, 임대료 수입이 매우 낮거나 없는 상태에서 세금을 내야 한다면, 아예 주택을 포기하는 것이 이득일 수 있다.

③ 용도전환: 주택투자의 수익률이 다른 용도 건물에 비해 낮다면, 주택은 다른 용도로 전용될 가능성이 높다.

이상과 같은 요인들을 고려한다면 주택의 장기 공급곡선은 우상향하는 모습을 가질 것이다.

4) 임대료 상한제의 효과

장 · 단기 주택공급 행태의 차이 때문에 주택정책의 단기 효과와 장기 효과가 크게 달라질 수 있다. 대표적인 사례가 임대료 규제(Rent Control)이다. 임대료 규제는 정부기관이 민간의 주택 임대료 상한을 정하는 가격상한제의 일종으로 저소득층 임차인을 보호하기 위한 목적으로 많은 나라나 도시에서 시행되어 왔다.

〈그림 2-6a〉는 어떤 도시 주택시장의 단기균형을, 〈그림 2-6b〉는 장기균형을 나타낸다. 시장균형 E는 각각의 균형을 표시한다. 이 균형이 이전 시기의 급격한 인구 증가(즉, 수요곡선의 상향 이동)의 결과라서 균형임대료가 주민들, 특히 저소득층이 감당하기 어려운 정도로 높다는 공감대가 이루어졌다고 가정하자. 그래서 이 도시는 임대료 상한을 설정하기로 하였다. 물론 임대료 상한은 균형임대료 P^*보다 낮은 수준에서 설정될 것이며, 그림에서 P'로 표시되었다.

〈그림 2-6a〉는 단기적으로 임대인들이 별달리 대응하기 힘든 상황을 나타낸다. 임대차 계약이 통상적으로 긴 기간에 걸쳐있으며, 임대료가 낮다고 다른 용도로 건물 용도를 바꾸기도 여의치 않기 때문이다. 따라서 단기적으로는 임대주택의 총공급이 줄지 않으며, 단기 공급곡선은 주택스톡 H_0에서 그은 수직선으로 표시된다.

임대료 규제는 임대료를 P^*에서 P'로 낮출 뿐 별다른 부작용을 초래하지 않는

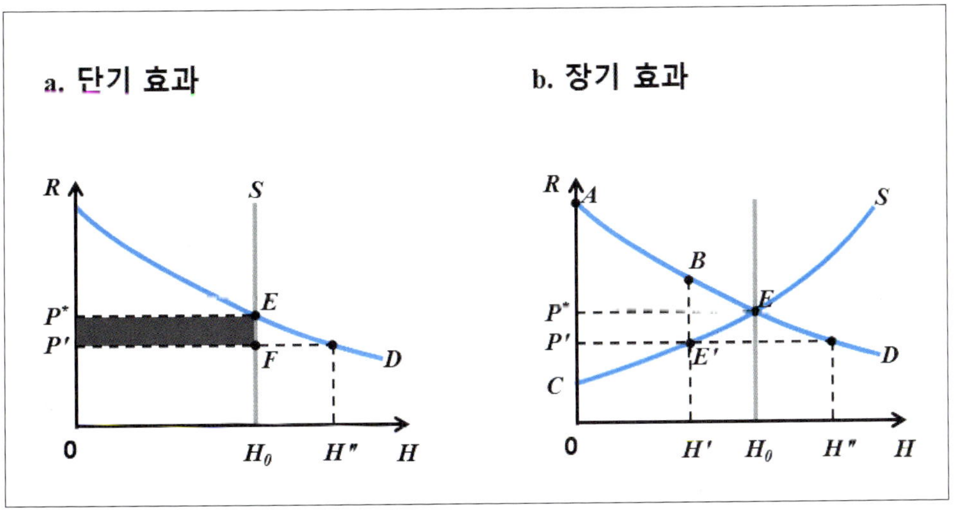

임대료 규제는 단기적으로 부작용 없이 ***P'EFP'*** 만큼 임대인으로부터 임차인으로의 재분배를 가져오지만, 장기적으로는 ***BEE'*** 만큼의 효율성 상실을 초래한다.

〈그림 2-6〉 임대료 규제의 장 · 단기 효과

다. 규제는 임대인의 임대료 총액을 사각형 P^*EFP' 면적만큼 줄이는 대신 정확히 그만큼 임차인에게 혜택을 준다. 정부는 임대인의 이익 중 일부를 소비자에게 재분배하려고 했으며, 이 시도는 추가적인 사회적 비용 없이 성공하였다.

그러나 임대인들은 규제가격하에서 규제 도입 이전의 공급물량을 오래 유지하지 못한다. 〈그림 2-6b〉가 나타내는 것처럼 임대료가 P'일 경우 H'만큼만 공급하는 것이 이들의 이윤을 극대화한다는 사실을 장기 공급곡선이 나타낸다. 임대인들은 여러 가지 방법으로 임대주택의 공급을 줄여간다. 임대계약기간이 만료되면 계약갱신을 거부하며, 임대주택을 자가주택으로 개조하여 매각하고, 유지보수를 등한시하여 주택의 질을 낮춘다.

결국 새로운 균형점은 E'점이 되는데, 규제가 없을 때에 비해 임대주택 물량이 감소한다. 임대료 규제는 임대인의 수입 중 일부를 떼어서 소비자들에게 주려는 시도라고 할 수 있는데, 그 과정에서 임대주택 물량이 감소하고 그에 따라 사회 전체적 후생이 줄어든다.

물론, 사회 전체적으로 효율성의 손실을 치르고라도 저소득층의 주거를 보호하는 것이 바람직하다면 임대료 통제정책은 정당성을 가질 수 있다. 그러나 공급물량이 줄어들기 때문에 임대료 규제가 소수의 사람들에게만 혜택을 줄 수 있으며, 누가 혜택을 받고 누가 받지 못하는가 하는 형평의 문제가 제기된다.

시장균형에서 주택수요가 H_0인 데 비해 규제가격하의 수요는 H''이다. 정부가 규제를 도입할 때 H_0만큼의 수요를 가지는 임차인들에게 도움을 주려는 의도를 가졌는지 모르지만, 규제가 임대료를 낮추면 새로운 수요가 창출되고 그만큼 초과수요가 더 커진다. 공급이 H_0에서 H'로 줄어드는 데 덧붙여 수요가 H_0에서 H''로 늘어나는 것이다.

현실적으로 정치적 명분 이상의 효과를 거두는 정교한 제도를 만들어 내기 어려우며, 한 도시에서 합리적인 제도가 제반 여건이 다른 도시에서는 매우 부적절한 것이 되기 쉽다. 가능한 한 공급이 H_0에서 줄어들지 않도록 하고, 나머지 초과수요를 잠재적 임차인들 간에 적절히 배분하기 위한 보완장치들이 필요하다.

잠재적 수요자들 간에 주택을 배분하는 가장 손쉬운 방법은 선착순이다.[2)] 임대주

2) 선착순보다 덜 체계적이고 더 원초적인 방법은 임대인의 자의적인 판단에 맡기는 것이다. 그 경우 임대인들은 임차 희망자의 이력과 직업 관련 서류를 받아 검토하고, 면접을 통해 태도는 고분고분한지, 옷을 깨끗이 입고 다니는지, 가족관계는 어떤지 등등을 고려하려 할 것인데, 그 과정은 임차인들에게 결코 유쾌한 경험이 아닐 것이다.

택(또는 단지)마다 대기자 명부를 작성해서 집이 빌 때마다 명부의 제일 위에 있는 대기자에게 기회를 주는 방법이다. 그러나 여러 형태로 암시장이 성행할 우려가 크다. 암시장을 통제하기 위해 정부가 개입해도 성공하리란 보장이 없다.

임대주택의 총량을 유지하는 것은 더 어려운 문제다. 일례로 임대업자는 임대기간 만료 후에 계약갱신을 거부함으로써 임대료 규제를 회피하려 하고 그 결과 임대주택 공급이 줄어들 수 있다. 주택소유자들은 새로운 임차인에게 시장임대료를 다 받고 임대하는 것이 허용된다면 그렇게 할 것이며, 허용되지 않는다면 주택을 매각하거나 자신이 거주하기 위해 임대시장에서 주택을 회수할 수 있다. 따라서 계약갱신청구권 같은 것이 필요한데, 그런 규제가 덧붙여질수록 임대인의 수익성이 떨어지므로 임대주택 공급이 더 줄어들 수밖에 없다.

부동산 시장에 대한 정부개입이 효율성 상실을 초래하는 대표적인 외국 사례가 임대료 규제라면 우리나라의 대표적인 사례는 주택 분양가 규제 정책이다. 정부는 1977년부터 아파트 분양가격이 정부가 정한 상한선보다 낮아야 사업계획을 승인하는 방식으로 분양가를 통제하기 시작하였는데, 중간중간 자율화 기간들이 있었지만 현재에 이르기까지 규제가 존속되고 있다. 1990년대 초의 많은 연구들은 분양가 규제를 신규 주택에 대한 최고가격제(또는 가격상한제; Price Ceiling)로 파악하고 규제가 주택공급 감소, 투기적 수요 증가, 주택 과소비, 토지이용의 비효율성 등을 초래한다고 결론지었다.[3)]

5) 시장의 실패와 정부의 실패

대부분의 국가가 시장경제체제를 채택하는 이유는 시장이 자원의 효율적 배분을 달성하기 때문이다. 아담 스미스가 국부론에서 주장하고 현대경제학에서도 증명되었듯이 수많은 소비자들과 생산자들이 시장에서 각자의 이익을 추구하지만 그 결과는 마치 '보이지 않는 손'에 의해 이끌리듯 사회 전체에 가장 바람직한 것이 된다.

그러나 현실적으로는 몇 가지 이유로 인해 시장가격기구가 자원의 효율적 배분을 달성하지 못할 수 있는데 이를 시장실패(Market Failure)라고 한다. 시장의 실패는 거래되는 재화와 시장의 특성에 따라 발생한다.

---

3) 김경환(1991), 이중희(1992), 임덕호(1993), 윤주현(1993), 허재완(1993), 서승환(1994) 등 참조.

첫째로, 하나 또는 소수의 기업이 시장을 지배하는 독과점이 있다면 이들 기업이 가격을 좌우할 수 있다. 이때 경쟁시장에서와 같이 가격이 재화의 희소성을 올바르게 반영하여 시장참여자들에게 시그널을 주지 못한다.

둘째로, 소비자나 기업의 소비 또는 생산 활동이 시장을 통하지 않고 다른 소비자나 기업의 효용 또는 이윤에 영향을 미치는 외부효과(Externality)가 존재하면 시장이 효율적인 자원배분을 달성할 수 없다. 교통혼잡이나 공해발생처럼 타인에게 불이익을 주는 외부불경제 효과도 있고, 과수원과 양봉의 관계처럼 타인에게 이익을 주는 외부경제 효과도 있다. 두 경우 모두 타인에게 미치는 영향이 시장을 통해 적정한 가격에 거래되지 못하므로 과잉생산 또는 과소생산이 초래된다.

셋째로, 많은 사람들이 같은 양을 동시에 소비할 수 있고 그 가격을 부담하지 않는 개인들의 소비행위를 배제하기가 매우 어려운 특수한 재화, 즉 공공재(Public Good)의 경우 돈을 내지 않고도 소비하는 무임승차자(Free Rider)의 문제가 발생하므로 시장이 실패한다. 누구나 무임승차를 하려고 하면 국방이나 치안과 같은 서비스를 위해 아무도 비용을 부담하지 않을 것이기 때문이다.

마지막으로, 거래 참여자들 중 한쪽이 다른 쪽에 비해 더 많은 정보를 지닌 정보의 불완전성 또는 비대칭성도 시장실패를 가져온다. 노벨상 수상자인 애컬로프(Akerlof) 교수는 중고 자동차 시장의 사례를 들어 다양한 품질의 재화가 거래되는 시장에서 사는 사람과 파는 사람 사이의 정보 비대칭성 때문에 품질이 좋은 재화가 제값을 받지 못하게 되어 공급이 점점 줄게 되고 궁극적으로는 시장에서 사라진다는 문제를 지적했다.

부동산 시장과 주택금융 시장에서도 정보가 비대칭적인 경우가 많다. 집을 세놓으려는 집주인과 셋집에 들어오려는 세입자를 생각해 보자. 집주인은 세입자가 집세를 제대로 낼지 집을 깨끗이 사용할지 알 수 없다. 세입자는 이 집에 어떤 결함이 있는지 모른다. 주택을 선분양으로 구입하려는 사람은 집이 완공되기 전에 주택의 하자나 주변환경의 문제에 대해 모를 수도 있다.

이상의 다양한 이유들로 인해 시장이 자원의 효율적 배분을 달성할 수 없을 때 정부가 시장에 개입하여 효율성을 높일 수 있다. 예를 들어 도로교통 혼잡에 대해 혼잡통행료를 부과하거나 오염물질 배출기업에 배출부과금을 물림으로써 부정적인 외부효과를 시정할 수 있다.

그러나 정부의 개입 자체가 비효율을 야기하는 경우도 많이 있다. 예컨대, 정부가 특정한 재화를 직접 공급하는 경우 공공부문이 독점적 지위를 갖게 되어 경쟁이 사라지고 품질향상이나 원가절감 노력이 중단될 우려가 있다. 이처럼 정부가 개입할 경우 자원배분의 효율성이 오히려 저하되는 결과를 정부실패(Government Failure)라고 부른다.

정부실패는 공무원, 국회나 지방의회 등 정치권, 이해관계자, 전문가, 언론 등의 행태와 상호작용에 의해 정책이 결정되고 집행되는 과정에서 발생한다. 정부실패의 원인에는 여러 가지가 있다.

첫째로, 정보의 불완전성을 들 수 있다. 예를 들어 수질오염을 줄이기 위해 기업들에 대해 오염물질 배출량을 일정 수준 이하로 감축하도록 강제하는 직접규제를 도입할 때, 오염 기업들의 생산기술, 오염 감축 기술 및 비용, 장단기에 예상되는 기업의 행동 변화 등에 대한 정보가 필요하다. 규제 당국이 이러한 정보를 갖고 있을 가능성은 매우 낮다.

둘째로, 정부 혹은 공공기관이 사회 전체의 후생에 기여하는 방향으로 행동하지 않을 수 있다. 관료조직이 가진 폐쇄성, 조직 이기주의, 부정부패 등이 가장 큰 문제이지만, 그 외에도 정부정책이 특정 이익단체나 정파의 특혜추구 혹은 지대추구 행위에 좌우(Regulatory Capture)될 수도 있다.

미국의 주택금융 정부 후원기업인 패니메와 프레디맥은 정부의 암묵적 보증이라는 특권을 이용하여 과도한 위험을 택하고 대출 부적격 가구들에게 모기지 대출을 제공하여 서브프라임 사태에 일조하였다. 반면에, 경우에 따라서는 정부가 여론이나 정치권의 압력에 몰려 장기적인 부작용이 예상되는 정책을 선택하기도 한다.

현실적으로 시장과 정부 둘 다 불완전하다. 그러나 시장실패를 시정하기 위한 정부의 개입이 효율성을 높인다는 보장이 없다면, 시장실패가 있다는 사실 자체가 모든 정부개입을 정당화할 수 없다. 공동의 선을 위해 정부가 시장에 적극적으로 개입하여야 한다고 주장하기는 쉬우나, 원하는 결과를 실현할 수 있는 효과적인 정책 수단을 찾기는 쉽지 않다.

부동산 정책과 관련되어서도 국민 주거 안정, 지가안정과 토지의 적정한 배분, 국토 균형 개발, 농어촌 개발 등과 관련된 대부분의 계획이나 정책들이 형평을 표방하고 있지만, 그 실질적 효과가 자원배분의 효율성이나 형평성을 제고하고 있는지 의문이 제기되기도 한다.

정책목표를 구체화하기 어렵거나, 정해진 정책목표를 달성할 수 있는 정책수단을 찾기 어려울 때, 그리고 정책시행의 부작용이 매우 클 것으로 예상될 때는 차라리 정부가 개입을 자제하는 것이 차선의 대안이다. 나쁜 정책은 현상의 악화를 의미하기 때문이다.

3 도시 공간구조의 단핵도시 모형

1) 도시 공간의 단핵도시 모형

수요-공급 모형에서는 모든 부동산이 동질적이고 그래서 하나의 가격에 거래된다. 도시에 있는 토지와 농촌에 있는 토지가 다르고, 도시 안에서도 도심과 외곽의 토지가 다르다는 등의 현실이 추상되고 모든 토지가 동질적인 것으로 가정되기 때문이다. 현실의 부동산은 모두 서로 다르다. 크기 · 형상 · 고저 · 방향 등의 물리적 특성, 편의시설과의 접근성, 공해와 쾌적성 등 환경요인, 교육 여건 등 주변지역의 특성이 매우 달라 각 부동산 간의 이질성을 무시하기 어렵다.

부동산의 이질성을 결정하는 여러 차원의 질적 특성 가운데서도 공간상 위치가 아마도 가장 중요한 요소일 것이다. 위치의 고정성 때문에 특정 필지의 소유자는 자기의 땅을 꼭 필요로 하는 사람들에게 독점력을 행사할 수 있다. 또한, 옆 필지에서 발생하는 매연이나 소음의 피해를 입는 반면, 근처에서 공공투자가 행해지면 혜택을 본다.

단핵도시 모형(Monocentric City Model)은 공간상 다른 위치를 차지하는 토지들을 서로 다른 이질적인 것으로 취급하여, 도시 공간구조를 분석하는 모형이다. 이 모형은 19세기 초에 폰 튀넨(von Thünen)이 농촌 지역의 토지이용이 동심원 형태로 달라지는 현상을 설명한 데서 출발하여 아이사드(W. Isard), 알론조(W. Alonso), 무쓰(R. Muth), 밀즈(E. Mills) 등의 학자들에 의해 체계화되었으며, 현재 다양한 도시문제를 분석하는 데 널리 활용되고 있다.

이 모형도 단순화를 위해 강한 가정들을 가지고 있지만, 일부의 가정들은 보다 현실적인 분석을 위해 완화될 수 있다. 어떤 형태든지 단핵도시 모형에서 토지, 주택의 이질성은 공간상의 위치가 다르다는 사실로 표현된다.

도시지역의 공간구조를 설명하는 간단한 단핵도시 모형은 소득과 취향이 같은 소비자들이 모두 도시 중심지(중심상업지구; CBD)로 출퇴근할 때 도시전체의 임대료가 어떻게 결정되는가를 논의한다. 모형의 단순화를 위해 교통비는 CBD와 주거지 사이의 직선거리에 의해 정해진다고 가정한다.

도심 가까운 곳에 주거를 정하면 출퇴근 교통비가 작게 들고, 남는 돈으로 주거나 다른 재화 소비를 늘려 효용을 높일 수 있다. 그렇다면 누구나 도심 가까이에 살고 싶어하고, 이 경쟁이 토지 임대료를 밀어올린다. 도시주민들이 각자 주거 위치를 정해서 더 이상 움직이지 않는 공간상 입지균형(Spatial Equilibrium 또는 Locational Equilibrium)에 도달하면 그 모습은 〈그림 2-7〉의 왼쪽 위와 같을 것이다.

즉, 토지 임대료는 중심지에 가까울수록 높고, 외곽으로 나갈수록 낮아지는 모습이다. 균형임대료 곡선의 그 정확한 위치와 기울기는 여러 변수들에 의해 결정된다. 예컨대, 대중교통망이 잘 갖추어져 있거나 자동차 보유율이 높아서 단위 거리당 교통비가 낮다면 중심지와 외곽의 교통비 차이는 크지 않으며 임대료 곡선의 기울기는 완만하다. 미국의 로스앤젤레스 같은 도시는 자동차 보급률이 높고 도시고속도

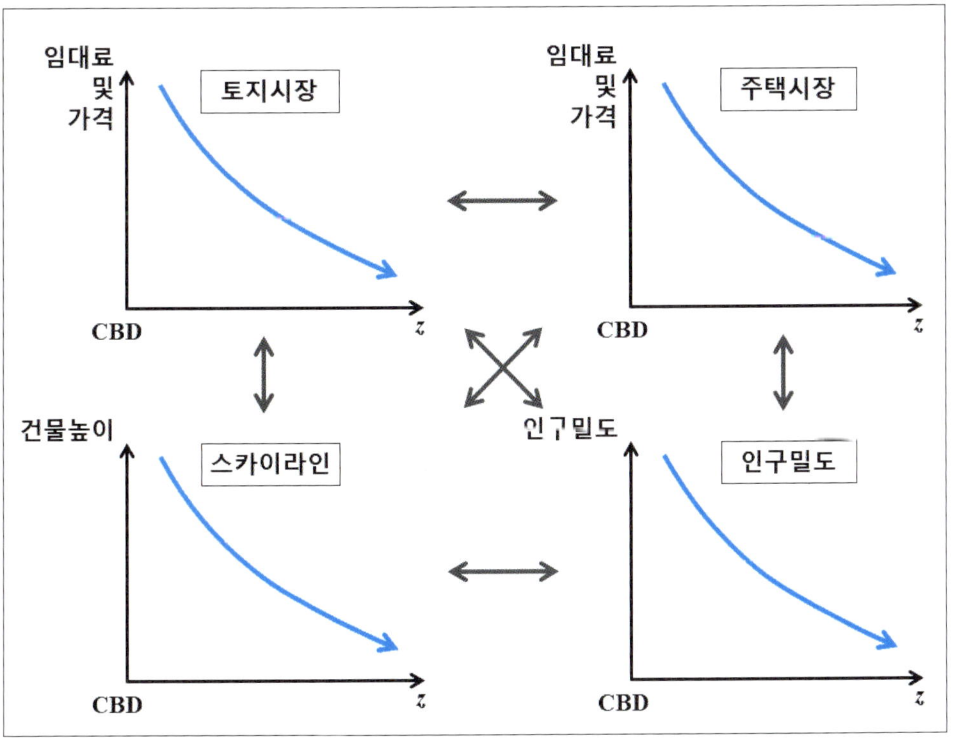

〈그림 2-7〉 도시 공간구조의 일반 균형론적 접근의 개념

로망이 잘 발달되던 시기에 개발되어 그 이전에 개발된 시카고나 뉴욕 등 보다 임대료 곡선이 완만한 상태가 되었다.

다양한 변수들의 상호작용 결과 입지균형이 이루어지면, 이 도시에 사는 동질적인 소비자들은 어떤 위치에 살든지 무차별하다. 즉 도심 가까이 살면서 교통비를 절약하는 대신 비싼 토지가격, 주택가격을 부담하든지, 외곽에 살면서 교통비를 많이 부담하는 대신 싼 토지 및 주택가격을 누리든지 마찬가지인 것이다.

만약 어느 한 위치가 다른 곳에 비해 더 좋거나 나쁘다면 이 소비자는 옮겨다닐텐데, 이런 움직임이 있는 상태는 입지균형이 아니다.[4] 도심에 살든 외곽에 살든 마찬가지여서 구태여 옮겨다닐 필요가 없게 만드는 임대료의 궤적이 입지균형임대료 곡선이다.

토지 임대료가 높으면 가격도 높고 여기에 지어지는 주택가격도 높다. 이런 토지는 밀도가 높게 개발되므로 건물의 층수가 높아지고, 개별주택의 크기가 작으며, 단위 면적당 인구밀도도 높다. 따라서 〈그림 2-7〉에서 보듯이 토지 임대료 및 가격, 주택 임대료 및 가격, 건물의 밀도 및 높이, 인구밀도 등 모든 변수들이 모두 도심에서부터 외곽으로 나가면서 떨어지는 모습을 보이게 된다.

개별 소비자의 입장에서는 도심 가까이 살면 출퇴근 비용이 줄어드는 대신 주거면적당 더 높은 임대료를 부담하고 작은 주택에 살 수밖에 없다. 도심에서 멀어질수록 높은 출퇴근 비용을 지불하는 대신 단위면적당 임대료가 낮아져서 보다 넓은 면적의 주택을 차지할 수 있다.

2) 토지용도 간의 경쟁

왜 도시 가운데는 백화점이나 고층 오피스가 많고 사람들이 사는 주거지는 외곽에 있을까? 왜 공업용지는 더 바깥쪽에 위치할까? 이를 단순히 도시계획법 등 공법적 제한에서만 원인을 찾을 수는 없다. 도심 가까이에 공장을 지을 수 있게 규제를 푼다고 해도 경제적 이득이 없다면 공장이 도심에 입지하지 않기 때문이다. 공법적 규제는 민간이 하지 않으려는 행동을 하도록 강제하지 못한다. 입지의 경제적 합리성과 부합되어야 공법적 규제가 작동하게 된다.

4) 아래 그림들에서 동일한 소비자가 공간 입지에 대해 무차별하도록 만드는 임대료의 궤적을 지불용의곡선(BRF: Bid Rent Function)으로 표시한다. 지불용의곡선이란 동일한 소비자가 동일한 효용수준에 달성하기 위해 각 지점에서 최대 얼마만큼의 임대료를 낼 수 있는가를 나타낸다.

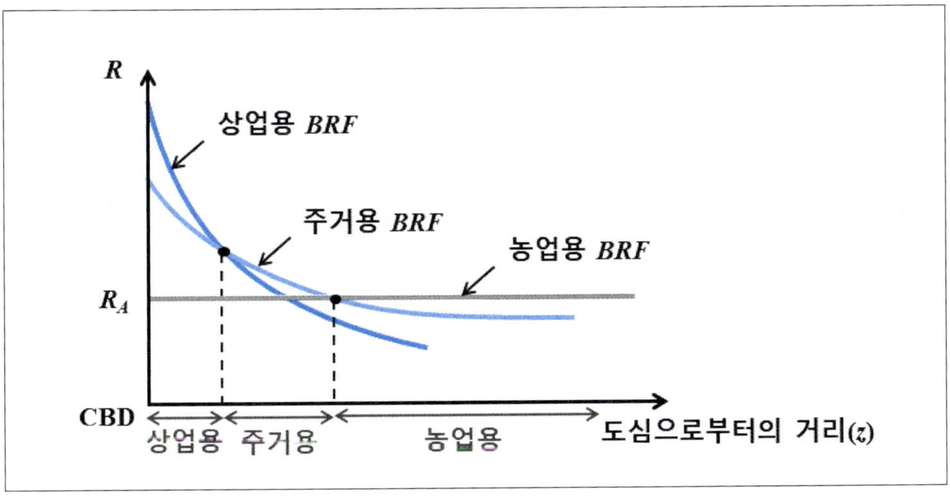

〈그림 2-8〉 도시의 공간적 분화

상업용 토지이용은 많은 물품과 사람들의 이동을 수반하므로 주거용이나 공업용에 비해 외곽으로 나가는 데 따른 불이익, 즉 공간의 마찰(Spatial Friction)이 크다. 도심입지가 그렇지 못한 위치에 비해 현격하게 큰 이점을 가지며, 지불용의 곡선이 가파른 기울기를 가지게 된다. 이에 비해 주거용, 공업용 임대료 지불용의 곡선은 보다 완만한 기울기를 가지며, 농업용은 도심으로의 접근성이 의미를 가지지 못하므로 기울기가 0이다. 이와 같이 지불용의 곡선의 기울기가 도시 토지이용 구조를 결정짓는다.

상업용 · 주거용 · 농업용의 토지이용의 순서로 공간의 마찰이 크다고 할 때 〈그림 2-8〉에서와 같이 도시 공간의 분화가 이루어진다. 즉, 도심에서부터 일정 거리까지는 상업용으로 이용되고, 그 바깥으로 도넛 모양의 원형 띠 지역에 주거지대가 형성되며, 도시 바깥은 농업용으로 이용되는 형태이다. 물론, 토지이용을 더 세분하여 더 많은 수의 동심원들을 그릴 수도 있을 것이다.

3) 개발제한구역의 효과

서울 및 수도권의 공간구조에 관한 많은 연구들은 공공주도의 대규모 개발과 개발제한구역이 큰 영향을 미쳤음을 보여준다. 서울의 인구성장과 산업발전에 따른 도시용지 수요 증가는 1960년대까지는 강북지역의 자연발생적인 평면적 확장에 의해 충족되었으나, 1970년대 이후에는 강남지역 개발과 같은 공공주도의 대단위

토지개발 및 공급에 의해 충족되었다. 이 시기의 개발은 고층 아파트의 보편화, 지하철 개통 등의 사회적 · 기술적 여건과 지가 및 주택가격 상승이라는 시장 상황에 따라 이전 시기보다 한층 고밀도로 이루어졌다. 특히 개발제한구역이 개발가능지의 한계로 작용하였기 때문에 개발제한구역의 내부경계에 가까이 갈수록 고밀도 토지이용이 강화되었다.

1970년대 후반기 이후에는 강남지역, 1980년대 이후에는 목동지구 · 상계지구 · 수서지구 등의 개발이 완료되면서 개발제한구역을 건너뛰지 않고는 대단위로 토지를 개발 · 공급할 여지가 거의 없어졌다. 즉, 개발제한구역이 토지 공급에 한층 더 큰 제약이 된 것이다. 이러한 개발제한구역의 효과는 단핵도시 모형에 의해 잘 표현된다. 〈그림 2-9〉의 UU 곡선은 정부개입이 없을 경우, 도심으로부터 외곽으로 나가면서 지가, 인구밀도, 건축밀도가 하락하는 일반적인 토지이용 구조를 나타내고 있다. 만약, 정부가 개입하여 도심으로부터 반경 A에서 B 사이의 토지는 도시용도로 개발하지 못하도록 규제한다고 하자. 규제를 받는 토지의 가격은 허용되는 용도(농업용)로 쓰이며, 가격도 농지 수준으로 떨어진다. 문제는 이 규제가 도시 내외의 다른 지역 지가에 어떤 영향을 미치는가인데, 그 답은 인구이동에 관한 가정에 따라 달라진다.

외부에 대해 열려 있어서 주민의 이주가 자유로운 열린도시(Open City)라면 이 도시 주민들이 누리는 효용이 다른 도시에 비해 낮을 경우 주민들이 외부로 빠져나가고, 그 반대의 경우는 인구가 유입된다. 이 도시에 살든 주변의 다른 도시에 살든 같은 수준의 효용을 누리게 될 때 도시 간 인구이동이 없어지며 개별 도시 내에서도 더 이상 임대료의 등락이 없는 균형상태가 된다. 이처럼 열린도시의 경우는 이 도시를 포함한 여러 도시들의 전체 체계에서 주민들이 얻는 효용수준이 임대료 수준을 결정한다.

반대로, 닫힌도시(Closed City)에서는 도시 바깥으로의 인구이동이 불가능하다고 가정된다. 인구이동이 불가능하면 주어진 인구를 다 수용할 수 있는 수준에서 균형임대료가 결정된다. 예를 들어 어떤 이유로 토지이용에 대해 공법적인 제약이 가해진다면 토지를 차지하기 위한 주민들의 경쟁이 치열해져서 도시의 전반적인 임대료는 오르고 주민들의 효용은 이전에 비해 낮아진다.

열린도시의 가정하에서라면[5)] 이 도시에 개발제한구역이 도입되어도 주민들의 효용수준에 영향을 주지 못한다. 왜냐하면 다른 도시가 종전과 동일한 효용수준을

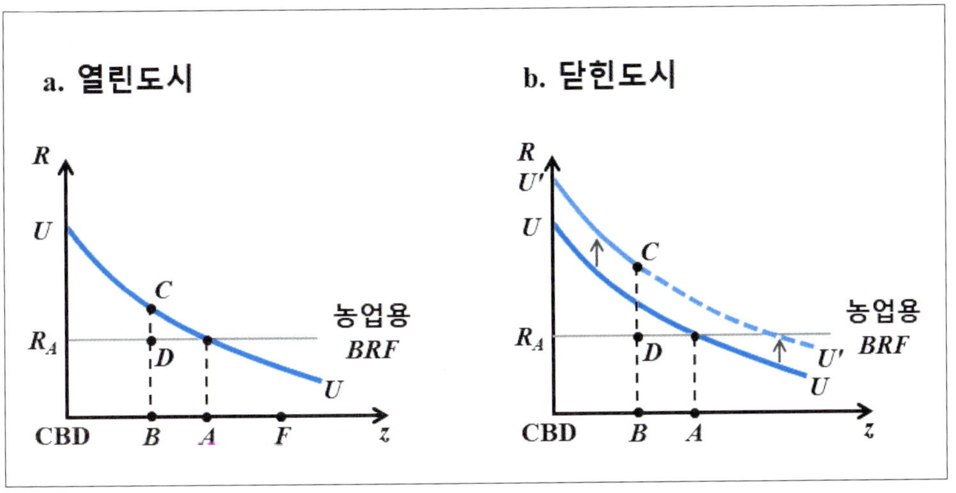

〈그림 2-9〉 열린도시, 닫힌도시 가정과 토지이용 규제

제공하기 때문에 이 도시에서 임대료가 올라 효용이 떨어질 우려가 있다면 일부 주민들이 다른 도시로 이주해 버릴 것이기 때문이다. 따라서 열린도시에서는 개발제한구역으로 지정된 지역만 지가가 떨어지고, 지정되지 않은 곳은 아무런 영향을 받지 않는다(그림 2-9a). 다만, 도시용지 공급이 감소함에 따라 이 토지를 이용하던 만큼의 인구가 줄어들 뿐이다.

반면에 도시가 닫힌도시라면, 인구가 변화하지 않는다. 개발제한 규제가 도입되면 규제가 없을 때 주거용으로 쓰일 토지가 더 이상 인구를 수용하지 못하게 되므로, 보다 외곽으로 도시가 팽창하는 한편 기존의 도시지역도 보다 조밀하게 이용되어야 한다. 이는 입지균형임대료 곡선의 상향 이동으로 나타난다. 일부 토지의 이용을 저해하는 규제가 규제를 받지 않는 다른 토지의 가격을 상승시키며, 도시를 외곽으로 팽창시킨다(그림 2-9b).

서울시가 닫힌도시의 성격을 강하게 가지고 있다면, 개발제한구역 제도가 개발 가능한 토지공급을 줄이고 지가를 상승시키는 부작용이 있다는 것을 이해할 수 있다. 외곽 위성도시의 인구 증가, 통근거리의 장거리화, 개발 가능 지역에서의 혼잡과 과밀, 주거지 인근에서 즐길 수 있는 녹지공간의 소멸 등의 문제는 모두 개발제한구역이 가져오는 비효율성의 일단이다.

---

5) 엄밀히 말하면 열린도시일 뿐 아니라 도시규모가 상대적으로 작다는 가정도 필요하다. 이 도시에서 일어나는 일이 주변 도시들에게 영향을 줄 정도라면 주변의 모든 도시들과 함께 입지균형임대료 곡선이 바뀌게 되기 때문이다.

4) 개발이익의 이해

개발제한구역의 예에서 토지이용 규제가 (시장균형에 비해) 특정 토지의 가격을 올리고 다른 토지의 가격을 내릴 수 있음을 보았는데, 규제의 완화는 그 반대 효과를 갖는다. 예를 들어, 그린벨트를 분석하는 〈그림 2-9〉의 왼쪽 열린도시의 경우, 규제가 없으면 B지점의 토지 임대료는 BC 높이만큼일 것이지만, 규제가 있을 때 토지 임대료는 BD 높이로 나타난다.

규제가 시행되던 상황에서 규제가 완화되어 토지를 도시용도로 전환할 수 있게 되면 토지 임대료는 BD에서 BC로 높아진다. 임대료가 높아지면 자산가격도 높아진다. 토지소유자는 규제 완화로 토지가격이 높아지는 횡재를 한다. 이렇게 규제 변경에 의해 가격 상승이 있을 경우 이를 개발이익이라고 부른다.

여기서 중요한 것은, 규제가 토지 공급에 인위적 제약을 가하고 있을 때에 한해서 개발이익이 발생된다는 것이다. 만약 F점 같은 지점에서 토지를 도시용으로 쓸 수 있도록 해봐야 토지용도는 농지로 남을 것이며, 가격이 올라가지 않는다. 규제의 변경이 개발이익을 창출하지 않는 것이다. 개발이익의 존재는 규제가 민간의 토지 이용을 제약하고 있음을 말해 준다.

개발이익을 가져오는 '개발'은 반드시 토지의 형상을 바꾸거나 건축물을 건설하는 등의 공사를 수반하는 행위에 국한되지 않는다. 공법적인 규제를 변경하거나 주변에 공공사업이 진행되어 토지가격이 오르는 상황까지 포괄한다.[6] 대규모로 토지를 개발하거나 건물을 지으면 개발비용을 제외하고도 많은 개발이익을 남기는 것이 보통이다. 개발이익이 왜 생기고 어떻게 배분되는가 하는 문제는 부동산에 관련된 광범위한 문제들을 이해하는 데 핵심적인 사안이다.

우리나라처럼 빠르게 발전하는 나라에서 많은 토지가 농지, 산지에서 택지, 공장용지 등으로 전환될 수밖에 없었고, 그 과정에서 거대한 규모의 개발이익이 창출되곤 했다. 개발이익의 상당 부분이 도시 인프라를 개선하고 중산층의 자산형성 및 저소득층 임대주택 건설 등을 위해 활용되었지만, 다른 한편 소득과 부의 분배를 불평등하게 만드는 역할도 하였다. 따라서 개발이익의 배분 문제가 부동산 정책의 주요 과제였으며, 조세나 규제뿐 아니라 공기업 활동 등 다양한 제도들이 개발이익

6) 일부에서는 인구증가, 경제성장과 같이 토지가격에 영향을 미치는 모든 요인들을 '개발'의 범주에 포함시키지만, 그 경우 개발이익이라는 개념을 일반적 자본이득과 구분하여 정의할 실익이 없다.

의 배분에 관여하고 있다.

5) 헤도닉 가격함수

단핵도시 모형이 개발된 것은 공간상의 위치에 따른 부동산의 이질성을 반영하기 위해서였다. 그런데 부동산의 이질성을 구성하는 요소들은 공간상의 위치에 국한되지 않는다. 일상생활에서 어떤 주택에 대해서 이야기할 때 위치뿐 아니라 평형, 방과 화장실의 수, 입주 연도, 층수, 브랜드, 학군, 지하철 접근성 등 다양한 요소들을 고려하는 것이 일반적이다. 공간상의 위치 외에 더 많은 이질성 요소들을 고려한다면 부동산의 임대료와 가격은 이들 변수들과도 연관을 가진다.

실증분석들에 의하면 서울시에서 도심으로부터의 거리 변수 외에도 부도심과의 접근성, 용도지역, 현재 용도, 도로접면상태, 학군 등의 다양한 특성변수들이 토지 가격에 영향을 준다. 이처럼 재화의 임대료 또는 가격을 그 재화가 지닌 여러 특성들로써 설명하는 함수식을 헤도닉 가격함수라고 부른다. 토지와 주택 등의 부동산 외에도 노동, 자동차, 기타 내구재 등 재화의 이질성이 두드러진 모든 시장에서 헤도닉 가격함수는 유용한 분석도구이다.

부동산의 가격(임대료 포함)을 P라고 하고, 여러 특성들을 $Z_1, Z_2, \cdots\cdots, Z_n$으로 표시할 때, 헤도닉 가격함수의 일반적인 형태는

$$P = f(Z_1, Z_2, \cdots\cdots, Z_n) + u$$

이다. 여기서 u는 특성변수들만으로 설명되지 않는 오차항을 표시한다. 만약 f함수의 형태가 선형이라면 위 식은 다음과 같이 나타난다.

$$P = a_0 + a_1 Z_1 + a_2 Z_2 + \cdots\cdots + a_n Z_n + u$$

연구자들은 시장으로부터 $P, Z_1, Z_2, \cdots\cdots, Z_n$ 등의 자료를 모아 $a_0, a_1, \cdots\cdots, a_n$ 등의 계수 값을 추정하며, 이로부터 다양한 정보를 이끌어낸다.

헤도닉 가격함수는 이질성이 강한 재화를 그 특성들의 집합으로 파악하고, 전체의 가격이 개별 특성들과 어떻게 연관되는가를 탐구한다. 헤도닉 가격함수는 부동산 시장의 분석에 광범위하게 활용되고 있다. 다음과 같은 질문들을 던짐으로써 헤도닉 가격함수의 활용 범위를 짐작할 수 있다.

① 화장실을 하나 더 설치하는 등 주택설계 요소들을 달리함에 따라 주택의 가격은 얼마나 변할까? 일례로, 작은 방이 여럿 있는 주택과 큰 방이 소수 있는 주택 중 어느 쪽으로 설계하는 것이 더 좋을까?

② 교육 여건이 주택가격에 영향을 주는 것은 누구나 알고 있는 바이다. 그런데 교육 여건을 구성하는 여러 요소들 중 어떤 것이 얼마나 주택가격에 영향을 줄까? 일례로, 공교육 여건과 사교육 여건 중 어느 쪽이 더 중요할까?

③ 묘지, 화장장, 교도소 등 혐오시설이나 백화점, 문화센터, 공공기관 청사 등의 편익시설이 인근에 들어오면 토지, 주택가격도 영향을 받는다. 특정한 시설이 거리상 얼마나 멀리까지 영향을 미칠까? 혐오시설의 입지에 반대하는 주민들의 우려에 근거가 있는 것일까?

④ 대형건설사마다 브랜드 가치를 높이기 위해 노력하지만, 이를 위한 마케팅 활동만큼 분양가를 높여 받을 수 있을까? 소비자들의 브랜드 인지도가 높아질 때, 시장에서 얼마나 더 높은 가격이 형성될까?

⑤ 조망권이나 일조권이 훼손된다거나 비행기 소음이나 대기오염 등의 공해요인이 증가함에 따라 주택가격이 떨어지고, 그에 따른 보상을 해야 할 경우가 있다. 보상액을 어떻게 산정하여야 할까?

정부의 다양한 정책을 수행하는 과정에서도 헤도닉 가격함수가 중요한 분석도구이다. 대표적인 예가, 공시지가 등 토지, 주택의 대량평가 제도이다. 우리나라 토지는 약 3,800만 필지에 달하며, 일부 국 · 공유지 등을 제외하더라도 약 3,300만 필지에 육박하는 토지를 매년 평가하는데, 감정평가사들이 모든 토지를 평가하는 것은 현실적으로 불가능하다. 대표성이 인정되는 50만 필지(즉, 표준지)는 감정평가사들이 평가하여 '표준지공시지가'를 산출하고, 나머지 토지(즉, 개별토지)는 지자체 공무원들이 표준지공시지가를 기준으로 가격을 산정(이를 '개별공시지가'라 한다)하는 체계를 갖게 되었다.

평가 전문가가 아닌 지자체 공무원들이 개별공시지가를 산정할 때 활용되는 것이 토지가격 비준표이다. 토지가격 비준표는 감정평가사들이 전문적으로 평가한 표준지의 가격으로부터 출발하여, 표준지와 개별토지의 특성 차이에 따라 얼마만큼의 가격조정을 해 주어야 하는지를 알려주는 '간이 지가 산정표'이다. 비준표는 헤도닉 가격함수를 추정한 결과를 이용하여 작성된다. 개별주택가격을 공시할 때도 역시 헤도닉 가격함수 분석을 기반으로 주택가격 비준표를 만들어 활용한다.

4 자산가격 결정모형

1) 자산의 내재가치

(1) 소유권의 가치

부동산의 임대료는 부동산을 일정 기간 사용하는 권리의 가격인 데 비해 부동산 매매가격은 부동산 소유권의 가격이다. 그런데 부동산을 사용하는 권리 측면으로만 보면 임차해서 쓰는 임차인이나 매입해서 직접 쓰는 소유자나 별 차이가 없다. 우리나라 주택임대차의 보편적인 형태인 전세계약의 경우, 임차인은 주택을 소유한 사람과 마찬가지로 배타적인 주택 사용의 권리를 가지는 반면, 감가상각이나 고액의 수리비, 그리고 세금은 내지 않는다. 사용 측면에서는 소유자보다 전세 세입자가 오히려 유리한 점이 있다. 매매가격이 전세보증금보다 더 높은 이유는 주택을 사용할 수 있는 권리 외에 소유자만이 가지는 다른 권리들이 있기 때문이다. 그런 권리 중 가장 중요한 것은 임대료를 받는 권리이다.

부동산 소유자에게 매기 임대료 수입이 들어오는 것은 채권을 가진 사람이 원리금을 받는 것이나, 주식을 가진 사람이 배당금을 받는 것과 같다. 자산으로서의 부동산 가치는 채권이나 주식과 같이 그 상대적 투자 메리트에 따라 자산시장에서 결정된다. 장래의 원리금 수입 흐름이 채권 가치를, 배당소득 흐름이 주식 가치를 결정하는 것과 같이, 임대료 흐름이 자산으로서의 부동산 가치를 결정하는 것이다.

임대료와 자산가격의 관계에서 어느 것이 원인이고 어느 것이 결과일까? 현재와 장래의 임대료가 오르면 자산의 가치가 커지고, 임대료가 내리면 자산가치가 작아지는 것을 부인할 수 없으며, 따라서 임대료가 자산가격에 영향을 미치는 것은 분명하다. 반면, 자산가치가 임대료에 영향을 미치는 인과관계가 있다고 보기는 힘들다. 자산가치가 높아져서 부동산을 비싸게 산 사람이 그만큼 임대료를 높여달라고 임차인에게 요구하는 것이 먹혀들기 어렵기 때문이다.

주식이나 채권이라면 주식가격이 올랐다고 배당금을 많이 달라고 하거나, 채권가격이 올랐다고 원리금을 많이 달라고 해도 그 요구가 받아들여질 리 없다. 부동산의 경우 임대차 시장이 독과점 체제하에 있다거나 임대인들이 담합하는 것이 가능하다면 시장을 좌지우지할 수 있겠지만, 수많은 임대인이 있는 시장에서 그와 같은 시장 지배력이 형성되기는 불가능하다. 적어도 논리적인 차원에서는 매매가격이 임대료를 올리거나 내리는 원인이 될 것으로 보기는 어렵다.

(2) 임대료가 불변인 부동산의 내재가치

자산으로서 부동산의 가치를 내재가치(Intrinsic Value), 시장근본가치(Market Fundamental Value)라고도 하는데, 이를 쉽게 설명하기 위해 몇 가지 단순화 가정하에 논의를 시작하자. 즉, ① 시간이 흘러도 임대료가 변화하지 않으며, ② 세금이나 거래비용 등 일체의 비용이 없다고 가정한다. 여기서 '임대료'는 부동산 투자자들이 가져갈 수 있는 순수입액을 의미하는데, 빌딩의 경우라면 순운영수입(NOI: Net Operating Income)이 이에 해당된다.

또한, ③ 미래 소득을 현재가치로 계산하는 할인율[7]도 변동하지 않는 것으로 가정한다. 결국 미래에 대해서는 할인율(요구수익률)에 반영된 리스크 프리미엄 이외에 아무런 불확실성도 없다고 가정한다. 마지막으로 ④ 부동산의 임대료는 기말에 지불된다고 하자.

현재 시점에서 부동산에 투자하는 소유자가 누리는 특권, 즉 임대료를 수취하는 권리의 가치는 투자 시점 이후 받게 될 모든 임대료의 현재가치를 합한 값이다. 이를 수식으로 표현하면 다음과 같다.

$$V_0 = \frac{R}{(1+i)} + \frac{R}{(1+i)^2} + \frac{R}{(1+i)^3} + \cdots\cdots \qquad (2\text{-}1)$$

(V_0: 현재 시점의 부동산의 내재가치, R: 매기의 임대료, i: 매기의 할인율)

이 식은 초항이 $\frac{R}{(1+i)}$, 공비가 $\frac{1}{(1+i)}$ 인 등비급수이다. 그 합을 구하는 등비급수 공식을 이용하면 다음과 같다.

$$\begin{aligned} V_0 &= \lim_{n\to\infty} \frac{R}{(1+i)} \times \frac{1 - \frac{1}{(1+i)^n}}{1 - \frac{1}{(1+i)}} \\ &= \frac{R}{i} \end{aligned}$$

---

7) 이자율, 할인율 등의 개념에 대해서는 부동산 금융이나 투자에 관련된 장을 참고.

즉, 매기 임대료를 할인율로 나누어 준 수치가 자산의 가치이다. 예를 들어, 1기가 1년을 의미하고 m^2당 연 임대료가 10만원인 토지의 가치는 할인율이 10%일 때 100만원, 할인율이 5%일 때 200만원이다. 할인율은 [무위험자산의 수익률(이자율) + 부동산 투자의 리스크 프리미엄]이므로, 위 식으로부터 이자율이 높을수록 부동산 가치가 낮아지고 이자율이 낮으면 부동산 가치가 높아지는 것을 알 수 있다.

또한 부동산 투자의 위험이 높을수록 부동산 가치는 낮아지고, 위험이 낮아지면 가치가 높아진다. 예를 들어 경제위기가 와서 이자율이 높아지고 미래의 불확실성이 커진다면 부동산 가치는 크게 떨어질 것이다.

(3) 시장가격과 내재가치

부동산을 매매하는 사람들이 시장에서 만나 거래하면서 형성되는 부동산의 가격을 시장가격 또는 매매가격이라 한다. 이 가격은 수요와 공급을 일치시키는 가격으로, 부동산의 내재가치와 같을 수도 있고 다를 수도 있다. 그러나 시장이 제 기능을 발휘한다면 양자는 같게 될 것이다. 마치 일반적인 수요-공급 모형에서 균형가격보다 높은 가격에서 초과공급이 가격을 낮추는 힘으로 작용하고, 균형가격보다 낮은 수준에서는 초과수요가 가격을 올리는 힘으로 작용하는 것처럼 시장가격과 가치가 다를 때 양자를 일치시키는 힘이 있기 때문이다.

우선 시장가격 P가 내재가치 $V\ (=\frac{R}{i})$ 보다 클 경우 어떤 현상이 생기는지를 생각해 보자. $P > V$ 경우 현재 부동산을 보유한 사람이라면 아무런 위험부담 없이 현재보다 돈을 더 많이 벌 수 있는 기회가 생긴다. 즉, 부동산을 팔아서 P를 받고, 이 돈을 은행에 넣으면 매기에 이자를 iP만큼 받을 수 있다. 이 이자 액수가 부동산을 보유하면서 매기에 받는 임대료 $R(=iV)$보다 크다. 자산 보유 형태를 바꿈으로써 더 큰 수익을 얻을 수 있으므로 이 소유자는 부동산을 처분하고자 할 것이다. 이런 사람들이 많을 때 부동산 가격은 떨어지며 가격과 가치의 괴리가 줄어든다.

거꾸로 시장가격 P가 내재가치 V보다 작다면, 즉 $P < V$ 경우 은행에서 P만큼 돈을 빌려서 부동산을 구매하고, 임대료 $R(=iV)$을 받는 것이 이득이다. 매기 은행 이자 iP를 내고도 남는 돈이 있기 때문이다. 이렇게 부동산을 사고자 하는 사람들이 많을 때 부동산 가격은 올라가고 가격과 가치의 괴리가 작아진다. 이 두 경우처럼 아무런 위험부담 없이 상품이나 자산의 가격차를 이용하여 이득을 보는 거래행위를 재정거래(또는 차익거래; Arbitrage)라고 한다.

가격이 가치로부터 괴리될 때 재정거래가 활발히 일어나게 되며, 그 결과 가격이 가치와 일치하게 된다. 양자가 같게 되면 더 이상 자산의 형태를 바꾸어 이득을 볼 수 있는 기회가 없으며, 투자자들의 움직임도 사라진다. 이처럼 움직임이 없는 상태가 곧 균형이다. 위 식에서 얻어진 부동산 가치가 자본시장의 균형을 이루는 시장가격인 것이다.

물론 시장이 매 순간순간 균형에 도달해 있기를 기대하기 어렵지만, 이 사정은 다른 상품이나 자산의 경우도 마찬가지다. 다만 부동산의 거래단위가 크고 거래비용이 많으며 거래빈도가 작아서 정보획득이 어렵다는 등의 요인 때문에 부동산 시장이 균형으로 나아가는 속도가 다른 시장에 비해 늦을 수 있고, 충분한 시간이 주어지더라도 가격이 가치로부터 점점 더 멀어질 가능성도 있다. 그러나 중요한 것은 매매가격과 내재가치가 다를 경우 양자를 일치시키는 힘이 지속적으로 작용하게 된다는 사실이다.

(4) 임대료가 증가하는 부동산의 내재가치

부동산의 내재가치 모형을 현실에 가깝게 만들기 위해 매기에 임대료가 상승하는 경우를 생각해 보자. 즉, 현재 기의 임대료(R_1)는 R이지만, 이 임대료는 매기 일정한 비율로 증가하는 것으로 가정한다. 임대료의 증가율을 g로 표시하면 2기의 임대료 R_2는 $(1+g)R$, 3기의 임대료 R_3는 $(1+g)^2R$ 등이다. 이때의 부동산 내재가치 역시 미래 임대료 흐름의 현재가치 합으로 정의되며, 등비급수를 이룬다. 현재 시점의 내재가치는 다음과 같다.

$$V_0 = \frac{R}{(1+i)} + \frac{R(1+g)}{(1+i)^2} + \frac{R(1+g)^2}{(1+i)^3} + \cdots\cdots$$

이 등비급수의 초항은 $\frac{R}{(1+i)}$, 공비는 $\frac{(1+g)}{(1+i)}$이므로 다음의 식으로 계산되어진다.

$$V_0 = \lim_{n\to\infty} \frac{R}{(1+i)} \times \frac{1-\left\{\frac{(1+g)}{(1+i)}\right\}^n}{1-\frac{(1+g)}{(1+i)}} \qquad (2\text{-}2)$$

식 (2-2)에서 $\left\{\frac{(1+g)}{(1+i)}\right\}^n$은 n이 커진다고 해서 무조건 0에 수렴하지 않는다. $g > i$인 경우와 $g < i$인 경우를 나누어서 보아야 한다. $g > i$라면, V_0가 무한대가 된다. 현실에서 부동산의 가치가 무한대가 되지는 않겠지만, 이 식은 부동산 가치가 무한대에 이르도록 하는 힘이 지속적으로 작용한다는 것을 의미한다.

경제성장이 급격히 일어나고 공간에 대한 수요가 팽창하여 임대료 증가율이 미래 소득의 할인율보다 높은 시기에는 누구든지 가능한 한 많은 돈을 끌어들여 부동산에 투자하려 한다. 그 결과 부동산의 가격은 천정부지로 오르게 된다. 가격이 실제로 무한대 수준까지 오르지 않는 이유는 자기 돈이든 금융기관에서 빌린 돈이든 투자자의 자금이 한정되어 있기 때문이다.

물론 어떤 나라든지 고도성장을 지속할 수 있는 기간에는 한계가 있게 마련이고 언젠가는 임대료 상승률이 낮아진다. 이런 임대료 상승률의 변화가 미리부터 인식되면 부동산 가격상승률 또는 가격수준도 그만큼 안정적으로 변화하겠지만, 임대료 상승이 영원히 지속될 것이라는 믿음이 퍼져 있다면 내재가치가 뒷받침하지 못하는 수준으로 가격이 오를 수 있다.

부동산 임대료 증가율이 할인율보다 작다면(즉, $g < i$이라면), n이 무한대로 커짐에 따라 식 (2-2)의 $\left\{\frac{(1+g)}{(1+i)}\right\}^n$이 0에 수렴하게 되고 V_0가 유한한 값을 갖는다.

$$V_0 = \frac{\frac{R}{(1+i)}}{1-\frac{(1+g)}{(1+i)}} = \frac{R}{(i-g)} \qquad (2\text{-}3)$$

즉, 부동산의 가치는 임대료가 클수록, 할인율이 낮을수록, 그리고 임대료 상승률이 클수록 높다. 특히 부동산 가치는 임대료 증가율에 매우 민감하게 반응한다. 예를 들어 R이 10만원, i가 10%인 경우, g가 3%라면 부동산 가치는 142.86만원이다. 같은 부동산에서 g가 5%일 경우 부동산 가치는 200만원이다. 임대료가 고정된 ($g=0$) 때의 부동산 가치 100만원과 비교하면 큰 차이이다.

임대료 상승률 g는 공간의 수요와 공급의 상호작용에 의해 결정될 것인데, 부동산 공급이 급격히 변하기 어려우므로 주로 수요의 증가 속도가 많은 영향을 미칠 것이다. 공간의 수요 증가는 공간을 활용하는 산업의 동향에 의해 결정되고, 이는 경제 전체의 성장률과 긴밀하게 연계되어 있다. 결국 한 나라의 경제성장이 빠르다면 임대료 상승률이 높고 부동산 가격도 높은 것을 관찰할 수 있다.

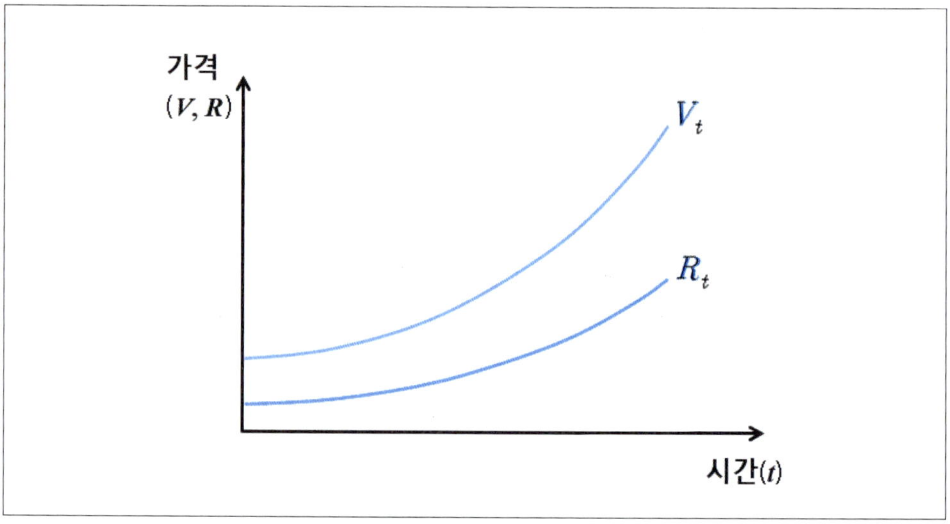

〈그림 2-10〉 임대료가 상승할 경우 임대료와 자산가치의 추이

물론 같은 논리가 반대 방향으로 작용할 수도 있다. 우리나라가 1990년대 말에 외환위기를 겪을 때 강남 대형건물들이 1/2 내지 1/3 가격에 거래되었던 원인 중 하나는 미래에 대한 비관적 전망이 우세하여 g값이 매우 낮았던 때문이다.

내재가치식의 계산을 연장해 보면 임대료가 상승할 때 부동산 가치도 같은 상승률로 상승함을 확인할 수 있다. 따라서 g는 임대료 상승률이면서 동시에 자산가치 상승률이다. 이러한 임대료와 자산가치의 관계를 그림으로 그려 보면 〈그림 2-10〉과 같다.

임대료와 자산가치가 모두 시간에 따라 같은 비율로 상승하고 있으므로, 자산가치 곡선은 임대료 곡선에 비해 일정 배수(즉, $\frac{1}{i-g}$) 만큼의 격차를 유지한다. 임의의 시점 t에서 부동산을 매입하면 1기간이 지나서 임대료 R_{t+1}를 처음으로 받는데, 양자의 관계는 $V_t = \frac{R_{t+1}}{(i-g)}$ 이다.

2) 세금과 부동산 가치

(1) 정액세

간단한 내재가치 모형, 즉 임대료가 변하지 않는 경우의 모형을 이용하여 부동산 세금이 부동산 가치에 어떤 영향을 주는지를 고려해 보자. 우선 사전에 예상하지 못했던 세금이 도입되는 경우를 생각해 보되, 우선 임대료에 매기 t의 액수로 정액세가 부과될 때의 부동산 가치를 구해 보자. 부동산 소유자는 임차인으로부터 R을 받아서 t를 세금으로 내고 $(R-t)$만큼을 자신의 수입으로 남기게 된다.

자산의 가치를 결정하는 것은 임차인으로부터 얼마를 받았는가가 아니라 투자자(소유자)가 얼마만큼의 수입을 가지는가의 문제이다. 따라서 세전 임대료(R) 대신 세후 임대료($R-t$)가 부동산의 내재가치 식에 들어가게 된다. 이때의 자산가치를 V_0로 표시하면,

$$V_0 = \frac{(R-t)}{(1+i)} + \frac{(R-t)}{(1+i)^2} + \frac{(R-t)}{(1+i)^3} + \cdots\cdots$$

등비급수 공식을 이용하여 자산가치를 구하면 다음과 같다.

$$V_0 = \frac{(R-t)}{i}$$

세금이 없을 때에 비해서 부동산의 가치가 $(\frac{t}{i})$만큼 떨어진다. 그런데 이 수치를 유심히 보면 $(\frac{R}{i})$과 유사한 구조이다. $(\frac{R}{i})$이 현재로부터 무한대 기까지의 R의 현재가치 합이므로, $(\frac{t}{i})$도 현재로부터 무한대 기까지의 t의 현재가치 합임을 알 수 있다.

$$(\frac{t}{i}) = \frac{t}{(1+i)} + \frac{t}{(1+i)^2} + \frac{t}{(1+i)^3} + \cdots\cdots$$

세금 부과로 인한 가치 하락은 앞으로 내게 될 모든 세금의 현재가치만큼인 것이다. 이처럼 미래에 일어날 일(세금납부)이 한꺼번에 자산가치에 반영되는 현상을 우리는 자본화(Capitalization)라 부른다. 세금이 도입되거나 강화되어 부동산 가치가 떨어지는 것은 장래의 세금이 자본화되기 때문이다.

물론 자산가치를 올리는 자본화 현상들도 있다. 예컨대, 어떤 부동산 인근에 지하철역이 건설된다는 발표가 있으면 장래에 오를 임대료가 미리 반영되어 큰 폭으로 자산가치가 오른다.

(2) 임대료에 대한 정률세

세금이 정액으로 부과되는 것이 아니라 임대료의 일정 비율(s)로 부과된다고 할 때의 자산가치(이를 V_0라 하자)를 구해 보자. 이를 위해 우선 매기의 세후 임대료를

구해 보면, $(R-sR)$임을 알 수 있고, 이 세후 임대료 흐름의 현재가치 합은 다음과 같다.

$$V_0 = (1-s)\frac{R}{i}$$

이 경우 역시 자산가치의 하락 폭 $(s\frac{R}{i})$은 앞으로 내게 될 모든 세금의 현재가치 합과 같다. 세율이 높을수록 자산가치가 낮아짐은 물론이다. 극단적으로 세율 s가 100%, 즉 1이라면 자산가치가 0이다. 임대료 전액을 국가가 가져가므로 매기 소유자가 획득하는 세후 임대료가 0이기 때문이다.

법률적으로는 개인이 소유권을 가지고 있더라도, '임대료를 받아서 자신의 소득으로 삼을 수 있는 권리'라는 경제적인 의미에서의 소유자는 국가이다. 헨리 조지가 주장한 토지세가 바로 $s=1$인 조세이다. 토지소유권의 가치는 0이 되고, 토지소유자는 소유권을 포기할 것이다. 임대료 전액에 해당되는 세금을 부과하면 명시적인 국유화 조치 없이 토지사유제를 폐지할 수 있게 된다. 세율이 낮든 높든 세금을 부과하면 국가가 그만큼의 소유권을 분할해서 가져가는 것으로 볼 수 있다.

미래가 즉각적으로 자본화되는 효율적인 시장에서라면 부동산 보유세가 부동산 가격의 일회적(一回的)인 하락을 유발할 뿐, 세금 도입 이후의 부동산 투자자에게 아무런 영향을 주지 못한다. 이점은 0시점 이후의 부동산 가치와 매 기간의 투자수익률을 계산해 보면 알 수 있다. 미래 부동산 투자자들의 투자수익률은 세금 부과 이전과 다름없으며 그 의사결정도 세금이 없을 때와 같다. 세금을 많이 납부하지만 그만큼 부동산을 싸게 샀기 때문이다. 부동산 가격의 추이도 세금이 없을 때와 마찬가지 궤적을 그릴 것이다.

물론 현실의 부동산 시장은 '미래가 즉각적으로 자본화되는 효율적 시장'이기 어렵다. 부동산마다 서로 다른 특성을 갖는 이질성이 두드러지고 이 때문에 거래정보의 확산이 더디고 거래비용도 높다. 따라서 세금 부담이 높아질 때 가격이 일시에 하락하기보다는 꽤 긴 기간을 두고 조금씩 낮아지는 모습이 보다 현실적일 수 있다.

그러나 그 기간 중에 이자율, GDP, 물가 등 여러 경제사회 요인들의 변화가 동시에 진행되며, 그 가운데 조세의 효과가 묻힐 수도 있다. 세금이 부동산의 가격을 낮추는 효과가 있지만, 다른 여러 요인들이 동시에 작용하기 때문에 현실에서 세금을 올린다고 당장 부동산 가격이 떨어질 것인지는 미지수이다.

지금까지 부동산 조세의 효과를 논의하면서 조세의 도입이 세전 임대료(R)에 아무런 영향을 주지 않는다는 암묵적인 가정을 하였다. 세금이 부과되어도 세전 임대료가 변화하지 않으면 임차인의 부담은 늘거나 줄지 않으므로 세금은 온전히 임대인(소유자)이 내게 된다. 이처럼 세금의 법적인 납부의무자와 경제적인 실질 부담자가 완전히 일치하는 것을 "세부담이 전가되지 않는다"고 말한다.

이에 비해 세금 때문에 세전 임대료가 올라서 임차인 부담이 늘었다면 일부 세금은 전가된 것이다. 수요-공급 모형에서 설명한 바와 같이 부동산은 다른 재화와 달리 세부담이 손쉽게 전가되지 않는 특성을 가지고 있다. 토지라면 장기적으로도 그 공급량이 절대적으로 고정되어 있다고 볼 수 있고, 주택 등 건물의 경우에는 건축기간이 장기간이므로 적어도 단기간에는 공급량이 고정되었다고 보아도 무리가 없기 때문이다.

그러나 세금 부과 이후 공급을 조정할 수 있는 충분한 시간이 주어진다면 세금이 임대료의 등락을 초래할 수 있다. 세금 부과 때문에 부동산 가격이 낮아져서 부동산의 건축, 즉 신규 공급이 줄어들거나 유지보수를 위한 투자가 감소하면 장기적으로 부동산의 총량이 줄어들기 때문이다.

즉, 장기간에 걸쳐서는 세금에 대해 탄력적인 공급 대응이 가능하다. 이 경우 전체적인 공급 부족이 초래되고 세전 임대료가 상승하는 것이 가능하다. 이렇게 부동산 세금의 효과가 장 · 단기간에 매우 다를 수 있다.

3) 부동산 내재가치 모형의 응용

(1) 사용자비용(User Cost)

자신이 소유한 주택에 거주하는 경우처럼 임대료가 관찰되지 않을 때, 기회비용 등 모든 비용 요소와 자본이득까지 포함하는 포괄적 의미의 잠재적인 임대료를 사용자비용 또는 귀속임대료(Imputed Rent)라 하는데, 내재가치 모형이 사용자비용을 정의하는 개념 틀이 된다. 내재가치 식으로부터,

$$R = iV - gV \qquad (2\text{-}4)$$

인데, 식 우항의 첫 번째 항목(iV)은 부동산 가치(즉, 매입비용) V를 다른 자산에 투자하지 않고 부동산에 투자함으로써 포기한 수익, 즉 자본의 기회비용을 나타낸

다. 두 번째 항(gV)은 이 부동산을 소유하여 얻은 자본이득이다. 자본이득만큼 이익을 보았으므로 그만큼을 비용에서 차감하여 잠재적인 임대료, 또는 사용자비용을 계산하는 것이다.

사용자비용의 기본 틀을 현실 자료에 적용할 때는 보다 복잡한 형태를 가진다. 예를 들어 재산세 실효세율을 t_1, 양도소득세 실효세율을 t_2, 부동산 가격 대비 유지보수비용 비율을 m, 부동산 취득을 위한 거래비용 비율을 k라고 하면 식 (2-4)는 다음과 같이 변형된다.

$$R = (i + t_1 + m + k)V - (1 - t_2)gV$$

부동산 구입에 은행 대출금이 사용되었고, 그 대출금 이자에 대해 정부가 소득세를 감면해 준다면 이 식은 더욱 복잡해진다. 그러나 이런 모든 복잡한 변형에도 불구하고 사용자비용은 (기회비용－자본이득)이라는 구조에서 벗어나지 않는다.

(2) 자본환원율(Cap Rate)

상업용 부동산의 투자수익 분석에서 가능총소득(PGI: Potential Gross Income)에서 공실 및 임대료 미납에 따른 손실을 차감하여 유효총소득(EGI: Effective Gross Income)을 구하고, 여기서 유지관리비와 재산세 등 각종 운영경비를 차감한 것이 순영업소득(NOI: Net Operating Income)이다.

상업용 부동산 분석에서 NOI가 중요한 이유는 부동산에 투자한 모든 투자자들이 가져갈 수 있는 총수입의 파이가 NOI이기 때문이다. 여기서 투자자라 함은 소유권을 전부 또는 일부 갖는 지분투자자(Equity Investor)뿐 아니라 이들에게 대출을 해준 금융기관, 즉 금융투자자(Financial Investor 또는 Mortgage Investor)까지도 포함한다. NOI라는 파이가 여러 투자자들 사이에 각자의 권리에 따라 나누어 분배되고, 이 분배된 소득으로부터 각자 소득세, 법인세 등을 납부하여 최종적으로 세후 수입을 얻는다.

자본환원율은 오피스와 같은 상업용 부동산의 투사분석에 광범위하게 쓰이는 개념인데, 거래 후 초년도 NOI를 부동산의 가격으로 나눈 수치로 정의된다.

$$cap\ rate \equiv \frac{NOI}{V}$$

자본환원율은 투자액 대비 운영수익을 측정하므로 운영수익률을 나타낸다. NOI가 내재가치 모형의 R에 해당되므로, 자본시장이 균형을 이룰 때,

$$cap\ rate = i - g \qquad (2\text{–}5)$$

의 관계가 성립된다. 균형에서 자본환원율은 부동산의 요구수익률(즉, 할인율)에서 순운영수입의 증가율을 뺀 것과 같다는 의미이며, 자본환원율은 이 두 수치를 결정하는 요인들에 의해 변한다. i는 국채 등 무위험자산 수익률에 부동산 투자의 리스크 프리미엄을 더한 수치이며,[8] g는 NOI의 증가율이자 자산가치 증가율(즉, 자본이익 수익률)이기도 함을 앞에서 설명하였다.

그런데 조세, 기타 경비들이 임대료의 일정 비율로 고정되어 있을 경우 NOI 증가율은 결국 임대료 증가율과 같다. 개별 부동산들의 경우 위치나 유형, 기타 특성에 따라 임대료 상승률에 큰 편차가 있을 수 있다. 이 차이 때문에 균형상태의 부동산 시장에서도 자본환원율이 서로 다른 부동산들이 존재할 수 있다.

위 식에서 보듯이 자본환원율은 i가 높을수록 g가 낮을수록 크다. i값은 시장 이자율이 높을수록, 또 부동산 투자의 위험이 높을수록 커진다. 예를 들어 외환위기 직후 우리나라 이자율이 높았고 이 때문에 자본환원율도 높았지만, 이후 이자율이 서서히 떨어지면서 자본환원율도 낮아졌다.

g값은 임대료 및 자산가격 상승률 또는 그 전망을 나타낸다. 역시 미래가 암울했던 외환위기 기간 중 그 값이 매우 낮아서 자본환원율이 높아지는 결과를 초래했다. 현재 서울의 오피스 시장에서 자본환원율이 4%대 초반에 불과한 것은 이자율이 낮고 미래에 대한 전망이 낙관적인 것을 반영한다.

(3) 전세의 경제학

전세계약에서 임차인은 보증금으로 목돈을 임대인에게 맡기고 임대기간이 끝나면 보증금을 고스란히 돌려받는다. 따라서 전세계약은 임대인이 임차인에게 부동산의 사용을 허락하는 계약과 임차인이 임대인에게 보증금에 해당되는 돈을 빌려주는 계약이 함께 이루어지는 것이라고 할 수 있다. 보증금에서 발생하는 수익이 임대기간 중의 임대료가 되는 것이다.

---

8) 무위험자산 수익률은 물가상승률에 실질이자율을 더한 수치임을 감안하면 i에 물가상승률이 이미 반영되어 있다.

자산시장이 균형에 있다면, 전세보증금(D)과 매매가격(P)은 식 (2-3)의 임대료 대신 전세보증금에서 발생하는 수익을 대입한 관계를 충족시킬 것이다. 예컨대, 전세보증금의 운용수익률이 부동산 투자의 수익률과 같다는 단순화 가정하에서 식 (2-3)은 다음과 같이 변형된다.

$$i = \frac{iD}{P} + \frac{\Delta P}{P} \quad \text{이므로,}$$

$$\frac{D}{P} = 1 - \left(\frac{1}{i}\right)\left(\frac{\Delta P}{P}\right) \qquad (2\text{-}6)$$

이 식은 전세시장이 균형을 이루고 있을 때 주요 변수들이 어떤 관계를 가지는지를 보여준다. 매매가격 대비 전세보증금의 비율($\frac{D}{P}$)은 이자율이 낮을수록, 또 자본이득 수익률이 클수록 낮아진다. 미래에 부동산의 값이 크게 오를 것으로 기대된다면 매매가 대비 전세보증금 비율은 낮아진다.

이 비율이 높은 주택들은 향후 주택가격 상승이 크게 기대되지 않기 때문에 전세보증금 및 그 수익금이 높아야 부동산 투자의 수익률이 충족된다. 반면 앞으로 부동산 가격이 크게 오를 것으로 기대되는 주택의 경우는 당장의 전세금 및 그 수익금이 낮아도 요구되는 투자수익률이 충족될 수 있다. 서울의 아파트 시장에서 강남지역의 매매가 대비 전세가 비율이 강북지역에 비해 거의 항상 낮은 것은 강남지역 아파트의 가격 상승 기대가 큰 것을 반영한다.

가격이 오르지 않는 부동산이라면(즉, $\Delta P = 0$이라면), 전세보증금은 매매가격과 같아질 것이다. 자본이득에서 아무런 수익이 발생하지 않으므로 매매가격의 기회비용 전체가 전세보증금의 운용수익으로 충당되어야 하기 때문이다. 현실에서 전세보증금이 매매가격보다 작다는 것은 크든 작든 장래 자본이득에 대해 긍정적인 기대가 있음을 반영한다.

현실에 가까이 가기 위해서는 미래에 대한 불확실성, 세금, 유지보수비, 거래비용 등을 반영하는 변수들을 도입해야 하는데, 그럴 경우 자본이득에 대한 기대가 0이라면 전세보증금은 매매가보다도 높을 것이다. 임차인은 유지보수비, 세금 등을 부담하지 않고 주택을 사용하지만, 소유자는 이들 비용을 부담하여야 하기 때문이다. 우리나라에서도 주택을 구입할 매력은 없지만 직장 등의 사유로 거주자가 많은 도시의 경우 특정 시기에 전세보증금이 매매가격보다 높은 경우가 있었다.

5 부동산 가격거품

1) 자산 가격거품의 개념

자산가격 결정모형에서 "시장이 원활히 작동할 때 시장가격은 자산의 내재가치와 같아질 것"을 논의하였지만, 어떤 계기로 시장가격이 내재가치보다 더 크고, 그 차이가 지속되거나 점점 더 커질 수 있다. 이때 내재가치와 시장가격의 차이를 가격거품이라고 부른다. 내재가치를 V, 시장가격을 P라고 하면, 어떤 양의 수 α에 대해 다음의 관계가 성립할 때, α를 가격거품[9]이라고 한다.

$$P = V + \alpha \tag{2-7}$$

가격이 가치와 괴리되어 있다고 해서 그 차이가 반드시 거품은 아니다. 모든 재화와 자산의 시장에서 시장가격은 일시적으로 균형가격과 괴리될 수 있으며, 시장가격이 균형을 찾아가는 과정에서 과잉 조정(Over-Shooting)이 있는 경우도 있고, 부동산 시장은 다른 시장에 비해 비효율적인 요소가 더 많으므로 양자 간의 괴리가 생길 수도 있다. 가격과 가치가 다를 때 재정거래가 성행할 것이고 따라서 그 차이가 점차 줄어든다.

이처럼 가격이 방향성을 가지고 내재가치에 접근한다면, 비록 양자 간에 괴리가 있다고 해도 가격거품이 있다고 말하지 않는다. 앞서 정의한 바와 같이 자산의 내재가치보다 시장가격이 높게 형성되고, 이 괴리가 상당 기간 지속적으로 커갈 때에 한해서 가격거품이 존재한다고 말한다.

언론이나 일반인이 거품을 언급할 때 내재가치 증가로 인한 가격 상승과 거품의 성장을 구분하지 못하는 것을 흔히 본다. 내재가치에 영향을 주는 변수들이 가격을 변동시키는 현상을 거품이라고 부르는 것은 옳지 못하다. 예컨내, 이자율이 낮아지면 내재가치가 커져서 가격이 오르며, 세금 부담이 늘면 내재가치가 작아져서 가격이 내린다.

이런 요인들 때문에 부동산 가격이 오르거나 내릴 때 "거품이 생겼다"거나 "거품이 꺼졌다"라고 말하는 것은 정확한 표현이 아니다. 다만 저금리나 세금, 기타 요인

9) 가격거품에 해당되는 영어단어(어구)는 bubble, speculative bubble, economic bubble, price bubble, financial bubble 등 다양하다.

들이 내재가치를 변동시키는 폭을 훨씬 상회하여 가격을 올린다면 거품을 의심할 수 있을 것이다.

역사상 최초의 거품으로 알려져 있는 17세기 네덜란드의 튤립 가격거품(Tulip Mania)에서 1990년대 말 미국의 닷컴 주식거품에 이르기까지 많은 자산에서 거품이 발생하였다. 거품이 발생한 자산들은 공통점을 가지고 있다. 수명이 길고 시장 기본가치를 정의하기 어려우며, 단기적으로 공급이 비탄력적이지만 거래가 활발히 이루어져서 가격 상승에 대한 공통된 믿음이 쉽게 퍼질 수 있는 자산들이다.

이런 성격을 가진 주식 · 부동산 · 금 등에 거품이 발생하기 쉽지만, 만기가 정해져 있는 채권에는 거품이 존재하기 어렵다. 예컨대 만기가 짧은 채권이라면 만기에 얼마나 받을 수 있는지, 그 현재가치가 얼마만큼인지를 거의 정확히 계산할 수 있다. 이런 자산에는 거품이 발생하고 성장하기 어렵다.

과도한 자산가격 상승을 거품이라고 부르는 이유는 터지기 때문이다. '터진다'는 표현이 합당할 정도로 갑자기 가격이 폭락한다. 튤립 버블에서 미시시피 버블과 남해(South Sea) 버블, 그리고 일본의 부동산 버블에 이르기까지 버블의 소멸은 가격이 갑자기 폭락하는 양상을 보였으며, 바로 이런 가격 폭락이 거품의 존재를 사후적으로 확인하게 해 준다.

2) 거품의 발생 및 성장

(1) 거품 생성 및 성장 요인

주식이나 부동산의 경우 만기가 정해져 있지 않으며, 자산 보유자에게 돌아가는 미래의 현금흐름이 얼마가 될지 불확실하다. 이런 자산은 그 내재가치가 얼마인지를 정확히 계산하기가 사실상 불가능하다. 어떤 계기로 자산의 가격이 급등하고, 앞으로도 지속적으로 상승할 것이라는 낙관론이 광범위하게 확산될 수 있다. 이런 낙관론에 기대어 투자자들이 투자를 확대함에 따라 자산의 가격은 더욱 오르고, 미래가격 상승에 대한 기대는 더욱 높아간다.

투자실적과 낙관적 기대가 서로를 보강해 주는 선순환 사이클이 지속됨에 따라 점점 더 많은 사람들이 해당 자산에 투자하게 되고 거품이 성장하게 된다. 투자자들이 앞으로 자산의 가격이 상승할 것이라고 예상한다는 이유만으로 그 자산의 가격이 높게 형성될 경우 가격거품이 존재한다고 할 수 있다.

그러나 과거에 해당 자산가격이 올랐으니 앞으로도 오를 것이라는 기대만으로는 거품을 크게 키우기에 부족하다. 이전시대에 경험하지도 상상하지도 못했던 새로운 미래가 열린다는 보다 근본적이고 거시적인 장밋빛 환상이 필요하다. 1980년대 말의 일본 부동산 시장에서는 일본이 세계경제의 새로운 중심축이 되면 경제 전체의 질적 향상이 이루어질 것이고, 부동산 가격도 그에 걸맞게 오를 수밖에 없다는 진단이 부동산 가격 상승을 정당화하였다. 1990년대 말의 미국 닷컴 주식거품에는 신경제(New Economy)가 도래하였으니 전통적인 자산가격 평가 방법들은 닷컴 주식에 적용되지 않는다는 논리가 주식가격의 과다한 상승을 합리화하였다.

다른 한편, 거품이 생성되고 성장하기 위해서는 거시경제적인 유동성이 풍부해야 한다. 경제 내에 유동성(통화량)이 넘쳐서 금융기관으로부터 쉽게 돈을 빌릴 수 있고, 이자율도 낮으며, 소득도 크게 늘어나는 상황에서 사람들은 낮은 이자율로 예금을 하는 것보다 부동산이나 주식에 직접 투자하는 것을 선호한다. 유동성의 증가는 금융 시스템의 발달이나 규제 완화 등에 의해 효과가 더 커진다. 투자수익에 대한 낙관론이 팽배하다면 많은 사람들이 자기자본에 덧붙여 금융기관에서 돈을 빌려서 투자하는 것을 서슴지 않기 때문이다.

자산가격이 예상했던 바와 같이 오르면 투자자들은 큰 수익을 거두고 금융기관들도 자금을 회수하는 데 문제가 없다. 금융기관들이 앞장서서 투자를 하거나 고객들의 투자를 부추길 것이며, 이 과정에서 정상적인 절차 및 기준을 무시한 과도한 대출이나 자본참여를 하기도 한다. 예를 들어, 1980년대 말 일본의 부동산 거품이 자랄 때, 담보가치의 100%를 초과하는 대출사례들을 볼 수 있었다. 금융기관들이 적극적으로 거품의 성장에 관여하기 때문에 거품이 꺼져서 담보가치가 하락하면 투자자뿐만 아니라 대출을 해 준 금융기관까지 연쇄적으로 도산하게 되는 도미노 현상이 발생하게 된다.

이상과 같은 배경하에 거품이 만들어지고 성장하지만, 왜 투자자들이 터무니없는 가격에 자산을 사고팔면서 거품을 키워갈까? 이 사람들이 비합리적이기 때문인가? 거품의 성장에 대한 유력한 설명 중의 하나는 소위 "더 큰 바보 이론(The Greater Fool's Theory)"이다. 거품이 자라서 자산가격이 이전에 비해 수 배 내지 수십 배 상승하면, 이 가격이 정상인지에 대해 논란이 없을 수 없다.

그런 가운데서도 투자를 하는 투자자들도 반드시 그 가격의 적정성을 확신하는 것이 아니다. 본인은 자산가격이 과도하게 높다고 생각할지라도 누군가 나중에 더 높은 가격으로 사줄 것이란 확신만 있으면 꺼리지 않고 투자한다. 비록 내가 바보 같은 행동을 할지라도, 더 큰 바보가 있을 것이란 기대로 투자를 하는 것이다. 바보가 더 큰 바보를 찾을 수 있는 한 거품은 계속 자란다.

(2) 거품 성장기의 현상

거품을 여러 유형으로 나눌 수 있고, 비합리적으로 행동하는 투자자들이 거래하면서 키워가는 거품도 있을 수 있는 반면 합리적인 투자자들이 효율적인 시장에서 거품을 키워갈 수도 있다. 거품이 자라는 동안에는 이를 정당화하는 새롭고 기발한 이론들이 나타나는 것이 일반적이다. 경제사회의 근본적인 변화를 내세워 과도하게 높은 가격을 정당화하는 새로운 논리들이 개발되지만, 실은 오로지 가격 상승을 기대하고 투자가 이루어질 뿐이다.

거품은 시장가격과 내재가치 간의 괴리이므로, 내재가치를 알아야 거품이 존재하는지 알 수 있다. 그런데 부동산의 내재가치는 현재뿐 아니라 미래의 부동산 소득과 할인율에 의해서 결정되기 때문에 미래가 불확실한 한 내재가치를 정확히 알 수 없다. 따라서 거품이 꺼지기 전에 그 존재를 판단하는 데 근원적인 한계가 있다. 여러 지표나 통계적 기법을 활용하여 거품의 존재를 추론하고자 시도해 볼 뿐이다. 그러나 어느 것도 거품의 존재를 알기 어려운 한계를 완전히 극복하지는 못한다.

거품이 있는지 여부를 판단하기 위해서 활용되는 지표들은 거품이 자랄 때 나타나는 다음과 같은 현상들에 주목한다.

① 부동산 가격이 계속 오른다. 과거에는 예상하기 어려웠던 수준까지 가격이 오르며, 특히 임대료와 자산가격의 괴리가 커져서 가격이 적정한지에 대한 논란이 무성해질 것이다.

② 주택의 경우 소득에 비해 가격이 상대적으로 많이 올라서 주택가격에 대비한 수요자들의 주택구입능력이 떨어질 것이다.

③ 가격 상승에 편승해 투자수익을 겨냥한 투자활동이 활발해진다. 점점 많은 사람들이 투자목적으로 주택을 거래함에 따라 주택 거래량이 크게 늘어나며, 거래건수 중 투자목적의 비중이 커진다.

④ 금융기관들이 부동산 구입자금 대출이나 지분참여 등을 늘리는 가운데, 일부 방만한 대출을 꺼리지 않으며 그 과정에서 부정과 비리가 개재되기도 한다. 가격 상승을 바라고 무리하게 대출을 받은 사람들은 소득에 비해 과도한 원리금 상환 부담을 진다.

많은 지표들이 위에 나열한 현상들을 포착하는 데 활용될 수 있다. 물론 여기에 소개하는 지표들은 거품과 무관하게 부동산 시장의 상황을 나타내는 지표로 유용하게 활용될 수도 있다.

① 소득 대비 주택가격 배수(PIR: Price Income Ratio):

$$Price\ Income\ Ratio(\mathrm{PIR}) = \frac{\text{주택가격}}{\text{소득}}$$

② 한국주택금융공사의 주택구입능력지수(K-HAI):

$$\frac{\text{대출상환가능소득}}{\text{중간가구 월소득}} \times 100 = \frac{\frac{\text{원리금상환액}}{\mathrm{DTI}}}{\text{중간가구 월소득}} \times 100$$

[여기서, 원리금상환액은 담보가액 대비 대출금 비율(LTV) = 50%, 월소득 대비 원리금 상환액 비율(DTI) = 25%, 대출조건은 만기 20년 원리금 균등상환 대출을 가정]

③ 임대료 대비 매매가격의 비율:

$$House\ Price - Rent\ Ratio = \frac{\text{주택가격}}{\text{임대료}}$$

우리나라 전세계약의 경우,

$$\text{매매가 대비 전세가 비율} = \frac{\text{주택 전세가격}}{\text{매매가격}}$$

(3) 거품의 붕괴와 그 여파

내재가치와 괴리된 가격 상승이 무한정 계속될 수 없다. 거품이 커지면 커질수록 점점 많은 투자자들이 '더 큰 바보'를 찾지 못할까 불안해지고 어떤 계기에 더 이상 거품이 성장하지 못할 때, 기다렸다는 듯이 너도나도 자산을 매각하고자 한다. 누구나 팔고자 하고 아무도 사는 사람이 없는 시장에서 자산가격은 폭락을 면하지 못한다. 거품이 꺼진 것이다.

일본의 부동산 거품에서는 금리인상과 부동산 대출 총량규제라는 시장 외적인 요인이 거품을 꺼뜨리는 계기였다. 은행 돈을 빌어서 부동산을 사는 투자행태가 더 이상 지속되지 못하자, 부동산 소유자들이 싼값에라도 부동산을 팔려고 일시에 매물을 내놓았고, 그 결과 부동산 가격이 폭락하였다. 거품의 소멸은 거대한 규모의 부가 일시에 사라지는 현상이다. 이는 경제 내 금융 부문과 실물 부문 모두에 큰 영향을 미칠 수 있다.

첫째로, 거품의 붕괴는 금융 시스템의 불안정을 초래할 수 있다. 거품이 성장하는 기간 중 투자자들은 금융기관의 대출을 받거나 자본시장에서 직접 자금을 조달하여 자산을 매입한다. 거품이 꺼지면 많은 대출채권이 부실화하며, 무리한 대출 및 투자에 관련된 비리와 부정들이 노출된다. 미국의 닷컴 버블이 붕괴된 이후 많은 하이테크 기업의 임원들이 투자자들에게 부풀려진 거짓 정보를 주거나 회계장부를 조작한 혐의로 기소되었으며, 관련 투자은행(Investment Bank) 고위 임원들이 투자자들을 오도한 책임을 지고 수백만 불씩의 벌금을 내야 했다.

금융기관, 특히 큰 은행들이 다수 파산 위기에 몰린다면 이는 국가적 위기 상황이다. 경제 내 금융 시스템의 역할은 인체의 순환계 역할에 비유된다. 일시적이라도 피가 순환되지 않으면 생명을 유지할 수 없는 것과 같이, 금융기관들 특히 은행이 기능하지 못하면 나라 경제가 파국을 맞게 된다. 이 점에서 은행은 일반 기업과 다르다. 일반 기업은 아주 특별한 경우가 아닌 한(파산까지도 포함하여) 경영 성과의 책임을 주주와 경영자들이 진다. 이에 비해 은행의 파산은 그 부정적 파급효과가 너무 크기 때문에 중앙은행이나 정부가 나서서 필요한 조치를 취한다. 금융기관의 부실에 대한 궁극적 책임을 정부가 져야 하기 때문에, 금융기관의 경영에 대해 정부가 감독하고 규제하는 것이 당연하게 받아들여지는 것이다.

둘째로, 가격거품의 붕괴는 실물경제에 영향을 줄 수 있다. 두 가지 경로를 생각해 볼 수 있는데, 금융기관의 부실화에 따른 경제의 동맥경화 현상이 그 첫 번째이다. 많은 대출이 부실화되면, 은행은 자금부족 위기를 넘기기 위해 가능한 한 많은 대출금을 회수할 수밖에 없다.

정상적인 경우 대출이 연장될 것으로 기대했던 기업들이 갑자기 많은 대출금을 상환해야 하며, 신규 대출을 기대했던 기업들은 대출을 받지 못한다. 경제에 돌고 있는 돈의 흐름이 막히는 상황이다. 이는 기업들의 투자 지연, 생산 축소, 지급 불능, 파산 등을 유발할 수 있다. 기업들이 이런 어려움을 겪으면 국가경제 전체로는 실업이 늘어나고 소득이 줄어든다. 개인 채무자들도 대출연장이 되지 않으면 마찬가지의 어려움을 겪는다.

거품 붕괴가 실물경제에 영향을 미치는 또 다른 경로는 자산효과(Wealth Effect)를 통해서이다. 자산효과란 보유자산 가격이 오를 때, 소득이 변하지 않을지라도 소비가 증가하는 현상을 말한다. 자산 보유자들이 '부자가 된 느낌'을 가지기 때문에 지출을 많이 하는 것이다. 자산가격이 내린다면 거꾸로 (같은 소득수준에서라도) 소비를 줄인다. 거품이 붕괴하여 큰 폭으로 자산가치가 떨어지면, 자산효과에 의해 소비가 줄어들 수밖에 없다. 국가 경제적으로 소비가 크게 줄면 생산과 고용이 떨어진다.

일본의 부동산 거품은 1990년에 꺼졌다. 그 이후 토지가격은 지속적으로 하락하여 2000년의 6대 도시 지가는 1985년 수준으로 떨어졌고, 기업의 주요 자산인 부동산 가치하락은 곧 기업 자체의 가치하락으로 이어졌다. 부동산 가격이 급락하자 담보가치에 비해 지나치게 많은 융자를 해 주었던 금융기관들이 일시에 다량의 부실채권을 떠안게 되었고, 금융기관의 부실은 다시 부동산 가격의 급락을 불러오는 악순환이 빚어져서 일본 경제가 전체적으로 침체되었다.

이러한 경기침체에 대하여 일본은행은 1991년 7월 이후 지속적으로 공정금리를 인하하여 경기를 부양하려 하였으나 큰 효과를 거두지 못하였다. 정부도 1992년 이후 1996년 상반기까지 장기간의 재정 확대 정책을 실시하였지만, 재정 파탄의 가능성이 커졌을 뿐 경기부양 효과는 미미하였다. 결국 부동산 가격거품과 이에 대한 정부의 미숙한 대응이 일본 경제의 장기침체를 가져왔다.

일본 경제가 저물가, 저생산, 저소득에서 헤어나지 못하여 장기간 국민들이 고통을 겪은 1990년대를 "잃어버린 10년"이라고 부른다. 그 이후에도 경제가 회복되지 못하자 10년을 20년으로 바꾸어 부르게 되었다. 일본은행의 통화정책과 정부의 재정정책이 총동원되었음에도 불구하고 왜 일본 경제가 그렇게 오랫동안 회복되지 못했는가 하는 의문은 단순한 지적 호기심에 그치지 않는다. 다른 나라들도 일본과 유사한 자산 가격거품과 거품 붕괴 이후의 경제침체를 종종 경험한다. "잃어버린 10년"을 피하기 위해 일본의 경험으로부터 통화정책과 재정정책의 효과와 부작용에 대한 교훈을 얻어야 할 것이다.

제3장

부동산 금융론

제1절 부동산 금융 시장과 상품

제2절 주택담보대출 시장(1차 저당시장)

제3절 주택담보대출의 유동화 시장(2차 저당시장)

제4절 우리나라 부동산 금융 추이

제1절
부동산 금융 시장과 상품

1 부동산 금융의 개념

부동산 금융은 부동산의 개발, 매입, 운영, 임대차, 처분 등을 위한 자금을 공급하는 시스템이라고 정의할 수 있다. 부동산의 중요한 특성 중 하나는 고가성(高價性)이다. 기업이든 개인이든 보유자산이나 소득에 비해 부동산이 비싸기 때문에 자기자금만 가지고 매입하거나 개발하기 어렵고, 거의 언제나 외부 자금을 활용한다.

부동산 금융 시스템은 자금 수요자에게 필요한 자금을 제공하고, 자금 공급자에게 투자의 기회를 제공하며, 국민경제적 관점에서는 주택, 토지, 기타 부동산의 생산과 활용에 도움을 준다. 주택을 구입하기 위해 소비자가 받는 주택담보대출, 개발사업자가 토지구입이나 건설자금 조달을 위해 활용하는 프로젝트 파이낸스(PF: Project Finance) 대출 등이 대표적인 부동산 금융상품이다.

금융기관을 통한 제도권 금융거래만 있는 것은 아니나. 주택을 진세 놓고 전세보증금으로 주택구입 대금을 치른다면 전세계약도 금융의 한 형태이다. 주택을 분양받은 사람들로부터 계약금, 중도금을 받아 건설자금을 충당하는 주택 선분양도 역시 비제도권 부동산 금융이다. 1960년대 이후 세계 부동산 산업의 동향에서 부동산 금융의 비약적인 발전이 가장 두드러진 현상이라 해도 과언이 아니다. 미국의 경우 주택담보대출이 대중화되었고, 주택담보대출 채권이 증권화를 통해 유동성을 가지게 되었다.

1990년대에는 부동산 투자신탁(REIT; 이하 리츠)이 '부동산 투자의 민주화'를 표방하며 일반인들도 대형 상가나 오피스 건물과 같은 부동산에 투자할 수 있게 하였다. 이전 시기의 부동산이 철근과 콘크리트로 상징되었다면 이후에는 "부동산은 금융이다"라는 경구가 나타내듯이 전통적 부동산 산업과 금융산업의 연계가 지속적으로 강화되었다.

세계적으로 각국의 자본시장은 서로 긴밀하게 연계되어 움직이고 있고, 특히 미국에서 일어나는 일들이 다른 모든 나라 시장에 큰 영향을 준다. 부동산 금융도 미국에서 나타나는 문제들, 정책 방향, 제도의 틀 등이 다른 나라들의 부동산 금융 발전에 영향을 준다. 주택담보대출의 대중화, 대출채권의 유동화, 리츠의 발전 등의 추세도 우리나라를 포함한 여러 나라에서 진행되었다. 이런 국제적 동조화 현상은 바람직하지 못한 측면도 있어서 미국의 서브프라임 사태가 전 세계로 확산되어 글로벌 금융위기를 초래하기도 했다.

부작용이 나타날 수 있지만, 부동산 금융의 순기능을 부정할 수 없다. 부동산 금융이 제대로 작동한다면 자금 수요자와 공급자들의 특성, 성향, 능력에 맞추어 적시적소에 그리고 저렴한 비용으로 자금이 흐르게 된다. 수많은 사람들이 주택담보대출을 받아서 내 집 마련의 꿈을 이루는 것이 가장 두드러진 효과이다. 공익적인 관점에서는 부동산 금융이 국민의 주거생활을 안정시키고 기업활동을 원활히 하기를 기대할 수 있고, 또 그렇게 유도하는 것이 정부의 책임이다.

2 부동산 금융 시스템

부동산 시장과 금융시장에 참여하는 여러 주체들이 서로 거래를 하는 가운데 부동산에 관련된 자금의 흐름이 이루어지는 전체 체계를 부동산 금융 시스템이라고 할 수 있다. 이 시스템의 핵심 기능은 자금잉여 부문에서 자금부족 부문으로 자금이 흐르도록 하는 것이다. 이를 위해 양 부문이 연결되어 금융상품의 가격이 결정되는 시장, 시장에서 거래되는 금융상품을 만들고 중개 및 위험관리 기능을 하는 금융 중개기관(Intermediary), 그리고 시장의 룰을 만들고 시스템을 관리,

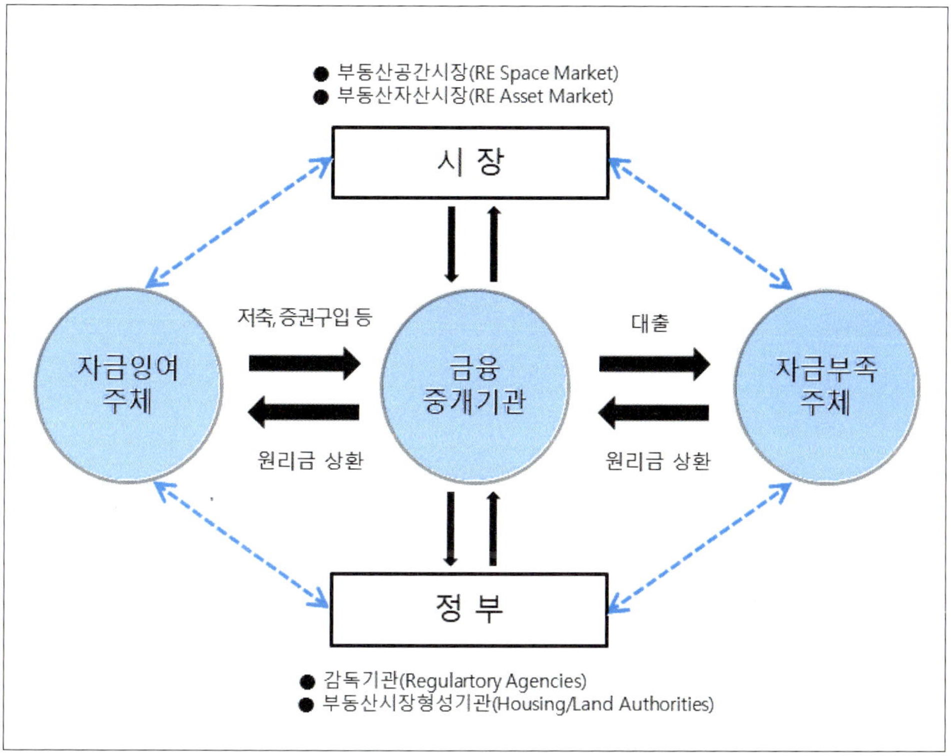

자료: 한만희 · 조만(2008), p. 32.

〈그림 3-1〉 부동산 금융 시스템의 구조

감독하는 정부 등이 자금잉여 및 부족 주체들과 더불어 부동산 금융 시스템의 구성요소가 된다(그림 3-1).

나라마다 자금 수요자 및 공급자, 중개기관, 그리고 정부가 담당하는 역할의 내용과 범위는 다르다. 미국과 같이 성숙한 시장에서는 시장과 중개기관의 역할이 크고 정부의 역할이 작은 데 비해, 우리나라처럼 금융시장이 충분히 발달하지 못한 나라에서는 정부의 역할이 상대적으로 클 수밖에 없다. 금융 중개기관들은 금융상품의 개발, 대출채권 등의 심사(Underwriting) 및 관리(Servicing), 자금의 모집과 배분, 위험관리, 자금의 시간적 · 공간적 배분 등을 담당하는데, 부동산 금융의 발전과 더불어 그 역할이 확대되고 있다.

정부는 부동산 금융 시스템의 룰을 만들어 전체 체계를 구축하고, 이 시스템이 건전하게 발전하도록 금융 중개기관과 금융상품을 규제하고 감독한다. 이는 금융이 국민경제에 미치는 파급효과가 워낙 커서 금융사고를 미연에 방지하는 것이 필수적이기 때문이다. 정부는 또 국민들의 주거안정을 위한 각종 지원을 한다. 우리나라에서는 정부의 무주택 서민을 위한 예산 및 금융 지원 이외에도 한국주택금융공사, 주택도시보증공사(HUG)와 동 공사가 관리하는 주택도시기금 등의 각종 사업이 국민 주거안정을 위한 다양한 지원을 해왔다.

3 부동산 금융상품의 유형

부동산 금융 시스템이 제공하는 여러 상품들이 워낙 다양하고 때로 복잡하기 때문에 이들을 체계적으로 유형화하기는 쉽지 않다. 여기서는 부동산 금융상품을 특징짓는 몇 개의 기본 개념을 소개하고, 개별 상품에 관련된 사항들은 뒤에서 논의하기로 한다.

1) 매입금융(Purchase Finance) vs. 개발금융(Development Finance)

부동산 활동에서 대규모 자금이 필요할 때는 토지, 아파트, 상업용 건물 등을 신규로 개발, 건설할 때와 기개발된 부동산을 매입할 때이다. 그런데 두 경우의 잠재적인 위험은 크게 다르다. 부동산 개발은 토지매입, 인허가, 설계 및 시공, 마케팅, 완공 후의 매각 및 운영 등 각 단계마다 사업의 성패를 좌우할 만한 큰 위험 요인들에 직면한다. 이미 개발된 부동산을 매입할 때는 이런 위험 요인들이 없거나 작다. 따라서 부동산 개발 단계와 매입 단계의 금융에 참여하는 자금 수요자와 공급자, 금융상품, 위험분담방식, 수익률 등은 크게 다르다.

부동산 개발금융의 대표적인 상품이 부동산 PF(Project Finance)이다. PF 대출은 개발에 따르는 위험을 분산하기 위한 여러 장치를 갖추고 있는 것이 보통이지만, 부동산 시장이 침체될 경우 그런 안전장치가 무력화되어 관련 기업들이 대량 도산하는 등 큰 사회문제가 발생하기도 한다. 매입의 경우에도 신축된 상업용 건물의 경우 임차가 100% 완료되지 않고 임차인 구성이 안정되지 않은 상태와 몇 년간의 운영을 통해 임차인 구성, 임대조건 등이 안정되고 상권이 형성된 상태는 다르다.

전자의 경우 후자에 비해 상대적으로 고위험-고수익의 자금을 단기로 운용하는데 특화된 금융기관이나 투자자들이 제공하는 메자닌 대출(Mezzanine Loan)이 활용될 때도 있다. 안정화된 상업용 건물에 대해서는 상대적으로 저위험-저수익 자금을 장기로 운용하는 금융기관들이 장기대출(Permanent Loan)을 담당한다. 이처럼 부동산의 개발 및 운용의 여러 단계마다 발생하는 위험이 다르고, 자금의 성격에 따라 감당할 수 있는 위험의 성격과 정도가 다르므로 각각의 경우에 적합한 위험과 수익 구조를 갖는 자금 수요자와 공급자를 매치시켜 적재적소에 자금공급이 이루어지게 하는 것이 금융 시스템의 역할이다.

2) 주거용 모기지 vs. 상업용 모기지

모기지(Mortgage)는 부동산 담보대출(또는 저당대출), 담보대출 채권, 저당권 등 다양한 의미를 가질 수 있는데, 워낙 많이 쓰이는 용어라서 여기서도 부동산 담보대출과 모기지를 대체 가능한 용어로 사용하기로 한다.

모기지 대출에서 채무자는 대출을 받아 가면서 부동산을 담보로 하는 근저당을 설정한다. 대출을 하는 금융기관이 채권자가 되고, 대출을 받아 부동산을 매입하는 사람이 채무자가 된다. 채권자인 대출기관이 이 채권을 다른 사람(투자자)에게 양도할 수도 있는데, 채권을 양수한 투자자는 채무자로부터 대출 거래 약정서상의 원리금상환액을 지불받는 권리를 가진다.

주거용 모기지는 소비자가 주택을 담보로 대출을 받아 내 집 마련을 하거나 생활자금, 사업자금 등으로 쓰는 용도이며, 상업용 모기지는 업무용 빌딩, 쇼핑센터, 창고, 임대사업용 공동주택 등에 투자하는 투자자에 대한 대출이다. 상업용 부동산은 종류가 다양하고 규모가 크기 때문에 대출 심사가 부동산 유형에 적합한 방식으로, 건별로 정밀하게 이루어진다. 주거용 모기지에 대해서는 국민 주거안정을 위해 대출 및 대출채권의 유동화 각 단계에 걸쳐 정부의 개입과 지원이 수반된다.

미국의 경우 1930년대 대공황을 거치면서 모기지 연체의 위험을 줄이기 위해 정부가 장기 고정금리 대출을 적극 권장하였고, 이를 통해 주택담보대출이 정형화되었다. 이처럼 정형화된 모기지는 쉽게 유동화될 수 있어서 2차 저당시장 발전에 기여했다. 주택을 매각할 때나 이자율이 낮아져서 새로 대출을 받아 기존 채무를 상환하고자 할 때, 채무자는 기존 모기지에 남아 있는 원금을 상환한다. 일부 제약조건이나 해약금(Prepayment Penalty)이 부과될 수 있지만 거의 모든 주거용 모기지 계약에서 조기상환이 가능하다.

조기상환은 내 집 마련을 위해 대출을 받았던 채무자가 자신이 발행했던 채권을 사들이는 것으로 해석할 수 있다. 즉, 주거용 모기지 채무자는 자신의 채무에 대해 콜 옵션(Call Option)을 가지고 있다고 볼 수 있다. 본인에게 유리할 때 채권을 되살수 있지만, 사야 하는 의무가 있는 것은 아니다. 이 점은 뒤에서 논의하는 바와 같이 모기지 유동화 상품을 만들 때 중요한 문제를 야기한다.

상업용 모기지의 경우는 일정 기간 동안 조기상환이 금지되거나 높은 조기상환 수수료가 부과되는 경우가 많다. 또한 만기가 주거용 모기지에 비해 짧은 것이 일반적이므로 만기 전에는 이자만 내다가 만기에 원금을 일시 상환하는 구조를 가질 때가 많다.

3) 1차 저당시장(Primary Mortgage Market) vs. 2차 저당시장(Secondary Mortgage Market)

자금 수요자가 부동산을 담보로 제공하고 금융기관에서 대출을 받는 시장을 1차 저당시장이라 하고, 대출 과정에서 생성된 채권이 거래되는 시장을 2차 저당시장이라고 한다. 후자의 예는 은행이 대출채권을 다른 금융기관에 매각하거나 또는 대출채권 풀(Pool)을 구성해서 새로운 유가증권을 발행하는 등의 활동이다.

미국의 경우 2차 저당시장이 본격적으로 발전한 데는 정부의 역할이 컸다. 미국 정부는 1968년 지니메(Ginne Mae)라는 정부기관을 설립하여 정부보증을 받는 서민의 내 집 마련 대출채권을 유동화하도록 하였다. 또, 뉴욕증시에 상장된 민간회사이지만, 정부로부터 암묵적인 보증을 받는 패니메(FNMA)나 프레디맥(FHLMC) 등 정부보장기업(GSE: Government Sponsored Enterprise)으로 하여금 중산층 내 집 마련을 위한 일반 대출(Conventional Mortgage) 채권의 유동화를 주도하도록 하였다. 지니메는 2차 저당시장에서 발행되는 유동화 증권에 보증을 제공할 뿐이지만, 패니메와 프레디맥은 직접 모기지를 매입하여 유동화 증권을 발행하고 보증한다.

4) 사모시장(Private Market) vs. 공모시장(Public Market)

소수의 전문 투자자들을 대상으로 자금을 모집하는 사모 상품, 예컨대 사모 리츠나 펀드 등이 거래되는 시장이 사모시장, 불특정 다수의 일반 투자자들을 대상으로 자금을 모집하는 상품이 거래되는 시장이 공모시장이다. 증권거래소를 통해 주식을 사고 파는 시장이 대표적인 공모시장인데, 여기에 참여하는 다수의 소액투자자들이 전문적인 지식과 경험을 가지고 있다고 보기 어렵다. 따라서 공모 투자상품에 대해서는 금융감독 당국이 세세하게 관리, 감독을 하게 된다.

사모 상품의 경우는 특정한 이해관계자들만 참여하도록 설계된 것으로 주로 세련된 투자 지식과 경험을 가진 투자자들이 투자한다. 따라서 사모 상품의 경우 정부가 투자자 보호를 위해 간섭할 필요가 작고, 공모 상품에 비해서 규제가 느슨하다.

5) 지분투자(Equity Investment) vs. 채권투자(Debt Investment)

부동산 금융을 통해 조달한 자금으로 투자하는 투자대상이 해당 부동산의 소유권을 전부 또는 일부 취득하는 지분투자인가 아니면 다른 사람의 부동산 활동에 돈을 빌려주는 채권투자인가 여부에 따라서도 부동산 금융상품이 분류되기도 한다.

소유권 지분을 가진 사람은 모든 채무를 청산하고 (즉, 채권투자자에게 부채를 상환한 후) 남는 돈을 배당받을 권리를 갖는다. 남는 돈이 작거나 없을 수도 있으므로 지분투자의 위험이 채권투자에 비해 더 높다. 반대로, 채권투자자는 정해진 원금과 이자만을 받지만, 투자의 성과가 좋다면 지분투자자는 나머지 수익 전부를 향유한다. 지분투자의 위험이 채권투자에 비해 높은 만큼 지분투자와 관련된 금융에 자금이 공급되기 위해서는 그 기대수익률이 상대적으로 더 높아야 할 것이다.

6) 소구대출(Recourse Loan) vs. 비소구대출(Non-recourse Loan)

주택을 담보로 대출을 받은 채무자가 대출을 상환하지 못할 경우 금융기관은 주택을 경매에 넘겨 대출금을 회수한다. 이때, 경락대금이 대출잔액보다 작아서 대출금 전액을 회수하지 못할 수 있다. 소구대출(무한책임대출)에서는 금융기관이 채무자의 소득이나 다른 자산을 압류하여 상환을 강제할 수 있다. 즉 소구대출에서는 금융기관이 상환청구권을 가진다.

비소구대출(유한책임대출)은 채무자 상환 책임을 담보물로 한정하여 금융기관이 담보주택을 경매에 넘겨 회수한 돈이 대출원금에 못 미치더라도 추가 상환을 청구할 수 없다. 미국의 주택담보대출은 비소구대출이 일반적이지만 우리나라의 대출은 소구대출이 대부분이다. 정부는 미국과 같은 비소구대출의 보급을 늘리는 방향으로 정책을 추진하고 있어서 국민주택기금을 재원으로 서민층에 주택자금을 빌려주는 디딤돌대출에 시범 적용을 하기도 했다.

비소구대출을 확대하기 위해서는 금융기관이 대출 심사 체계를 강화하고 대출자의 담보능력보다 상환능력에 초점을 맞춘 심사가 이루어져야 할 것이지만, 금융기관의 위험부담이 높아지는 만큼 대출이자율이 높아지거나 대출금액이 작아질 수 있다.

4 이자율의 이해

금융의 주요 기능 중의 하나가 '자원의 시간적, 공간적 이전'이다. 대출을 받는 사람은 현재 자금을 쓰고 미래에 갚는다는 약속을 하며, 금융기관은 현재의 자금을 내주는 대신 미래에 상환금이 들어오면 그 자금을 활용할 수 있게 된다. 양자 모두 금융상품을 통해 현재의 자금과 미래의 자금을 교환한다. 이런 교환에서 가격의 기능을 하는 것이 이자율이다. 사과나 볼펜의 가격이 각 재화의 교환가치이듯이, 이자율은 현재와 미래의 자금이 교환되는 비율이다.

이를 이해하기 위해 정기예금의 예를 들어보자. 은행권의 1년 만기 정기예금 금리가 3%라고 하면, 현재 100만원을 정기예금에 넣으면 1년 후 103만원을 받는다. 이 교환비율이 적정한가에 대해서는 사람마다 의견이 다를 것이다. 이 예금을 드는 사람들은 1년 후 103만원이 적어도 현재의 100만원만큼의 가치가 있다고 본다. 반면 1년 후의 103만원이 현재의 100만원보다 가치가 낮다고 보는 사람들은 이 예금에 관심을 두지 않을 것이다.

이처럼 현재와 미래의 돈에 대해 사람들은 서로 다른 상대적 가치를 두고 있지만, 자본시장에서 수많은 사람들이 거래를 하면서 균형가격을 찾아낸 것이 이자율이다. 마치 사과나 볼펜 시장에서 각 재화에 대해 사람마다 다른 가치를 부여하지만 많은 사람들이 거래하는 가운데 시장균형을 이루는 가격이 찾아지는 것과 같다.

정기예금 금리가 연 3%로 정해졌다면 이는 현재의 돈과 1년 후 미래의 돈이 교환되는 자본시장에서 시장균형을 이루는 교환비율(즉, 가격)이 그 수준임을 뜻한다. 이 조건하에서는 현재의 100만원과 미래의 103만원이 같은 가치를 갖는다. 이자율이 변하지 않는다면, 2년 후의 106만 900원(100만원 × 1.03 × 1.03)이 현재의 100만원과 등가(等價)이다. 이런 관계를 "1년 후의 103만원은 현재가치가 100만원이다", 또 "2년 후의 106만 900원은 현재가치가 100만원이다"라고 표현한다.

반면에, 현재의 100만원은 1년 후 미래가치가 103만원이며, 2년 후의 미래가치는 106만 900원이다. 어떤 시점의 화폐 액수로부터 미래시점의 가치를 구하는 계산을 복리계산이라 하고, 미래시점의 화폐 액수로부터 그보다 앞선 시점의 현재가치를 구하는 계산을 할인이라 한다.

한편, 현재의 돈과 미래의 돈을 교환하는 데는 어떤 매개체가 필요하다. 앞서 예를 든 정기예금이 그런 매개체 역할을 하며, 그 외에도 다양한 종류의 채권이나 주식, 부동산, 파생 금융상품 등이 같은 역할을 한다. 이들 자산들은 각자 독특한 특성들을 가진다. 예금의 경우 은행이 망하지 않는 한 상환이 보장되며, 설사 은행이 망한다고 해도 일정 한도 내에서는 정부가 보증한다. 채권 중 국채는 국가가 그 상환을 책임지는 것으로 틀림없이 원리금이 상환될 것을 신뢰할 수 있으므로 무위험자산이라 불린다.

이에 비해 민간회사가 발행한 채권에는 상당한 위험이 따른다. 또 같은 정부나 회사가 발행한 채권도 만기가 길면 위험이 더 크다. 자본시장에서는 수십, 수백 가지 자산들이 거래되며, 각각의 자산에 대해 수많은 자금 수요자와 공급자(투자자)들이 투자위험을 평가하여 거래한다.

어떤 시점에서든 자본시장에서는 자산 각각의 특성, 특히 투자위험을 반영한 다양한 이자율들이 존재한다. 위험이 높은 자산이 낮은 자산에 비해 이자율이 더 높지 않다면 아무도 그 자산에 투자하지 않을 것이다. 따라서 단기 국채와 같은 무위험자산의 이자율이 가장 낮고, 다른 자산들은 무위험자산보다 얼마나 투자위험이 많은가에 따라 그만큼 이자율이 높다. 각 자산의 이자율은 무위험자산 이자율에 자산 고유의 위험을 반영하는 리스크 프리미엄이 덧붙여진 것으로 생각할 수 있다. 즉, (일반 자산의 이자율) = (무위험자산의 이자율) + (해당 자산의 리스크 프리미엄) 관계가 성립한다. 물론, 무위험자산의 이자율도 고정되어 있는 것은 아니다. 국가의 신용도도 변하고, 자본시장의 자금 수급도 변한다.

더 중요하게는 인플레이션에 대한 기대가 변한다. 국채에 투자한다고 할 때 미래 상환되는 금액이 적어도 물가상승에 따른 구매력 저하를 상쇄시켜야 할 것이다. 따라서 국채와 같은 무위험자산의 이자율이 인플레이션율보다는 높고, 또 인플레이션 기대에 따라 변동하는 것이 일반적이다.

물가상승이 낮거나 거의 없는 경우, 국채 이자율은 매우 낮다. 심지어 물가가 지속적으로 떨어지는 디플레이션 경제에서는 국채 이자율이 (−)인 경우도 볼 수 있다. 비록 금리가 (−)라고 해도 물가하락률보다는 높으므로 투자금의 구매력은 유지될 수 있다.

제2절

주택담보대출 시장(1차 저당시장)

1 주택담보대출의 의의

부동산 금융상품들은 매우 다양하지만, 주택담보대출 시장과 대출채권의 유동화 시장이 국민주거 안정 측면에서 중요성이 높다. 여기서 주택담보대출이 일어나는 1차 저당시장과 대출채권의 유동화가 이루어지는 2차 저당시장을 자세히 다루고, 나머지 부동산 금융상품들에 대해서는 뒤에서 한꺼번에 소개하도록 한다.

주택담보대출, 즉 주거용 모기지는 주택구입 등에 필요한 자금 조달을 위해 주택을 담보로 금융기관으로부터 받는 대출이다. 차입자(주택 소비자)는 주택구입 비용의 상당부분을 대출에 의존하므로 대출 실행 여부와 대출 액수가 내 집 마련의 관건이다. 금융기관 입장에서는 수많은 소액 예금으로 모은 자금이 한 번에 고액 대출로 나가므로 대출심사에 신중하게 된다.

주택담보대출 시장이 가장 먼저 발달된 미국의 경우 1930년대 대공황 전후 시기에 금융기관은 보통 담보가치의 최대 50% 정도까지만 대출을 해서 주택구입 비용 중 자기부담금(Down Payment)의 비율이 매우 높았다. 대출기간은 단기로 최대 5년 정도였고, 그 기간 중 채무자는 이자만 내고 만기 시 원금을 한꺼번에 상환하는 구조였다.[1] 물론 원금 전액을 한꺼번에 모두 갚기는 어려우므로 대출기간 중의 저축

1) 이렇게 만기 때 원금의 전부 또는 대부분을 한꺼번에 납부하는 것을 balloon payment 또는 bullet payment라 하며, 그런 상환조건을 가진 대출을 balloon loan으로 부른다.

으로 원금을 일부 갚고 나머지 대출잔액이 새로운 대출로 대환(Refinance)되는 것이 보통이었다. 금융기관이 대환대출을 해 주지 않는다면, 또 집값이 많이 떨어지거나 팔리지 않는다면, 채무자가 심각한 어려움에 빠지게 되는 것은 당연한 일이다.

실제로 미국에서 1929년 주식시장의 폭락을 시작으로 대공황이 닥치자 많은 채무자들이 일자리를 잃거나 보유자산 가치가 크게 줄어드는 등으로 채무상환에 어려움을 겪게 되었다. 그러나 자금사정이 극도로 악화되어 파산위기에 몰린 은행들이 대환대출을 해 줄 수가 없었고, 수많은 사람들이 집을 잃는 비극이 벌어졌다. 미국 정부는 금융 시스템을 재건하고 국민들의 내 집 마련을 지원하기 위해 여러 가지 조치들을 취하였다. 상업은행과 저축대부조합(S&L: Savings and Loan Association) 각각에 대해 예금보험제도를 도입하고, 연방정부가 S&L들을 감독하기 시작하였다.

주택과 관련하여서는 연방주택청(FHA: Federal Housing Authority)이 설립되어 모기지 보험을 제공하기 시작하였는데, 이 보험이 적용되는 대출은 채무자가 원리금 상환을 못할 경우 FHA가 대신 지급한다. 덕분에 민간 대출기관들은 낮은 이자율로 더 많은 주택대출을 할 수 있었다. 또 패니메를 설립하여 모기지 채권을 매입함으로써 주택시장에 자금을 공급하였다. FHA는 상환기간이 짧고 만기 시 큰 액수의 원금이 남는 대출 구조가 모기지 문제의 원인이라고 판단하고, 장기에 걸쳐 상환하면서 원금을 조금씩 갚아나가는 모기지를 권장하였다.

이후 FHA 보험대상은 물론 그 외의 대출에서도 ① 15년 또는 30년 만기, ② 고정금리, ③ 매달 일정액을 상환하되 원금이 점점 줄어가는 대출[2)]이 점차 미국의 표준적인 모기지로 정착하였다. 이렇게 대출채권이 표준화된 것은 1960년대 말 이후 2차 저당시장이 발전할 수 있었던 요인 중 하나이다.

우리나라의 주택담보대출은 공공부문에서 주택도시기금이 담당하고, 민간부문에서는 다양한 금융기관들이 관련 상품들을 취급한다. 2000년 전후에 부동산 금융이 자유화된 이후 은행을 중심으로 주택담보대출이 급격히 증가하였다. 경제 규모에 비해 가계대출 규모가 너무 커져서 금리가 급격히 오르거나 주택가격이 급락하는 등의 충격이 닥치면 미국 서브프라임 사태와 같은 위기가 발생할 수 있다는 우려가 지속적으로 제기되고 있다.

주택담보대출은 내 집 마련을 지원하여 국민들의 주거를 안정시키는 역할을 한

2) 이런 대출을 Fixed Rate Fixed Payment(또는 Level Payment) Self-amortizing Mortgage라고 부른다.

다. 금융 시스템의 불안을 초래할 정도의 방만한 대출이 이루어져서는 안 되겠지만, 지나치게 대출을 억제하는 것도 바람직하지 않으므로 정책적으로 균형을 맞추는 것이 중요하다. 아무런 외부적인 충격이 없이 경제 상황이 현 상태 그대로 유지된다면 금리가 낮은 단기, 변동금리 대출이 소비자에게나 대출 기관에 유리할 수 있겠지만 경제 호황과 불황의 사이클과 때때로 몰아치는 경제위기의 가능성을 무시할 수 없다. 이 때문에 정부도 고정금리 대출의 비중을 늘리고자 노력하고 있다.

2 주택담보대출의 유형

주택담보대출에서 담보란 채무불이행 때 채무의 변제를 확보하는 수단으로 채권자에게 제공하는 것으로 연대채무 등 인적 담보와 저당권 등 물적 담보로 나뉜다. 주택담보대출의 담보는 물적담보인 근저당권의 일종으로 담보로 제공한 물건(주택 등) 또는 권리를 담보제공자가 유지하고 수익을 거두지만, 그 교환가치는 채권자가 우선으로 지배하여 저당물을 경매하고 그 대금에서 채무를 변제받는 권리이다.

금융기관은 원칙적으로 대출 실행 전에 근저당권 설정으로 담보를 취득한다. 금융기관은 담보가액을 평가하기 위해 각종 시세자료 또는 감정평가사의 감정가액 등으로부터 물건 가액을 산정하고, 선순위 저당권이나 임대보증금 등을 감액하여 실질적인 담보가치를 정한다. 여기에 담보인정비율과 총부채상환비율 등을 적용하여 대출 가능한 최대 금액이 정해진다. 주택담보대출의 이러한 기본 구조 위에 다양한 형태의 대출이 개발되었다. 주택담보대출의 유형을 핵심 요소들을 기준으로 분류하고 그 배경을 설명하면 다음과 같다.

1) 이자율

대출을 해 준 금융기관은 이자를 받는다. 우리나라에서 금융기관은 연 100분의 27.9 이하의 범위에서 대통령령으로 정하는 율(현재, 연 24%)을 초과하여 대부금에 대한 이자를 받을 수 없다. 또, 이자율을 산정할 때 사례금, 할인금, 수수료, 공제금, 연체이자, 체당금 등 그 명칭이 무엇이든 대부업자가 받는 것은 모두 이자로 본다.

고정금리 대출(FRM: Fixed Rate Mortgage)에서는 대출 실행 시 결정된 금리가 만기까지 유지되고, 변동금리 대출(ARM: Adjustable Rate Mortgage)에서는 금리가 정해진 방법에 따라 변동한다. 계약조건에 따라서는 양자를 혼합하여 일정 기간 고정금리였다가 변동금리로 가거나 그 반대로 움직이는 것도 가능하다.

변동금리의 대출금리는 (기준금리 + 가산금리)로 정해진다. 이때 기준금리는 은행의 자금조달 비용을 나타내는 COFIX 금리 등의 지표금리이고, 가산금리는 은행의 업무비용, 위험비용 등 각종 요소들을 감안하여 정해진다. 여기에 은행마다의 기준에 따라 우대금리가 적용되어 금리를 낮추어주기도 한다.

미국의 경우 전형적인 변동금리 대출금리는 기준금리 + 마진(Margin)으로 정해진다. 기준금리는 대출 기관의 자금조달 금리를 반영하고, 마진[3)]은 대출 기관의 수입에 해당된다. 기준금리로는 다양한 만기의 국채(Treasury Bill), S&L들의 가중평균 조달금리, 리보(LIBOR), 기타 금리들 중의 하나가 선택된다.

〈표 3-1〉 주택담보대출 금리조건의 장단점

종류	특징	장점	단점
고정금리	• 대출 시점 금리가 만기까지 동일하게 유지	• 시장금리 상승기에 이자 부담 경감 • 금리 하락 시에는 조기상환 및 대환(Refinancing)을 통해 부담 경감 가능	• 금리 하락기에 대출금리 인하 효과가 없음 • 통상 대출 시점에 변동금리 대출보다 금리가 높아서 대출 승인을 받기 어렵거나 대출 액수가 작을 수 있음
변동금리	• 일정 주기(3/6/12개월 등)마다 기준금리 변동에 따라 대출금리 조정	• 시장금리 하락기에 이자 부담 경감 • 대출 시점에 고정금리 대출보다 금리가 낮아서 대출 승인을 받기 용이하고 대출 액수도 늘릴 수 있음	• 시장금리 상승 시 이자 부담이 증가함
혼합금리	• 고정금리 방식과 변동금리 방식 결합(통상 일정 기간 고정금리 적용 후 변동금리로 전환)	• 소비자의 자금계획에 맞춰 운용 가능	

3) 마진을 스프레드(Spread)라고도 한다.

변동금리 대출계약에는 기준금리와 마진 이외에도 금리가 변하는 빈도(3개월, 6개월, 또는 1년에 한 번 등)가 명시되고, 또 기준금리가 급격히 오르면 차입자의 부담이 한꺼번에 너무 커지는 문제를 예방하기 위한 금리조정 폭의 한도(cap)도 정할 수 있다. 한 조정기간에 변동할 수 있는 금리 폭과 전체 대출기간 중 변할 수 있는 금리 폭에 모두 한도를 설정할 수 있다. 소비자 입장에서 어떤 금리 조건이 유리 또는 불리한지는 〈표 3-1〉에 정리된 바와 같다.

대출실행 이후 금리가 오르면 낮은 금리로 계약한 채무자가 유리하고, 반대로 금리가 내리면 채무자가 불리하다. 그러나 주택담보대출을 조기상환할 수 있다면 금리가 내릴 때 채무자가 다른 저금리 대출로 기존 대출을 갚는 대환(Refinance)이 가능하다. 미국의 경우 이러한 조기상환에 대해 제약이 거의 없지만, 우리나라의 경우 조기상환의 액수나 해약금 측면에서 일부 제약이 있다. 〈표 3-1〉은 이런 제약을 감안한 것이므로, 조기상환 조건에 따라 내용이 일부 달라질 수 있다.

2) 상환방식

주택담보대출의 원금을 상환하는 방법도 계약조건에 따라 다양하게 정해질 수 있다. **첫째로**, 만기일시상환 대출이 있다. 미국의 대공황 전 시기의 벌룬대출이 대표적이고, 우리나라의 거치식 대출도 일정 기간 이자만 내므로 그 기간 중에는 원금이 고스란히 남는다. 매달 이자 전액을 낸다면 원금의 액수가 동일하게 유지되므로, 그다음 달의 이자도 동일한 액수가 된다. 따라서 만기 이전까지는 매기 같은 액수의 이자를 지불하고, 만기 때 원금을 전액 상환하거나 새로운 대출 조건으로 대환대출을 받게 된다.

둘째로, 원리금균등분할상환 대출이 있다. 매기에 일정한 액수의 상환금을 지불하지만, 상환금에 원금과 이자가 모두 포함되어 있는 상환 방법이다. 매기 상환금은 이자 액수보다는 크고, 그 차액(상환액 – 이자)만큼 원금(대출잔액)이 줄어든다. 원금이 줄어들면 이자도 작아진다. 매기 내는 상환금의 점점 큰 부분이 원금상환으로 돌아가고, 대출잔액은 가속적으로 줄어든다. 대출잔액이 점점 작아지므로, 어떤 예측하지 못했던 상황 때문에 대출을 전액 갚아야 할 때 차입자의 부담이 그만큼 작다. 매기 상환금의 액수가 이자보다 크므로 부채상환비율(DTI) 규제하에서 이자만 갚아가는 만기일시상환 대출에 비해 차입자가 받을 수 있는 대출금의 액수가 작아진다.

셋째로, 원금균등분할상환 대출은 매기에 (이자 + 일정한 액수의 원금)을 갚아가는 대출이다. 대출잔액이 일정한 속도로 줄어들지만, 원금을 갚아감에 따라 이자가 작아지므로 매기 상환금의 크기도 점차 줄어든다. 즉, 대출 초기의 상환액이 크고 이후 상환 부담이 점점 줄어드는 특징을 가진다.

넷째로, 체증식 또는 점증상환방식 대출(GPM: Graduated Payment Mortgage)은 매기 이자의 일부만 상환하도록 하여 나머지 이자가 더해져서 원금이 점점 불어난다. 이는 차입자와 대출기관의 위험을 늘려가므로 매우 위험한 대출이 될 수 있다. 그러므로 일정한 시점에서부터 이자 전액과 원금이 일부 상환되도록 대출을 설계하는 것이 일반적이다. 이런 대출은 초기 상환금이 작기 때문에 DTI 규제하에서 동일한 소득을 가진 차입자가 더 큰 액수의 대출을 받을 수 있게 해 준다. 또, 차입자가 커리어 초기에 있어서 앞으로 소득이 빠르게 증가할 가능성이 높다면, 나중에 더 큰 상환금을 충분히 지불할 수 있으므로 GPM이 적합할 수 있다.

우리나라에서 주택담보대출 시장이 본격적으로 열린 것은 외환위기 기간 중의 금융규제 완화조치 이후이다. 이전 시기에는 국민주택기금이나 한국주택은행 등 공공부문이 제한적으로 주택자금을 공급할 뿐이었으나, 이후에는 시중은행을 중심으로 시장이 폭발적으로 확대되었다. 주택담보대출 시장의 급성장은 여러 가지 우려를 낳았는데, 그 중 하나는 대출의 구조가 취약한 문제였다. 2000년대 전반에는 주택담보대출 시장에서 만기가 짧은 변동금리 원금일시상환(거치식) 대출의 비중이 높았다. 변동금리 대출에서는 시중 금리가 오를 때 그 부담이 차입자에게 돌아가므로 금리가 급등하거나 집값이 크게 떨어지면 소비자들이 상환불능에 빠질 위험이 크다. 소비자들은 당장 이자율이 낮은 변동금리 대출을 선호할 수 있지만, 미래의 불확실성을 고려할 때 고정금리로 원금이 상환되어가는 대출의 비중을 높이는 것이 필요하였다.

3) 대출 심사 기준

미국에서 대공황 이후 보편화된 모기지 상품에서 대출 심사는 차입자의 신용도,[4] 소득, 직업 등 다양한 요소들과 함께 담보인정비율(LTV: Loan to Value Ratio)나 총부

4) 미국의 금융기관들은 흔히 신용평가회사들이 제공하는 FICO 점수를 대출 심사에 활용하고, 그 점수에 따라 대출이자율을 조정한다.

〈표 3-2〉 DTI · 신(新)DTI와 DSR 규제 비교

구분	DTI	신DTI	DSR
명칭	총부채상환비율 (Debt to Income Ratio)	신총부채상환비율 (Debt to Income Ratio)	총체적상환능력비율 (Debt Service Ratio)
산정 방식	(신규 대출 원리금상환액 +기타 대출 이자상환액) / 연간 소득	(기존+신규 대출 원리금상환액 +기타 대출 이자상환액) / 연간 소득	(해당 대출 원리금상환액 +기타 대출 원리금상환액) / 연간 소득
활용 방식	대출 심사 시 획일적인 규제비율로 활용	대출 심사 시 규제비율로 활용	금융회사 여신관리 과정에서 다양한 활용 예정

채상환비율(DTI: Debt Payment to Income Ratio)가 핵심적인 고려사항이었다. 즉, LTV는 보통 80% 이하였고, 민간 모기지 보험을 들 경우 더 올라갈 수 있었다. 가구 총소득 대비 매달 상환액의 비율인 DTI는 해당 대출에 대해서는 (화재보험료와 재산세 부담액을 포함) 최대 28%, 다른 부채에 대한 상환액까지 포함할 경우 최대 36%가 일반적이었다. LTV, DTI 규제는 대출금의 상환 및 회수 가능성을 높여 가계 및 금융기관의 재무 건전성, 금융 시스템과 거시경제 안정을 위해서 중요한 규제 수단이라고 할 수 있다.

우리나라에서 LTV 규제는 2000년에, DTI 규제는 2005년에 처음으로 도입되었으며 주택시장 안정을 위해 LTV와 DTI 규제가 보완적으로 운용되어 왔다. LTV, DTI 규제는 기본적으로 가계 및 금융기관의 건전성을 위한 규제이나 우리나라에서는 주택가격 안정을 위해 규제 강화 및 완화를 반복하였다.

2003년 10.29 대책으로 투기지역 아파트에 대해 LTV를 60%에서 40%로 강화하였으며, 이어서 2006년 3월에는 투기지역 6억원 초과 아파트에 대해서 DTI 40%를 적용하여 규제를 강화하였다. 글로벌 금융위기 이후에는 투기지역 해제를 통해 LTV, DTI 규제를 완화하였지만, 최근에는 규제가 강화되어 신DTI, DSR 등이 도입되기도 했다.

3 모기지 계산법

1) 원리금상환액 계산

주택을 담보로 대출을 받으면 매달 얼마씩 상환해야 할까? 일정 기간 대출금을 갚으면 남아 있는 대출금은 얼마일까? 2차 저당시장에서 모기지 풀을 기초자산으로 유동화증권을 발행하면 그 현금흐름은 어떻게 될까? 이런 물음들에 답하기 위해서는 정형화된 모기지 계산법을 익힐 필요가 있다. 이를 위해서는 등비급수 공식을 이용한 다소 복잡한 수식의 이해가 필요하므로 여기서는 기본적인 개념들만을 익히기로 한다.

앞서 금융이 '자금의 시간적 이전'을 담당하고, 이는 현재의 돈과 미래의 돈이 교환되는 비율, 즉 이자율이라는 가격을 통해 이루어진다고 논의하였다. 이자율을 이용하여 현재의 돈이 미래에 얼마의 가치가 있는지, 거꾸로 미래의 돈이 현재 시점에 얼마의 가치를 가지는지를 계산할 수 있다.

현재가치 또는 미래가치는 현재와 미래의 돈이 등가(等價)로 교환되는 액수를 표시한다. 현재의 금액을 B로, N기 이후의 금액을 B_N으로 표시하고, 이자율(또는 할인율)을 r이라고 표시하면, 현재금액 B의 N기 후 금액인 **미래가치** B_N은 복리계산(Compounding)으로 구한다.

$$B_N = B(1+r)^N$$

미래금액 B_N의 **현재가치** B는 할인(Discounting)으로 구한다.

$$B = \frac{B_N}{(1+r)^N}$$

주택담보대출은 현재 시점에서 금융기관으로부터 목돈을 빌어서, 계약기간 동안 주기적으로 상환을 하여 대출을 갚아나간다. 이 거래의 기본 요건은 대출금이 현재 시점에서 계산한 미래 상환금들의 총합과 같은 등가교환이라는 것이다. 미래에 내가는 상환금 흐름의 현재가치를 계산하기 위해서는 연금(Annuity) 계산을 익혀야 한다. 여기서 연금이란 일정 기간 중 매 기간마다 정해진 액수의 돈을 내는(또는 받는) 현금흐름으로 정의된다.

예를 들어 만기까지 존속되는 고정금리 원리금균등상환 대출의 상환금 흐름은 연금의 일종이다. 이 연금의 현재가치(Annuity Present Value)가 대출금 액수와 같도록 하는 식으로부터 매기의 상환금 액수를 구하게 된다. 매기 1원씩을 이자율 r로 N기간 동안 내가는 연금의 현재가치(A)는 등비급수를 이용하여 다음과 같이 계산된다.

$$A(r,N) = \frac{1}{(1+r)} + \frac{1}{(1+r)^2} + \dots + \frac{1}{(1+r)^N}$$

$$= \frac{1}{(1+r)}\left\{\frac{1-(\frac{1}{1+r})^N}{1-(\frac{1}{1+r})}\right\}$$

$$= \frac{1-\frac{1}{(1+r)^N}}{r}$$

연금의 현재가치 EXCEL함수	= PV(이자율 r, 적립기간 N, − 적립금)

고정금리 원리금균등상환 대출은 목돈을 빌리고 매기에 일정 액수의 상환금을 내서 갚아나가는 대출이다. 이 거래를 은행이 현재 빌려주는 목돈(B)과 차입자가 대출만기(N)까지 매기 상환금(M)을 내가는 연금 간의 등가교환이라고 볼 수 있다. 이 관계는 $B = M \cdot A(r,N)$로 표시되며, $M = \frac{B}{A(r,N)}$이다.

따라서 대출 액수(B)가 얼마든지 간에 그 액수를 $A(r, N)$으로 나누어 주면 매기 지급해야 할 상환금의 액수가 나온다. 그런데 $\frac{1}{A(r,N)}$이 자주 사용되는 수치이므로 이를 모기지 승수라고 정의하고 계산식을 엑셀 등의 프로그램에 내장하거나 미리 계산된 수치를 금융 계산표에 등재하고 있다. 현실에서는 월 1회 상환하는 것이 일반적이다. 월납의 경우 위 공식들에서 N은 총대출기간을 월수로 표시하고 r은 (연간 이자율/12)가 된다.

2) 원리금균등상환 대출의 상환 구조

원리금균등상환 대출은 매기 원금과 이자를 같이 내가는 구조이다. 간단한 가상의 예로, 1억원을 이자율 3%로 10년간 빌려 1년에 한 번씩 연말에 갚아나가는 대출을 예로 하여 상환 구조를 살펴보도록 하자. 엑셀 함수나 모기지 계산표를 이용하면 이런 대출의 상환금은 매년 11,723,051원임을 알 수 있다.

우선 대출 1년 차의 상환액 중 원금과 이자지급액이 각각 얼마인지를 계산해 보자. 1억원을 3% 이자율로 빌렸으므로 연간 이자는 300만원이다. 원금상환액은 총상환액에서 이자지급액을 빼면 구할 수 있다. 즉, 11,723,051원 − 300만원 = 8,723,051원이 원금상환액이다.

2년 차의 원금, 즉 대출잔액은 원래 대출액 1억원에서 전(前)기에 갚은 원금 8,723,051원을 차감한 액수이다. 즉, 1억원 − 8,723,051원 = 91,276,929원. 이 원금에 3% 이자율을 적용한 91,276,929 × 0.03 = 2,738,308원이 2기의 이자지급액이다.

1기에 비해 원금이 줄었고 따라서 이자지급액도 줄었다. 2년 차에도 총상환액은 11,723,051원인데, 그 중 이자지급액이 2,738,308원이므로 원금상환액은 8,984,742원이다. 1기 때에 비해 원금상환액이 늘었다. 이런 방법으로 전(全) 기간에 걸쳐 대출잔액, 원금 및 이자지급액을 계산한 것이 〈표 3-3〉이다.

이처럼 매년 상환액은 일정하지만, 그 중에서 원금과 이자의 비중은 달라진다. 초기에는 원금이 워낙 크기 때문에 상환액의 대부분이 이자이다. 그러나 원금을

〈표 3-3〉 고정금리 모기지 상환 구조(원금 1억원, 대출금리 3%, 연 1회 상환 가정)

(단위: 원)

경과기간	원금잔액 (期初)	상환액	상환액 중 이자지급액	상환액 중 원금상환액	원금잔액 (期末)
1년	100,000,000	11,723,051	3,000,000	8,723,051	91,276,949
2년	91,276,949	11,723,051	2,738,308	8,984,742	82,292,207
3년	82,292,207	11,723,051	2,468,766	9,254,284	73,037,923
4년	73,037,923	11,723,051	2,191,138	9,531,913	63,506,010
5년	63,506,010	11,723,051	1,905,180	9,817,870	53,688,139
6년	53,688,139	11,723,051	1,610,644	10,112,406	43,575,733
7년	43,575,733	11,723,051	1,307,272	10,415,779	33,159,954
8년	33,159,954	11,723,051	994,799	10,728,252	22,431,702
9년	22,431,702	11,723,051	672,951	11,050,100	11,381,603
10년	11,381,603	11,723,051	341,448	11,381,603	0

조금씩 갚아나감에 따라 원금잔액이 줄어들고 원금상환이 가속적으로 일어난다. 매기의 원금상환액이 점점 커지는 것을 확인할 수 있고, 따라서 남아 있는 대출잔액도 가속적으로 줄어 가는 것을 알 수 있다.

4 주택담보대출의 위험

주택담보대출은 큰 액수의 대출금이 나가고 장기간에 걸쳐 상환되는 거래이므로 채무불이행 위험이나 유동성 위험과 같은 일반적인 금융거래상의 위험 외에도 이자율 위험이나 조기상환 위험 등 독특한 위험 요인들이 개재된다. 이런 위험 요인들을 거래당사자들이 잘 인식하고 평가하는 것이 중요하다. 그 필요성은 주택담보대출 채권이 2차 저당시장을 통해 유동화될 때 더욱 강조된다.

1) 채무불이행 위험과 유동성 위험

채무불이행 위험(Default Risk)은 차입자가 대출원리금을 갚지 않거나 못할 가능성을 말한다. 채무자의 실직, 질병, 가족관계의 변화, 기타의 요인들로 채무상환 능력이 감소될 때, 또는 주택의 가격이 하락하여 채무자가 대출 원리금을 갚을 실익이 없다고 판단할 때 채무불이행 가능성이 높다. 미국에서와 같이 주택담보대출이 비소구대출이라면 해당 대출을 상환하지 않더라도 채무자의 다른 재산이나 소득에 차압이 들어오지 않으므로, 주택가격이 떨어질 때 쉽게 담보를 포기하고 대출 상환을 거부하는 사람들이 많다.

유동성 위험(Liquidity Risk)은 장기로 대출을 해 준 금융기관이 단기에 자금이 부족한 상태에 빠질 수 있는 가능성이다. 은행이나 기타 금융기관은 요구불예금 등 아무 때나 빠져나갈 수 있는 자금을 모아서 30년, 15년씩 자금이 잠기는 고액대출을 해 준다. 어떤 외부적인 충격 때문에 예금자들이 일시에 몰려 자금을 인출하고자 하면, 금융기관의 자산이 아무리 많더라도 단기적으로 자금을 조달할 수 없게 된다.

이렇게 '자산과 부채의 만기 미스매치' 때문에 금융기관의 운영에 심각한 애로가 초래되지 않도록 적절히 자산-부채 관리를 해야 함은 당연하다. 뒤에서 논의하는 2차 저당시장의 발달은 이러한 필요에 부응하는 한 가지 해결책을 제공해 주었다.

2) 이자율 위험

사과나 볼펜의 가격이 수급에 따라 계속 변하듯이, 이자율도 매일매일 변한다. 그런데, 많은 금융상품들의 이자율은 계약 시점에서 고정된다. 가상의 예를 들어 원금상환 없이 이자만 영원히 지급하는 100만원 액면의 국채가 연 1.5% 이자율로 발행된다고 하자. 이 국채를 사는 투자자는 투자 시점 이후의 시중 이자율이 오르고 내리고에 무관하게 연 1만5천원의 이자를 받는다.

만약 얼마 후 이자율이 1.5%보다 높아진다면, 국채 발행 당시 투자했던 투자자는 채권가격 하락으로 손해를 본다. 예를 들어 이자율이 2%로 올랐다고 하면, 연 1만5천원의 이자를 받기 위해서는 2%로 새로 발행되는 국채에 75만원만 투자하면 된다. 따라서 원래 100만원에 발행된 국채도 이제 75만원에 거래될 것이며, 투자자는 25만원 만큼 손해를 본다.

거꾸로, 시장이자율이 1.5%보다 낮아진다면 원래의 투자자는 자본이득을 얻는다. 유통시장에서 채권을 판다면 채권의 가격이 100만원 보다 높은 가격에서 거래가 될 것이기 때문이다. 예를 들어, 이자율이 1%로 내렸다면 새로 국채투자를 하는 사람들은 150만원을 투자해야 연 1만5천원의 이자를 받으므로, 1.5% 이자율 때 100만원에 발행되었던 국채가 이제는 150만원으로 가격이 오르는 것이다.

시장이자율의 변동에 따라 채권의 가격이 오르내리는 문제를 이자율 위험이라고 하는데, 이 위험요인은 상환기간이 긴 주택담보대출 시장에서 큰 문제가 될 수 있다. 이자율 위험에는 두 가지 측면이 있다. 첫째로, 자산운용상의 위험이다. 시장이자율이 높아지면, 대출기관이 보유하고 있는 기존의 대출채권 가치가 낮아진다. 채무자들은 과거 낮은 금리로 받은 대출을 (이자율이 오르지 않는 경우에 비해) 더 오래도록 유지할 것이므로, 대출기관의 재무구조가 나쁜 상황이 오래 지속된다.

반면에, 시장이자율이 떨어지면 모기지 대출채권의 가치가 오른다. 그러나 채무자는 낮아진 금리로 새로 대출을 받아서 과거의 고금리 대출을 조기 상환할 가능성이 높다. 대출기관 입장에서는 대출채권 가치가 올라 이익을 볼 기회가 실현되지 않는 것이다. 즉, 이자율의 변동은 대출기관의 재무구조에 비대칭적으로 작용한다.

이자율 위험의 두 번째 측면은 현금흐름상의 문제이다. 고정금리 장기대출에서는 채무자가 조기상환을 하지 않는 한 대출기관의 자금이 장기간 묶인다. 이자율이 지속적으로 높아진다면 채무자는 저금리 대출을 가능한 한 오래 유지하려고 하므로, 대출기관의 자금 회수기간이 길어진다. 반면에 자금조달에 필요한 예금을 끌어오기 위해서는 시장금리 수준의 이자율을 제시하지 않을 수 없다. 단기 자금조달과 장기 자금운용의 미스매치는 이자율 상승기에 비싸게 돈을 조달해서 싸게 빌려주는 결과를 초래한다.

인플레이션이 낮다면 이자율도 낮은 수준에서 크게 변하지 않기 때문에 이런 문제는 중요하지 않다. 그러나 미국에서 1970년대에 인플레이션이 진행되면서 대출기관이 보유하고 있는 대출채권의 자산가치가 떨어지고 대출기관의 재무구조가 급격히 나빠졌다. 이자율 위험의 현실화는 저축대부조합(S&L) 등 대출 금융기관의 경영에 심각한 어려움을 안겨 주었다. 이런 경험을 통해 대출상품의 구조를 짤 때, 이자율 위험을 누가 얼마만큼 분담하는 것이 바람직한지 또는 가능한지에 대한 고려가 반드시 필요함을 인식하게 되었다.

3) 조기상환 위험

조기상환 위험(Prepayment Risk)은 대출을 담당한 금융기관이 예측한 시점 보다 너무 일찍 채무자가 원금을 갚아서 금융기관의 자금운용에 애로가 생기는 가능성이다. 주택담보대출의 특이점 중 하나는 통상적으로 대출을 받아간 사람이 만기 이전에 대출을 갚을 권리가 있다는 점이다. 차입자가 콜옵션을 행사해서 조기상환하는 데 대해서 수수료가 부과되는 등 조건이 붙을 수 있지만 완전히 불가능한 경우는 거의 없다.

미국의 경우 2010년의 도드-프랭크 법에 의해 대부분의 주거용 모기지 조기상환에 대해 해약금을 부과하는 것을 금지했고, 예외적인 경우에도 3년 이내의 조기상환에 대해서만 해약금 부과를 허용하였다. 금융기관은 조기상환이 언제 들어올 것인지에 대한 예측 하에 자금운용을 하지만, 이자율이 하락하는 등의 여건에서 조기상환이 너무 일찍 또는 너무 많이 들어올 수 있다. 이 같은 경우 대출채권을 보유한 금융기관이나 투자자의 현금흐름이 불확실해지므로, 자금운용에 애로가 생긴다. 조기상환 위험은 특히 모기지 유동화 상품을 개발할 때 핵심적인 고려 요인이 된다.

5 변동금리 대출(ARM)

인플레이션에 따른 이자율 위험 문제를 해결하는 방법으로는 두 가지 접근법을 생각해 볼 수 있다. 하나는 조달금리와 운용금리를 일치시키는 것이고, 다른 하나는 자금조달기간과 운용기간을 일치시키는 것이다. 첫 번째 접근법의 일환으로는 대출금리가 시장이자율에 따라 변하도록 하는 변동금리 모기지 등 다양한 대출상품들이 개발되었다. 두 번째 접근법으로는 대출기관이 대출채권을 보유하지 않고 투자자들에게 매각하여 자금을 조기에 회수하는 2차 저당시장을 발전시키는 대안이 가능하다.

우선 변동금리 대출(ARM)을 소개하기로 한다. 고정금리 대출(FRM)은 대출계약 시 정해진 이자율로 만기까지 원리금을 상환해 간다. 이에 비해 ARM 대출에서는 시장이자율이 변함에 따라 대출이자율이 달라지고 상환금이 달라진다. 대출기관이 아닌 차입자가 이자율 위험을 떠안는다.

금융기관의 위험부담이 작으므로 동일한 시장이자율하에서 ARM 대출금리는 FRM에 비해 낮다. 계약 당시 금리가 낮고 상환액이 작아서 보다 많은 사람들이 쉽게 대출을 받을 수 있다는 점은 ARM의 매력이지만, 금리가 오를 때 ARM의 상환부담이 커져서 차입자에게 큰 어려움을 줄 수 있다.

FRM과 ARM은 차입자에게나 대출기관에게나 나름대로의 장점과 단점을 가진 상품들이다. FRM은 단순하고 예측 가능하지만, 대출기관의 이자율 위험이 크다. ARM은 계약 금리가 상대적으로 낮으므로 소득이 낮은 사람들도 대출을 받아 내 집 마련의 꿈을 이룰 수 있지만, 이자율이 높아지면 상환부담이 커지고 최악의 경우 대출금을 갚지 못해서 집을 잃게 될 수도 있다.

주택담보대출에는 고전적인 FRM과 ARM 이외에도 매우 다양한 상품들이 개발되어 소비자들과 대출기관의 특별한 수요를 충족시키고 있다. 이들 상품들은 특별한 니즈를 가진 보다 많은 소비자에게 금융의 혜택을 주면서도 금융 시스템의 안정을 저해하지 않아야 한다는, 때로 상충된 목표 사이에 균형을 취하도록 설계되어야 하지만 불행히도 그렇지 못한 경우도 있다.

대표적인 예가 옵션변동금리 대출(Option ARM)이다. 이 상품은 계약내용의 여러 요소를 차입자가 결정하도록 하는 대출이다. 예를 들어, 이자만 지급할 것인지 또는 최소지급액을 얼마로 할 것인지 등등을 차입자가 정하여 계약하는데, 최소지급액이 이자만큼도 되지 않도록 정하면 원금이 점점 늘어간다.

주택가격이 떨어지는 등의 외부적 충격이 오면 오로지 주택가격 상승을 기대하고 대출을 받았던 사람들이 상환불능 상태에 빠지고 부실채권이 대량으로 발생하게 된다. 실제로 미국에서 2006년 이후 주택가격이 하락하자 바로 그 같은 현상이 초래되어 글로벌 금융위기의 한 요인으로 작용했다.

6 주택담보대출 시장과 정부의 역할

안전하고 위생적인 주택이 모든 사람에게 생존의 기본 요건이지만 주택은 가격이 높아 쉽게 살 수 없다. 주택금융 시스템은 이런 모순을 해결할 수 있는 수단이므로 각국 정부는 국민주거 안정을 위해 주택금융 시장에 적절히 개입한다.

우리나라도 무주택 서민이 내 집 마련 꿈을 이루도록 도와주거나 저렴한 임대주택 공급을 촉진한다는 등의 목적으로 다양한 주택금융 관련 정책을 시행하고 있다. 이런 정책들이 주요 공공기관을 통해 이루어지고 있으므로, 이들 기관의 역할을 살펴보는 것이 주택금융 분야에서 정부의 역할을 이해하는 데 도움이 될 것이다.

1) 주택도시기금: 자금의 공급

주택도시기금의 전신인 국민주택기금은 「주택건설촉진법」(1972)에 의해 한국주택은행에 설치되었던 국민주택자금계정을 모태로 1981년에 건설부 장관이 운용, 관리하는 정부기금으로 출범하였다. 국민주택기금은 정부의 주택건설계획을 효율적으로 실시하기 위한 필요자금의 확보와 동 자금의 원활한 공급을 목적으로 하였으며, 국민주택 건설 및 택지의 개발 등 주택건실과 관련된 사업에 한하여 운용하였다. 국민주택기금은 별도의 조직과 인원을 가지지 않고, 한국주택은행이 위탁관리를 하였다.

1997년에 한국주택은행이 민영화되고 이후 국민은행과 합병되면서 다른 은행들도 기금 관리에 참여하였으며, 2015년 기금이 주택도시기금으로 확대 개편되면서 주택도시보증공사(HUG)가 관리하고 있다. 기금의 최초 근거법이 「주택건설촉진법」인 데서 알 수 있듯이 2000년대 초까지는 기금의 주된 기능이 주택건설 및 공급의 확대였다. 그러나 2003년 「주택법」이 제정되면서 기금의 지향점도 주거복지의 향상으로 전환되고 주택건설 사업자에 대한 대출보다 내 집 마련에 나선 소비자에 대한 대출에 더 많은 비중을 두었다. 주택도시기금이 출범하면서는 도시 분야, 특히 도시재생 사업들을 지원하는 역할을 추가로 담당하게 되었다.

주택도시기금의 재원은 정부예탁금, 국민주택채권 발행액, 복권기금 전입금, 청약저축예금 등으로 이루어져 있어, 일반 자본시장보다 낮은 비용으로 자금을 조달한다. 그 때문에 기금도 저금리로 여러 사업들을 지원할 수 있다.

2) 주택도시보증공사(HUG): 신용보강

주택개발에도 많은 자금이 소요되지만, 사업자가 모든 자금을 자체적으로 부담하기는 어렵다. 자본시장에서 직접 자금을 조달하거나 금융기관으로부터 대출을 받을 수도 있겠지만, 부동산 개발과 같은 고위험 사업에 대해 위험의 평가, 관리, 통제를 하기는 매우 어렵다.

우리나라도 1970년대 아파트 건설이 본격화되면서 주택사업자들의 자금수요가 크게 늘었지만, 자본시장이 그 수요를 충족시키기 어려웠다. 이 때문에 아파트를 먼저 분양하고 수분양자로부터 계약금과 중도금을 받아서 건설비용을 충당하는 주택 선분양이 보편화되었다. 그러나 계약금, 중도금을 받은 건설회사가 자금을 유용하거나 부도, 도산, 폐업하여 수분양자의 피해가 발생하는 사례가 나타났다. 이런 피해를 입지 않기 위해 아파트를 분양받고자 하는 사람들이 신용도가 좋은 대기업 아파트에만 몰려서 중소 사업자들이 애로를 겪는 문제도 있었다.

정부는 선분양의 위험을 줄이기 위해 1993년 「주택건설촉진법」 개정을 통해 주택건설 사업자들이 출자하여 주택사업공제조합을 설립하도록 하였다. 동 조합은 사업자(조합원)들의 주택분양에 대해 보증을 하거나 건설사업에 필요한 융자를 할 수 있었고, 사업자들이 금융기관에서 대출을 받을 때 지급보증을 하기도 했다. 그러나 1997년 외환위기가 닥치자 주택경기가 급속도로 침체되었고 많은 사업자들이 도산하는 사태가 벌어졌다. 조합은 보증 채무를 감당하지 못하여 파산상태에 들어갔으며, 정부가 개입하여 사태를 수습하지 않을 수 없었다.

정부는 1999년 국민주택기금의 자금을 동원하고 조합원들의 출자지분을 감자하여 조합을 대한주택보증주식회사로 전환하였다. 이후 주택시장이 회복되면서 이 회사의 재무구조가 정상화되었고, 2003년에 「주택건설촉진법」이 「주택법」으로 대체되면서 법적 설립 근거도 마련되었다. 2015년에는 「도시주택기금법」이 제정되면서 이 회사는 주택도시보증공사(HUG)로 전환되었고, 이전과 같은 주택분양보증 등 다양한 보증상품을 제공하는 한편 주택도시기금을 위탁관리하고 있다.

3) 한국주택금융공사: 장기고정금리 대출 보급 및 모기지 유동화

한국주택금융공사 설립 이전에는 1999년 설립된 주택저당채권 유동화기관 KoMoCo와 주택 관련 신용보증을 취급하는 주택금융신용보증기금(주택신보)이 별도로 있었다. 주택신보는 신용보증기금이 관리했는데 신용보증기금이 기업대출 보증기관이었으므로 주택신보 업무는 부수적일 뿐이었고, KoMoCo는 민간회사로서 MBS 발행 · 지급보증 업무를 수행하는 데에 한계를 갖고 있었다. 따라서 1차 및 2차 저당대출 시장 모두를 포괄하는 정책 실행기관이 필요하여, 2004년에 주택금융공사가 설립되었다.

공사의 주요 업무는, ① 무주택자가 금리변동 위험 없이 안정적인 대출금 상환이 가능한 10년 이상 장기 고정금리 원리금분할상환 방식의 모기지론인 보금자리론과 적격대출 공급, ② 국민들의 주거안정을 위해 금융기관으로부터의 전세자금 대출 및 아파트 중도금 대출에 대한 보증서 발급 및 주택건설사업자를 대상으로 하는 아파트 건설자금 대출에 대한 주택보증 지원, ③ 만 60세 이상의 노인층을 대상으로 보유하고 있는 주택을 담보로 금융기관으로부터의 종신연금 수령을 보장하는 주택연금 업무 수행, ④ 금융기관으로부터 주택저당채권을 양도받아 이를 기초로 유동화증권(MBS, MBB)을 발행하고 투자자들에게 판매함으로써 채권시장으로부터 장기 저리의 자금을 안정적으로 조달하여 대출재원을 획기적으로 확충하는 등으로 요약할 수 있다.

설립목적을 실현하기 위해 주택금융공사는 보금자리론을 공급하고, 주택금융 1차 시장에서 개인보증 및 사업보증을 제공한다. 2차 시장에서는 주택저당증권 발행 및 지급보증 업무, 그리고 주택저당채권의 매입 · 보유 업무 등을 수행하고 있다. 즉, 은행이 실행한 장기 고정금리 대출채권을 주택금융공사가 유동화함으로써 장기

채권 시장 및 주택금융의 활성화를 도모하고 있다. 또한 MBS 발행을 확대하기 위해 공사가 발행하는 MBS에 대한 보증을 제공하고 있으며, 관련법에 따라 손실이 발생할 경우에는 정부가 손실을 보전하도록 하고 있다.

4) 주택금융신용보증기금: 신용보강

주택금융신용보증기금은 1987년 「근로자의 주거안정과 목돈마련지원에 관한 법률」에 의해 설치된 정부기금으로 초기에 한국주택은행이 관리하다가 1999년부터 신용보증기금이 관리하였고, 2004년 한국주택금융공사가 설립되면서 공사가 관리를 담당하고 있다.

신용보증이란 대출을 원하는 차입자의 부족한 담보력을 대신하여 보증기관이 무형의 신용을 발굴, 보증서를 발급하여 줌으로써 차입자가 원활히 자금을 지원받을 수 있게 하는 금융기법이다. 채무자가 부채를 상환하지 않을 때 보증기관이 이를 대신 이행할 책임을 진다. 이렇게 채무자의 신용을 높여 보다 쉽게 대출을 받게 하고 이자율을 낮추는 다양한 방법을 신용보강(Credit Enhancement)이라고 하는데, 미국에서는 FHA, VA 등이 주택담보대출의 신용보강을 담당하고 있고 우리나라에서는 주택금융신용보증기금이 이 역할을 담당하고 있다.

주택금융 신용보증은 보증대상에 따라 크게 개인보증과 사업자보증으로 구분한다. 개인보증은 주택을 건축, 구입, 임차(전세 포함) 또는 개량하거나 이에 들어간 자금을 보전하기 위하여 은행으로부터 대출을 받고자 하는 주택수요자에 대한 신용보증이다. 사업자보증은 주택수요자에게 분양 또는 임대의 목적으로 주택을 건설하거나 구입하기 위하여 은행으로부터 대출을 받고자 하는 주택건설사업자 등 주택공급자에 대한 신용보증이다.

기금의 재원은 공사의 보증서를 발급받은 피보증인으로부터 징수하는 보증료 수입금, 기금의 운용 수입금 등 자체 수입과 금융기관 및 정부로부터의 출연금 등으로 조성된다. 현재 국민주택기금, 시중은행 등의 금융기관은 주택자금 대출금의 일정률(최대 0.3%)을 기금에 출연하고 있다.

제3절

주택담보대출의 유동화 시장(2차 저당시장)

1 2차 저당시장의 발달

주택담보대출이 일어나는 1차 저당시장과 대비해서 대출채권이 거래되는 시장을 2차 저당시장이라고 부른다. 2차 저당시장이 최초로 발달된 미국의 경우 그 시장의 성장은 다음과 같은 여러 측면에서 긍정적인 결과를 가졌으며, 우리나라를 비롯한 여러 나라 정부도 유사한 문제의식에서 2차 저당시장을 육성하고 있다.

첫째로, 대출을 담당하는 은행이나 S&L 등이 단기 예금에 의존하여 장기 모기지 대출을 하는 자금의 미스매치 문제를 해소하였다. 대출이 나간 후 2차 저당시장에서 즉시 대출채권을 매각하면서 모기지 대출자금의 회수기간이 짧아졌고, 대출기관의 자금조달과 자금운용기간의 괴리가 크게 줄었다.

둘째로, 보다 많은 자금이 모기지 시장에 흘러들어오게 되었다. 대출기관들은 대출채권을 매각한 자금으로 더 많은 주택대출을 할 수 있고, 예금을 받지 않고 대출만 하는 여신전문 금융회사들도 쉽게 자금을 조달할 수 있게 되었다. 이렇게 대출자금이 풍부해져서 모기지 금리도 상대적으로 낮아지고, 더 많은 사람들이 내 집 마련의 꿈을 실현할 수 있었다.

셋째로, 유동화를 통해 신용등급이 높은 유가증권들이 다수 만들어져서 연금, 기금, 보험회사뿐 아니라 외국 기관 등 자금에 여유가 있는 투자자들은 안정적이고 수익성이 높은 투자대상을 갖게 되었다. 여러 나라의 1, 2차 저당시장은 독특한 경제 여건이나 문화 등을 반영하여 각자 특성을 가지고 있다. 미국의 경우 지니메가

1970년부터 FHA, VA 등의 정부보증 모기지를 기초자산으로 하는 유동화 증권(즉, MBS)에 대해 원금과 이자의 적시지급을 보증하기 시작하여 MBS를 사실상 투자위험이 없는 자산으로 만들었고, 이는 2차 저당시장이 폭발적으로 성장하는 계기였다.

모기지 총액의 80% 내외를 차지하는 일반 모기지(Conventional Mortgage)는 지니메의 보증대상이 아니었으나, 미국 정부는 1970년 프레디맥을 설립하여 패니메와 함께 일반 모기지의 유동화를 주도하도록 하였다. 양 기관은 자체적으로 일반 모기지를 매입하여 보유하거나 유동화 증권을 발행하면서 보증을 제공한다. 이런 보증은 투자자들이 안심하고 MBS에 투자하도록 하여 2차 저당시장의 성장에 크게 기여하였다.

우리나라에서는 앞서 소개한 바와 같이 한국주택금융공사가 주택도시기금 및 일반 은행의 모기지를 유동화하는 업무를 담당하고 있다. 그러나 주택담보대출 채권이 금융기관에게 매우 안정적인 자산이므로 금융기관들이 직접 보유하고자 하는 성향이 강하므로 저당채권의 유동화가 활발하지 않다. 향후 장기채권 시장이 성장하고 예금보다 투자상품에 대한 선호가 높아지면 MBS 시장이 활성화될 것으로 기대된다.

2 MBS

모기지 채권을 기초자산으로 발행되어 2차 저당시장에서 거래되는 다양한 유가증권이 있는데, 이들을 모두 모기지담보부증권(MBS: Mortgage Backed Security)이라고 통칭하기도 하고, 여러 유가증권 중에서도 모기지 지분이전증권(MPT: Mortgage Pass-through; 패스쓰루증권)만을 MBS로 지칭하기도 한다. 가상의 간단한 MPT를 예로 해서 MBS의 개념을 설명해 보면 다음과 같다.

MBS 발행기관은 1차 저당시장의 대출기관으로부터 다수의 대출채권을 사들여서 모기지 풀(Pool)을 만든다. 예를 들어 1억원의 대출이 나간 대출채권 100개를 모아 모기지 풀을 만든다고 가정하면 이 풀의 가치는 100억원이다. 모기지 풀을 소유하는 역할을 하는 특수목적회사(SPC: Special Purpose Company)를 설립하거나 신탁계정을 설정하고,[5] 그 지분을 발행하여 투자자들에게 매각한다. 예를 들어 SPC 주식

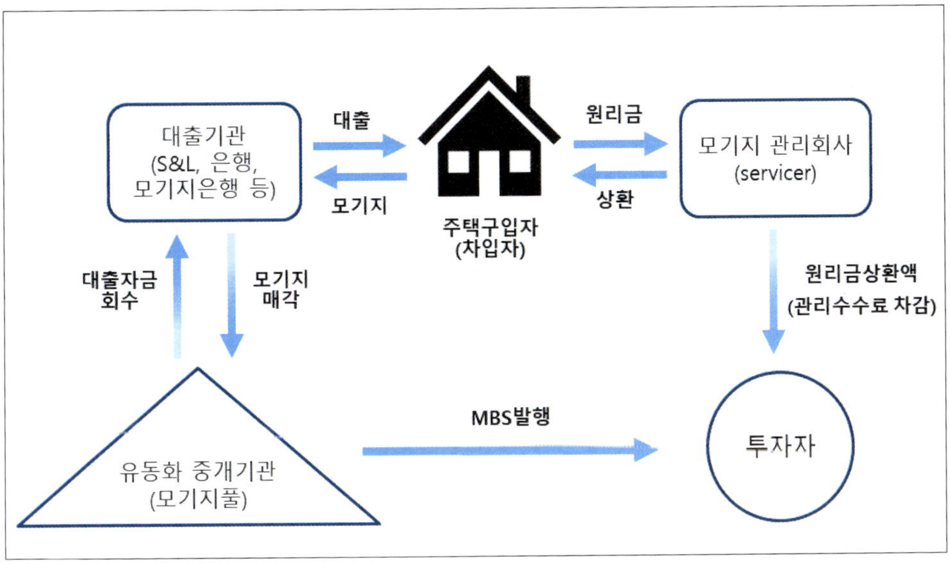

〈그림 3-2〉 MBS 개념도

(또는 수익권)을 10,000주 발행한다면, 하나의 주식은 100만원 상당의 대출채권 가치를 갖는다.

1억원 대출을 받은 모기지 채무자가 매달 50만원의 원리금을 대출기관(또는 별도의 대출채권 관리회사)에 갚는다고 하자. 대출기관은 소정의 수수료를 떼고 나머지를 SPC에 전달한다. 모기지 한 건당 매달의 수수료가 5천원이라고 가정하면, 매달 모기지 하나마다 49만5천원, 100개 모기지 풀 전체로는 4,950만원이 들어온다. MBS 발행기관은 소정의 수수료 및 보증료를 떼고 나머지 원리금상환액을 균등하게 나누어 SPC 주식 투자자에게 전달한다. 수수료가 모기지 한 건당 5천원이라면 총 4,900만원을 주식 수 10,000으로 나누어 주당 4,900원씩이 투자자에게 전달된다.

MPT 투자의 현금흐름은 모기지 채무자의 원리금상환액에 따라 달라진다. 만약 채무자가 조기상환을 한다면 큰 액수의 원금상환액이 MPT 투자자에게 전달되어 그 달의 지급액이 늘어난다. 반면, 채무자가 원리금 상환을 못하거나 일찍 끝내버린 이후라면 MPT 투자자에 대한 지급액이 줄어든다. 어떤 투자자들은 이처럼 불규칙한 현금흐름을 수용하기 힘든데, 이 점이 MPT의 큰 단점이다.

5) 모기지 풀이 주식회사 형태를 갖지 않을 수 있으므로 SPC 대신 특수목적기구(SPV: Special Purpose Vehicle 또는 SPE: Special Purpose Entity)로 표시하기도 한다.

MBS의 담보로 신용보강 된 모기지가 제공된다면, 채무자가 상환하지 못하더라도 MBS 투자자들은 궁극적으로 원금과 이자를 지급받게 될 것이다. 공적 보증이 없는 일반 모기지의 경우는 민간 보험이나 보증이 붙어 있을 수 있다. 외부 보증이 없는 경우는 물론이고, 보증이 있는 경우에도 대부분의 MBS 투자자는 언제 얼마만큼이 회수되는지, 보다 예측 가능한 현금흐름을 바란다.

따라서 기초자산인 모기지에 대한 보증에 추가하여 유동화 중개기관은 MBS에도 원금, 이자, 또는 양자의 궁극적 지급(Eventual Payment) 또는 적시지급(Timely Payment)을 약속하는 추가적인 보증을 제공하기도 한다. 미국에서 지니메의 MBS가 원금과 이자의 적시지급을 보장하면서 MBS 시장이 폭발적으로 성장할 수 있었던 것은 이미 설명한 바와 같다.

3 MBB와 CMO

연기금, 국부펀드, 보험회사 등 2차 저당시장에서 큰 역할을 하는 장기 투자자들은 MBS가 국채, 지방채, 회사채와 같이 안정적이고 예측 가능한 현금흐름을 가지는 것을 선호한다. 이런 수요를 충족시키기 위해 모기지담보부채권(MBB: Mortgage Backed Bond)이나 다계층모기지담보증권(CMO: Collateralized Mortgage Obligation) 등이 개발되었다.

MBB는 모기지 대출기관이 상환 책임을 지고 발행하는 채권(Bond)으로 정해진 금리로 만기까지 이자를 지급하고 만기 시 원금을 일시 지급하는 기본 형태를 갖는다. 이때 MBB 상환을 보장하는 담보로 모기지 대출채권을 신탁회사에 예치하거나 별도의 계정으로 관리하되 그 소유권을 넘기지는 않는다.

보통 MBB 발행 총액보다 더 큰 액수의 대출채권을 담보로 제공하여 MBB의 안정성을 높인다.[6] MBB 투자자는 채권 발행자의 신용에 의해 투자금 상환을 보장받고, 추가로 담보 풀 안의 모기지 대출채권에 의해 보장을 받는다. 이처럼 이중의

6) 이렇게 채권발행액보다 더 많은 담보를 제공하는 신용보강 방법을 Over-collateralization이라 한다.

상환청구권을 가지며, 조기상환의 위험이 없기 때문에 MBB는 상대적으로 낮은 금리로 발행될 수 있다.

MBB는 미국보다는 유럽에서 커버드 본드(Covered Bond)라는 확장된 개념으로 많이 활용되는 유동화 수단이다.[7] MPT는 대출기관이 대출채권의 소유권을 넘기고 그 이후의 위험에 대해 책임을 지지 않는 데 비해, MBB는 대출기관이 발행하고 상환을 책임지므로 모기지 대출을 할 때부터 주의를 기울여서 심사를 하고 관리한다. 즉, MBB는 대출기관의 도덕적 해이를 방지하는 기능이 있으므로 글로벌 금융위기(GFC) 이후 우리나라를 비롯한 여러 나라에서 MBB(또는 커버드 본드)에 많은 관심을 가지게 되었다.

1983년 프레디맥이 개발한 CMO는 모기지 풀에 바탕을 두고 여러 종류의 채권을 발행하여 각각의 현금흐름이 보다 예측 가능하도록 한 것이다. CMO에서는 계층별 순차 지급 구조를 가진 여러 트렌치의 채권이 같이 발행된다. 모기지 풀에 있는 모기지들의 정기 원리금상환액, 조기 상환액 등 모든 현금흐름은 투자자들에게 전달되는데, 서로 다른 트렌치의 채권들은 각각 다른 권리를 갖는다. 즉, 최상위 트렌치 채권이 먼저 이자와 원금을 상환받고, 이 트렌치의 상환이 끝나면 다음 트렌치 채권의 원금 상환이 시작된다. 모든 채권의 상환이 완료되면 나머지 현금흐름 또는 손실이 지분투자자의 몫이다.

이런 구조화를 통해 각 트렌치의 채권은 원래의 기초자산이 가졌던 수익-위험 프로파일과 완전히 다른 수익-위험 프로파일을 가질 수 있다. 예를 들어 기초자산이 연체 위험이 높은 서브프라임 모기지라고 해도 모든 대출이 한꺼번에 연체되는 일은 거의 없으므로 최우선적으로 원리금을 수령하는 상위 트렌치 채권은 위험도가 낮은 자산이다.

따라서 상위 트렌치 채권은 높은 신용등급을 받을 수 있다. 최고 신용등급에만 투자할 수 있는 연기금 등 기관투자자들은 원래 기초자산의 수익-위험의 프로파일을 그대로 반영하는 MPT에는 투자할 수 없을지 모르지만, CMO의 상위등급 채권에는 투자할 수 있게 된다. 한국주택금융공사가 발행하는 지당채권 유동화증권도 일부 커버드 본드를 제외하면 대부분 CMO이다.

---

7) MBB는 명칭 자체가 모기지 채권을 담보로 발행되는 채권임을 의미하는데, 커버드 본드는 모기지 채권 이외에도 선박대출 채권, 공공부문 채권 등 다양한 자산을 담보로 발행될 수 있다.

제4절
우리나라 부동산 금융 추이

1 부동산 금융의 발전과정

1) 외환위기 이전

1960년대 이래 정부의 성장정책은 수출주도형 제조업 육성에 초점을 맞추고 있었고, 부동산 부문에 대한 금융자원의 배분은 제한되었다. 대부분의 부동산 개발 및 투자 관련 업종이 여신금지 업종으로 분류되어 은행 대출이 금지되었고, 가계대출에 할당된 재원은 빈약했다. 그 결과 제도권 금융의 혜택으로 내 집 마련의 꿈을 실현하기 어려웠다.

외환위기 이전의 주택금융 구조를 보면 제도권 주택금융 비중이 낮았고 비제도권 금융이라 할 수 있는 전세보증금이 절반을 초과하였다. 부동산 금융시장이 발전하기 위해서는 많은 노력과 시행착오가 불가피했는데, 그 전환점은 1997년 시작된 외환위기였다.

2) 외환위기 이후

1997년 말 국제통화기금(IMF)에 긴급 자금지원을 요청과 함께 시작된 외환위기는 경제 모든 영역에서 혹독한 시련이었다. 외환위기를 극복하기 위해 유례없이 강력하고도 광범위한 개혁이 이루어졌는데 전후방 연계효과가 큰 주택건설 산업 및 광의의 부동산 산업에 대해서도 다양한 규제 완화와 지원책이 강구되었다.

이런 대책들 중에서도 가장 주목할 만한 정책 변화는 부동산 시장의 대외 전면개

〈표 3-4〉 외환위기 이후의 부동산 금융 관련 법 제정 및 개정

연도	관련법 제정 및 개정	내용
1998	국내 부동산 서비스 시장 전면 개방	부동산 임대업, 분양업, 공급업을 포함하여 전면 개방
1998. 1.	여신관리규정 폐지	부동산 관련 대출 자유화
1998. 4.	「신탁업법」 개정	은행권 부동산 투자신탁으로 개발자금 공급
1998. 5.	「외국인토지법」 전문 개정	규정된 신고절차에 의해 외국 법인, 개인 토지취득 가능
1998. 9.	「자산유동화에 관한 법률」 제정	자산담보부증권(ABS)제도 도입
1999. 1.	「주택저당채권 유동화회사법」 제정	주택저당채권부증권(MBS)제도 도입
2001. 4.	「부동산투자회사법」 제정	리츠(REITs) 도입
2003. 10.	「간접투자자산 운용업법」 제정	부동산 간접투자기구(부동산 펀드) 도입
2003. 12.	「한국주택금융공사법」 제정	한국주택금융공사 설립
2007. 8. (2009. 2. 시행)	「자본시장과 금융투자업에 관한 법률」 제정	부동산 집합투자기구 도입

방과 다양한 부동산 금융상품들이 도입될 수 있는 제도적 틀의 마련이다(표 3-4). 부동산 시장이 개방되면서 국내 기업들이 외국인 투자자들에게 자산을 매각하여 외화를 벌어들이고 부채를 줄일 수 있었다. 부수적으로는 외국인 투자자 및 서비스 회사를 통해 부동산 금융의 선진기법들이 국내 시장에 도입되었다.

금융 관련 규제의 완화는 주택구입자금, 주택건설자금 등 주택 관련 대출은 물론 오피스 및 상가 등의 수익형 부동산에 대한 대출도 확대될 수 있는 길을 열어 주었다. 또한, 자금 조달방식에 있어 여러 선진기법을 도입하기 위해 「자산유동화에 관한 법률」이 제정되는 것을 필두로 「부동산투자회사법」, 「간접투자자산운용업법」 등이 제정되었다.

이처럼 광범위한 제도개혁이 1998년을 기점으로 진행되었으므로 우리나라에서 현대적 의미의 부동산 금융은 이때 시작되었다고 할 수 있다. 외환위기를 통해 신용관리의 중요성을 깨닫게 된 금융기관들은 상대적으로 부실위험이 작은 주택담보대출을 크게 강화하고 여기에 개인들의 대출수요가 확대되면서 주택담보대출의 규모가 급속도로 증가하였다.

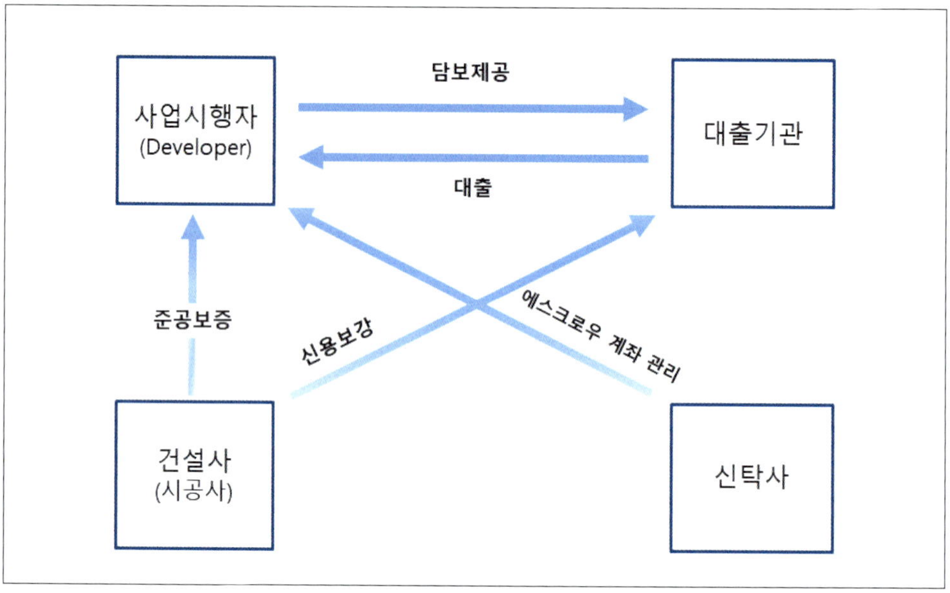

〈그림 3-3〉 프로젝트 파이낸스(PF) 대출 구조도

부동산 개발사업들에서는 프로젝트 파이낸스(PF) 대출이 개발금융을 주도하게 되었다. 경제위기 이전에는 건설회사들이 시행과 시공의 역할을 모두 담당하였다. 하지만 경제위기 이후 기업경영의 투명성 요구가 높아지고 부채비율을 낮추어야 할 필요성이 커져서 대형 건설회사(시공사)들이 재고 토지를 보유하고 인허가를 진행하기 어려워졌다. 따라서 사업시행의 역할을 중소 시행사(Developer)가 담당하고 건설회사는 도급공사만을 맡았다. 중소 시행사들은 자본금도 작고 신용도도 떨어지므로 대출기관들은 추가적인 신용보강을 요구하였고 시공사들이 PF대출의 신용보강을 제공하였다.

3) 글로벌 금융위기와 부동산 경기 침체

외환위기 이후 부동산 금융 산업은 저금리하에 주택 및 상업용 부동산 시장의 호황, 간접투자 상품의 증가, 부동산 개발금융 확대의 선순환 구조 속에서 급성장하였다. 하지만 2008년 하반기 글로벌 금융위기의 여파가 국내시장에 몰아치자 국내 부동산 시장이 급격히 침체되었고, 부동산 금융의 여러 부문에서 크고 작은 문제들이 나타났다. 특히 주택담보대출이 부실화되어 미국 서브프라임 사태와 같은 위기가 초래될 수 있다는 우려가 컸다.

주택담보대출을 받아 내 집 마련을 했지만, 주택가격이 떨어지고 이자율이 올라 대출금 상환을 못할 어려운 상황에 처한 소위 '하우스 푸어'에 대한 대책들이 나오기도 했다. 하지만 DTI, LTV 규제와 같은 금융건전성 규제가 이전부터 시행되고 있었고, 주택가격이 크게 하락하지 않아서 걱정했던 위기는 발생하지 않았다.

그러나 개발금융 부문에서는 많은 문제가 불거졌다. 국내 민간 개발사업들에 활발히 적용된 PF대출은 교과서적인 형태와 달리 사업의 현금흐름 자체보다는 시공사의 신용보강에 더 의존했다. 개발사업이 원활히 진행되지 못하여 손실이 발생하고 그 액수가 시공사가 감당하기 어려울 정도로 크면 PF 대출채권이 부실화되고, 해당 사업장은 물론 이 시공사가 시공을 맡는 다른 사업장에까지도 여파가 미친다. 2000년대 중반의 지방 주택시장 미분양사태, 2008년 이후의 수도권 주택시장 침체 등으로 인해 다수의 개발사업들이 부실화되었고, 이는 많은 시공사와 저축은행의 도산을 초래하였다.

글로벌 금융위기의 영향이 우리나라에 미치기 이전까지 부동산 정책은 투기를 억제하고 주택가격의 상승을 막는 데 초점을 맞추었다. LTV, DTI 규제 등도 서울 강남지역에 낮은 한도를 적용하는 등 금융건전성 목표와 무관한 주택정책 목표를 가미하여 시행되었다. 그러나 부동산 시장이 침체되자 이전의 투기억제 정책기조에서 탈피하여 시장기능을 회복하도록 해야 한다는 목소리가 점차 높아졌고, 이후 2015년까지의 기간 중에는 과도한 규제를 완화하는 방향으로 부동산 정책이 수정되었다.

4) 부동산 경기 회복과 금융 규제의 강화

2015년까지의 주택시장은 수도권 시장 침체와 지방 시장의 활황이 특징적이었지만, 그 이후 서울의 주택시장이 회복되었고 특히 2018년 이후에 아파트 가격이 크게 올랐다. 소비자들의 선호가 서울의 신축아파트에 몰리면서 재건축을 앞둔 아파트도 가격이 급등했다. 정부는 이런 시장 동향이 투기에 기인한 비정상적인 것으로 진단하고 여러 차례에 걸쳐 강력한 대책들을 내놓았다. 〈표 3-5〉에서 보듯이 이들 대책들에서 주택금융에 관련된 규제가 예외 없이 주요 내용이었는데 날이 갈수록 규제의 강도가 더욱 강해졌다.

〈표 3-5〉 외환위기 이후의 주택담보대출 규제 변화

연도	날짜	정책명	내용	
			LTV	DTI(DSR)
2017	6.19	주택시장의 안정적 관리를 위한 선별적 맞춤형 대응방안	• (조정대상지역) 70 → 60%로 LTV 10%p 강화	• (조정대상지역) 60 → 50%로 DTI 10%p 강화
	8.2	주택시장 안정화 방안	• 투기과열지구 및 투기지역에서 LTV 40%로 강화(주담대 1건 보유 시 투기과열 및 투기지역 30%, 조정대상지역 50%, 조정대상지역 외 수도권 60%)	• 투기과열지구 및 투기지역에서 DTI 40% 적용(주담대 1건 이상 보유 차주의 경우 DTI 10%p 추가 강화)
	10.24	가계부채 종합대책		• 조정지역을 대상으로 신 DTI를 적용(DTI 산정 시 신규 주담대와 함께 기존 대출 원리금을 포함)
2018	9.13	주택시장 안정대책	• 규제지역 다주택자 주담대 불가, 1주택자 예외적 허용	
	10.18	은행권 DSR 관리지표 도입 방안		• 은행 DSR(대출자 소득 대비 모든 대출의 원금+이자 상환액 비율) 도입
2019	6.17			• 제2금융권 DSR 도입
	12.16	주택시장 안정화 방안	• LTV를 9억원 이하분에 대해 40%, 9억원 초과분 20% 적용 • 시세 15억원이 넘는 고가 아파트에 대한 주담대 금지	• 시가 9억원 이상 초과 주택에 대한 대출을 받는 차주에게 개별적으로 DSR 규제를 적용

자료: 국토교통부

2 부동산 금융의 상품별 추이[8)]

1) 역모기지

고령화 시대에 접어들어 국민연금 등 공적 연금으로 노후 생활비를 충당하기 어려운 상황을 감안할 때 고령층의 생활 안정을 위한 방안들이 절실하다. 고령자가 보유한 주택 자산을 정기적인 연금소득으로 전환시켜 주는 상품, 즉 역모기지(Reverse Mortgage)가 하나의 대안이다.

역모기지는 주택을 담보로 매월 일정 지급액을 받거나 일정 한도액(Credit Line) 내에서 자유롭게 대출금을 인출하게 한다. 가입자가 사망하는 등의 이유로 대출금을 상환할 때 주택을 처분하고 그 대금을 상환재원으로 사용한다. 주택담보대출에서 금리, 만기, 지급방식 등에 따라 다양한 상품이 있듯이 역모기지도 여러 형태로 설계가 가능하다.

미국의 역모기지는 주택지분전환저당대출(HECM: Home Equity Conversion Mortgage)이라고 불리는데 62세 이상 주택소유자가 주택을 담보로 일시에 또는 매월 지급 형태로 대출을 받고, 이사, 사망, 처분 등의 경우 대출의 만기가 도래한다. 정부의 주택도시부(HUD) 내 연방주택청(FHA)이 역모기지에 대해 보험을 제공하여 대출금 총액이 주택 담보가치보다 커지더라도 소유자가 사망, 이사, 처분할 때까지 거주할 수 있도록 허용함으로써 역모기지 보급이 활발히 이루어지고 있다.(한만희, 조만, 2008, p. 472)

우리나라에서는 한국주택금융공사가 2007년 주택연금이란 이름으로 역모기지 상품을 출시하였다. 주택연금은 이전에 민간금융기관들이 시도했던 역모기지와 달리 정부가 보증하는 공적 보증제도이므로 중저소득층을 위한 복지정책적 고려를 담고 있다. 특히 상환해야 할 원리금 액수가 주택의 담보가치를 초과하더라도 계약자가 사망할 때까지 월지급금을 계속 지급한다. 생활비가 부족한 고령층이 주택연금에 가입한다면 매월 이자를 납부하지 않고 노후생활자금을 받을 수 있고, 기존의 주택담보대출도 주택연금으로 상환하여 원리금 상환 부담을 줄일 수 있다. 고령층 개인의 생활을 안정시키는 효과 이외에도 이들의 소비수준을 유지시켜 국민경제에

---

8) 주택담보대출 1차 및 2차 시장에 대해서는 이미 논의하였으므로, 여기서는 그 외의 부동산 금융상품을 중심으로 논의한다.

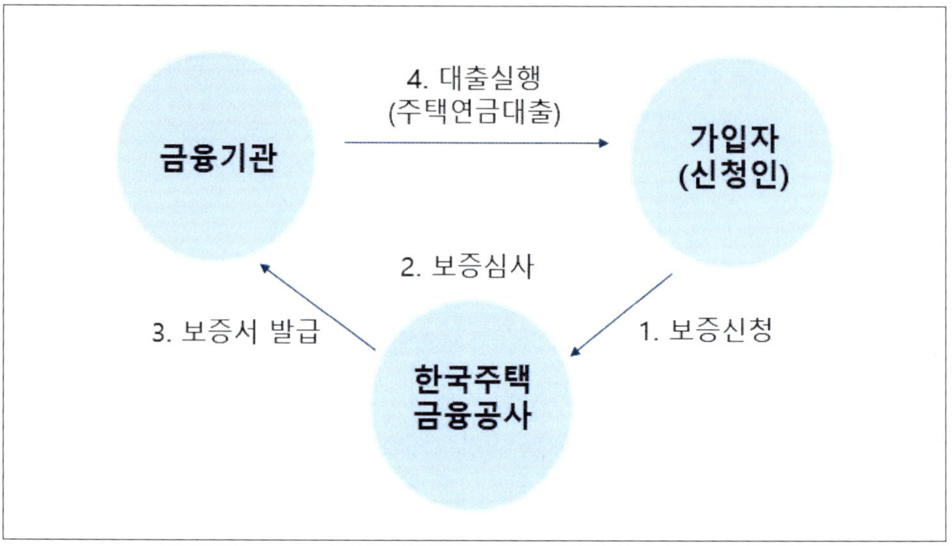

〈그림 3-4〉 주택연금의 구조

도움이 되는 효과도 기대할 수 있다.

주택연금 가입대상은 만 55세 이상의 대한민국 국민인 주택소유자 또는 배우자로 부부기준 공시가격 9억원 이하 주택소유자가 대상이지만, 9억원 초과 2주택자는 3년 이내 1주택을 팔면 가입이 가능하다. 주택금융공사는 연금 가입자를 위해 은행에 보증서를 발급하고 은행은 공사의 보증서에 의해 가입자에게 주택연금을 지급한다(그림 3-4).

가입자 사망 등으로 대출금 상환이 이루어져야 할 경우 상속인 등이 임의매각을 통해 대출금을 상환하거나 직접 현금으로 상환할 수 있지만, 상속인이 상속을 거부하거나 대출금을 상환하지 않는 경우 공사가 법원경매(저당권 실행)로 처리하게 된다.

2) 주택개발 PF 및 공모형 PF

이미 논의된 바와 같이 우리나라 PF대출 구조는 외부충격에 따른 위험을 흡수하는 데 한계가 있을 뿐만 아니라, 시공사 부실이 다른 시업장에까지 전이되는 취약성을 가졌다. 최근에는 주택개발 PF에서 금융권의 역할이 강조되는 방향으로 변하고 있다. 시공사가 맡던 사업비에 대한 보증을 대신 책임진다던가, 대규모 사업비가 소요되는 사업장의 재무적 투자자(FI)로 참여하는 등 금융권이 보다 적극적으로 개발위험을 부담하는 구조로 전환되었다.

대출 역시 상환 우선순위를 세분하여 위험을 분산하는 형태가 일반화되었다. 시공사는 과거 사업비 전반을 책임지던 구조에서 벗어나 책임준공 형태로 시공위험만을 부담하게 되어 부실 가능성이 크게 감소되었다. PF대출에서 시공사의 역할이 감소함에 따라 과거 시공사와 시행사 간의 특별한 관계는 옅어지게 되어 보다 객관적인 사업검토 및 의사결정이 가능해지는 긍정적인 효과도 나타났다.

그럼에도 불구하고 주택개발의 높은 위험으로 인해 자금조달의 공백이 발생하기도 한다. 금융위기 이후 이 위험을 수용한 주체는 부동산 신탁사였다. 자기자금을 활용하여 개발사업에 적극적으로 참여하는 '차입형 토지신탁'이나 시공위험의 일부를 부담하는 '책임준공 확약형 관리형 토지신탁' 등 다양한 사업구조를 도입하는 등 주택개발사업 위험 상당 부분을 부담하는 주체로 변모했다.

정부의 개입 역시 주택개발 PF 변화를 이끌었다. 주택도시보증공사(HUG)나 한국주택금융공사의 PF 보증상품이 성공적으로 정착되면서 시공사 및 금융기관이 부담하는 개발위험의 상당부분을 분산할 수 있게 되었다. 이 상품들은 사업 주체가 토지비 또는 총사업비의 일부를 부담할 경우 사업비의 절반가량을 보증해 주는 구조로 주로 토지비를 충당하는 데 활용된다. 특히 이들은 공공택지를 활용하여 주택개발을 진행하는 중견 시공사의 주요한 자금확보 수단이 되었다.

3) 리츠와 부동산 펀드[9)]

부동산에 대한 간접투자 상품으로는 2000년 이후 신탁, ABS, 리츠, 부동산 펀드 등이 연이어 등장하였다. 특히 리츠와 부동산 펀드 상품들이 출시됨에 따라 일반투자자에게 부동산 간접투자의 길이 열리게 되었다. 이들 간접투자 수단들은 투자자들로부터 조달한 자본을 부동산이나 부동산 관련 유가증권 등에 투자하고, 임대료나 이자 수입 등을 통해 얻은 이익을 투자자들에게 분배한다.

「부동산투자회사법」에 의한 리츠(법률상 부동산 투자회사)는 주식회사로서 주주총회, 이사회, 감사 등의 내부조직을 갖추어야 하지만, 부동산 펀드(법률상 부동산 집합투자기구)는 회사형과 신탁형이 모두 가능하다. 양자 모두 일정한 요건을 충족하면

9) 넓은 의미의 부동산 펀드는 부동산 투자회사(리츠)와 부동산 집합투자기구(부동산 펀드) 등을 모두 포괄한다. 외국에서는 이런 의미로 부동산 펀드라는 명칭을 쓰고, 그 대표적인 상품으로 리츠를 꼽는다. 우리나라에서는 좁은 의미로 「자본시장과 금융투자업에 관한 법률」상의 부동산 집합투자기구만을 부동산 펀드라고 부르는 것이 일반적이다.

법인세 감면 등의 조세혜택을 받아서 투자자들에게 상대적으로 높은 수익을 안겨줄 수 있다.

리츠는 2001년 도입 당시 새로운 자금 조달방식으로서 부동산 업계에서 큰 관심을 얻었지만, 각종 제약으로 인하여 그 성장은 부진하였다. 그러나 최근 공모 부동산 간접투자 활성화 정책과 투자자들의 관심 제고에 힘입어 새로운 발전의 계기를 맞고 있다. 초기에 활성화되지 못했던 원인은 설립회사의 형태, 최소 자본금, 업무영역, 자금 조달원, 세제혜택, 다른 투자상품(부동산 펀드)과의 경쟁, 투자물건 확보의 어려움 등이었다.

그 후 몇 차례 법 개정으로 제도적 제약이 완화됨에 따라 리츠 설립이 증가하였다. 초기에는 상가나 오피스가 기초자산인 리츠가 대부분이었지만, 호텔, 도시형 생활주택, 복합 쇼핑몰, 물류센터 등으로 투자대상이 확대되었다. 특히 2014년 이후에는 공공임대주택, 행복주택 등 정부의 임대주택 공급정책에 리츠가 활용되어 주택 관련 리츠 설립이 크게 증가하면서, 리츠 시장의 규모가 확대되었다. 그렇지만 '부동산 투자의 대중화(또는 민주화)'라는 리츠의 본래 취지에 부합하는 공모상장 리츠의 규모는 다른 아시아 태평양 국가들에 비하여 상대적으로 작다.

국가경제나 부동산 시장의 규모를 볼 때 우리나라 리츠 시장이 아시아 다른 나라들에 비해 작아야 할 이유는 없다. 또한, 외국의 예를 볼 때 리츠는 변동성이 작고 안정적인 현금흐름을 창출하는 자산이므로 고령층의 안정적인 자산운용에 유리한 특성을 가지고 있다. 고령화 시대를 맞아 제도적 정비와 시장참여자들의 노력으로 리츠 시장을 성장시켜 가야 할 것이다.

부동산 간접투자 시장에서 리츠가 먼저 선을 보였지만, 후발 주자인 부동산 펀드의 성장세가 더 두드러졌다. 2019년 말 현재 부동산 펀드의 수는 1,933개로 리츠의 6.9배, 자산 규모는 100.3조원으로 리츠의 1.78배를 넘는다. 부동산 펀드는 공모보다는 사모 위주인데 공개시장에서 일반 투자자들의 자금을 유치하는 것보다 기관투자자들로부터 자금을 모집하는 것이 수월하기 때문이다.

부동산 펀드도 초기에는 오피스 빌딩에 투자하는 것이 대부분이었지만 근린상가, 호텔, 창고 등으로 투자대상이 다양화되었다. 2017년 이후 외국의 부동산에 투자하는 펀드의 규모가 국내 부동산 펀드 규모를 상회하고 있다.

제4장

부동산 투자론

제1절

투자의 의의와 부동산 투자의 특징

1 투자의 의의

투자란 미래의 불확실한 수익을 위해 현재의 확실한 소비(현금지출)를 희생하는 경제적 행위 또는 미래의 불확실한 수익과 현재의 확실한 소비(현금지출)를 교환하는 행위를 말한다. 투자의 수익은 미래의 불확실성(위험)을 감수하는 데 대한 보상(대가)이다. 따라서 투자수익은 현재의 소비를 희생한 대가라는 측면에서 ① 시간에 대한 보상(시차보상)과, 확실성을 포기하고 불확실성(위험)을 선택한 대가라는 측면에서 ② 위험에 대한 보상(위험보상)의 두 가지로 구성된다.

시차보상은 아무리 수익이 확실하더라도 시간에 대한 보상은 있어야 한다는 점에서 무위험수익률로 나타난다. 무위험수익률의 예로는 국공채이자율, 안전한 제1금융권의 은행이자율 등을 들 수 있다. 투자자의 요구수익률은 ① 무위험수익률과 위험을 감안한 ② 위험 프리미엄(위험할증률)으로 구성된다. 무위험수익률은 시차보상, 위험 프리미엄은 위험보상을 의미한다.

이때 무위험수익률은 시장에서 객관적으로 결정되지만 위험 프리미엄은 투자자가 주관적으로 결정한다. 투자기간이 길어질수록 시간에 대한 보상이 커져 요구수익률이 올라가고, 위험이 클수록 위험에 대한 보상이 커져 요구수익률이 올라간다.

부동산 투자를 취득, 보유, 처분의 3단계로 구분할 때, 예를 들어 보유하는 기간 동안 1억원의 임대료 수익을 얻고 처분 시 12억원에 매도할 것을 기대하여 취득

시 10억원에 매수하는 투자자는 현재의 확실한 10억원을 희생(포기)함으로써 미래의 불확실한 1억원과 12억원을 선택(교환)한 것이다. 이때 임대료 수익처럼 보유하는 매 기간 정기적으로 발생하는 수익을 소득이득(Income Gain)이라 하고, 기간 말에 처분하여 발생하는 수익을 자본이득(Capital Gain)이라 한다.

2 부동산 투자의 장점과 단점(금융투자 대비)

모든 투자는 미래의 불확실한 수익을 위해 현재의 확실한 소비를 희생하는 경제적 행위라는 점에서 공통점이 있지만, 부동산 투자는 다른 자산에 대한 투자에 비해 아래와 같은 특징이 있다. 이와 같은 부동산 투자의 특징(장 · 단점)은 특히 주식, 채권 등 금융투자와 대비되어 뚜렷하게 나타난다.

1) 장점

① 부동산 특히 토지는 영속성의 특성으로 인해 원본상실의 가능성이 없으므로 다른 투자자산에 비해 안전성이 높다. 또한 도난과 멸실의 위험이 적다.

② 부동산 투자를 통해 소득이득(운영소득)과 자본이득(시세차익, 처분차익)을 함께 획득할 수 있고 개발이익을 기대할 수도 있다. 주식의 배당은 매우 불안정적이어서 단기에 거래하는 소액투자자들이 배당을 노리고 투자하는 경우가 많지 않은 반면 부동산의 소득이득은 임대료 기준으로 일정 기간 안정적이다.

③ 대출을 통한 지렛대(Leverage) 효과를 활용하여 자기자본만으로 투자하는 경우보다 적은 비용으로 높은 수익률을 기대할 수 있다. 다만 부동산 투자의 총자본수익률이 타인자본수익률(대출이자율)보다 높을 경우에만 자기자본수익률이 상승하는 (+)의 지렛대 효과를 얻을 수 있다. 주식투자와 달리 소득이득(임대료)이 안정적이라는 점에서 부동산 투자는 지렛대 효과를 예측하기가 용이하다.

④ 부동산 투자는 시세보다 낮은 공시지가와 기준시가 등으로 인해 현금으로 보유하는 것에 비해 세금이 낮아지고 감가상각이나 이자지급액 등을 비용처리함으

로써 절세효과(Tax Shelter)를 얻을 수 있다. 따라서 세금의 측면에서 현금의 상속이나 증여보다 부동산의 상속이나 증여가 더 유리할 수 있다.

⑤ 물가상승(인플레이션) 시에는 실물가치가 상승하고 화폐가치가 하락하므로 부동산에 투자함으로써 실질구매력을 보호하는 인플레이션 헤지(Inflation Hedge) 효과를 얻을 수 있다.

⑥ 부동산을 소유함으로써 자용방식의 투자를 선택할 수도 있고, 임차함으로써 점용방식의 투자를 선택할 수도 있다. 전자는 임대료 비용을 절감할 수 있지만 초기 투자비용이 큰 반면, 후자는 초기 비용을 절감함으로써 운영자금을 확보할 수 있지만 운영 시 임대료 비용이 크다는 단점이 있다. 기업의 입장에서 사업용 부동산을 계속 보유할 것인가, 아니면 팔고 다시 임차할 것인가(Sales & Leaseback)를 선택하는 의사결정이 중요하다.

⑦ 그밖에 부동산 투자는 투자자에게 소유의 긍지라는 심리적 효과를 주고 주식 투자와 달리 직접 운영하거나 관리할 수 있다는 직접통제의 기회, 임차인 등을 선별할 수 있는 인적통제의 기회 등의 장점이 있다.

2) 단점

① 부동산을 현금으로 환가하는 것이 쉽지 않고 환가하더라도 그 가치가 떨어지는 등 환금성(유동성)이 낮다.

② 투자수익이나 자산가치가 시장과 경제상태의 변화에 영향을 많이 받는다는 위험이 있다.

③ 대출을 통해 부동산에 투자하였다면 원리금을 상환해야 하고 특히 변동금리 대출 시 급격한 금리변동에 따른 금융위험(파산위험)에 직면할 수 있다.

④ 세금, 수수료 등 거래에 따른 비용이 과다하다. 이에 따라 단기 투자가 곤란하고 투자기간이 장기간이 된다.

⑤ 토지 등 부동산의 이용과 개발에 대한 행정적 규제가 많고 관련 법률이 복잡하다.

⑥ 부동산의 투자와 관리에 시간과 비용이 많이 소요된다.

⑦ 부동산은 고액, 고가의 특성이 있으므로 투자가 쉽지 않다. 따라서 투자 시 대출을 이용하는 경우가 많아 금융위험으로 이어진다.

참 고

레버리지(지렛대) 효과(Leverage Effect)

1. 의의

타인자본(대출)을 이용하여 투자함으로써 자기자본(지분)수익률을 증대시키는 것을 지렛대 효과 또는 레버리지 효과라 한다. 총자본수익률(종합자본수익률)이 주어진 상태에서 이보다 낮은 이자율로 타인자본을 끌어올 수 있다면 이를 지렛대 삼아 자기자본만으로 투자하는 것보다 자기자본수익률을 더 높일 수 있다는 것이다.

전액을 자기자본만으로 투자하면 '총자본수익률=자기자본수익률'이지만 이보다 낮은 이자율로 대출받아 투자하거나 임대보증금 등 무이자 타인자본을 활용하면 '총자본수익률〈자기자본수익률'이 된다. 이를 (+)의 레버리지 효과라 한다. 이때 늘어나는 자기자본수익률과 총자본수익률의 차이를 레버리지 효과라 부르기도 한다.

타인자본을 활용하면 이렇게 자기자본수익률을 높일 수도 있다. 이는 낮은 이자율이라는 위의 조건을 갖춘다면 저당비율(대부비율)이 클수록 높아지지만(수익의 레버리지 효과), 저당비율이 클수록 금융위험(채무불이행 위험)도 함께 커진다(위험의 레버리지 효과).

2. 레버리지 효과의 산정

① 총자본수익률(종합자본수익률, 종합환원율) $= \dfrac{\text{순영업소득}(NOI)}{\text{총투자자본(=부동산 가치)}}$

$= \text{지분수익률} \times \text{지분비율}(\frac{E}{V}) + \text{저당수익률} \times \text{저당비율}(\frac{L}{V})$

(즉, 총자본수익률은 지분수익률과 저당수익률의 가중평균이다. 지분수익률을 다른 말로 자기자본수익률 또는 지분환원율, 저당수익률을 다른 말로 저당환원율 또는 저당이자율 등으로 부른다.)

② 지분(자기자본)수익률 $= \dfrac{\text{지분수익}(NOI - DS = BTCF)}{\text{지분투자액(자기자본)}}$

$= \dfrac{\text{총자본투자수익(순영업소득)} - (\text{대출액} \times \text{대출금리})}{\text{지분투자액}}$

(지분수익은 순영업소득에서 대출자 몫(DS)을 뺀 지분투자자의 몫으로 세전현금흐름(BTCF)이라 부른다. 이때 순영업소득에서 (대출액×대출금리)를 빼서 지분수익을 구하는 것은 원금만기상환 방식을 전제한다.[1])

③ 저당수익률(저당이자율) $= \dfrac{\text{이자}}{\text{대출액}}$

(저당수익률은 결국 대출을 해 준 은행의 수익률 즉 대출이자율을 의미한다.)

④ (+)의 레버리지 효과는 '저당수익률 〈 총자본수익률 〈 지분수익률'일 때 나타나고, (−)의 레버리지 효과는 '저당수익률 〉 총자본수익률 〉 지분수익률'일 때 나타나며, 모두 같을 때는 중립적 레버리지 효과가 발생한다.

⑤ (+)의 레버리지 효과가 발생하는 경우에는 저당비율(대부비율, 부채비율)이 클수록 지분수익률도 상승하지만, (−)의 레버리지 효과가 발생하는 경우에는 저당비율이 클

수록 지분수익률은 하락한다. (−)의 레버리지 효과가 발생한다는 것은 결국 대출해 준 은행에게만 이익을 안겨주는 결과가 된다.

3. 레버리지 효과의 예시

① 총투자액 5억원으로 1년간 수익이 1억원 발생하는 사업에서 총투자액 중 2억원은 지분(자기자본)으로 하고 나머지 3억원은 이자율 10%로 대출을 받아 투자를 한 경우,

$$\text{지분수익률} = \frac{\text{1억원} - (\text{3억원} \times 0.1)}{\text{2억원}} = 35\%$$

이므로 총자본수익률 20%(= $\frac{\text{1억원}}{\text{5억원}}$)에 비해 15% 상승한다.

② 주택을 10억원에 매수하면서 5억원은 전세를 끼고 자기자본 5억원을 투자한다면 집값이 오르든 내리든 지렛대 역할을 하는 전세금 5억원은 그대로이므로 전세금을 지렛대로 삼아 투자한 것이다. 1년 후 주택가격이 15억원이 된 경우,

$$\text{내 돈만 들여 집을 샀을 경우의 수익률(총자본수익률=지분수익률)} = \frac{\text{집값 상승분 5억원}}{\text{총투자자본(매수가격) 10억원}} = \text{50\%이지만,}$$

$$\text{전세를 끼고 샀을 경우의 수익률(지분수익률)} = \frac{\text{집값 상승분 5억원}}{\text{자기자본 5억원}} = \text{100\%가 된다}$$

➡ ∴50%의 레버리지 효과 발생(전세금은 무이자이므로 이자로 빠져나가는 것도 없다.)
➡ Gap 투자의 원리

③ 20억원짜리 아파트를 지분 10억원, 저당대출 10억원으로 사서 1년 후 25억원이 된 경우,

만약 대출이자율이 10%라면,

$$\text{총자본수익률} = \frac{\text{5억원}}{\text{20억원}} = 25\%.$$

$$\text{지분수익률} = \frac{\text{5억원} - (\text{10억원} \times 0.1)}{\text{10억원}} = 40\%$$

이므로 레버리지를 통해 지분수익률이 15% 증가한다. ➡ (+)의 레버리지 효과

만약 대출이자율이 25%라면,

$$\text{지분수익률} = \frac{\text{5억원} - (\text{10억원} \times 0.25)}{\text{10억원}} = 25\%$$

이므로 총자본수익률에서 조금도 증가하지 않는다. ➡ (0)의 레버리지 효과(중립적)

만약 대출이자율이 50%라면,

$$\text{지분수익률} = \frac{5억원 - (10억원 \times 0.5)}{10억원} = 0\%$$

이므로 오히려 레버리지를 통해 지분수익률이 -25% 하락한다. ➡ (-)의 레버리지 효과

4. 레버리지 이용의 장점

① 지분수익률(자기자본수익률)을 높일 수 있다.

② 레버리지를 활용하여 적은 자기자본으로 부동산을 소유함으로써 부동산으로부터 발생하는 수익을 획득할 수 있다.

③ 자기자본은 한정되어 있으므로 타인자본을 끌어와서 분산투자를 함으로써 위험을 분산시킬 수 있다. 예를 들어 자기자본이 20억원일 때 20억원짜리 부동산 1개를 사는 것보다 10억원씩 지분 투자해서 서로 다른 지역에 20억원짜리 부동산 2개를 사는 것이 위험을 분산시키는 방법이다.

④ 확정임대료를 내세운 분양형 호텔 등 분양광고, 갭투자 등에 활용할 수 있다.

➡ 자기자본을 최소화하고 대출을 이용하면 지분수익률 급등

참 고

인플레이션 헤지(Inflation Hedge)

1. 의의

인플레이션(물가상승)이 발생하면 화폐가치가 하락하므로 화폐(현금)의 소유자에게는 물가가 상승하는 만큼 화폐의 실질구매력을 상실하는 위험이 나타난다.

반면 화폐(현금)의 소유 대신에 금이나 부동산과 같은 실물에 투자한다면 인플레이션으로 인한 실질구매력 상실의 위험을 회피할 수 있는데, 이를 인플레이션 헤지라 한다.

2. 인플레이션 발생 시 각 경제 주체의 유·불리 여부

불리한 자	유리한 자
인플레이션이 발생하여 화폐가치가 하락하면 화폐(현금) 소유자는 불리해진다.	인플레이션이 발생하면 실물의 가치가 상승하므로 실물자산 소유자는 유리해진다.
인플레이션이 발생하면 화폐가치가 하락	인플레이션이 발생하면 화폐가치가 하락

1) 원금만기상환 방식의 경우 만기 전에는 이자만 지급하므로 DS(Debt Service)는 대출액에 대출금리를 곱한 이자지급액만 해당한다. 반면 원리금균등분할상환 방식이나 원금균등분할상환 방식의 경우에는 매기에 이자뿐 아니라 원금의 일부도 상환해나가므로 DS는 '원금상환액+이자지급액'이 된다.

하는데 채권자가 받을 원금과 이자는 불변하므로 채권자는 불리해진다. ➡ 이러한 인플레이션 위험에 대비하기 위해 채권자는 요구수익률이나 이자율 산정 시 인플레이션율(물가상승률)을 반영한다.	하는데 채무자가 갚을 원금과 이자의 명목금액은 불변하므로 채무자는 유리해진다(채무상환부담 감소).

3 부동산 투자결정 시 고려사항과 주요 변수

1) 투자 시 고려사항

투자 시 기본적으로 안전성(Security), 환금성(Liquidity), 그리고 수익성(Productivity)을 고려해야 한다. 투자대상 자산을 부동산, 주식, 예금으로 3분할 때 일반적으로 부동산은 안전성이 높고 환금성이 낮은 반면, 주식은 수익성이 높지만 안전성이 낮은 것으로, 그리고 예금은 안전성이 최대이며 환금성이 높지만 수익성이 낮은 것으로 평가된다.

시장을 분석하여 경기순환 과정에서 회복단계로 접어들기 전의 저점에서 투자하는 등 적정한 투자 시기를 선택해야 한다. 만약 상승단계의 정점에서 투자한다면 손실을 볼 수 있다. 또한 법률적 · 기술적 · 경제적 분석을 통해 원금손실의 위험성을 판단하고 투자 시 안전성을 고려해야 한다. 이를 위한 법률적 분석을 권리분석이라 한다.

부동산은 다른 자산에 비해 환금이 쉽지 않고 환금 과정에서 가치의 손실위험이 있으므로 투자 시 환금성을 고려해야 한다. 비교적 환금이 쉬운 중소형 아파트 거래가 활발한 것도 이 때문이다. 투자 시부터 환금성을 고려한 출구 전략이 필요하다. 또한 정기적인 수익 창출 능력이나 장기적인 자산가치 상승의 기대 여부 등 수익성을 고려해야 한다.

향후 디플레이션이 발생하여 자산가치가 하락할 것인지도 살펴보아야 하고, 유난히 감가가 심한 투자대상은 피해야 한다. 또한 부동산은 부동성, 고정성의 특징이 있으므로 입지와 접근성을 중요하게 고려해야 한다. 그밖에 세금부담과 세제혜택을 고려해야 하고 투자자의 경영관리능력도 검토해야 한다.

2) 주요 변수

시장예측을 통해 적정한 투자 시기와 함께 적정 보유기간을 결정한다. 현재 구입 가능한 가격(시장가치)이 얼마인지 확인하고 레버리지의 구성비율, 대출이자율을 결정한다. 보유기간 동안의 소득이득(Income Gain)을 예측한다. 소득이득을 산정하기 위해 공실률, 영업경비, 원리금상환액, 영업소득세 등을 예측하여 매년의 세후현금흐름(ATCF)을 결정한다. 기간 말의 자본이득(Capital Gain)을 예측한다. 자본이득을 산정하기 위해 보유기간 동안의 자산가치 상승률을 반영하여 기간 말 처분가격을 예측한다.

이와 같은 수익들은 현재가 아닌 미래가치이므로 이를 적절한 할인율로 할인하여 현재가치로 바꿔 주어야 한다. 이때 투자의 위험을 측정하여 할인율에 반영한다.[2] 이를 통해 투자의 순현재가치(NPV)를 구할 수 있고 투자 타당성 여부를 판단할 수 있다. 또한 이를 통해 연간 투자수익률(내부수익률; IRR)을 구할 수 있고 투자자의 요구수익률이나 다른 투자대상의 수익률과 비교하여 투자 타당성 여부를 판단할 수도 있다.

2) 할인율은 요구수익률, 이자율 등과 마찬가지로 무위험수익률과 위험 프리미엄 등으로 구성된다. 따라서 위험이 커질수록 할인율도 커진다.

제2절
부동산 투자분석을 위한 재무적 도구

1 화폐의 시간가치(Time Value of Money)

1) 현재가치(PV)와 미래가치(FV)

현재의 1원이 미래의 1원보다 더 큰 가치를 갖는다. 그 이유로는 일단 ① 현재의 1원이 미래의 1원보다 위험성이 없고, ② 일반적으로 시간이 지나면 물가가 상승함에 따라 현재의 1원으로 보다 많은 재화와 서비스를 구매할 수 있으며, ③ 현재의 1원을 투자함으로써 더 큰 수익을 창출할 수 있는 기회가 있다는 점 등이 꼽힌다.

현재의 1원과 동등한 가치를 갖는 미래시점의 금액(미래가치)은 원금과 이자를 더해 주면 된다. 이를 할증이라 한다. 반면 미래의 1원과 동등한 가치를 갖는 현재시점의 금액(현재가치)은 미래가치에서 이자만큼 빼주면 된다. 이를 할인이라 한다. 이때 할증과 할인의 폭은 적용되는 이자율에 따라 결정되는데, 이를 각각 할증률과 할인율이라고 하며 이자율이라는 점에서 본질적으로 같다.[3] 결국 이자율은 현재와 미래 사이의 자원배분 문제를 결정하는 것이고, 할인율 등 이자율 산정에도 역시 위험 프리미엄이 반영된다.

현재의 확실한 지출과 미래의 불확실한 수익을 비교하여 후자가 전자보다 클 경우에 투자를 하게 된다. 화폐의 시간가치 개념으로 인해 서로 다른 시점에 발생하는 양자의 현금흐름을 비교하기 위해서는 양자의 시간가치를 현재 시점으로 맞춰 주어야 한다. 이때 현재와 미래 양 시점 간의 시차를 반영한 ① 기간과, 위험을 반영한 ② 이자율(할인율)이 주요 변수가 된다. 즉 미래가치를 현재가치로 바꾸는

3) 할증과 할인은 발생이자를 재투자하는 것을 전제로 한 복리계산 방식으로 행한다.

데 있어서 기간이 길수록 현재가치는 낮아지고, 위험이 클수록 이자율(할인율)도 상승하여 현재가치가 낮아진다.

2) 미래가치의 계산

(1) 일시불의 미래가치(FV: Future Value)

현재의 일시불을 미래의 일시불로 환산(할증)한 금액이고 이를 환산하는 계수를 일시불의 미래가치 계수(FVIF)라 한다. 이는 일시불의 현재가치 계수(PVIF)와 역수 관계이다. 복리의 정기예금 계산식과 같고, 연간 지가상승률을 적용하여 과거의 지가가 현재 얼마가 되었는지, 연간 건축비 상승률을 적용하여 과거의 건축비를 기준으로 현재에는 얼마 정도 들 것인지 등을 계산하는 데 활용된다.

$$FV = PV \times (1+r)^n \quad (r\text{: 이자율, } n\text{: 기간})$$

(2) 연금의 미래가치(FVA: Future Value of an Annuity)

일정한 매 기간마다 일정 금액을 적립하는 것을 연금이라 하는데, 연금의 미래가치란 이를 일정 기간 적립했을 때 기간 말에 달성되는 누적액을 의미한다. 이렇게 연금을 미래의 일시불로 환산(할증)하는 계수를 연금의 미래가치 계수(FVIFA)라 하고 이는 감채기금 계수(상환기금 계수)와 역수관계이다. 매 기간 일정액씩 적립하는 정기적금 만료 시 탈 금액(원리금 합계액)을 계산하는 데 활용된다.

$$FVA = A \times \frac{(1+r)^n - 1}{r}$$

(3) 감채기금 계수(SFF: Sinking Fund Factor)

장래에 원하는 금액을 모으기 위해 매 기간마다 적립해야 할 금액을 구하는 것이다. 이는 장래에 원하는 금액을 연금의 미래가치(FVA)로 놓고 매 기간 적립할 연금액(A)을 구하는 것이다. 이렇게 미래의 일시불을 연금으로 환산하는 감채기금 계수는 연금의 미래가치 계수(FVIFA)와 역수관계이다. 미래 일정액을 타기 위한 정기적금에 있어서 매 기간 적립액을 계산하는 데 활용된다.

$$A = FVA \times \frac{r}{(1+r)^n - 1}$$

3) 현재가치의 계산

(1) 일시불의 현재가치(PV: Present Value)

미래의 일시불을 현재의 일시불로 환산(할인)한 금액이고 이를 환산하는 계수를 일시불의 현재가치 계수(PVIF)라 한다. 이는 일시불의 미래가치 계수(FVIF)와 역수관계이다. 부동산의 투자나 감정평가에서 미래의 현금흐름이나 가치를 현재의 시점으로 할인할 때 활용된다.

$$PV = FV \times \frac{1}{(1+r)^n}$$

(2) 연금의 현재가치(PVA: Present Value of an Annuity)

일정한 매 기간 동안 정기적으로 일정 금액을 지급받는 것을 연금이라 하는데, 연금의 현재가치란 이렇게 장래에 발생할 현금흐름들을 현재 시점의 가치로 환산한 금액을 의미한다. 연금을 현재의 일시불로 환산(할인)하는 계수를 연금의 현재가치 계수(PVIFA)라 하고 이는 저당상수와 역수관계이다.

연금의 현재가치 계수는 연금보험의 현재가치 계산,[4] DTI를 통한 대출액 계산, 저당잔고(미상환 대출잔액; Mortgage Balance) 계산, LTV 산정 시 필요한 Loan(대출액) 계산 등에 활용된다. 일정 기간 동안 매 기간 일정액이 나가는 원리금상환액(저당지불액)의 현재가치를 계산하여 현재의 대출액을 산정하는 것이다.[5] 그리고 장래 정기적으로 일정 수익이 발생하는 자산의 현재 투자가치를 계산하는 것 등에도 활용된다.

$$PVA = A \times \frac{1 - \frac{1}{(1+r)^n}}{r}$$

잔금비율은 저당대출액(총자입액) 중 특정 시점에 미상환된 원금(잔금)이 차지하는 비율을 뜻한다. 원리금균등분할상환 방식에서는 잔금비율 $= \frac{\text{특정 시점의 잔금}}{\text{총 대출액}}$

$= \frac{\text{원리금상환액} \times \text{연금 현가계수}(r, \text{잔여기간})}{\text{원리금상환액} \times \text{연금 현가계수}(r, \text{전체기간})} = \frac{\text{연금 현가계수}(r, \text{잔여기간})}{\text{연금 현가계수}(r, \text{전체기간})}$

이다.

4) 일정 기간 매달 또는 매년 일정액이 들어오는 연금보험을 현재 얼마 주고 살 것인가
5) 원리금균등분할상환 방식을 전제

상환비율은 저당대출액 중 특정 시점까지 상환된 원금이 차지하는 비율을 뜻한다. 역시 원리금균등분할상환 방식에서는 상환비율 = $\frac{\text{특정 시점까지 상환원금}}{\text{총 대출액}}$

$= \frac{\text{원리금상환액} \times \text{연금 현가계수}(r, \text{경과기간})}{\text{원리금상환액} \times \text{연금 현가계수}(r, \text{전체기간})} = \frac{\text{연금 현가계수}(r, \text{경과기간})}{\text{연금 현가계수}(r, \text{전체기간})}$

이다.

(3) 저당상수(MC: Mortgage Constant) → 연부상환율

원리금균등분할상환 방식으로 대출 시 매 기간마다 갚아나갈 원리금 합계액을 구하는 계수로서 결국 저당상수는 $\frac{\text{매기당 저당지불액(원리금상환액)}}{\text{저당대출액}}$이다. 매기당 저당지불액 = 연금의 현재가치(저당대출액) × 저당상수(r%, n년)로 구할 수 있다. 즉 현재의 일시불을 연금(원리금상환액)으로 환산하는 계수이다. 이는 연금의 현재가치 계수와 역수관계이다.

저당상수는 원리금균등분할상환 방식의 대출 시 매기당 원리금상환액의 계산, DTI에서 매기당 불입액의 계산, 부채감당률(DCR)에서 매기당 불입액의 계산, 영업의 현금흐름에서 부채서비스액(Debt Service)의 계산 등에 활용된다.[6)]

$$A = PVA \times \frac{r}{1 - \frac{1}{(1+r)^n}}$$

원리금균등분할상환 방식은 ① 부채서비스액(원리금상환액)이 대출만기 때까지 일정하고, ② 대출만기에 대출잔금이 0이 되며, ③ 시간이 흐름에 따라 매기당 이자지급액은 감소하는[7)] 반면 ④ 매기당 원금상환액은 증가하는[8)] 특징이 있다.

예를 들어, 대출금 1억원을 연 10%의 이자율, 10년 만기로 매년 연부상환(원리금균등분할상환) 조건으로 대출을 받을 경우 일단 매년의 원리금상환액(연금) = 1억원 × 저당상수(10%, 10년) = A로 구할 수 있다. 이는 매년의 원금상환액과 이자지급액을 합한 금액이다.

이때 6년 차 말의 대출잔금 = 원리금상환액 A × 연금 현가계수(10%, 4년)이고, 여

6) 이때 매기당 불입액, 원리금(균등분할)상환액, 부채서비스액은 모두 같은 의미이다.
7) 원금을 일부씩 계속 갚아나가므로 시간이 흐를수록 원금 자체가 줄어들고 이에 따라 이자지급액도 줄어든다.
8) 원리금상환액이 매기당 일정한 상태에서 이자지급액이 줄어들면 그만큼 원금상환액은 늘어난다.

기에서 4년은 대출만기까지 남은 기간을 의미한다. 만약 6년 차 말까지의 원금상환액을 구한다면 처음 대출원금에서 이렇게 구한 6년 차 말의 대출잔금을 빼주면 될 것이다.

2 현금흐름(Cash Flow)의 계산

부동산 투자분석에서 우선 중요한 것은 보유기간 동안과 처분 시에 각각 예상되는 수익과 비용을 정확히 추계하여 투자로부터 발생하는 미래 현금흐름을 예측하는 것이다. 부동산 투자로부터 발생하는 수익은 보유기간 동안 정기적으로 생기는 ① 소득이득(Income Gain)과 기간 말 처분 시에 생기는 ② 자본이득(Capital Gain)으로 구분된다. 대상부동산과 시장에 관한 과거와 현재의 자료들을 분석하여 이러한 수익들을 예측한다.

보유기간 동안 지출되는 비용을 감안한 소득이득 관련 현금흐름을 ① 영업의 현금흐름이라 하고, 처분 시 지출되는 비용을 감안한 자본이득 관련 현금흐름을 ② 매각의 현금흐름이라 한다. 양자 모두 저당투자자가 아닌 지분투자자에게 얼마가 귀속되는지를 측정하는 개념이다.

1) 영업의 현금흐름(보유단계)

(1) 가능조(총)소득(PGI: Potential Gross Income)

대상부동산의 임대공간이 모두 임대되었을 때 얻을 수 있는 최대한의 총소득이다. 현실적으로는 공실 등이 발생하게 되므로 이는 실현 가능하다기보다는 잠재적인 소득에 불과하다. 따라서 잠재조소득 또는 잠재총소득이라고도 한다.

$$PGI = \text{연간 예상임대료} \times \text{임대단위 수}$$

(2) 유효조(총)소득(EGI: Effective Gross Income)

현실적으로 실현 가능한 총소득이다. 가능조소득의 일정 비율을 공실률이나 충당금으로 공제하고 임대료 외의 기타 소득은 추가한다. 충당금은 주로 임대료 회수불능으로 인한 손실액에 대한 것이다. 기타 소득은 영업외 수입이라고도 하며 예를 들어 주차장 수입, 유료세탁기나 자판기 수입, 옥상광고탑 수입 등이 있다.

$$EGI = PGI - \text{공실 및 불량부채에 대한 충당금} + \text{기타 소득}$$

(3) 순영업소득(순운영소득)(NOI: Net Operating Income)

총소득에서 여러 가지 영업경비를 뺀 순소득이다. 영업경비(OE: Operating Expenses)에는 유지비, 수리비, 관리비, 수수료, 재산세, 보험료, 광고비, 전기세, 전화료 등 운영에 직접적으로 소요되는 비용들이 포함된다. 재산세, 화재보험료, 관리직원 급여 등은 고정비용에 해당하고 수도광열비, 청소비 등은 변동비용(가변비용)에 해당한다.

반면 운영과 직접 관련이 없는 빌딩 소유자에게 지급되는 배당금, 활동비 등은 영업경비에 포함되지 않는다. 또한 공실 및 불량부채액은 이미 유효조소득을 계산할 때 공제된 것이므로 영업경비에는 포함되지 않는다. 건물 자체에 대한 감가상각비도 실제로 현금이 나가는 것은 아니므로 현금주의 회계에 따른 현금흐름 계산에서는 영업경비에 포함되지 않는다. 즉 현금주의 회계에 따르면 실제 현금이 지출된 경우에만 영업경비로 본다.

반면 영업소득세 등 세금 계산은 발생주의 회계에 따르므로 실제 현금이 지출되지는 않았지만 해당 연도에 비용이 발생한 것으로 보는 감가상각비를 고려한다. 따라서 감가상각비는 현금흐름과는 무관하지만 과세소득에는 영향을 준다. 재산세는 영업경비에 포함되지만 영업소득세나 자본이득세는 영업경비에 포함되지 않고 세후 현금흐름이나 세후 지분복귀액을 구할 때 차감된다. 또한 취득세는 영업경비에 포함되지 않고 초기 투자비용(취득가격)에 포함된다.

감정평가 시 수익환원법으로 부동산의 가치를 구할 때에는 순영업소득을 기준으로 한다. 즉 순영업소득을 환원이율로 나누어 부동산의 가치를 구한다(직접환원법).

$$NOI = EGI - OE$$

(4) 세전 현금흐름(BTCF: Before Tax Cash Flow)

순영업소득에서 저당투자자(대출자) 몫인 원리금상환액을 빼고 지분투자자만의 몫(지분소득, 지분배당)을 구한 것이다. 저당대출에 대한 매 기간의 원리금상환액을 부채서비스액(Debt Service) 또는 저당지불액(Mortgage Payment)이라 부르며 이를 저당투자자의 몫이라 해서 저당소득이라고도 한다.

원금만기상환 방식에서는 매기마다 이자만 지불하므로 이자지급액만 부채서비스액에 해당하지만, 원금균등분할이나 원리금균등분할상환 방식에서는 매기에 이자뿐 아니라 원금의 일부도 상환하므로 원금상환액과 이자지급액이 모두 부채서비스액에 해당한다. 특히 원리금균등분할상환 방식에서 '매기당 부채서비스액 = 대출액 × 저당상수'이다.

$$BTCF = NOI - DS$$

(5) 세후 현금흐름(ATCF: After Tax Cash Flow)

세전 현금흐름에서 영업소득세를 뺀 세후 소득이다. 영업소득세란 개인의 경우 종합소득세, 법인의 경우 법인세를 의미한다. 영업소득세는 다음과 같이 계산한다.

순영업소득 + 대체충당금 − 이자지급분 − 감가상각비 = 과세소득(과세표준)

과세소득 × 세율 = 영업소득세

이와 같이 과세소득을 구할 때 차감되는 비용(필요제경비)에는 감가상각비가 포함되고, 원리금상환액 중 이자지급액만 포함된다(원금상환액은 불포함). 이는 세금 계산 시에는 현금주의가 아닌 발생주의 회계가 적용되기 때문이다.

대체충당금이란 엘리베이터 등 주요 설비가 건물보다 내용연수가 짧은 경우 그 대체를 위해 미리 모아 놓는 금액을 말하고 예를 들어 공동주택관리에서 특별수선충당금이 이에 해당한다. 과세소득을 구할 때 대체충당금은 순영업소득에 더해 주어야 한다.

부동산 투자자는 보통 다른 소득이 있고, 영업소득은 불확실한 미래에 발생하는 소득이므로 투자분석에 있어서 영업소득세를 계산할 때에는 누진세율 중 가장 높은 한계세율을 적용하는 것이 일반적이다. 즉 세후 현금흐름을 가능한 낮게, 보수적으로 추산한다.

$$ATCF = BTCF - \text{영업소득세}$$

2) 매각의 현금흐름(처분단계)

처분 시 지분투자자에게 돌아가는 지분복귀액(Equity Reversion)의 현금흐름을 의미하고, 자본현금흐름이라고도 한다. 영업 현금흐름과 마찬가지로 현금주의 회계에 따라 계산하지만 매 기간 계산해야 하는 영업 현금흐름과 달리 최종 연도에 1회 계산한다는 데 특징이 있다.

(1) 매도가격(SP: Sales Price)

보유기간 말 처분 시점에 예상되는 매도가격을 추정한다. ① 보유기간 마지막 연도의 순영업소득을 환원이율로 환원하여 계산하는 방법(직접환원법)과 ② 향후 예측되는 연간 자산가격 상승률을 적용하여 계산하는 방법 등이 있다.

(2) 순매도가격(NSP: Net Sales Price)

매도가격에서 매도경비를 뺀 값이다. 매도경비에는 부동산을 처분할 때 발생하는 중개수수료나 법적 수수료, 공매 시 공매 공고료 등이 포함된다. 여기까지는 영업 현금흐름에서의 순영업소득과 마찬가지로 총투자자의 몫이다.

$$NSP = SP - \text{매도경비}$$

(3) 세전 지분복귀액(BTER: Before Tax Equity Reversion) 또는 세전 매각현금흐름

순매도가격에서 처분 시점의 미상환저당잔금(MB: Mortgage Balance)을 뺀 값이다. 미상환저당잔금은 대출자(저당투자자)의 몫이므로 세전 지분복귀액부터가 지분투자자에게 돌아가는 몫이 된다.

원리금균등분할상환 방식의 경우 연금의 현재가치 계수를 활용하여 처분 시점의 미상환저당잔금을 구할 수 있다. 그밖에 임대보증금이 있을 경우 이 역시 미상환저당잔금에 포함된다.

$$MB = \text{매기당 저당지불액(원리금 상환액)} \times \text{연금 현가계수}(r, \text{남은 기간})$$

$$BTER = NSP - MB$$

(4) 세후 지분복귀액(ATER: After Tax Equity Reversion) 또는 세후 매각현금흐름

세전 지분복귀액에서 자본이득세를 뺀 값이다. 부동산 처분 시 세금을 내고 난 후에 지분투자자에게 돌아오는 최종적인 몫이다. 자본이득세는 개인의 경우 양도소득세, 법인의 경우 법인세이다. 자본이득세는 다음과 같이 계산한다.

① 먼저 '매도가격 − 취득원가(매수가격) = 자본차익'을 구한다. 이때 취득원가에는 취득세가 포함되며 투자기간 중 증개축 등 자본적 지출을 한 경우 그 자본적 지출액도 포함된다.

② 이러한 자본차익은 감가상각이 반영되지 않은 것이므로 이를 반영하여 '자본차익 + 감가상각누계액 = 조정 자본차익'을 구한다. '조정 자본차익 = 매도가격 − 잔존가치'인데, '잔존가치 = 매수가격 − 감가상각누계액'이므로 결국 '조정 자본차익 = 매도가격 − 매수가격 + 감가상각누계액'인 것이다.

③ '자본이득세의 과세표준 = 조정 자본차익 − 매도비용'이고, 결국 '자본이득세 = 과세표준 × 세율'이다. 이때의 세율도 누진세율 중 가장 높은 한계세율을 적용한다.

$$ATER = BTER - \text{자본이득세}$$

제3절
부동산 투자의 타당성 분석기법

1 할인현금흐름(수지)분석법(DCF법)

할인현금흐름분석법(DCF법: Discounted Cash Flow Method)이란 부동산 투자로부터 미래 예상되는 현금유입과 현금유출을 적정한 할인율(요구수익률)을 적용하여 현재가치로 할인하고 이를 비교함으로써 투자의 타당성 여부를 판단하는 방법이다. 현금유입은 미래가치(FV)이고 현금유출은 보통 투자시점 현재에 지출되는 현재가치(PV)이지만 투자 이후에도 미래 예상되는 자본적 지출이 있다면 이 역시 현재가치로 할인해야 한다.

투자로부터 발생하는 수익은 세금까지 다 낸 후에 최종적으로 지분투자자에게 들어오는 세후 현금흐름을 기준으로 측정한다. 할인현금흐름분석법은 투자 첫해뿐만 아니라 ① 여러 해의 전체 현금흐름을 고려하고, ② 소득이득과 자본이득을 모두 고려하며, 비할인기법과 달리 ③ 화폐의 시간가치를 고려한다는 점에서 타당성이 높다.

할인현금흐름분석법에는 순현재가치법(NPV법)과 내부수익률법(IRR법)이 있고, 순현재가치법을 보완하는 기법으로 수익성지수법(PI법)과 연평균 순현가법(ANPV법)이 있다. 이러한 기법들을 적용하기 위해서는 공통적으로 다음과 같은 절차를 거친다.

① 투자로부터 예상되는 현금흐름(수입과 지출)을 추계한다.[9]

9) 이는 앞에서 살펴본 영업의 현금흐름과 매각의 현금흐름 계산식을 활용한다. 투자대상 부동산과 시장

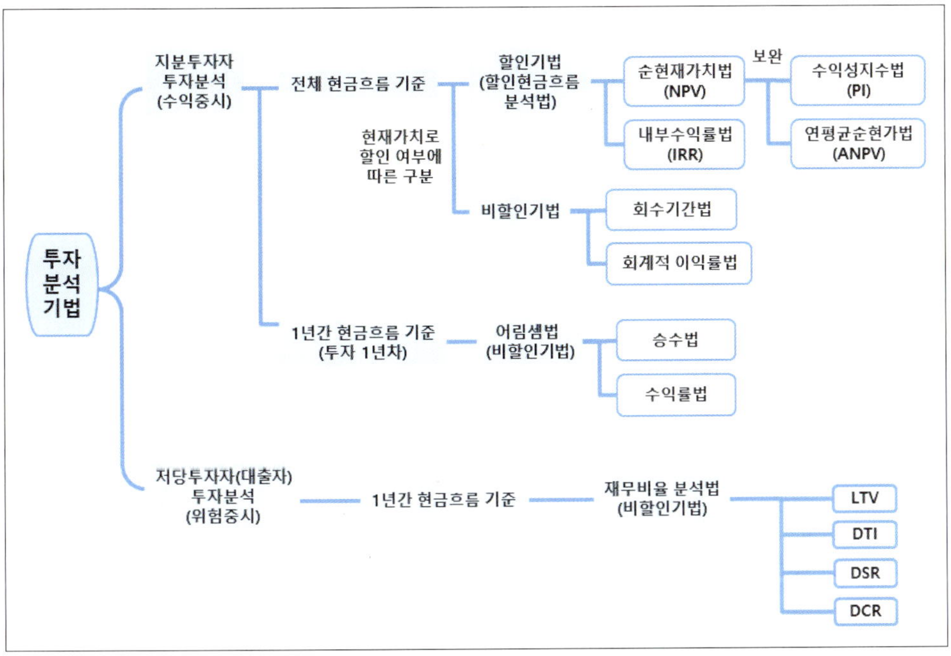

〈그림 4-1〉 부동산 투자분석을 위한 다양한 기법들

② 예상되는 현금흐름의 위험을 평가한다.[10]

③ 평가된 위험을 반영하여 적정한 할인율(요구수익률)을 결정한다.[11]

④ 결정된 할인율을 적용하여 미래의 현금흐름을 현재가치로 할인한다.[12]

⑤ NPV, IRR 등을 적용하여 투자의 타당성 여부를 판단한다.

1) 순현재가치법(NPV법: Net Present Value Method)

(1) 순현재가치의 계산

순현재가치란 부동산 투자로부터 예상되는 미래 현금유입의 현재가치 합계에서 현금유출(지분투자비용)의 현재가치 합계를 뺀 (현재가치를 기준으로 한) 순수익을 의미한다. 이때의 현금유입은 보유기간 동안 기대되는 영업 현금흐름과 보유기간 말 기대되는 매각 현금흐름을 포함하는 것이다. 따라서 임대료 수입, 매각차익 등에서

상황에 대한 과거와 현재의 자료, 그리고 비교부동산의 시장자료 등을 토대로 미래의 현금흐름을 예측한다.

10) 이때의 위험은 투자대상 자체의 위험과 시장변동 위험을 포함한다. 따라서 위험 역시 대상부동산, 비교부동산, 시장 상황 등의 자료를 종합적으로 분석하여 평가한다.

11) 할인율은 위험 프리미엄을 포함하므로 위험이 클수록 할인율도 커진다.

12) 할인율이 클수록 현재가치는 작아진다.

여러 비용지출을 제외한 순수입이고 세후소득으로 산정한다.

현금유출은 투자 현재 시점의 초기 지분투자비용[13]을 의미하므로 할인할 필요는 없지만 구입한 이후에도 증·개축 등 자본적 지출(추가 지분투자)이 예상된다면 이를 현재가치로 할인할 필요가 있다. 현금유입과 현금유출의 현재가치는 위험을 고려한 투자자의 요구수익률을 할인율로 적용하여 결정한다. 이때 화폐의 시간가치 중 일시불의 현재가치 계수($\frac{1}{(1+r)^n}$)를 활용한다.

순현재가치 = (보유기간 동안 예상되는 매년의 세후 영업현금흐름의 현재가치 합)
+ (보유기간 말 처분 시 예상되는 세후 지분복귀액의 현재가치)
− 지분투자액

$$NPV = -EQ + \sum_{1}^{n} \frac{ATCF_n}{(1+k)^n} + \frac{ATER}{(1+k)^n}$$

(EQ: 지분투자액, ATCF: 세후 현금흐름, ATER: 세후 지분복귀액, k: 요구수익률)

(2) 순현재가치법에 따른 투자 타당성 판단

요구수익률로 할인한 것이므로 이렇게 구한 순현재가치가 (+)라는 것은 당해 투자가 투자자의 요구수익률을 만족하고도 남는 것이 있다는 의미이고, (−)라는 것은 당해 투자가 요구수익률에도 못 미친다는 의미이다. 이와 같이 순현재가치가 0보다 큰지 작은지를 기준으로 투자의 타당성 여부를 판단하는 기법을 순현재가치법(NPV법)이라 한다.

순현재가치는 결국 미래의 현금흐름을 현재 시점으로 할인한 투자가치에서 현재의 시장가치(구입가격)를 뺀 것이므로 순현재가치가 0보다 크다는 것은 '투자가치(주관적) 〉 시장가치(객관적)'를 의미하고 동 투자안을 채택하는 것이 타당하다. 이는 투자의 객관적인 기대수익률이 투자자의 주관적인 요구수익률보다 높다는 뜻이다. 반면 순현재가치가 0보다 작다는 것은 '투자가치(주관적) 〈 시장가치(객관적)'를 의미하고 동 투자안을 채택하지 않아야 한다. 이는 투자의 객관적인 기대수익률이 투자자의 주관적인 요구수익률보다 낮다는 뜻이다.

13) 부동산 구입가격 중 지분투자액

하나의 투자안만 분석하는 경우[14]에는 순현재가치가 (+)이면 투자를 하고 (−)이면 투자를 하지 않으면 되지만, 2개 이상의 투자대안을 분석하여 그 중 우월한 대안을 선택하는 경우[15]에는 순현재가치가 (+)인 것들 중 순현재가치가 가장 큰 대안을 선택해야 한다.

(3) 순현재가치법의 장 · 단점

순현재가치법은 다른 할인현금흐름분석법들과 마찬가지로 ① 전체 현금흐름과 화폐의 시간가치를 고려한다는 점에서 장점이 있고, ② 이윤을 극대화할 수 있는 투자안을 채택할 수 있으며 ③ 가치의 가산원칙을 따른다는 등의 장점이 있다. 반면 ① 초기 투자비용이 서로 다른 투자대안을 비교하기 곤란하고, ② 순현재가치만으로는 기간에 따른 투자위험을 측정하기가 곤란하다는 등의 단점이 있다.

예를 들어 1억원을 투자해서 NPV=1,000만원인 A안과 10억원을 투자해서 NPV=1,100만원인 B안이 있을 때 단순한 순현재가치법에 따르면 B안을 선택하게 될 우려가 있다. 또한 결과치로서 NPV가 똑같은 투자안이라도 투자기간이 5년인 경우와 10년인 경우는 분명히 차이가 있는데 단순한 순현재가치법에 따르면 이를 구별하지 않으므로 문제가 있다는 것이다.

전자의 단점을 보완하는 것이 수익성지수법(PI법), 후자의 단점을 보완하는 것이 연평균순현가법(ANPV법)이다.

2) 수익성지수법(PI법: Profitability Index Method)

수익성지수는 투자로부터 예상되는 현금유입의 현재가치를 현금유출의 현재가치로 나눈 값으로 편익비용비율(Benefit Cost Ratio 또는 B/C Ratio)이라고도 한다. 투자안의 상대적 수익성을 나타낸다.

$$\text{수익성지수}(PI) = \frac{\text{예상되는 현금유입의 현재가치}}{\text{예상되는 현금유출의 현재가치}}$$

수익성지수법은 이러한 수익성지수를 통해 투자의 타당성 여부를 판단하는 기법

14) 투자안이 상호독립적인 경우
15) 투자안이 상호배타적인 경우

이다. 이에 따르면 상호독립적인 투자안의 경우[16] PI가 1보다 크면 투자안을 채택하고 1보다 작으면 투자안을 기각하며, 상호배타적인 투자안의 경우[17] PI가 1보다 큰 투자안들 중에서 PI가 가장 큰 투자안을 채택한다. 'PI≧1'이라는 것은 결국 'NPV≧0', 'IRR≧요구수익률'과 각각 같은 의미이다.

다만 여러 투자대안들이 있고 각각에 소요되는 투자액이 서로 다른 경우 수익성지수법은 NPV법과 달리 투자규모를 표준화할 수 있으므로 투자액이 서로 다른 대안들을 비교하기 쉽다는 점에서 NPV법을 보완하는 지표로서의 의미가 있다.

3) 연평균순현가법(ANPV법: Annual Net Present Value Method)

연평균순현가는 투자를 통해 예상되는 순현재가치를 한계자본비용(요구수익률)으로 투자기간 동안 재투자했을 때 받을 수 있는 연금을 말한다. 즉 순현재가치를 투자기간 동안의 연금의 개념으로 바꾼 것이고 전체 순현재가치가 연평균 얼마씩의 순수익과 같은 것인지를 나타낸다.[18]

예를 들어 순현재가치가 1억원이라는 것은 전체 투자기간 동안 지분투자자는 원금 회수 이외에 추가로 1억원의 순수익을 더 획득했다는 의미이다. 이를 3년의 투자기간 동안 획득하고 요구수익률이 5%라면 지분투자자는 복리로 계산했을 때 1억원 × 저당상수(5%, 3년) ≒ 대략 35,970,000원씩의 연평균 순수익을 3년간 매년 획득하는 것과 같다고 볼 수 있다.

$$\text{연평균순현가}(ANPV) = \text{순현가}(NPV) \times \text{저당상수}(r, n)$$

(r: 요구수익률, n: 투자기간)

투자기간이 서로 다른 투자대안들 간에 전체 순현재가치만 비교하는 것은 투자기간에 따른 투자위험을 반영할 수 없기 때문에 부적절하다. 연평균순현가법은 투자위험을 측정하여 투자기간이 서로 다른 투자대안들 사이의 비교가 가능하다는 점에서 NPV법을 보완하는 지표로서의 의미가 있다. 이때 투자기간(n)이 길어질수록 저당상수(r, n)는 작아지고 연평균순현가도 작아진다.

16) 하나의 투자안만을 대상으로 분석하는 경우
17) 2개 이상의 투자대안을 비교, 분석하여 그 중 우월한 대안을 선택하는 경우
18) 전체 순현재가치에 대한 연간 복리평균이다.

연평균순현가는 실제 매년 현금유입의 현재가치가 예상치에 미치지 못하더라도 그 감소의 허용 폭, 즉 최대 수용 가능한 투자오차의 한계를 의미한다. 투자기간 동안 예상된 현금유입의 현가보다 연평균순현가만큼 실제 현금유입의 현가가 감소되더라도 여전히 NPV는 0보다 크거나 같으므로 투자의 타당성이 인정될 수 있다. 따라서 연평균순현가가 클수록 위험이 작은 안전한 투자안에 해당한다.

4) 내부수익률법(IRR법: Internal Rate of Return Method)

(1) 내부수익률의 계산

내부수익률은 예상되는 미래 현금유입의 현재가치 합과 현금유출의 현재가치 합을 서로 같게 만드는 할인율, 즉 순현재가치를 0으로 만드는 할인율이다.[19] 이는 부동산 투자의 복리 기준 연수익률을 의미하며 기대수익률이라고도 부른다.

투자기간 초기에 현금유입이 많은 투자대안이 후기에 현금유입이 많은 대안보다 내부수익률이 높게 나타난다. 이는 할인율(요구수익률)이 동일하더라도 기간이 다르므로 초기의 현금유입액은 적게 할인되는 반면 후기의 현금유입액은 많이 할인되기 때문이다.

$$NPV = -EQ + \sum_{1}^{n} \frac{ATCF_n}{(1+r)^n} + \frac{ATER}{(1+r)^n} = 0$$

→ 이 조건을 충족하는 r이 내부수익률이다.

(2) 내부수익률법에 따른 투자 타당성 판단

이렇게 구한 내부수익률과 투자자의 요구수익률을 비교하여 내부수익률이 요구수익률보다 큰지 작은지를 기준으로 투자의 타당성 여부를 판단하는 기법을 내부수익률법(IRR법)이라 한다. NPV법은 위험을 감안한 요구수익률을 할인율로 설정하여 NPV를 구하고 이를 0과 비교하는 것인 반면, IRR법은 NPV=0을 만드는 내부수익률을 먼저 구한 후 이를 요구수익률과 비교하여 투자 여부를 판단한다는 점에서 차이가 있다. 요구수익률을 목표수익률, 최저수익률, 자본의 기회비용 등으로도 부른다.

내부수익률은 결국 투자안의 객관적인 기대수익률이므로 투자자의 주관적인 요

19) 이는 수익성지수를 1로 만드는 할인율과 같다.

구수익률과 비교하여 '내부수익률(객관적) 〉 요구수익률(주관적)'이면 동 투자안을 채택하는 것이 타당한 반면 '내부수익률(객관적) 〈 요구수익률(주관적)'이면 동 투자안을 채택하지 않아야 한다. 상호독립적인 투자안의 경우[20] 내부수익률이 요구수익률보다 크면 투자안을 채택하고 작으면 채택하지 않아야 하지만, 상호배타적인 투자안의 경우[21] 내부수익률이 요구수익률보다 큰 여러 투자안들 중 내부수익률이 가장 큰 투자안을 채택해야 한다.

(3) 내부수익률법의 장 · 단점과 순현재가치법과의 비교

내부수익률법은 순현재가치법과 마찬가지로 ① 전체 현금흐름과 화폐의 시간가치를 고려한다는 점에서 장점이 있고, 순현재가치법과 달리 ② 투자금액이 서로 다른 투자대안 간 비교가 가능하고 ③ 사전적으로 요구수익률(할인율)을 결정할 필요 없이 일단 내부수익률을 구한 후 이를 위험을 반영하는 요구수익률과 비교할 수 있으며, ④ 수익률은 투자자에게 친숙한 개념이라는 등의 장점이 있다.

반면 ① 재투자수익률을 가정할 경우에 내부수익률은 비현실적이라는 점, ② 수학적으로 내부수익률을 구할 수 없는 경우도 있고 ③ 투자기간 중에 자금이 투입되어 현금흐름의 부호(+, −)가 한 번 이상 바뀌는 경우에는 복수의 해가 발생한다는 등의 단점이 있다. 이에 따라 내부수익률법은 순현재가치법에 따른 타당성 판단과 다른 결과가 나올 수도 있다.

일반적으로 순현재가치법이 내부수익률법보다 선호되고 이론적으로도 우월한 것으로 평가되는데, 그 이유는 다음과 같다. ① 투자기간 동안 재투자를 가정할 때 내부수익률법은 해당 투자 그 자체에 대한 내부수익률을 재투자수익률로 가정하지만, 순현재가치법은 유사한 투자대상에 대한 요구수익률을 재투자수익률로 가정하므로 순현재가치법이 더 현실적이다. ② 순현재가치는 구할 수 없거나 복수의 해가 발생하는 경우가 없다. ③ 순현재가치법은 자원을 하나의 대안에 투자하든 여러 대안에 나눠 투자하든 부의 가치부분에 대한 판단이 들어가므로 투자자에게 부와 이윤의 극대화를 가져다주는 반면 내부수익률법은 반드시 그렇지는 않다. 즉 내부수익률법에 따라 투자의 우선순위를 정하는 것이 반드시 투자자에게 부의 극대화를 가져다주지는 않는다.

20) 하나의 투자안만을 대상으로 분석하는 경우
21) 2개 이상의 투자대안을 비교, 분석하여 그 중 우월한 대안을 선택하는 경우

2 비할인기법

1) 회수기간법

회수기간은 투자로부터 발생하는 현금유입으로 투자에 사용된 투자비용을 전부 회수할 때까지 소요되는 기간(투자액의 회수기간)으로서 통상 초기 투자비용만 고려한다. 목표 회수기간과 비교하여 상호독립적 투자안의 경우[22] 목표기간보다 짧으면 투자안을 채택하고 길면 채택하지 않는 반면, 상호배타적 투자안의 경우[23]에는 목표기간보다 짧은 여러 대안들 중에 소요기간이 가장 짧은 투자안을 채택한다.

① 단순회수기간법은 초기 투자비용을 화폐의 시간가치를 고려하지 않고 회수하는 데 소요되는 기간을 기준으로 하고, ② 현가회수기간법(할인회수기간법)은 미래 현금유입을 현재가치로 할인하여 초기 투자비용을 회수하는 데 소요되는 기간을 기준으로 한다. 보통 자본회수기간이라 하면 특별한 사정이 없는 한 단순회수기간을 의미한다.

예를 들어 300만원을 투자해서 해마다 100만원씩 수익이 난다면 단순회수기간은 3년이지만, 요구수익률이 r이라 했을 때 3년간의 수익을 현재가치로 할인한 값 '$\frac{100\text{만원}}{1+r}+\frac{100\text{만원}}{(1+r)^2}+\frac{100\text{만원}}{(1+r)^3}$'은 초기 투자비용 300만원보다 작으므로 현재가치로 회수하려면 3년보다 더 걸릴 것이다. 따라서 동일한 투자안을 분석할 때 단순회수기간이 현가회수기간보다 짧다.

2) 회계적 이익률법

연평균 세후 순수익을 해당 투자안의 연평균 투자액으로 나눈 비율(회계적 이익률)에 의해 투자의 타당성 여부를 판단하는 기법이다. 회계적 수익률법, 재무수익률법, 평균이익률법이라고도 한다. 전체 투자기간의 수익과 비용을 분석하되 현재가치로 할인하지 않으므로 비할인기법에 해당한다. 상호독립적인 투자안의 경우[24] 회계적 이익률이 목표 이익률보다 크면 투자안을 채택, 작으면 투자안을 기각하지

22) 하나의 투자안만을 대상으로 분석하는 경우
23) 2개 이상의 투자대안을 비교, 분석하여 그 중 우월한 대안을 선택하는 경우
24) 하나의 투자안만을 대상으로 분석하는 경우

만, 상호배타적인 투자안의 경우[25]에는 회계적 이익률이 목표 이익률보다 큰 여러 대안들 중 회계적 이익률이 가장 큰 대안을 선택한다.

3) 어림셈법

투자 후 최초 1년간(투자 첫해)의 영업 현금흐름만을 분석하여 투자의 타당성 여부를 판단하는 기법으로서 화폐의 시간가치를 고려하지 않는다. 2년 차 이후의 소득이득뿐 아니라 처분 시에 발생하는 자본이득도 고려하지 않으므로 아주 개략적인 투자분석에 활용된다 하여 이를 어림셈법 또는 재무어림셈법이라 부른다. 이는 다시 투자액이 첫해 영업 현금흐름의 몇 배인지를 계산하는 ① 승수법(배수법)과 첫해의 영업 현금흐름을 투자액으로 나눈 ② 수익률법으로 구분된다.

(1) 승수법

가) 조(총)소득 승수(GIM: Gross Income Multiplier)

총투자액(=부동산 가치)이 1년 차 조소득의 몇 배인지를 나타낸다. '총투자액 = 자기자본 + 타인자본'이고, 이때 조소득은 주로 유효조소득(EGI)을 활용한다. 이는 계산이 간단하지만 영업경비, 대출이자, 세금 등에 대한 고려가 전혀 없다는 단점이 있다.

$$GIM = \frac{\text{총투자액(부동산 가치)}}{EGI}$$

나) 순소득 승수(NIM: Net Income Multiplier)

총투자액(=부동산 가치)이 1년 차 순영업소득(NOI)의 몇 배인지를 나타낸다. 이럴 경우 영업경비는 고려되지만 대출이자, 세금 등에 대한 고려는 여전히 없다. 순소득 승수를 자본회수기간이라고도 하며 종합환원율(=순영업소득/총투자액)과 역수관계이다.

$$NIM = \frac{\text{총투자액(부동산 가치)}}{NOI}$$

25) 2개 이상의 투자대안을 비교, 분석하여 그 중 우월한 대안을 선택하는 경우

다) 세전현금흐름 승수(BTCFM: Before Tax Cash Flow Multiplier)

지분투자액이 1년 차 세전현금흐름(BTCF)의 몇 배인지를 나타낸다. 영업경비, 대출이자 등은 고려되지만 세금에 대한 고려는 여전히 없다. 이러한 세전현금흐름 승수는 지분배당률(=세전현금흐름/지분투자액)과 역수관계이고 이를 세전자기자본회수기간이라고도 한다.

BTCF와 ATCF는 지분투자자에게 할당되는 수익이므로 세전현금흐름 승수와 세후현금흐름 승수를 계산할 때 총투자액이 아닌 지분투자액을 나눈다는 점에 유의한다.

$$BTCFM = \frac{\text{지분투자액}}{BTCF}$$

라) 세후현금흐름 승수(ATCFM: After Tax Cash Flow Multiplier)

지분투자액이 1년 차 세후현금흐름(ATCF)의 몇 배인지를 나타낸다. 이는 계산이 복잡하지만 영업경비, 대출이자뿐 아니라 세금까지 고려된다는 장점이 있다. 이러한 세후현금흐름 승수는 세후수익률(=세후현금흐름/지분투자액)과 역수관계이고 이를 세후자기자본회수기간이라고도 한다.

$$ATCFM = \frac{\text{지분투자액}}{ATCF}$$

(2) 수익률법

가) 종합(자본)환원율

순영업소득을 총투자액(부동산 가치)으로 나눈 값으로서 순소득 승수의 역수이다. 이는 감정평가 수익방식 중 직접환원법에 적용되는 환원이율과 같은 개념이다. 환원이율은 순수익을 총투자자본(부동산 가치)으로 환원하는 역할을 한다.

$$\text{종합(자본)환원율} = \frac{NOI}{\text{총투자액(= 시장가치 = 구입가격)}}$$

$$\text{시장가치} = \frac{NOI}{\text{종합(자본)환원율}} \rightarrow \text{직접환원법}$$

나) 지분배당률

세전현금흐름을 지분투자액으로 나눈 값으로서 세전현금흐름 승수의 역수이다. 이를 지분(투자)수익률, 지분환원율, 자기자본(투자)수익률이라고도 부르며 세금을 내기 전 세전수익률에 해당한다.

$$\text{지분배당률} = \frac{BTCF(= NOI - DS)}{\text{지분투자액}}$$

다) 세후수익률

세후현금흐름을 지분투자액으로 나눈 값으로서 세후현금흐름 승수의 역수이다.

$$\text{세후수익률} = \frac{ATCF(= BTCF - \text{영업소득세})}{\text{지분투자액}}$$

(3) 어림셈법과 할인현금흐름분석법의 비교

어림셈법은 투자 첫해 분의 영업 현금흐름만 고려하고 2년 차 이후의 영업 현금흐름이나 기간 말의 매각 현금흐름 등은 고려하지 않으며 화폐의 시간가치를 고려하지 않는다(현재가치로 할인하지 않는다)는 점에서, 보유기간 동안 매년의 영업 현금흐름과 기간 말의 매각 현금흐름을 예측하여 이를 현재가치로 할인하는 할인현금흐름분석법과는 근본적으로 다르다. 어림셈법은 감정평가 수익방식 중 환원 방법과 유사하고 할인현금흐름분석법은 수익방식 중 할인 방법과 유사하다.

따라서 어림셈법은 보유기간 중 현금흐름의 변동이 심한 경우에는 적용이 곤란하고 주로 소규모 부동산 중 수입과 영업경비 등 현금흐름이 안정적인 경우에 적용된다. 예비적, 개략적 분석 방법이다. 반면 할인현금흐름분석법은 주로 대규모 부동산에 적용되며 정밀하고 보다 과학적인 분석 방법이라 할 수 있다.

4) 재무비율분석법

재무비율분석법은 주로 대출자(저당투자자)가 대출(저당투자)의 위험성을 판단하는 기법으로 많이 쓰인다. 분석수단으로 흔히 사용되는 비율로는 다음과 같은 것들이 있다.

(1) 담보인정비율(LTV: Loan To Value)

부동산 가치에 대한 대출액(융자액)의 비율로서 대부비율, 저당비율, 레버리지비율 또는 주로 주택에 적용된다 해서 주택담보대출비율이라고도 한다. LTV가 높을수록 지분투자자 입장에서는 레버리지 효과가 커질 수 있지만 대출자(저당투자자) 입장에서는 채무불이행 시 원금회수가 어려워지는 채무불이행 위험이 커진다.

$$LTV = \frac{\text{대출액}}{\text{부동산가치}} = \frac{\text{타인자본}}{\text{총투자자본}}$$

$$\text{자기자본비율} = \frac{\text{자기자본}}{\text{총투자자본}}$$

'총투자자본 = 자기자본 + 타인자본'이므로 'LTV + 자기자본비율 = 1'이다.

(2) 부채비율(Debt Ratio)

지분투자액에 대한 대출액(융자액)의 비율로서 LTV와 마찬가지로 부채비율이 높을수록 채무불이행 위험이 커진다.

$$\text{부채비율} = \frac{\text{대출액}}{\text{지분투자액}} = \frac{\text{타인자본(저당)}}{\text{자기자본(지분)}}$$

'부동산 가치(V) = 타인자본(L) + 자기자본(E)'이므로, LTV = 50%라면 L = E, 부채비율 = 100%가 되고, LTV = 20%라면 부채비율 = 25%가 된다. 만약 LTV = 80%라면 부채비율 = 400%가 되고, LTV = 100%라면 E = 0이므로 부채비율 = ∞(무한대)가 된다. 즉 LTV가 높아질수록 부채비율은 더 급격히 상승한다. 부동산 가치가 하락할 때는 LTV가 100%를 초과하는 경우도 나타날 수 있는데, 그런 경우 역시 부채비율 = ∞(무한대)가 된다.

(3) 총부채상환비율(DTI: Debt To Income)

연간 총소득에 대한 주택담보대출의 연간 원리금상환액과 기타 부채의 연간 이자지급액을 합한 금액(연 총부채상환액)의 비율로서 연 총소득 대비 상환액 비율이라고도 한다. 소득이 없거나 적은 사람이라도 담보물만 있으면 대출받을 수 있는 LTV 제도의 문제점을 보완하는 제도이므로 부동산 대출에 대한 이중규제라 할 수 있다. LTV와 마찬가지로 DTI가 높아지면 채무불이행 위험도 커진다.

우리나라에서 주택담보대출에 적용되는 DTI는 구 DTI와 신 DTI가 있다. 신 DTI가 보다 더 강화된 대출규제이다.

$$구 DTI = \frac{신규\ 주택담보대출\ 연간\ 원리금상환액 + 기타\ 부채\ 연간\ 이자지급액}{연간\ 소득}$$

$$신 DTI = \frac{모든\ 주택담보대출\ 연간\ 원리금상환액 + 기타\ 부채\ 연간\ 이자지급액}{연간\ 소득}$$

(4) 총부채원리금상환비율(DSR: Debt Service Ratio)

연간 총소득에 대한 주택담보대출의 연간 원리금상환액과 기타 부채의 연간 원리금상환액을 합한 금액의 비율로서, DTI와 마찬가지로 소득이 없는 사람이라도 담보대출을 받을 수 있는 LTV 제도의 문제점을 보완한 것이다. 다만 주택담보대출에 적용되는 DTI 제도를 더욱 확장하여 DSR은 모든 가계대출에 적용된다.[26)]

주택담보대출의 연간 원리금상환액과 기타 부채의 연간 원리금상환액을 합한 금액이라는 것은 결국 대출받는 사람의 모든 대출의 원리금상환액을 의미한다.[27)]

$$DSR = \frac{주택담보대출\ 연간\ 원리금상환액 + 기타\ 부채\ 연간\ 원리금상환액}{연간\ 소득}$$

(5) 임대업이자상환비율(RTI: Rent To Interest)

연간 이자지급액에 대한 연간 부동산 임대소득의 비율로서, 부동산 임대업 대출에 적용되고 해당 임대업 대출뿐 아니라 임대건물 관련 기존 대출 이사시급액까지 모두 합산하여 계산한다. 수익형 부동산에 대한 대출을 규제하기 위한 지표이다. RTI는 원칙적으로 임대사업 대상인 개별 임대물건을 기준으로 계산한다.

$$RTI = \frac{임대건물의\ 연간\ 임대소득}{임대건물\ 관련\ 모든\ 대출의\ 연간\ 이자지급액}$$

(6) 자영업자 소득 대비 대출비율(LTI: Loan To Income)

해당 자영업자의 총대출액을 해당 자영업자의 근로소득, 사업자소득(영업이익),

---

26) 즉 DTI보다 DSR이 더욱 강화된 규제를 위한 지표이다.
27) 주택담보대출, 전세자금대출, 신용대출, 학자금대출, 할부금 등 모든 종류의 대출을 포함한다.

기타 소득 등을 더한 총소득으로 나눈 비율로서, 보통 자영업자가 가계대출 부문과 개인사업자 대출 부문 양쪽에서 대출을 받으므로 양쪽의 대출액을 모두 합하여 총대출액을 정한다. 자영업자의 대출을 규제하기 위한 지표이고 간접적으로 수익형 부동산에 대한 대출을 규제하는 효과도 있다.

$$LTI = \frac{\text{자영업자의 총 대출액}}{\text{자영업자의 연간 총소득}}$$

(7) 부채감당률(DCR: Debt Coverage Ratio)

연간 부채서비스액(원리금상환액)에 대한 순영업소득(NOI)의 비율로서, 부동산 투자로부터 발생하는 순영업소득으로 원리금상환액을 어느 정도 감당할 수 있는지 즉 채무상환능력을 측정하는 보상비율을 의미한다. DCR이 높을수록 채무불이행 위험이 작아지고 안전한 반면 DCR이 낮을수록 채무불이행 위험은 커진다.

DCR 〈 1이면 순영업소득만으로는 대출의 원리금을 모두 상환할 수 없다는 뜻이고 DCR 〉 1이면 순영업소득으로 대출의 원리금을 모두 상환하고도 남는 것이 있다는 뜻이다. 그런데 순영업소득으로 원리금 상환뿐만 아니라 영업소득세 등도 지불해야 하므로 DCR이 1.0이라면 채무불이행 위험이 있게 되고 통상 은행에서는 DCR 1.2 이상을 요구한다.

$$DCR = \frac{\text{순영업소득}(NOI)}{\text{대출금의 연간 원리금 상환액}(DS)}$$

제4절

부동산 투자의 위험과 수익

1 위험과 수익(률)의 의의와 종류

1) 부동산 투자의 위험

부동산 투자의 위험이란 예상되는 미래의 현금흐름(소득이득, 자본이득)이 실현되지 못할 가능성(불확실성) 또는 변동 가능성을 의미한다. 투자에 따르는 위험은 분산투자 또는 기타 위험회피수단을 통해 회피 가능한 ① 비체계적 위험(정적 위험)과, 이를 통해서도 회피 불가능한 ② 체계적 위험(동적 위험)으로 구분된다. 체계적 위험은 시장의 힘에 의해 발생하므로 투자자 개인으로서는 도저히 회피할 수 없는 위험이다.

비체계적 위험의 예로는 개별적인 부동산 투자에서 발생하는 개별위험, 위치적 위험, 운영위험 등이 있고, 체계적 위험의 예로는 시장위험, 인플레이션이나 경기변동 위험, 부동산 정책이나 세제 등 변화에 따른 정책적 위험, 기술의 발전과 혁신에 따른 위험 등이 있다. 체계적 위험은 일반 경제 상황과 밀접한 관련이 있고 정치, 경제, 사회환경의 동태적 변화를 원인으로 한다는 점에서 동적 위험이라고도 한다. 부동산 투자 위험의 구체적 종류는 다음과 같다.

(1) 시장위험

시장에서의 수요와 공급이 예측과 달리 변화함에 따라 미분양이나 공실 증가, 임대료 하락 등의 수익성이 악화될 위험이다. 예를 들어 중대형 아파트 투자자로서는 1인 가구의 증가로 인해 소형 아파트나 임대주택 수요가 증가하고 중대형 아파트에 대한 수요가 감소하는 것이 시장위험에 해당한다. 이는 투자자가 회피할 수 없는 체계적 위험에 해당한다.

(2) 운영위험

부동산의 부적절한 운영과 관리, 뜻하지 않은 영업경비의 변동 등으로 인해 수익성이 악화될 위험이다. 이는 투자자가 회피할 수 있는 비체계적 위험에 해당한다.

(3) 위치적 위험

입지적 환경의 불리한 변화로 인해 수익성이 악화되고 가치상승에 대한 기대가 사라질 위험이다. 부동산의 부동성, 지리적 위치의 고정성으로 인해 발생하는 위험이다. 예를 들어 경쟁하는 인근지역의 개발이나 도로의 신설 등으로 인해 기존의 입지적 이점이 없어지는 위험과 같은 것들이다.

시장위험, 운영위험, 위치적 위험 등을 묶어서 임대사업 등 부동산 투자사업 자체로부터 발생하는 수익성에 관한 위험이라 하여 경영위험 또는 사업상의 위험이라고 분류한다.

(4) 금융적 위험

부동산 투자 시 타인자본(대출)을 이용할 경우 레버리지 효과를 누릴 수 있다는 장점이 있지만, 원리금 상환을 제때 하지 못할 금융적 위험도 생긴다. 대출이 많을수록 금융적 위험은 커지는 반면 전액 자기자본만으로 조달할 경우에는 금융적 위험은 없다.

금융시장에서 예상치 못한 금리 상승 등이 일어나면 야기될 수 있는 위험으로서 저당투자자(대출자) 입장에서는 채무불이행 위험, 지분투자자 입장에서는 채무를 이행하지 못해 파산할 위험이다(채무불이행(Dofault) 위험, 금리변동 위험). 이자율 변동에 따라 보유한 부동산의 자산가치가 하락할 위험 또는 원리금상환액이 증가할 위험(변동금리) 등을 이자율 위험이라 하며 이는 금융적 위험에 해당한다.

(5) 유동성 위험(환금성 위험)

부동산은 거래가 쉽지 않아 현금화가 어렵고 환금 시 시장가치의 손실이 발생할 위험이 크다. 주택 특히 아파트는 비교적 유동성 위험이 작고 환금성이 높은 반면,

거래가 적고 가격대가 높은 빌딩이나 토지는 유동성 위험이 크고 환금성이 낮다. 특히 대단지의 중소형 아파트가 환금성이 높다고 평가되며, 특정한 목적의 부동산보다는 용도전용이 용이한 부동산일수록 유동성 위험이 작다.

(6) 인플레이션 위험(물가변동 위험)

부동산 가격 상승이 일반 물가상승률에도 미치지 못할 경우 부동산의 상대적 가치가 낮아지는 위험이 있다. 또한 인플레이션(물가상승)으로 인해 투자로부터 발생하는 미래 현금흐름의 실질가치 즉 임대료 등의 실질수익이 감소하는 위험도 있다.

변동이자율 대출 시 인플레이션이 발생하면 그만큼 변동이자율이 상승하므로 이자 부담이 증가한다. 물가상승률만큼 신규 투자자의 요구수익률도 상승하므로 투자가치가 하락하고 투자수요의 감소로 인해 기존에 투자한 부동산의 가격도 하락하는 위험이 있다. 또한 인플레이션 발생 시 대출이자율이 상승하므로 채무불이행 위험, 금융적 위험도 커지고, 영업경비가 상승하므로 영업수익성이 하락하는 등 시장위험, 운영위험 등도 함께 커진다.

(7) 물리적 위험(개별위험)

투자자는 투자대상 개별 부동산에 속한 물리적 특성에 따른 위험에도 직면한다. 이는 분산투자 등을 통해 회피 가능한 비체계적 위험에 해당한다.

(8) 법적 위험(정책적 위험)

정부 정책이나 법제도의 변경 등으로 인해 발생하는 위험이다. 용도지역 · 지구제(Zoning) 등 토지이용에 관한 규제, 임대료 규제, 부동산 세제 등의 변경으로 인한 위험이 이에 해당한다. 또한 정부의 기준금리 변경에 따라 부동산 가격에 영향을 미칠 위험도 법적 위험(정책적 위험)에 해당한다. 예를 들어 기준금리를 인상하면 부동산 시장에서 수요 감소와 공급 감소가 시차를 두고 함께 나타나고, 반대로 기준금리를 인하하면 수요 증가와 공급 증가가 시차를 두고 함께 나타난다.

2) 부동산 투자의 수익과 수익률

부동산 투자로부터 발생하는 수익은 보유하는 동안 매 기간마다 정기적으로 발생하는 ① 소득이득(Income Gain)과, 보유기간 말에 처분을 통해 발생하는 ② 자본이득

(Capital Gain)으로 나뉜다. 부동산 투자수익률이란 부동산에 투자된 자본에 대해 그로부터 발생하는 순수익의 비율을 의미한다. 이러한 투자수익률의 종류로는 기대수익률, 요구수익률, 실현수익률 등이 있는데, 그 중에 기대수익률과 요구수익률을 비교함으로써 투자를 할 것인지 여부를 결정한다.

(1) 기대수익률

투자로부터 기대되는 예상수입에서 예상되는 지출을 공제하고 이를 투자자본으로 나누어 계산하는 수익률이다. 이를 예상수익률, 내부수익률이라고도 하며 투자타당성 의사결정 이전에 계산한다는 점에서 사전수익률에 해당한다.

단순히는 $\frac{\text{첫 해 순수익}}{\text{투자자본}}$ 또는 $\frac{\text{첫 해 순영업소득}}{\text{부동산 가치}}$으로 계산할 수 있지만, 앞에서 본 IRR(내부수익률) 계산방식처럼 보유기간(투자기간) 전체를 통한 복리수익률로 계산할 수도 있다. 기대수익률은 시장에서 객관적으로 결정되는 객관적 수익률이다.

(2) 요구수익률

투자에 대한 위험이 주어졌을 때 이러한 위험에 대한 비용을 감안하여 투자자가 투자자본에 대해 요구하는 최소한의 수익률이다. 이를 필수수익률, 목표수익률, 외부수익률, 대안적 수익률이라고도 한다.

어떤 대상에 투자한다는 것은 다른 투자 대상과 방법에 대한 기회를 포기하는 것이므로 포기된 투자안 이상 벌어들여야 하는 최소한의 수익률이라는 점에서 요구수익률을 자본의 기회비용이라고 할 수 있다. 기회비용이란 예산이 제약되어 있을 때, 어떤 투자(소비)를 위해 포기한 다른 수익률(효용) 중 가장 큰 것을 뜻한다. 따라서 다른 투자대상의 수익률이 커질수록 기회비용 즉 요구수익률도 커진다. 이 역시 투자 타당성 의사결정 이전에 결정된다는 점에서 사전수익률에 해당한다.

요구수익률은 미래의 현금흐름을 현재가치로 할인하는 데 사용되는 할인율의 역할도 하고, 감정평가 방식 중 수익환원법에서 순수익을 부동산 가치(투자가치)로 환원하는 데 사용되는 자본환원율의 역할도 한다. 투자자의 요구수익률은 위험의 크기에 비례한다. 기대수익률이 객관적 수익률인 것에 비해 요구수익률은 투자자가 결정하는 주관적 수익률이다.

$$\text{요구수익률} = \text{무위험수익률} + \text{위험할증률(위험 프리미엄)} + \text{인플레이션율}$$

(3) 실현수익률

투자가 종료된 시점에 투자를 통해 실제로 달성된 결과적 수익률이다. 이를 사후 수익률, 역사적 수익률이라고도 한다. 투자 타당성 의사결정 시점에는 과거의 실현 수익률 자료만이 있을 뿐 대상 투자안에 대한 실현수익률을 알 수 없으므로 투자 의사결정 당시에는 기대수익률과 요구수익률만 비교하여 투자 타당성 여부를 판단한다. 실현수익률은 사후적으로 투자성과를 평가할 때 활용된다.

2 수익률과 가치 비교에 따른 투자 판단

1) 기대수익률과 요구수익률의 관계에 따른 투자 판단

특정 투자자 개인의 입장에서 투자 여부의 판단은 다음과 같다.

기대수익률(객관적 수익률) 〈 요구수익률(주관적 수익률) → 투자안 기각
기대수익률(객관적 수익률) 〉 요구수익률(주관적 수익률) → 투자안 채택

시장 전체에서 각 투자자들의 요구수익률과 기대수익률을 비교하여 시장의 균형 과정을 살펴보면 다음과 같다.

기대수익률 〈 요구수익률 → 투자자들의 투자수요 감소 → 대상부동산 가격 하락 → 기대수익률 상승 (∵기대수익률 = $\frac{\text{기대순수익}}{\text{시장가치(구입가격)}}$) → 기대수익률과 요구수익률이 같아질 때 균형

기대수익률 〉 요구수익률 → 투자자들의 투자수요 증가 → 대상부동산 가격 상승 → 기대수익률 하락 (∵기대수익률 = $\frac{\text{기대순수익}}{\text{시장가치(구입가격)}}$) → 기대수익률과 요구수익률이 같아질 때 균형

만약 '기대수익률 = 요구수익률'인 상태에서 투자위험이 증가하거나 인플레이션율이 상승하면 각 투자자들의 요구수익률이 상승하므로 '기대수익률 〈 요구수익률'이 된다. 이는 투자수요 감소, 부동산 가격의 하락으로 이어져 기대수익률은 상승하게 되고, 결국 다시 기대수익률과 요구수익률이 일치하는 지점에서 새로운 균형이 성립한다.[28)]

만약 '기대수익률 = 요구수익률'인 상태에서 투자위험이 감소하거나 인플레이션율이 하락하면 각 투자자들의 요구수익률이 하락하므로 '기대수익률 〉 요구수익률'이 된다. 이는 투자수요 증가, 부동산 가격의 상승으로 이어져 기대수익률은 하락하게 되고, 결국 다시 기대수익률과 요구수익률이 일치하는 지점에서 새로운 균형이 성립한다.[29)]

2) 시장가치와 투자가치의 관계에 따른 투자 판단

기대수익률과 요구수익률을 비교하여 투자 여부를 판단하듯이, 대상부동산이 투자자에게 얼마만큼의 가치가 있는지(투자가치)와 대상부동산을 시장에서 구입하는데 얼마만큼의 비용이 늘 것인지(시장가치)를 비교하여 투자 여부를 판단할 수도 있다. 투자가치는 투자자가 판단하는 주관적 가치이고 예상 순수익(NOI)을 요구수익률로 환원한 값이다. 이는 특정 투자자에게 기대되는 효용의 가치이다. 따라서 위험에 비례하는 요구수익률과 달리 투자가치는 위험에 반비례한다.

$$\text{투자가치} = \frac{\text{예상 } NOI}{\text{요구수익률}}$$

반면 시장가치는 대상부동산에 대해 시장에서 결정되는 객관적 가치로서 공개경쟁시장에서 거래가 성립될 가능성이 가장 높은 가격이다. 이는 시장에서 전형적, 평균적인 투자자에게 기대되는 효용의 가치이다. 기대수익률=$\frac{\text{예상 } NOI}{\text{시장가치}}$이라는 점에서 시장가치는 다음과 같이 정의될 수 있다.

$$\text{시장가치} = \frac{\text{예상 } NOI}{\text{기대수익률}}$$

또한 수익환원법으로 시장가치를 구한다면 다음과 같이 정의될 수도 있다. 이때의 자본환원율은 시장에서 결정되는 객관적인 환원율이다

$$\text{시장가치} = \frac{\text{예상 } NOI}{\text{자본환원율}(=\text{자본수익률}+\text{자본회수율})}$$

투자자의 입장에서 투자가치는 투자의 수익성을 나타내고 시장가치는 투자의 비

28) 이때 처음에 기대수익률과 요구수익률이 일치했던 지점보다 높은 지점에서 새로운 균형이 성립한다.
29) 이때 처음에 기대수익률과 요구수익률이 일치했던 지점보다 낮은 지점에서 새로운 균형이 성립한다.

용성을 나타낸다. 특정 투자자 개인의 입장에서 투자 여부의 판단은 다음과 같다.

> 투자가치(주관적 가치) 〈 시장가치(객관적 가치) → 투자안 기각
> 투자가치(주관적 가치) 〉 시장가치(객관적 가치) → 투자안 채택

시장 전체에서 각 투자자들의 투자가치와 시장가치를 비교하여 시장의 균형 과정을 살펴보면 다음과 같다.

> 투자가치〈시장가치 → 투자자들의 투자수요 감소 → 대상부동산 가격 하락 → 시장가치 하락 → 투자가치와 시장가치가 같아질 때 균형

> 투자가치〉시장가치 → 투자자들의 투자수요 증가 → 대상부동산 가격 상승 → 시장가치 상승 → 투자가치와 시장가치가 같아질 때 균형

만약 '투자가치=시장가치'인 상태에서 위험이 증가하면 투자가치는 하락하므로 '투자가치 〈 시장가치'가 되고 투자수요 감소, 시장가치 하락으로 이어져 결국 다시 투자가치와 시장가치가 일치하는 지점에서 새로운 균형이 성립한다.[30]

만약 '투자가치 = 시장가치'인 상태에서 위험이 감소하면 투자가치는 상승하므로 '투자가치 〉 시장가치'가 되고 투자수요 증가, 시장가치 상승으로 이어져 결국 다시 투자가치와 시장가치가 일치하는 지점에서 새로운 균형이 성립한다.[31]

3 위험과 수익의 관계

1) 위험에 대한 투자자의 태도

위험이란 예상된 결과(수익)와 실현된 결과(수익) 간에 차이가 발생할 가능성을 의미하고 수익의 불확실성, 수익의 변동 가능성을 뜻한다. 이러한 위험을 측정하는 척도로서 수학적 개념인 수익률의 분산 또는 표준편차를 사용한다.

수익률의 평균(Mean)과 분산(Variance) 두 가지 요인으로 투자 여부를 판단하는 모델을 평균-분산 모형(M-V Model)이라고 한다. 위험에 대한 투자자의 태도를 위

30) 이때 처음에 투자가치와 시장가치가 일치했던 지점보다 낮은 지점에서 새로운 균형이 성립한다.
31) 이때 처음에 투자가치와 시장가치가 일치했던 지점보다 높은 지점에서 새로운 균형이 성립한다.

험혐오형으로 전제한다면 평균-분산 모형에서 평균은 높을수록, 분산은 낮을수록 선호된다. 위험에 대한 투자자의 태도는 다음의 세 가지 경우로 구분된다.

(1) 위험혐오형(Risk Averse) 투자자

위험혐오형 투자자는 기대수익률이 동일한 두 개의 투자안 중 덜 위험한 쪽을 선택하는 투자자이다. 위험을 회피하는 것이 인간의 본성이므로 대부분의 투자자들은 이에 속하고 이를 위험회피형 또는 위험기피형 투자자라고도 한다. 이러한 위험혐오형 투자자는 주로 저위험, 저수익 자산을 선호한다. 위험혐오형 투자자라고 해서 전혀 위험을 감수하려 하지 않는 것은 아니고 위험 감수에 대한 보상(수익)이 있거나 회피할 수 없는 위험일 경우 위험혐오형 투자자는 기꺼이 이를 감수하고 투자한다. 즉 기대수익률이 높아진다면 그만큼 커진 위험도 감수한다.

투자에는 항상 위험이 따르고 위험을 전혀 감수하지 않고 얻을 수 있는 수익률은 무위험수익률 뿐이므로, 위험을 전혀 수반하지 않는 경우는 진정한 의미의 투자라고 할 수 없기 때문이다. 위험혐오형 투자자는 위험이 증가할수록 요구수익률이 급격하게 상승하는 유형이고, 위험이 커지면 수익률이 상승하므로 총효용은 증가하지만 수익률의 한계효용은 체감한다. 이는 단위당 위험증가에 따른 한계수익률에 대한 효용이 작아진다는 뜻이고, 결국 같은 한 단위의 위험이 증가하더라도 위험이 커질수록 요구하는 수익률의 상승치가 더 커진다는 의미이다.

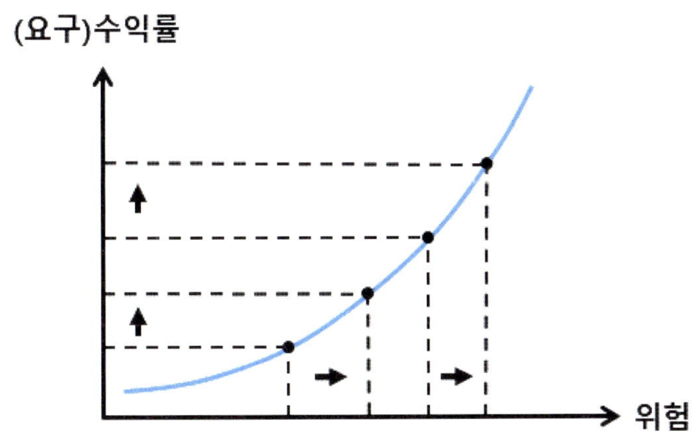

〈그림 4-2〉 위험혐오형 투자자의 위험과 (요구)수익률의 상관관계

〈그림 4-2〉에서 보듯이 낮은 위험 수준에서 위험 1단위 증가에 따른 보상으로서의 수익률은 약간만 상승하면 되지만, 높은 위험 수준으로 갈수록 보상(수익률)이 급격히 커져야 한다.

(2) 위험추구형(Risk Seeking) 투자자

위험추구형 투자자는 기대수익률이 동일한 두 개의 투자안 중 높은 수익률을 획득할 기회를 얻기 위해 오히려 더 위험한 쪽을 선택하는 투자자이다. 위험이 1단위 증가했을 때 그에 대한 보상으로 수익률이 적게 상승하더라도 기꺼이 그 위험을 감수하려는 유형이고 위험선호형 투자자라고도 한다. 이러한 위험추구형 투자자는 주로 고위험, 고수익 자산을 선호한다.

위험추구형 투자자는 위험혐오형과 달리 위험 증가와 그에 따른 수익률의 상승에 대한 한계효용은 체증한다. 즉 수익률이 약간만 높아져도 그로 인한 효용은 급격히 증가한다는 뜻이고, 결국 같은 한 단위의 위험이 증가하더라도 위험이 커질수록 요구하는 수익률의 상승치는 더 작아진다. 이는 위험이 증가할수록 요구수익률은 완만히 상승한다는 의미이다.

〈그림 4-3〉에서 보듯이 낮은 위험 수준에서 높은 위험 수준으로 갈수록 위험 1단위 증가에 따른 보상으로서의 수익률은 약간만 상승하면 된다.

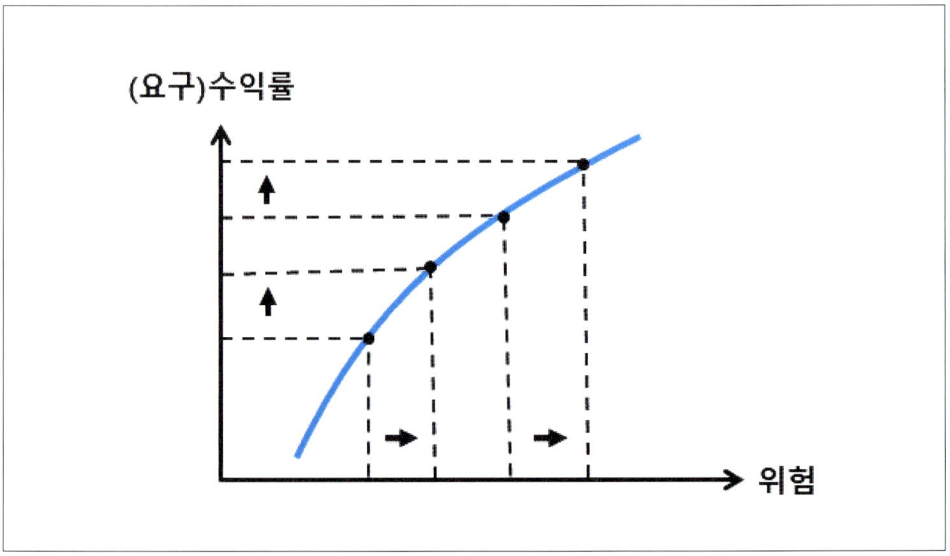

〈그림 4-3〉 위험추구형 투자자의 위험과 (요구)수익률의 상관관계

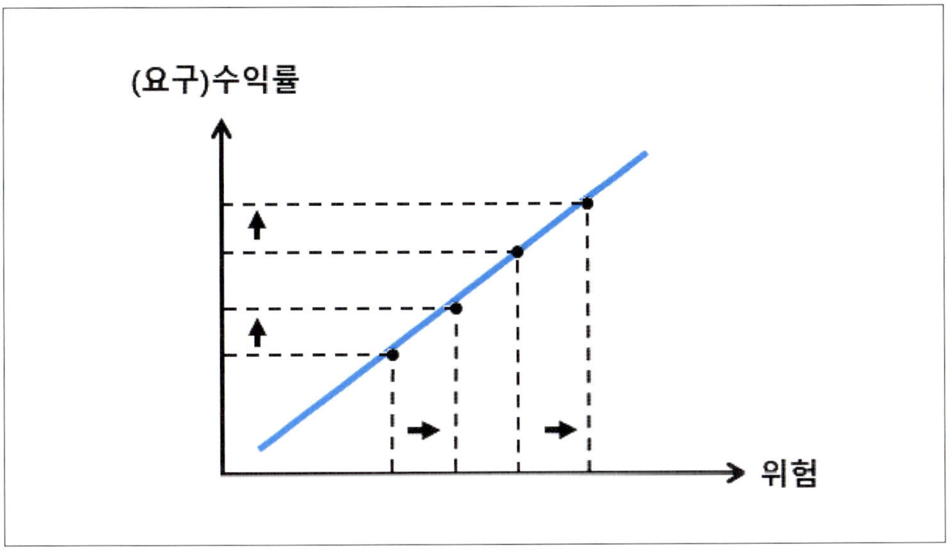

〈그림 4-4〉 위험중립형 투자자의 위험과 (요구)수익률의 상관관계

(3) 위험중립형(Risk Neutral) 투자자

위험의 크기와 관계없이 기대수익률에 따라서만 행동하는 투자자이다. 위험 수준과 상관없이 수익률의 한계효용은 일정하고 총효용은 수익률에 정비례한다. 따라서 위험중립형 투자자의 경우 기대수익률을 극대화하면 기대효용을 극대화할 수 있다.

동일한 위험에 대해 요구하는 보상(수익률)의 크기는 '위험혐오형 〉 위험중립형 〉 위험추구형'의 순이다. 예를 들어 A 투자안은 50%의 확률로 수익률 110, 50%의 확률로 수익률 90이 예상되고, B 투자안은 50%의 확률로 수익률 150, 50%의 확률로 수익률 50이 예상된다면 기대수익률의 평균값은 둘 다 100이지만 A 투자안이 B 투자안보다 위험이 작다. 따라서 위험혐오형 투자자는 A 투자안을 선택하고 위험추구형 투자자는 B 투자안을 선택하며 위험중립형 투자자는 양자에 대해 중립적이다.

2) 요구수익률의 구성요소

앞에서 본 바와 같이 위험이 클수록 투자자의 요구수익률도 상승하므로 위험과 수익(률)은 상쇄(Trade-Off)관계 또는 비례관계에 있다. 투자자의 성향과 관계없이 모든 투자자는 위험부담이 크면 높은 수익률을 요구하고 위험부담이 작으면 낮은 수익률을 요구한다. 투자자에게 있어서 수익이란 투자에 따른 위험에 대한 보상(대가)를 의미하고, 이때의 보상은 현재의 확실성을 포기하고 미래의 불확실성을 선택한 것에 대한 기회비용이므로 ① 시간(시차)에 대한 보상(순수한 시간가치)과 ② 위험에 대한 보상의 두 가지로 구성된다.

따라서 투자자들이 보상으로서 요구하는 요구수익률은 시차보상을 의미하는 ① 무위험률(최저수익률)과 개별 투자에 내포된 위험보상을 의미하는 ② 위험할증률(위험 Premium)로 구성된다. 그밖에 피셔(Fisher) 효과에 따르면 요구수익률은 ③ 인플레이션율을 감안해야 한다. 이에 따라 요구수익률을 구성하는 요소들은 다음과 같다.

(1) 무위험률(Risk-Free Rate)

미래 기대되는 수익의 발생이 확실한 경우, 즉 위험이 전혀 없는 경우에 얻을 수 있는 수익률이다. 이는 위험이 전혀 없는 순수한 시간가치에 대한 보상(대가)을 의미한다. 예를 들어 정부가 보증하는 국공채의 실질이자율(수익률)과 같은 것이 무위험률이라고 할 수 있다. 제1금융권 은행의 정기예금금리도 사실상 무위험률에 가깝다고 본다.

이러한 무위험률의 크기는 개별 투자대상과 관계없이 화폐의 수요와 공급 등 일반 경제 상황이나 시장 상황에 따라 객관적으로 결정된다. 예를 들어 시중은행의 지불준비율이나 콜금리가 인상되면 시장이자율이 상승하고 무위험률도 상승한다. 무위험률이 상승하면 요구수익률선(투자효용 무차별곡선) 전체가 위로 이동하고, 무위험률이 하락하면 요구수익률선 전체가 아래로 이동한다.

(2) 위험할증률(Risk Premium)

투자자로서 회피할 수 없는 위험(체계적 위험)이 커짐에 따라 투자자가 추가적으로 요구하는 수익률이다. 대상 투자에 영향을 미치는 위험에 대한 보상(대가)을 의미한다. 이때의 위험에는 시장위험과 개별투자의 위험이 모두 포함된다. 일반적으로는 민감도분석으로 산정된 경기 상황별 기대수익률의 표준편차 값을 위험할증률로 사용한다.

시장에서 객관적으로 결정되는 무위험률은 투자자의 주관적 성향과는 상관없지만, 위험할증률은 투자자의 위험에 대한 태도나 성향에 따라 반영되는 정도가 다르다. 같은 위험에 대해서 위험혐오형 투자자는 위험할증률을 높게 잡겠지만 위험추구형 투자자는 낮게 잡을 것이다. 따라서 동일한 위험에 대해 위험혐오형 투자자의 요구수익률이 위험추구형 투자자의 요구수익률보다 더 높다. 위험혐오도가 클수록 요구수익률선(투자효용 무차별곡선)의 기울기는 가팔라지고, 위험혐오도가 작을수록 요구수익률선의 기울기는 완만해진다.

(3) 위험조정률(Risk-Adjusted Rate)과 피셔(Fisher) 효과

인플레이션이 없다고 가정할 때 무위험률에 위험할증률이 가산된 요구수익률을 위험조정률이라 한다. 즉 '위험조정된 요구수익률 = 무위험률 + 위험할증률'이다. 이에 따라 위험과 요구수익률의 관계를 표현한 것이 요구수익률선이다. 그러나 현실 경제에서 인플레이션이 없을 수는 없으므로 투자자는 요구수익률을 정할 때 장래 인플레이션이 예상되는 만큼 더 높은 수익률을 요구할 것이다. 경제학자 어빙 피셔(Irving Fisher)는 이와 같이 요구수익률의 결정에 예상된 인플레이션율이 반영된다고 주장하였고, 그에 따라 이를 피셔(Fisher) 효과라고 부른다.

피셔(Fisher) 효과에 따라 인플레이션을 반영하여 위험조정된 요구수익률은 다음과 같이 결정된다.

요구수익률 = 무위험률 + 위험할증률 + 예상된 인플레이션 할증률[32)]

투자대상 부동산 자체의 가격 상승이 예상된다면 요구수익률을 결정할 때 그 예상된 가격상승률만큼을 빼줘야 한다. 예를 들어 시장에서 무위험률이 2%, 대상투자의 위험할증률이 3%, 그리고 1년간 인플레이션율이 3%로 예상되고, 대상부동산 자체의 가격이 연간 2% 상승할 것으로 예상된다면 투자자의 요구수익률은 6%(= 2% + 3% + 3% − 2%)로 결정된다.

3) 위험과 수익의 상관관계를 나타내는 요구수익률선

요구수익률선(투자효용 무차별곡선)이란 위험의 증가에 따른 (요구)수익률의 변화 관계를 나타내는 곡선이다. 일반적으로 위험혐오형 투자자를 전제하므로 요구수익률선은 아래로 볼록한 형태가 된다.[33)] 요구수익률선상의 각각의 투자대안들은 모두

32) 만약 디플레이션이 예상된다면 인플레이션 할증률을 더하는 대신에 디플레이션 할인율만큼 빼주면 될 것이다.

33) 이는 가파르게 우상향하는 모양으로 나타난다.

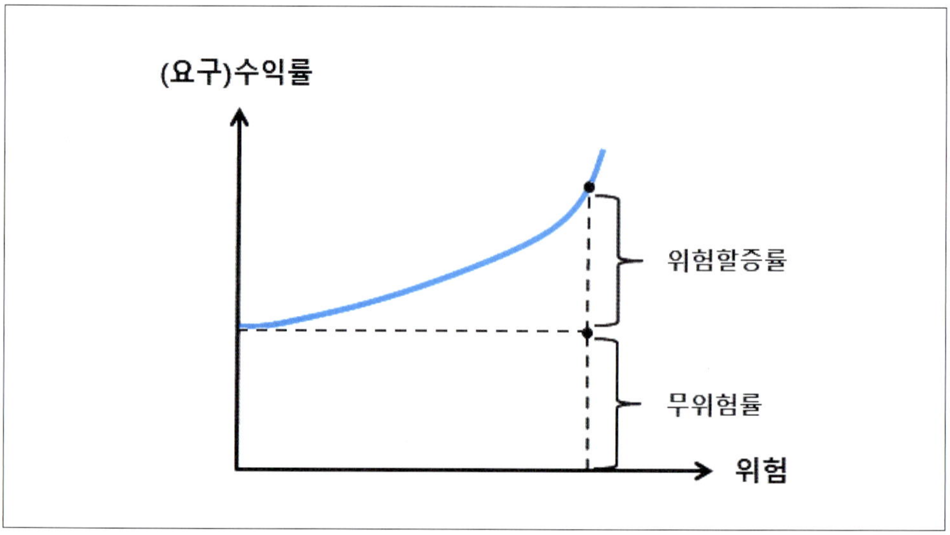

〈그림 4-5〉 요구수익률선(투자효용 무차별곡선)

투자자에게 동일한 효용을 준다는 점에서 투자효용 무차별곡선이라고도 한다(그림 4-5).

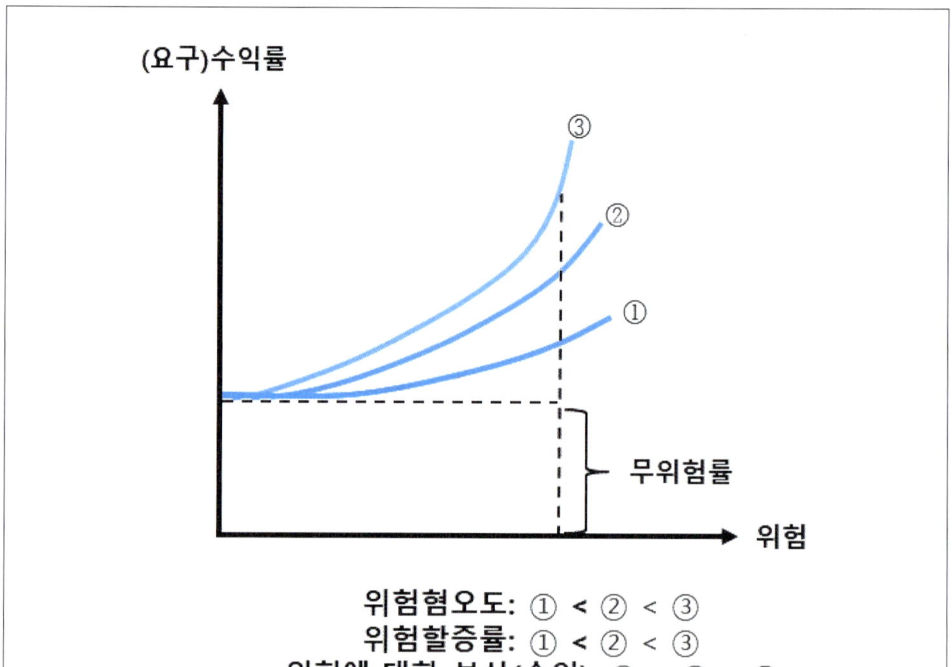

〈그림 4-6〉 위험혐오도에 따른 요구수익률선의 기울기 차이

이때 투자자의 위험혐오도가 클수록 요구수익률선의 기울기는 커지고 가팔라진다. 위험혐오도가 클수록 동일한 위험 수준에서 요구하는 수익률의 크기가 커지기 때문이다. 이렇게 투자자가 가진 위험혐오도의 수준에 따라 투자자 각자의 요구수익률이 달리 결정되고 투자자 각자의 요구수익률과 객관적인 기대수익률을 비교하여 투자 여부를 판단하므로, 동일한 위험과 기대수익률을 가진 투자대안이라도 투자자에 따라 투자안을 채택할지 여부가 달라지는 것이다. 기대수익률이 자신의 요구수익률보다 큰 투자자의 경우에만 해당 투자안을 채택하게 된다.

4 위험의 분석과 관리

1) 평균-분산 모형(평균-분산 결정법)

(1) 위험과 수익의 측정

투자안의 위험과 수익을 분석하여 그 채택 여부를 판단하기 위해서는 먼저 통계적인 기법을 사용하여 그 위험과 수익을 측정해야 한다. 위험이란 투자에 따른 수익(현금흐름)의 불확실성 즉 예상된 수익과 실현된 수익이 달라질 가능성이나 달라지는 정도를 의미한다. 모든 투자는 위험을 수반하지만 그 위험의 정도는 다 다르고 통계적 · 확률적으로 측정된다.

일반적으로 투자의 수익성을 나타내는 통계적 지표에는 수익의 기대치(평균값)가 있고, 위험을 나타내는 통계적 지표에는 분산과 표준편차가 있다. 분산과 표준편차는 각 상황(Event)별 수익이 기대치(평균값)를 중심으로 흩어진 정도를 나타낸다. 분산은 표준편차의 제곱이며 표준편차는 분산의 제곱근이다.

투자로부터 기대되는 수익은 확률적으로 계산된다. 앞으로 일어날 수 있는 여러 가지 상황(Event)에 각각 확률을 부여한 후 이를 가중평균하여 수익의 기대치를 계산하고, 각 상황별 수익이 기대치에서 벗어나는 정도를 계산하여 위험을 측정한다. 각 상황에 부여되는 확률은 유사한 부동산에 대한 시장자료를 분석하여 도출한다.

예를 들어, 어떤 투자안에 대한 순영업소득이 각각 50%의 확률로 1억원, 40%의 확률로 1억2천만원, 10%의 확률로 3억2천만원이 발생할 것으로 예상된다면 해당 투자안의 순영업소득의 기대치 = 1억원×0.5 + 1억2천만원×0.4 + 3억2천만원×

0.1 = 1억3천만원이다.

그리고 해당 투자안의 위험을 나타내는 분산 값[34]= $(10,000-13,000)^2 \times 0.5 + (12,000-13,000)^2 \times 0.4 + (32,000-13,000)^2 \times 0.1 = 41,000,000$이고, 표준편차 값 = $\sqrt{41,000,000} \fallingdotseq 6,400$(만원)이다.

만약 해당 투자안의 투자자본으로 10억원이 필요하다면 수익의 기대치는 $\frac{1억3천만원}{10억원} = 13\%$, 표준편차는 $\frac{6천4백만원}{10억원} = 6.4\%$와 같이 비율로 표시할 수도 있다.

표준편차가 크다는 것은 위험 즉 수익의 변동 가능성이 크다는 뜻이고 표준편차가 작다는 것은 위험이 작다는 뜻이다.

수익을 측정할 때 이와 같이 절대적인 수익을 기준으로 할 수도 있지만 기대수익률(내부수익률)을 기준으로 할 수도 있다. 이 역시 민감도 분석을 통해 호황, 불황 등의 시장 상황별 기대수익률(내부수익률, IRR)을 추정하고, 유사부동산의 시장자료 분석으로 도출된 상황별 확률로 가중평균하여 대상부동산 투자의 기대수익률의 기대치를 계산한다. 그리고 이러한 시장 상황별 기대수익률의 표준편차를 계산하여 투자의 위험[35]을 측정한다. 이렇게 구한 기대수익률의 표준편차를 위험률(위험할증률)로 사용할 수 있다.

(2) 평균-분산 모형

위험혐오형 투자자를 전제할 때, 2개의 투자대안 중 수익의 기대치가 같으면 위험이 작은 투자안을 채택하고 위험이 같으면 수익의 기대치가 큰 투자안을 채택해야 한다. 수익의 기대치는 평균, 위험은 분산으로 표현되므로 이러한 원리를 평균-분산 모형 또는 평균-분산 결정법이라 한다. 동일한 기대수익률을 갖는 투자대안들 중에는 가장 위험이 작은 투자안이 우월하고, 동일한 위험을 갖는 투자대안들 중에는 가장 기대수익률이 높은 투자안이 우월하다는 것이다.

문제는 위험과 수익의 상쇄관계(비례관계)에 따르면, 시장이 완전할 경우 위험과 수익은 비례하므로 기대수익률이 높은 투자안이 부담하는 위험도 더 크다는 점이다. 이럴 경우 평균-분산 모형에 따라서는 적절한 투자안을 선택하기 곤란하다는

34) 계산의 편의를 위해 1만원 단위로 끊어서 계산하였다.

35) 기대수익률의 기대치가 달성되지 않을 가능성

한계 내지 오류가 발생한다. 이러한 경우에는 투자자가 어느 정도 위험을 감수하려 하는지, 추가적인 수익에 비해 추가위험이 어느 정도인지(변이계수로 측정) 등을 종합 고려하여 결정한다.

평균–분산 모형에 따르면 투자안 A와 B가 있을 때, A의 평균(수익)이 B보다 크거나 같고 A의 분산(위험)이 B보다 작으면 투자자는 A를 선택하고, A의 평균(수익)이 B보다 크고 A의 분산(위험)이 B와 같은 경우에도 역시 투자자는 A를 선택한다. 그러나 A의 평균(수익)이 B보다 크고 A의 분산(위험)도 B보다 큰 경우에는 평균–분산 모형으로는 풀기 어려운 오류가 발생한다. 또한 A의 평균(수익)이 B보다 작고 A의 분산(위험)도 B보다 작은 경우 역시 이러한 오류에 직면한다.

(3) 변이계수(변동계수, 분산계수)

평균–분산 모형의 오류를 해결하기 위해 사용되는 것이 변이계수이다. 변이계수란 기대수익률이나 기대수익의 평균값에 대한 표준편차의 상대적 비율[36]을 말한다.

$$\text{변이계수} = \frac{\text{표준편차}}{\text{수익의 기대치(가중평균값)}} \quad \text{또는} \quad \frac{\text{표준편차}}{\text{기대수익률}}$$

즉 기대수익률 1단위당 위험도를 의미하므로 변이계수가 크다는 것은 기대수익률 1단위당 위험도가 크다는 뜻이고, 위험혐오형 투자자를 전제할 때 변이계수가 작을수록 선호된다. 변이계수는 위험성을 상대적으로 측정할 수 있는 방법이고, 이를 통해 여러 투자대안들 간의 순위 비교가 가능하며, 평균–분산 모형의 오류를 해결할 수 있다.

예를 들어, 투자안 A의 수익의 기대치는 1억원, 표준편차는 250만원이고 투자안 B의 수익의 기대치는 1억5천만원, 표준편차는 500만원이라 할 때 '평균 A 〈 평균 B'이고 '표준편차 A 〈 표준편차 B'이므로 평균–분산 모형으로는 해결할 수 없다. 그러나 각 투자안의 변이계수를 계산하면 '변이계수 A = $\frac{250}{10,000}$ = 0.025 〈 변이계수 B = $\frac{500}{15,000}$ = 0.033'이고, 이는 기대수익 1단위당 위험의 크기에 있어서 투자안 A가 투자안 B보다 작다는 뜻이다.

즉 투자안 A에서 B로 대상을 바꾸면 기대수익이 1억원에서 1억5천만원으로 50%

36) 표준편차를 평균으로 나눈 값이다.

증가하지만, 위험을 나타내는 표준편차가 250만원에서 500만원으로 100% 증가한다는 것이다. 따라서 위험혐오형 투자자의 입장에서는 변이계수가 보다 작은 투자안 A가 우월하다(선호된다).

2) 위험의 관리기법

위험의 관리란 투자를 함에 있어서 투자자가 부담할 수 있는 위험을 미리 파악하고 그 적정 수준을 설정하여, 현재 측정된 위험이 적정위험보다 크다면 이를 감소시키고 너무 작다면 이를 증가시킴으로써 위험을 적정 수준으로 관리하는 행위를 뜻한다.[37] 이러한 위험의 관리기법으로는 다음과 같은 것들이 있다.

(1) 위험의 회피

국공채나 은행 정기예금과 같이 위험이 없는 안전한 곳에만 투자를 하며 위험한 투자를 아예 제외시키는 방법이다. 그러나 위험과 수익은 비례한다는 점에서 모든 위험을 제외한다면 수익 또한 얻을 수 없고 투자대상이 없어진다는 문제점이 있다.

'듀 딜리전스(Due Diligence)'란 투자자나 대출자가 위험을 감소시키기 위해 투자수익과 부동산의 가치에 영향을 미칠 수 있는 모든 법적 · 경제적 · 환경적 요소들에 대한 충분한 현장조사 등을 통해 자산을 면밀히 실사하는 것을 의미한다(기업 M&A 용어). 이를 통해 발견된 위험을 회피할 수 있다.

(2) 위험의 보유

투자자가 위험을 그대로 보유하면서 장래 발생 가능한 잠재적 손실을 스스로 부담하는 방법이다. 예를 들어 부동산에 투자하면서 외부적 감가상각요인이 발생할 것에 대비하여 충당금을 넉넉히 설정한다든지 결손을 대비해 결손충당금을 쌓아 놓는 것 등이다.

(3) 위험의 전가

장래 발생 가능한 잠재적 손실을 보험회사나 임차인 등 제3자에게 떠넘기는 방법이다. 예를 들어 보험계약, 리스계약 등을 하거나 인플레이션 발생 시 임대료를

37) 위험이 너무 작다는 것은 그만큼 기대되는 수익도 지나치게 작다는 것을 뜻하므로 투자라는 측면에서 위험을 적정 수준으로 유지, 관리할 필요가 있다.

인상하는 조건으로 임대차계약을 하는 것 등이다. 이로써 보험회사, 리스회사, 임차인 등에게 위험을 전가할 수 있다.

(4) 위험의 통제

위험에 따른 손실 규모를 축소시키기 위해 전략적으로 대응하는 방법으로서, 투자 결정 시부터 위험을 감안하여 투자 타당성 여부를 보수적으로 판단하는 것이다. 이에 따르면 먼저 ① 불확실성을 감안하여 수익은 가능한 낮게, 비용은 가능한 높게 추정함으로써 순수익을 비관적 · 보수적으로 예측하는 방법이 있다. 이렇게 투자에 따른 현금흐름을 하향 편의(Downward Bias)하여 추계하면 보다 많은 위험이 배제될 수 있고, 그 하향 조정된 최소화된 순수익이라도 투자자의 요구수익률을 충족한다면 비로소 투자안을 채택한다. 그러나 이 방법은 부의 극대화라는 투자 본연의 목적에 맞지 않다는 비판이 있다.

다음으로 ② 미래 예상되는 수익을 현재가치로 할인 또는 환원할 때 위험이 조정된 요구수익률(위험조정률)을 할인율로 사용하는 방법이 있다. 동일한 순수익이 예측되는 경우라도 위험이 더 크다면 위험 프리미엄만큼 할인율을 높게 잡아야 하고 그럴수록 현재가치는 더 작아진다. 민감도 분석을 통해 구한 기대수익률을 요구수익률과 비교하여 투자 여부를 판단할 때에도 위험이 조정된 요구수익률을 사용한다면 위험이 커질수록 요구수익률도 높아지므로 투자안을 채택하기가 어려워진다. 그렇게 높아진 요구수익률보다도 더 높은 기대수익률을 가진 투자안만을 채택하게 되므로 이 역시 보수적으로 투자 여부를 판단하는 방법이다.

그러나 위험조정할인율을 사용하는 방법은 일반적으로 매 기간마다 예상되는 순수익을 동일한 할인율로 할인하는데, 이는 매 기간의 위험이 똑같다는 것을 전제하므로 문제가 있다. 따라서 만약 매 기간별로 위험이 각각 다르다면 그에 따라 매 기간마다 다른 할인율을 적용해야 할 것이다. 그밖에 위험의 통제 방법으로는 ③ 민감도 분석(시뮬레이션 기법), ④ 포트폴리오 구성을 통한 분산투자 등이 있다.

(5) 출구전략(Exit Strategy)과 최적 보유기간(Optimal Holding Period)의 설정

시장과 지역은 끊임없이 변화하고 건축양식이나 법과 제도 등도 시간이 지남에 따라 변화하므로 너무 장기적인 보유는 위험이 크다. 따라서 적정한 보유기간을 설정하여 그 기간 만료 시에 처분하는 전략이 필요하다.

제5장

부동산 정책론

제1절 부동산 문제

제2절 부동산 정책

제3절 정부의 시장개입

제4절 토지정책

제5절 주택정책

제6절 조세정책

제1절

부동산 문제

부동산은 단순한 상품이 아니라 인간의 생활과 생산활동을 위한 필수 불가결한 재화이다. 따라서 그 부동산이 가지고 있는 기능 · 적성 · 위치 등에 따라 가장 값지게, 가장 바람직하게 이용 · 활용되어야 한다. 그러기 위해서는 부동산의 본질과 함께 오늘날 우리가 안고 있는 부동산의 기본적이고도 근원적인 문제와 관련하여 올바른 인식과 함께 부동산 분야에 관한 가치관을 정립하여야 할 것이다.

부동산 문제란 부동산과 인간과의 관계가 악화되는 현상이라 할 수 있다. 이러한 부동산 문제는 다른 일반 경제문제와 유사한 특징도 있지만, 부동산의 고유한 특성으로 인해서 특별히 강조되는 부분이 있다.

1 부동산 문제의 특성

일반적인 재화나 서비스와 다른 부동산의 특성으로 많이 언급되는 것으로 부동성, 부증성, 불변성, 이질성, 용도의 다양성 등을 들 수 있는데 이러한 부동산의 특성들이 부동산 시장의 특수성으로 이어지고 부동산 시장의 특수성이 시장실패, 소득분배의 불평등성, 시장가격의 불안정성 등의 문제를 야기한다.

부동산 문제는 효율성(Efficiency)에 기반한 '개발'이 초래하는 문제가 많다. 개발의 문제는 '무엇을' '어떻게' '왜'라는 가치관에 관한 것이기 때문에 시대에 따라,

나라에 따라, 정책결정자의 관점에 달라질 수 있다. 또한, 부동산 문제는 다음과 같이 악화되는 성향, 비가역적인 성향, 지속되는 성향이 있으며 그 해결 방법은 다양할 수 있다.

1) 악화성향

부동산은 한 번 어떤 문제가 생기면 시간의 흐름에 따라 악화되기 쉽고 이를 바로잡는 일이 점점 어려워진다. 예를 들면 다음과 같다. 주택공급을 중단하면 주택의 양적 · 질적 문제가 악화된다. 토지이용의 규제를 소홀히 하면 스프롤(Sprawl)[1)]이 확대된다. 거래질서 확립을 위한 노력을 소홀히 하면 각종의 거래사고가 발생한다. 지가대책을 소홀히 하면 지가가 상승하여 산업, 경제, 주택공급에 악영향을 미친다.

2) 비가역성

어떤 부동산 문제가 한 번 악화되면 이를 완전한 옛 상태로 회복하기는 사회적, 경제적, 기술적으로 어렵다. 지가가 폭등하면 다시 종전으로 되돌아가기 어렵고, 폭등한 지가수준에서 경제상태가 형성된다. 도시계획, 토지이용계획, 도시개발 등은 한번 그르치면 이를 예전으로 환원시키기가 어렵다. 어떤 지표의 토양을 파괴한 경우는 이를 인위적으로 환원하기가 어렵다. 건물을 잘못 신축한 경우 다시 철거한다는 것은 경제적으로 어렵다.

3) 지속성

부동산 문제는 시간의 흐름과 함께 지속되는 경향이 있다. 따라서 주거의 양적 문제를 해결하면 주거의 질적 수준의 향상을 위한 노력을 하여야 한다. 또한 부동산이 가지는 자연적 특성으로서 부증성을 가지는 토지에 대한 수요증대는 수급 불균형의 현상을 지속시킨다.

---

1) 스프롤이란 보통 도시스프롤이라고 표현하는데 도시의 성장, 개발 현상이 무질서하게 불규칙적으로 평면적으로 확산되는 것을 말한다.

4) 해결수단의 다양성

부동산 문제 해결을 위한 여러 가지 수단을 이용할 수 있고, 세제, 금융, 재정, 주택건축, 택지개발 등의 다양한 정책이 필요하다. 이로 인해 부동산 정책은 종합정책으로서의 성향을 갖는다.

2 부동산 문제의 구분

대륙법계에서 부동산은 토지만을 의미한다. '지상물은 토지에 따른다'는 원칙에 따라 토지의 정착물이나 지상물은 독립한 부동산으로 보지 않고 토지의 구성 부분으로 보았기 때문에 토지와 일체를 이루고 독립성을 지니지 않는다고 보았다. 그러나 우리나라 민법 등에서는 부동산을 토지와 그 위에 있는 정착물이라고 하여 구분하여 보고 있다.[2] 부동산 문제 또한 토지문제와 주택문제로 크게 구분할 수 있다.

1) 토지문제

(1) 토지의 유한성 문제

'물리적인 토지 부족의 문제'는 전체 토지 가운데서 인간이 이용할 수 있는 토지의 부족에서 오는 문제로서 근본적으로 토지의 부증성에서 비롯된다. 인구가 증가하고 산업이 발전함에 따라서 상대적으로 토지의 수요는 증가하게 되기 때문에 물리적인 토지문제는 자연스럽게 경제적 토지문제를 야기하게 된다. 물리적 토지 부족은 매립이나 간척과 같은 토지의 물리적 개발과 경제적 이용을 통해서 해결하게 된다.

'경제적인 토지 부족의 문제'는 인간 생활에 필요한 공간을 확보하는 과정에서 비롯되는 토지의 수요와 공급의 불균형 문제를 말한다. 물리적으로 이용될 수 있는 토지는 있으나 경제적 이용을 위해 요구되는 조건을 갖추지 못해 발생 되는 문제이

2) 토지와 건물을 부동산으로 파악하여 별도의 등기부를 두고 있는 나라는 우리나라를 포함하여 일본, 대만 등 일부 아시아 국가에 불가하다.

다. 대표적 현상으로 '지가고(地價高) 현상'을 들 수 있다.

(2) 지가고의 문제

지가고(地價高)라 함은 지가가 다른 물가보다 상대적으로 높아서 사회 · 경제적으로 요구되는 합리적인 지가수준보다 현실의 지가수준이 훨씬 높게 형성되어 있는 지가의 상태를 말한다. 지가고는 다음과 같은 폐단을 야기한다. 공공용지 취득을 위한 보상가격이 높아지면서 공공기관의 재정부담이 커지고 이는 국민의 조세부담을 증가시킨다. 또한 물가 및 생산비 상승요인으로 기업경영에 악영향을 미치며 택지의 취득을 어렵게 하여 양적 주택문제를 발생시킨다.

(3) 토지의 비효율적인 이용 문제

토지의 비효율적 이용의 문제란 토지에 대해 주어진 용도에서의 최유효 이용을 하지 못함으로써 나타나는 불경제의 문제를 의미한다. 토지의 최유효 이용에 대하여 한마디로 단정지어 설명하기는 어려우나 최소의 비용으로 최대의 효과를 만들어 내는 경제성의 원칙을 반영하는 것이라고 할 수 있다.

지가가 상승하면 토지에 가장 적절한 용도인 최유효 이용이 변화하게 된다. 소유자의 입장에서 지금까지의 이용 형태가 다소 아쉽게 느껴지면서 건축물을 개축하는 등의 그 지역에 맞는 용도로 활용하는 새로운 아이디어를 찾게 된다. 이러한 상황을 종합해 보면 토지의 고밀도 이용이 토지의 최유효 이용의 한 형태라고 볼 수 있을 것이다.

(4) 기타의 토지 문제

이밖에 토지의 문제로는 토지 소유의 편중(분배의 부적정), 토지 거래질서의 문란, 개발이익의 사유화, 토지 관리 체계의 미흡 등을 들 수 있다. 전통적으로 토지에 대한 소유 욕구가 강한 국민 정서가 있는 데다가, 땅값의 급등과 개발이익의 사유화로 기대수익이 높아지자 토지를 소유하려 하는 수요가 지속적으로 있어 왔고, 토지 소유의 편중도도 커지는 경향성이 있다. 토지 소유의 편중 문제는 그로 인한 자본이익의 편중을 낳고, 여기에 소득의 편중 현상까지 더해지면 이는 사회적 양극화의 단초를 제공하게 되므로 우리 토지문제의 핵심 중 하나라고 지적되어 왔다.

참 고

소득분배의 불평등도 측정 방법

한 나라의 소득 불평등의 정도를 측정하는 척도가 '불평등 지표'라고 할 수 있고 대표적인 예로서 로렌츠 곡선, 지니 계수, 10분위 분배율, 5분위 배율 등이 있다. '불평등 지표'를 통하여 한 나라의 소득 불평등의 변화를 시간적으로 비교할 수 있고, 나라 간의 소득 불평등의 정도를 비교할 수 있다.

로렌츠 곡선(Lorenz Curve)은 한 나라 인구의 누적 비율과 소득의 누적 점유율 사이의 관계를 그림으로 표시한 곡선이고, 지니 계수(Gini Coefficient)는 로렌츠 곡선의 내용을 알기 쉽게 숫자로 나타낸 것이다.

10분위 분배율(Deciles Distribution Ratio)은 전체 가구를 소득의 크기에 따라 낮은 소득부터 높은 소득으로 정렬한 후 10등분 하고, 하위소득계층 40% 가구(1~4분위)의 총소득을 상위소득계층 20% 가구(9~10분위)의 총소득으로 나눈 비율을 말한다.

5분위 배율은 전체 가구를 소득의 크기에 따라 정렬한 후 가구들을 5등분하고 소득 수준이 가장 높은 5등급(상위 20%)의 평균소득을 가장 낮은 1등급(하위 20%)의 평균소득으로 나눈 비율을 말한다.

1. 로렌츠 곡선

① 의의: 로렌츠 곡선(Lorenz Curve)이란 소득분포의 불평등도를 측정하는 방법으로서, 인구의 누적점유율과 소득의 누적점유율 사이의 대응관계를 표시한 곡선이다.

② 특징: 완전평등한 소득분배가 이루어지고 있다면 원점으로부터 나오는 45도 각도의 대각선으로 표시된다. 따라서 이 직선과 로렌츠 곡선으로 형성된 반달 모양의 면적이 불평등도를 나타내는 척도라고 볼 수 있는데, 소득분배의 불평등도가 높을수록 로렌츠 곡선은 아래로 더 늘어지게 그려져서, 반달 모양의 면적이 커지게 된다.

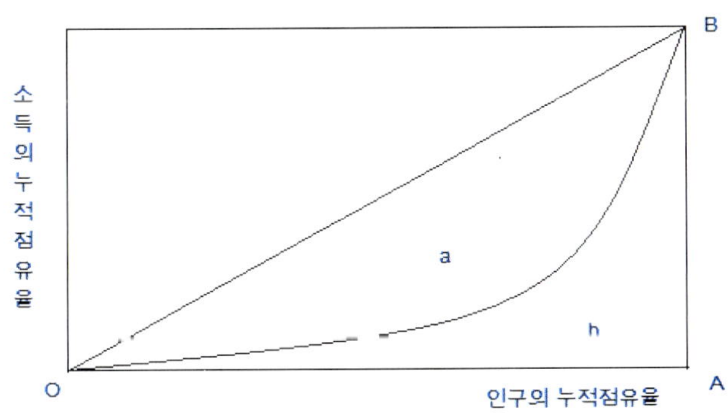

2. 지니 계수

① 의의: 지니 계수(Gini Coefficient)는 로렌츠 곡선이 나타내는 소득분배의 불평등도를 수치로 나타낸 것이다.

② 산식: $G=\dfrac{a}{a+b}$

③ 특징

지니 계수는 0과 1 사이의 값으로 나타내며, 지니 계수의 값이 작을수록 소득분배가 평등함을 의미한다.(지니 계수가 0이면 완전평등, 지니 계수가 1이면 완전불평등을 의미한다.)

3. 10분위 분배율

① 산식: $\frac{\text{하위 40\% 소득계층}}{\text{상위 20\% 소득계층}}$

② 특징: 10분위 분배율이 클수록 평등하고, 10분위 분배율이 작을수록 불평등하다. 따라서 가장 불균등한 경우 10분위 분배율은 0의 값을 가지고, 가장 균등한 경우 2의 값을 가진다.

4. 5분위 배율

① 산식: $\frac{\text{최상위 20\% 소득계층}}{\text{최하위 20\% 소득계층}}$

② 특징: 모든 사람의 소득이 같다면 최상위 20%의 소득점유율과 최하위 20%의 소득 점유율이 같을 것이고 이때 5분위배율은 1이 된다. 5분위배율이 점차 커지면 최하위 20% 계층의 소득 대비 최상위 20% 계층의 소득이 높다는 것으로, 소득의 양극화가 확대되는 것으로 볼 수 있다.

2) 주택문제

주택이라는 재화의 특수성, 주택 부문이 국가 경제에서 차지하는 높은 비중, 그리고 저소득층 주거 문제의 사회적 중요성 등 때문에 모든 국가의 정부가 다양한 형태로 주택 부문에 대해 개입하고 있다. 주택문제는 크게 공급 관련 문제로서의 주택 서비스의 양적 · 질적 부족(Inadequate Level of Housing Service Production)의 문제와 수요 관련 문제로서의 주택 서비스의 소득간 · 계층간 격차의 심화 및 부담능력 문제로 구분할 수 있다.

(1) 주택의 공급문제

주택시장에서의 공급 측면의 문제로서 시민들이 필요로 하는 만큼의 주택을 양적인 측면과 질적인 측면에서 어떻게 제공하느냐의 문제이다.

참 고

공가율(적정공가율)과 공가 현상

1. 필요공가율(적정공가율)

주거공간인 주택의 유통을 원활히 하기 위해서 필요한 합리적인 공가율로, 주거의 이동 등을 감안한 실제 거주가구 이외에 필요로 하는 주택의 수가 가구총수에서 차지하는 비율을 말한다.

공가율 = (빈집의 수 ÷ 총 주택의 수) × 100

실제 주택시장에서 적정공가율은 자연 공가율(Natural Housing Vacancy)이라고도 하며 약 3~5% 정도이다.

2. 공가 현상

① 마찰적 공가 현상: 주택의 유통을 원활하게 하기 위해 필요한 빈번한 이사 등으로 생기는 공가 현상이다(필요공가율).
② 통계적 공가 현상: 3분의 2 이상 건설된 주택을 입주 전에 센서스에 포함 시켰을 때 실제와의 불일치로 생기는 공가 현상이다.
③ 의도적 공가 현상: 개인용 콘도미니엄 또는 주말농장이나 별장 등의 주택 등 제 2주택을 소유함으로써 생기는 공가 현상이다.

가) 양적 주택문제

주택의 양적 문제는 주택의 수요에 대응하는 주택공급의 문제로서 주택의 공급량과 절대 수, 주택의 수요와 비교한 공급의 양 그리고 수요와 공급의 불균형 문제를 포함한다. 또한, 주택의 양적 문제는 주택이 절대적으로 부족한 현상을 말하는 것이다. 즉, 가구 총수에 합리적인 공가율에 의한 필요 공가 수를 합친 '필요 주택 수'에 비해서 '실제 주택 수'가 부족함을 인지함으로써 양적 주택문제의 정도를 가늠하게 된다.

양적 주택문제의 발생 요인으로는 인구의 증가, 핵가족화 현상, 녹신자 · 이혼율의 증가, 기존 주택의 노후화, 공공사업 등에 의한 주택의 철거 및 전용, 필요공가율의 증가 등이 있다.

a. 주택보급률(Housing Supply Rate)

양적 주택문제는 결국에는 주택부족률을 의미하는데, 주택부족률의 정도를 파악하기 위하여 일반적으로 주택보급률을 구하게 된다. 특정 국가 또는 특정 지역에 있어서 주택 재고가 그곳에 거주하고 있는 가구들의 수에 비하여 얼마나 부족한지 또는 여유가 있는지를 총괄적으로 보여주는 지표이다.

주택보급률은 주택 수를 가구 수로 나누고 이를 비율로 나타낸다. 주택 재고의 절대 부족문제가 심각했었던 우리나라에서는 주택 재고 확대라는 주택정책 목표의 달성도를 나타내는 주요 지표로 활용되어 왔었다.

2008년 이전에는 1인 가구가 가구 수에 포함되지 않았고, 여러 가구가 살고 있는 다세대주택이 한 가구로 계산되는 문제가 있었으며, 이를 보완하기 위해 2008년 이후 새로운 주택보급률이 도입되었다. 구(久)주택보급률과 신(新)주택보급률 산출식은 다음과 같다.

$$구주택보급률 = \frac{주택수(거주주택 + 빈집주택)}{보통가구수(2인이상의혈연으로구성된가구)} \times 100$$

$$신주택보급률 = \frac{주택수(거주주택(다가구주택 구분거처 반영) + 빈집주택)}{일반가구수(보통가구수 + 비혈연가구 + 1인가구)} \times 100$$

그러나 주택보급률 지표는 주택 재고의 배분상태(자가보유율)나 거주상태(주거수준)를 보여주지 못하는 한계가 있다.

b. 인구 천 명당 주택수(Dwellings per 1,000 inhabitants)

"인구 천 명당 주택 수"는 주택의 양적 공급 수준을 인구 기준으로 나타내는 지표로, 1,000명의 인구가 사용할 수 있는 주택 수를 의미한다. 국가 간, 지역 간 주택보급 상태를 비교하거나, 인구 증가 속도에 비해 주택 공급이 어느 정도 이루어지고 있는지를 평가할 때 자주 사용한다. 이 수치가 높을수록 인구 대비 주택 공급이 충분하거나 여유가 있음을 의미하고 반대로 수치가 낮을수록 주택이 부족하거나 공급이 늦음을 의미한다.

$$인구 1,000명당 주택 수 = (총 주택 수 \div 총 인구 수) \times 1,000$$

1인 가구 증가율이 높은 사회일수록 이 수치는 더 높아져야 하고, 양적 공급 외에도 주거 적정성(예: 소형 주택, 고령자 맞춤형 등)의 고려, 도시별 · 지방별 격차를 분석하여 미스매치를 해소하는 등의 정책 활용 시사점으로 정부가 인식해야 하는 수치라고 할 수 있다.

참 고

주택수요와 주택소요

주택소요(Housing Needs)는 "누구든 적정 주거환경을 누릴 권리가 있다"라는 사회적 기준에 기반하며, 소득과 무관하게 필요한 주택의 양을 의미한다. 즉, 일정 수준 이하의 주거수준에서 거주하는 사람(무주택 저소득층)들에게 요구되는 주택의 양과 질이다. 이는 사회적·복지적 개념으로 정부의 정책개입이 필요하다.

주택수요(Housing Demand)는 주택을 구입하고자 하는 욕구로 소득, 지불능력, 주택가격 등 시장 요인에 의해 결정되는 경제적 개념이며, 실질적으로 구매 가능한 수요를 의미한다. 이는 시장 기반의 부동산 정책을 펼칠 때 적용된다.

구 분	주택수요(Housing Demand)	주택소요(Housing Needs)
개 념	구매력 있는 시장 수요	사회복지적 관점에서의 필요
결정 요인	소득, 가격, 금리 등 경제 변수	인구, 가구, 주거 기준 등
정책 대응	시장에 맡김(민간 주도)	정부 개입 필요(공공 공급)
수혜 계층	중산층 이상, 실수요자	무주택 저소득층, 취약계층

나) 질적 주택문제

주택의 질적 문제란 주택문제의 인식을 거주자의 주거수준에서 구하는 것이다. 즉, 주거에 있어서 주택의 규모·안전성·능률성 등에서 일정한 수준에 미달하는 경우에 주택의 질적 문제가 야기된다. 주택의 질적 문제는 개인의 가처분소득이 늘면 더 좋은 주택으로 교체하려는 욕구와 그에 따른 공급이 불균형을 이룰 때 생긴다. 경우에 따라서 질적 주거수준은 주거환경 면에서도 논의된다. 특히 주택의 노후화 정도와 깊은 관계가 있으며, 양적인 주택문제와도 직접적인 관련이 있다.

질적 측면에서의 주택수요요인으로는 생활 태도의 변화, 주민의 소득 및 생활수준의 향상에 따른 고급주택의 수요증가, 주택 구조 변화에 따른 방의 개수 및 거주면적의 증가에 따른 주택의 수요증가, 신건축자재의 개발로 인한 고급주택의 수요증가, 주택금융의 확대로 인한 주택의 수요증가 등을 꼽을 수 있다.

a. **자가점유비율**(自家占有比率, Homeownership Rate)

"자가점유비율"은 전체 가구 중에서 자신이 소유한 주택에 거주하는 가구의 비율을 의미하는 대표적인 주거 안정성 지표이다. 주택정책의 성과를 평가하거나 국민의 주거 형태를 이해할 때 자주 활용된다. 여기서 자가가구란 본인 명의 또는 가족 명의의 주택을 소유하고, 그 주택에 거주하는 가구를 의미하며 전세, 월세, 무상거주 등의 비자가가구는 포함되지 않는다.

$$자가점유비율(Homeowership\,Rate) = (자가가구\,수 \div 전체\,가구\,수) \times 100$$

자가점유비율이 높다는 것은 '자가보유에 대한 사회적 선호가 강하거나, 주택 구매가 상대적으로 용이한 환경이다' 라고 해석될 수 있다. 또한 자가점유비율이 낮다는 것은 '주거비 부담이 크거나, 젊은 인구 비중이 높을 가능성이 있다'라고 해석될 수 있으며, 자가점유율이 낮다고 반드시 문제가 되는 것은 아니다. 안정적 임대시장이 잘 갖춰져 있다면 낮은 자가율도 충분히 허용 가능하다. 그러나 자가점유율이 사회적 불안정과 연계되어 있다면, 주거 복지 정책으로 강화할 필요가 있다. 무주택자의 PIR/RIR의 개선, 금융 접근성의 제고, 청년 · 신혼부부 주거지원 등의 정책들과 병행하여 자가점유비율을 높이는 것이 필요하다.

(2) 주택의 수요문제

주택의 구매능력 문제는 수요 측면에서의 문제로서, 제공되는 주택을 시민들이 구매할 수 있도록 어떻게 구매력을 높이느냐 하는 문제이다. 특히, 주택가격의 급등은 소득 대비 주택가격 비(PIR: Housing Price to Income Ratio)를 증가시켜 국민의 자가 소유의 욕망을 충족하기 어렵게 하고, 동시에 국민의 점유 형태를 임차 형태로 강제하게 됨에 따라 소득 대비 주택임대료 비(RIR: Rent to Income Ratio)도 증가시켜 국민들의 주거환경을 악화시키게 된다.

주택임대료는 가구지출에서 큰 비중을 차지한다. 소득 대비 주택임대료 비(RIR)는 소득에서 주거비가 차지하는 비중이 어느 정도인지를 보여준다. 주택임대료 비율이 높을수록 주거비 부담이 큰 것으로 이해할 수 있다. 일반적으로 주택임대료 비율이 30%를 넘으면 주거비 부담이 과중하다고 판단한다. OECD가 제시하는 적정 RIR은 20% 수준이다.

가) PIR 지수(Price to Income Ratio; 소득 대비 주택가격 비율)

가구당 연간가계소득에서 주택가격이 차지하는 비율을 말하는 것으로서, 주택가격을 가구당 연간소득으로 나누어 계산한다. 따라서 일반적으로 소득에 비해 주택 가격의 상승률이 크면 PIR은 증가한다.

또한 PIR은 자력에 의한 주택구입능력을 측정하는 지표라 할 수 있다. 즉, PIR 지수가 높을수록 주택구입능력이 낮아지며 자가점유율이 저하되어 주택문제를 발생시킬 가능성이 높다. 또한 이는 개별가구의 주택마련 기간이 길어진다는 의미이기도 하다.

$$PIR = \frac{\text{주택가격}}{\text{연간가계소득}}$$

나) RIR 지수(Rent to Income Ratio; 소득 대비 주택임대료 비율)

월평균 소득에 대비 임대료의 비율을 의미하며, 무주택자가 주거를 위해 소득에서 부담하는 비율이다. 임차인의 중위 가구 월 소득에 대한 주택의 중위 월 임대료의 비율로 계산한다. 임차 가구의 임대료 지불능력과 임대주택시장의 효율성 및 주택 불평등을 반영하는 지표라고 할 수 있다. RIR이 높을수록 주거비 부담이 커지게 된다.

$$RIR = \frac{\text{주택임대료}}{\text{연간가계소득}}$$

다) 슈바베 지수(Schwade Index)

슈바베 지수는 가계의 총 소비지출 중 주거비가 차지하는 비율을 나타내는 지표로, 가구의 주택비 부담 수준을 평가하는 데 사용된다.

$$\text{슈바베지수} = (\text{주거 관련 지출} \div \text{총 소비지출}) \times 100$$

여기서 '주거 관련 지출'은 임대료, 주택 대출 원리금, 관리비, 수도 · 전기 · 가스 등 주거 유지 비용 항목으로 계산하고, '총 소비지출'은 가계가 지출한 생활비(식비, 의료비, 교육비, 주거비 등) 중 비소비지출(세금, 보험료 등)을 제외한 항목으로 계산한다.

일반적으로 슈바베 지수가 25% 이상이면 '주거비 부담이 과중'하여 빈곤층으로 분류하고 20~25%이면 '주거비 부담이 있음(주의 필요)', 20% 이하이면 '주거비 부담이 적정하다'라고 해석한다. 소득이 낮을수록 슈바베 지수는 높게 나타나며 주로 저소득층을 타겟으로 주거정책을 펼칠 때 활용된다.

제2절

부동산 정책

1 부동산 정책의 기본 개념

부동산 정책이란 한마디로 정의하기 어려우나 일반적으로 공익을 추구하거나 공공문제의 해결을 위하여 권위 있는 정부가 공식적으로 결정한 전략으로서 토지자원의 효율적 배분과 토지로부터 발생하는 소득(Income)과 부(Wealth)[3)]의 권위적 배분 및 문제 해결을 위한 사회변화를 전제로 한 정부의 활동이라 할 수 있다. 우리나라 부동산 정책은 주택시장 안정과 국민 주거복지 향상이라는 목표하에 부동산 가격 안정(투기억제) 혹은 경기 활성화 등을 달성하기 위해 시장에 개입해 온 지 오래다.

2 우리나라 부동산 정책의 유형

우리나라의 부동산 정책은 크게 시장의 과열을 막기 위한 부동산 가격 안정 정책 및 투기 억제 정책과 침체된 시장을 회복시키기 위한 적극적인 경기 활성화 정책의

3) 소득은 유량변수로서 일정 기간 동안에 발생한 구매력의 증대분이며, 부는 저량변수로서 일정 시점에서 측정한 장래소득의 현재가치이다.

두 가지로 구분되고, 이밖에 서민 주거안정 정책 및 부동산 시장 선진화 정책 등으로 구분할 수 있다.

1) 부동산 가격 안정 정책

가격 안정 정책은 수요 측면과 공급 측면으로 구분해 볼 수 있다. 수요 측면에서의 정책으로는 거래규제(주택거래의 신고 및 허가 등), 주택금융규제(DTI 및 LTV 규제, 서민주택자금 지원 등), 조세 강화(양도세, 종부세 등) 등의 수요 억제 정책이 주로 사용되었다.

공급 측면에서는 분양을 통한 신규 공급 및 임대주택 공급의 확대가 대표적인 가격 안정 정책이라고 할 수 있다. 대규모 국가 개발사업 등을 중심으로 한 주택공급계획(신도시, 대규모 임대주택 공급 등), 가격 상승을 일으키는 재건축을 비롯한 공급 측면의 각종 규제 강화(용적률, 소형 및 임대주택 의무 건설비율 조정 등), 분양가 상한제 등이 대표적이다. 이외에 분양가 자율화, 건설사 지원을 위한 각종 지원책, 부동산 공개념 제도의 도입, 등기관리 및 중개업의 투기단속 및 세무조사 등이 있다.

2) 경기 활성화 대책

경기 활성화 대책은 투기 억제 대책에서 취해진 각종 규제 등에 대한 완화와 함께 자금 및 세제 지원을 통한 수요 진작 등이 포함되어 있다. 공급 규모 확대는 경기 활성화 대책으로도 사용되었는데, 대규모 건설뿐만 아니라 각종 공급규제 완화를 통해 공급을 확대하는 내용이 주를 이룬다는 점에서 가격 안정대책과는 차이가 있다.

대표적으로 김대중 정부 시기에 부동산 규제가 대대적으로 완화되었는데 IMF 위기로 경기침체기에 접어들면서 자산가치가 급락함으로써 주택수요가 크게 위축되어 경기부양을 위한 규제 완화 중심의 부동산 정책이 추진되었다.

부동산 정책이 침체된 건설경기를 살리는 것에 주안점을 두면서 토지거래신고구역 및 허가구역 해제 등 토지공개념제도를 완화하였으며, 양도소득세 면제(25.7평 이하) 등 세제혜택을 주었으며, 아파트 분양가를 전면 자율화하였다. 또한 외국인의 국내 부동산 투자에 대한 규제를 완화하고 토지취득이 가능한 외국인 거주자의 범위를 확대하는 사실상 부동산 시장을 전면 개방하였다.

3) 서민 주거 안정 대책

서민 주거 안정 대책으로는 전세자금 및 서민 주택구입자금 지원 및 저가주택, 혹은 임대주택 공급 확대를 통한 서민 주거 안정 대책을 들 수 있다. 수요를 진작시킨다는 점에서 경기 활성화 대책으로 분류할 수 있으며, 저가주택 혹은 임대주택 공급확대를 통한 서민 주거 안정 대책은 공급 확대를 통하여 부동산 가격을 하락시키는 요인으로 작용했다는 점에서 가격안정 대책으로도 분류가 가능하다.

4) 부동산 시장 선진화 대책

선진화된 부동산 시장은 거래, 소유 등의 투명성이 확보되고, 효율성이 유지되는 시장으로 정의할 수 있다.[4)] 투명한 부동산 시장이란 부동산 관련 정보가 공개적이며, 공평하고 합리적인 규칙을 바탕으로 부동산 거래, 소유, 과세 등이 이루어지는 시장을 의미한다. 효율적인 부동산 시장이란 부동산 거래, 소유, 과세 등의 제도가 정비되어 있어, 모든 시장참여자가 정보의 획득에 따른 초과수익을 얻을 수 없는 시장을 의미한다.

이는 부동산 정책이 단순한 시장관리에서 벗어나 시장의 선진화를 이루기 위한 방향으로 나아가야 한다는 것을 의미한다.

4) 김경환 외, 『부동산시장의 선진화를 위한 기반정비 연구』, 국토연구원, 2004.

제3절

정부의 시장개입

1 정부의 시장개입 방법 및 기능

정부의 부동산 시장개입은 첫째, 효율성 측면으로 시장실패를 치유하기 위해서, 둘째, 공평성 측면으로 시장을 통해 자력으로 주거 문제를 해결할 능력이 낮은 소득계층에 대해 최소한의 주거 서비스를 보장하기 위해서 셋째, 부동산 시장의 안정이나 경기 조절을 위해서라는 명분으로 정당화되어 왔다. 부동산 시장에 대한 공적 개입의 방법(수단)은 직접적 및 간접적 개입과 토지이용 규제로 설명할 수 있다.

1) 직접적 개입

직접적 개입 방법이란 정부나 공공기관이 부동산 시장에 직접 개입하여 공공이 수요자와 공급자의 역할을 직접 수행하는 방법이다. 부동산 공급의 원활 및 부동산 가격의 안정에 주안점을 둔다. 도로나 교통망 등을 건설하거나 택지를 직접 조성하여 공급하는 등의 경우이다. 직접적 개입 방법으로는 공영개발, 토지은행제도, 공공임대보유제, 공공투자사업, 토지구획정리사업 등이 있고 각각을 살펴보면 다음과 같다.

'공영개발'은 국가나 지방자치단체 또는 정부투자기관 등의 공공부문에서 직접 개발하여 민간에게 분양하는 택지공급방식이다. 전면매수, 전면개발, 전면분양, 전면임대 방식을 취하며 신도시 개발 등에 활용되는 가장 보편적인 방식이다. 장점은 토지개발로 인한 개발이익의 공공환수, 감보 등의 복잡한 문제를 피할 수 있어 개발의 기간을 크게 단축시킬 수 있다는 것이고 단점은 토지의 매입과 보상 과정에서 원주민과의 마찰, 막대한 초기자금, 지하철 등 기반시설 부담자의 문제 등이 발생한다는 것이다.

'토지은행제도'는 정부나 공공기관이 토지를 매입하여 보유하고 있다가 토지수요가 증가할 때 매각하여 가격을 안정시키는 방법으로 '토지비축제'라고도 한다.

'공공임대보유제'는 개발된 토지를 공공이 보유하고 이를 민간에 임대하는 방식이다. 지가를 절감하여 민간주택의 분양가나 임대료를 절감할 수 있는 장점이 있으나 방대한 자금이 소요되고, 적정 임대료, 적정 임대기간 설정이 어렵다는 단점이 있다.

'공공투자사업'은 시장에 맡겨서는 공급이 어려운 도시계획시설을 공공이 직접 공급하거나, 재개발 등 이해관계가 복잡한 도시계획사업에 공공이 개입하여 추진을 빠르게 하는 방식이다. 그러나 개발사업의 공표 등으로 인하여 지가가 상승하는 등의 문제점도 생길 수 있다.

'토지구획정리사업'은 불규칙한 농지와 미개발지에 대해서 기반시설을 갖춘 도시적 토지이용으로 전환하기 위한 단지 조성 사업으로서 토지 감보에 의해서 기반시설 등을 설치하고 체비지의 매각을 통해 개발비를 충당하게 된다. 이 방식은 공공의 재정투자를 최소화하면서 도시기반시설을 확보할 수 있다는 장점이 있으나 사업성이 지가 상승에 의존하고 있다는 문제점을 가지고 있다. 2000년 1월에는 민간개발자도 도시개발사업을 통해 주거 · 상업 · 산업 · 유통 · 문화 · 복지 기능이 복합된 대규모 단지나 시가지 조성사업을 추진할 수 있도록 「도시개발법」이 제정되었으며, 이 과정에서 기존의 「토지구획정리사업법」은 폐지되었다. 토지구획정리사업의 시행을 위한 계획 · 개발 · 한지 등에 관한 주요 내용은 「도시개발법」으로 이어졌다.

① 공영개발	② 토지은행제도	③ 공공임대보유제	④ 공공투자사업
⑤ 토지구획정리사업	⑥ 소유권통제	⑦ 분양가 규제 및 임대료 규제	

2) 간접적 개입

간접적 개입 방법이란 시장기구의 골격을 유지하면서 그 기능을 통해 소기의 효과를 노리는 방법을 말한다. 보조금제도, 조세제도, 부담금제도, 금융적 개입(금리, 대부비율 등), 정보공개(지리정보시스템 등) 등의 방법이 있다. 이 방법은 그 효과가 불확실하고 광범위해서 실시 결과를 통제하기 어려운 반면에 시장기능을 해치지 않는다는 장점도 있다.

① 보조금제도	② 조세제도	③ 부담금제도
④ 금융적 개입	⑤ 정보공개: GIS(지리정보시스템)	

3) 토지이용 규제

토지이용 규제란 개별 토지이용자의 토지이용 행위를 사회적으로 바람직한 방향으로 유도하기 위해서 용도 제한 등을 법적 · 제도적 장치에 의해서 구속하고 제한하는 개입 방법이다. 용도지역 · 지구제, 건축 규제, 토지구획 규제, 정부의 각종 인허가, 토지이용계획 혹은 도시계획 등이 있다. 대표적인 것이 지역지구제이다.

① 용도지역 · 지구제	② 건축 규제	③ 토지구획 규제
④ 정부의 각종 인 · 허가	⑤ 토지이용계획 혹은 도시계획	

2 정부의 시장개입 이유(부동산 정책의 기능)

1) 정치적 기능

정치적 기능이란 주로 상충관계에 있는 효율성과 형평성이라는 두 이념의 조화라는 '사회적 목표'를 달성하기 위해 시장에 개입하는 것이다. 저소득층에 대한 주택공급에 관한 여러 가지 주택정책은 사회적 목표를 달성하기 위한 정부의 정치적 기능에 해당된다.

정부는 소득재분배의 기능을 수행한다. 따라서 정부는 각종 누진세제와 사회보장제도를 통해 소득재분배를 실시함으로써 모든 사람들이 인간다운 삶을 영위할 수 있도록 해 주어야 한다는 것이다.

2) 경제적 기능

경제적 기능이란 시장의 실패를 수정하기 위해서 시장에 개입하는 것이다. 정부는 시장경제가 원활하게 작동하도록 법과 제도를 제정 · 운용하고, 자원의 효율적 배분이 이루어지도록 지도하는 기능을 수행한다.

즉, 외부효과, 공공재 등의 존재로 시장경제가 효율적인 자원배분 기능을 수행하지 못할 때 자원이 효율적으로 배분되도록 지도하게 된다. 그러므로 외부효과의 제거는 시장의 실패를 수정하기 위한 정부의 경제적 기능에 해당된다.

(1) 시장의 실패

시장실패(Market Failure)란 경제활동을 시장기구에 맡길 경우에 효율적인 자원배분을 실현하지 못하는 상황을 의미한다.

가) 외부효과[5)]

외부효과(External Effect)란 어떤 경제 주체의 경제활동이 시장기구를 통하지 않고 거래 쌍방이 아닌 제3자에게 의도하지 않은 이익이나 손해를 가져다주면서도 이에 대한 보상을 받거나 보상을 해 주지 않는 경우를 말한다. 부동산 시장에서는 '부동성'으로 인한 현상이라고 할 수 있다. 외부효과가 존재할 때 시장이 자원을 효율적으로 배분하지 못하는 이유는 사회적 관점에서 계산된 사회적 비용(편익)과 개인적 관점에서 계산된 사적 비용(편익)이 서로 다르기 때문이다.

a. 정의 외부효과

정의 외부효과(Positive External Effect)란 타인에게 의도하지 않는 편익을 가져다주는 외부효과를 말한다. 정의 외부효과가 나타나면, 외부효과를 받는 부동산은 그 부동산에 대한 수요증가로 인하여 부동산 가치가 상승하게 된다. 예를 들면, 주택 주변에 대규모의 생태공원이 조성되는 경우, 주위의 주택들이 유지관리를 잘 하는 경우 등이 해당된다.

정의 외부효과는 과소생산[6)]의 문제를 낳는다. 정의 외부효과를 발생시키는 요인의 경우 사적 비용이 사회적 비용보다 크다. 따라서 사회적으로 볼 때, 더 많이 생산되어야 함에도 불구하고, 높은 사적 비용으로 인하여 사회적으로 요구하는 적정 생산량보다도 적게 생산하고,[7)] 그 결과로 정의 외부효과를 받고 있는 부동산의 경우 가격이 불필요하게 높은 수준이 된다.

보조금을 지급하면 정의 외부효과를 발생시키는 요인을 생산하는 생산자에게 사

---

5) 외부효과는 완전경쟁시장에서도 존재할 수 있으며, 외부효과가 존재하면 시장의 실패가 일어난다. 그러므로 완전경쟁시장에서 자원의 효율적인 배분을 달성하기 위해서는 외부효과가 존재하지 않는다는 가정이 필요하다.

6) 생산의 외부경제로 사적 비용이 높아 과소생산이 이루어지면 소비에서도 과소소비가 이루어진다.

7) 주택소유자는 본인의 주택을 비용을 들여 개선하면, 주위의 주택소유자는 무임승차를 하는 것이기 때문에 어느 누구도 먼저 사적 비용을 들여 개선하는 것을 꺼리게 될 것이다.

적 비용을 감소시키는 보조금을 지급하여 생산활동을 촉진시킴으로써, 사회적으로 적정한 수준을 생산할 수 있게 된다.

b. 부의 외부효과

부(−)의 외부효과(Negative External Effect)란 타인에게 의도하지 않는 손해를 가져다주는 외부효과를 말한다. 부의 외부효과가 나타나면, 외부효과를 받는 부동산은 그 부동산에 대한 수요감소로 인하여 부동산 가치가 하락하게 된다. 예를 들면, 주택의 인근지역에 쓰레기소각장을 설치하는 경우, 주택 주변에 오염물질을 배출하는 공장이 들어서는 경우, 주위의 주택들이 관리부실로 슬럼화되는 경우 등이 해당된다.

부의 외부효과는 과다생산[8]의 문제를 낳는다. 부의 외부효과를 발생시키는 요인의 경우에는 사적 비용이 사회적 비용보다 작다. 왜냐하면, 부의 외부효과를 유발시키는 오염물질을 배출하는 공장의 경우 사적 비용을 계산할 때, 환경오염으로 인하여 사회에 해를 끼치는 비용은 감안하지 않기 때문이다.[9] 따라서 공장은 사회적 비용이 아니라 사적 비용을 기준으로 생산하기 때문에 부의 외부효과를 유발하는 요인을 낮은 가격으로 계산하게 되므로 필요 이상으로 과다생산하게 된다.

부의 외부효과에 대한 규제책으로는 '생산억제'를 통한 '공급감소'가 있다. 부의 외부효과를 발생시키는 요인을 생산하는 생산자에 대한 규제를 통하여 공급을 감소시키는 방법이다. 외부비용만큼 조세 등을 부과하면, 생산자는 이것을 개인적인 생산비로 인식하게 함으로써 사회적으로 적정한 수준으로 생산하게 되어 부의 외부효과를 발생시키는 요인이 생산 감소됨으로써, 공급곡선이 좌측으로 이동하는 '공급감소' 현상이 나타나게 된다.

부의 외부효과를 유발시키는 요인들의 공급이 감소됨으로써 그에 대한 부정적인 영향을 받았던 부동산에 대한 위험이 줄어들고, 그 부동산에 대한 수요증가를 가져옴으로써 부동산 가격이 상승하게 된다. 이를 표로 요약하면 〈표 5-1〉과 같다.

c. 외부효과에 대한 대책

외부효과에 대한 대책으로는 첫 번째, '정부의 직접 규제' 방법이 있다. 여기에는 부의 외부효과를 유발하는 행위를 처음부터 완전히 금지시키는 방법과 허용기준을

---

8) 생산의 외부불경제로 사적 비용이 낮아서 과다생산이 이루어지면 소비에서도 과다소비가 이루어진다.
9) 이때의 사회적 비용은 오염물질을 배출하는 공장이 오염물질을 배출시키는 상품을 생산하는 데 드는 사적 비용과 오염물질의 배출로 야기되는 오염을 제거하는 데 소요될 비용을 합한 것이다.

〈표 5-1〉 정(+) / 부(-)의 외부효과 비교

정(+)의 외부효과	부(-)의 외부효과
• 한 경제 주체의 행위가 시장기구를 통하지 않고 제3자에게 이익을 주는 행위 • 사적 비용 〉 사회적 비용 • 사적 편익 〈 사회적 편익 • 과소생산, 과소소비 • 공원조성, 자선활동, 정원과 산책자	• 한 경제 주체의 행위가 시장기구를 통하지 않고 제3자에게 피해를 주는 행위 • 사적 비용 〈 사회적 비용 • 사적 편익 〉 사회적 편익 • 과다생산, 과다소비 • 자동차매연, 흡연, 버스안의 고성방가

세워 이를 넘지 않도록 감시하는 두 가지 방법이 있다. 전자의 방법 중 완전금지에 해당하는 것은 지역지구제가 대표적이다. 그러나 이 두 가지 방법 중 후자의 방법이 더 흔하게 사용된다.

두 번째 방법으로는 '외부성의 내부화(Internalization)'를 들 수 있다. 외부성의 내부화란 외부성을 수정하기 위해서 외부성으로 인한 문제를 시장 속으로 끌어들이는 방법이다. 적절한 가격으로 외부효과에 대한 값을 치르거나 보상받을 수 있도록 하는 가격기구를 작동시켜서 자원배분의 왜곡을 시정하고자 하는 방법이다. 예를 들어 외부불경제를 유발하는 업체에게 세금을 부과하거나 외부경제를 가져오는 업체에게 보조금을 주는 방법 등이 이에 해당된다.

세 번째 방법으로는 '재산권의 부여 - 코즈(R. H. Coase)의 정리(협상)'를 들 수 있다. 코즈 정리는 부의 외부효과에 의해 손해를 보는 제3자에게 환경에 대한 재산권을 갖게 하면, 오염행위자가 오염물질을 배출할 수 없고 이미 배출한 오염물질에 대한 책임을 지지 않을 수 없게 하여 외부효과 문제를 해결할 수 있다는 것을 말한다. 코즈 정리에는 재산권의 부여를 통하여 외부효과 문제는 민간의 자발적인 협상이나 타협에 의해서 해결이 가능하다는 원리가 담겨 있다.

네 번째 방법으로는 '합병'을 들 수 있다. 피해를 주는 기업과 피해를 당하는 기업이 합병을 하면 피해비용을 내부비용으로 계산하기 때문에 외부불경제를 해소할 수 있다. 다섯 번째 방법으로는 '오염배출 부과금'을 들 수 있다. 오염행위자에게 오염물질의 배출량에 따라 오염세와 같은 소정의 비용을 부담하게 하여 오염 행위자로 하여금 오염물질의 배출을 스스로 자제하게 하는 방법이다.

마지막 방법으로는 '오염정화 보조금'을 들 수 있다. 오염물질 방출업자의 사업규모가 영세하여 오염물질의 자체 정화 비용을 부담하기 어려운 경우에 오염물질 방지시설 비용의 일부를 정부가 보조금으로 부담해 주는 것을 말한다.

참 고

공유지의 비극

① 공유지의 비극은 공유지에서 개인들이 자신의 이익을 위해서 공유지를 이용한다면 지나친 사익추구행위에 의해서 개인들에게 비극적인 경제손실을 초래한다는 것을 의미한다.

② 지하자원, 물(공동우물, 지하수), 공기, 호수에 있는 물고기 등과 같이 공동체 모두가 사용해야 할 자원은 사적 이익을 주장하는 시장의 기능에 맡겨 두게 되면 이를 당 세대에서 남용하여 자원이 고갈될 위험이 있다. 그리고 이는 시장실패의 원인이 된다.

③ 공유지의 비극을 해소하기 위해서는 소유권을 명확히 설정하거나, 자원의 이용에 대해 적절히 제한하는 국가의 개입이 필요하다. 또는 이해당사자가 모여 일정한 '합의를 통해 이용권을 제한하는 제도'를 형성해야 할 것이다.

나) 공공재

공공재란 여러 사람이 소비하더라도 소비량이 줄지 않으며, 가격을 지불하지 않은 사람이라도 소비에서 배제하기 어려운 재화를 말한다. 이러한 공공재는 비배제성과 비경합성이라는 성질로 인해 무임승차자[10) 문제와 과소생산의 문제를 야기한다.

비경합성(Non-rivalness)이란 한 재화를 어떤 사람이 추가로 사용하더라도 다른 사람들의 소비와 경합되지 않는 성질을 말한다. 즉, 아무리 많은 소비자가 공공재를 소비한다고 해도 다른 소비자들의 소비 혜택이 줄어들지 않는 성질을 말한다. 비배제성(Non-exclusiveness)이란 어떤 소비자가 대가로서 가격을 지불하지 않았음에도 불구하고, 그가 공공재를 소비하지 못하도록 배제할 수 없는 성질을 말한다. 이로 인해서 무임승차자 성향이 나타나게 된다.

공공재는 비배제성과 비경합성으로 인하여 정부에 의해서 적절히 공급할 수밖에 없으며, 공공재의 이용에 대해서도 강제적으로 생산비용을 부담시킬 필요가 있다. 따라서 공공재는 일반적으로 정부가 세금이나 공공의 기금으로 비용을 조달하여 직접 생산·공급하는 경우가 많다.

다) 독과점기업의 존재(시장의 불완전성[11)])

독과점기업은 가격설정자의 지위를 갖게 되며, 이러한 독과점기업에 의해 결정된

10) 무임승차자(Free Rider)란 공공재의 경우에 소비의 비배제성이 있다는 것을 악용하여 비용은 부담하지 않고 소비 혜택만 받으려는 얌체족을 말한다.

11) 시장이 불완전하다는 것은 완전경쟁적인 시장구조를 갖고 있지 못한 독점시장, 독점적 경쟁시장, 과점시장 등을 의미한다. 이러한 시장구조는 효율적인 자원배분을 왜곡시킨다. 즉, 독점기업이 참여하는 산업에서 높은 이윤이 발생할 경우 새로운 기업이 시장에 진입하여 생산량이 늘린다면 사회적 순이익이 증가할 수 있음에도 불구하고, 독점기업은 자신의 이윤극대화만을 위해 높은 진입장벽을 설치함으로써 자율적인 시장기능을 억제하게 하여 시장을 불완전하게 만든다.

가격에 의해서 시장은 종속적으로 움직일 수밖에 없다. 독점기업은 사회적으로 바람직한 수준보다 과소생산하며, 이러한 과소생산은 사회적 후생손실을 초래하게 된다. 또한 독점적 지위를 이용한 불공정거래행위의 가능성이 높아짐에 따라 이를 방지하기 위해 정부의 규제가 필요하게 된다.

라) 규모의 경제

기업이 생산량을 증가시키기 위해 생산시설의 규모를 확대함에 따라 장기평균비용이 감소하는 현상을 규모의 경제라고 한다. 이러한 규모의 경제는 산업을 '독점화'하는 경향을 가져오게 되는데, 이러한 경우를 '자연독점산업' 또는 '비용체감산업'이라 한다. 즉, 규모의 경제가 존재하면 시장에는 하나의 공급자만 남게 되어 자연히 불완전경쟁시장이 되는 것이다.

마) 정보의 비대칭성(정보의 불완전성)

정보의 비대칭성(Asymmetric Information)이란 경제 주체들 간의 비효율적인 정보의 배분을 말한다. 이러한 정보의 비대칭성으로 인해 역선택과 도덕적 해이라는 두 현상이 유발되고 결과적으로 자원배분의 비효율성이 초래된다.

역선택이란 시장에서 거래되는 상품의 품질에 차이가 존재하고 오직 거래의 한쪽 당사자만이 그 품질을 알고 있을 때, 상대적으로 더 적은 정보를 가진 사람이 저질의 상품을 구매되는 현상을 말한다. 예를 들어 보험에는 주로 위험성이 높은 사람들만 가입하는 현상을 말한다.

도덕적 해이란 거래당사자 중 어느 한쪽이 계약조건을 충실히 이행하면서 행동하고 있는지를 다른 한쪽이 정확히 알 수 없기 때문에 발생하는 현상을 말한다. 예를 들면 주주와 경영자 간의 관계에서 경영자의 행동, 의사와 환자 간의 관계에서 의사의 진료행위, 의뢰인과 변호사 간의 관계에서 변호사의 변호행위 등이 있다.

참 고

정부의 실패

1. 개념

정부의 실패란 시장의 실패를 수정하기 위한 정부의 개입이 효율적인 자원배분을 저해하는 등 오히려 경제상태를 더욱 악화시키는 경우를 말한다.

2. 정부실패의 원인

정부의 실패가 일어나는 원인으로는 규제자의 불완전한 지식 · 정보, 규제 수단의 불완전성, 규제의 경직성, 근시안적인 규제, 규제자의 개인적 편견이나 권한 확보 요구, 정치적 제약 등을 들 수 있다.

제4절

토지정책

토지정책이란 토지문제를 해결하기 위한 토지의 소유 · 이용 · 개발 · 보전 · 관리 등에 관한 국가작용을 말한다. 토지정책의 기본 목표는 한정된 토지자원의 효율적 이용을 극대화하는 동시에 토지로부터 나오는 이익이 고루 향유될 수 있도록 하는 데 있다.

토지정책은 크게 취득자에 대한 정책과 개발 관련 정책으로 나누어 볼 수 있다. 토지는 취득에 있어 토지의 유한성과 파급성으로 인해 공개념적인 인식이 강한 측면이 있다. 이로 인해 농지 등은 직접 제한을 가하고 있고, 조세정책 등에 의해 취득에 있어서 간접적 제한을 두기도 한다.

개발 관련하여서 토지정책은 용도지역 · 지구 · 구역 제도의 지정을 통한 개발과 억제의 두 가지 기본 틀을 가지고 운영된다. 토지정책에서 용도지역 · 지구제와 함께 중요한 것은 건축물의 건축에 적용되는 건폐율과 용적률 및 용도 제한 정책들이다. 이러한 정책은 기본적으로 법률을 기준으로 시 · 도 조례에 의해 구체화되고 있다.

토지정책 관련한 주요 이슈를 정리하면 다음과 같다.

☑ 토지는 소유권 중심에서 이용권 중심으로 전환되어야 한다.

☑ 국 · 공유지는 처분 중심에서 보전 중심으로 관리되어야 하고, 또한 점차 확대되어야 한다.

☑ 개발이익의 사회적 환수를 통하여 토지 소유에서 기인하는 불평등을 줄여나가야 한다.

☑ 규제 위주의 경직된 운용에서 탈피하여 토지제도 운영의 지혜를 살려야 한다.

☑ 민간토지개발 주체를 육성 · 강화하여 토지에 대한 수요와 공급을 조절하고 지가의 안정을 기하여야 한다.

☑ 전문인을 육성하여 안전하고 활발한 토지 거래가 이루어질 수 있는 제도적 노력을 통하여 지가를 안정시키며, 토지의 투기를 방지해야 한다.

1 용도지역 · 지구제

1) 목적

용도지역 · 지구제는 지역 특성에 맞는 용도를 지정하여 해당 지역의 재산 가치를 보호하려는 주된 목적을 달성하고, 부적절한 토지용도를 공간적으로 분리하고자 하는 정책이다. 또한 토지이용계획에서 토지의 기능을 계획에 부합되는 방향으로 유도하기 위한 마련한 법적 · 행정적 장치라 할 수 있다.

용도지역 · 지구제는 상호보완적이거나 유사한 용도를 집중시킴으로써 토지이용의 집적이익을 증대하고, 위생 및 안전상 필요한 최저기준을 설정하며, 양립하기 어려운 용도의 구획을 통해서 부(-)의 외부효과를 차단함으로써 토지의 효율적 이용을 도모하기 위한 정책이다.

2) 효과

(1) 단기적인 효과

용도지역 · 지구제를 실시하면 용도에 맞지 않고 어울리지 않는 토지이용을 규제함으로써 부(-)의 외부효과를 제거하게 되고 부동산 이용을 특정 용도로 제한하게 된다. 이 경우 투자자 입장에서는 주변의 부적절한 이용에 대한 위험이 감소하게 되므로 기대수익이 그만큼 증가된다. 또한 해당 지역의 주택의 수요는 증가하게 되고, 수요가 증가함에 따라 주택의 가치는 상승하게 되어 초과이윤을 획득하게 된다.

(2) 장기적인 효과

주택가치의 상승은 기존의 투자자들의 초과이윤을 발생시키고, 기존 투자자의 초과이윤의 획득은 다른 공급자가 시장에 진입하도록 유인하게 된다. 결국에는 초과이윤을 얻기 위한 공급자들 간의 경쟁으로 주택의 공급량은 증가하게 되어 초과이윤은 소멸되며 공급의 증가는 주택가치를 하락시킨다. 이때 주택가치가 어느 정도까지 하락하는가는 주택건설업이 비용불변(일정)산업이냐, 비용증가산업이냐, 비용감소산업이냐에 따라 달라진다.

주택산업이 비용불변(일정)산업이라면 새로운 기업이 진입하여 건축자재 수요가 증가하더라도 건축자재 가격이 불변이면 공급이 증가하더라도 장기공급곡선은 수평선을 그리게 되어 장기적으로 주택가치는 원래 수준으로 복귀하게 되고, 그 지역의 주택량은 증가하게 될 것이다.

주택산업이 비용증가산업이라면 새로운 기업이 진입하면 건축자재수요가 증가하게 되는데 건축자재 가격이 상승하면 공급 증가는 장기공급곡선이 우상향하는 곡선을 그리게 되어 장기적으로 주택가치는 원래 수준보다 높은 수준에서 균형을 이루게 된다. 따라서 장기적으로 주택가치는 원래 수준보다 높아지며, 그 지역의 주택량은 증가하게 될 것이다. 이를 그래프로 그리면 〈표 5-2〉와 같다.

주택산업이 비용감소산업이라면 (이런 경우는 별로 없지만 이론적으로 생각해 본다면) 새로운 기업이 진입하면 건축자재 수요가 증가하게 되는데 건축자재 가격이 하락하면 공급 증가는 장기공급곡선이 우하향하는 곡선을 그리게 되어 장기적으로 주택가치는 원래 수준보다 낮은 수준에서 균형을 이루게 된다.

〈표 5-2〉 주택산업에 따른 주택가치 등의 변화

구분	비용불변산업	비용증가산업
	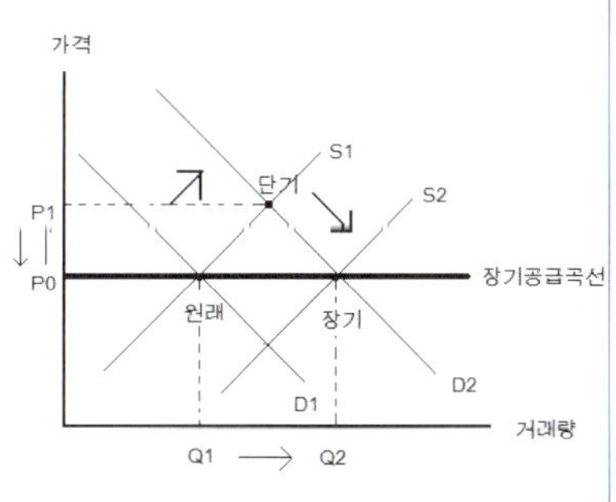	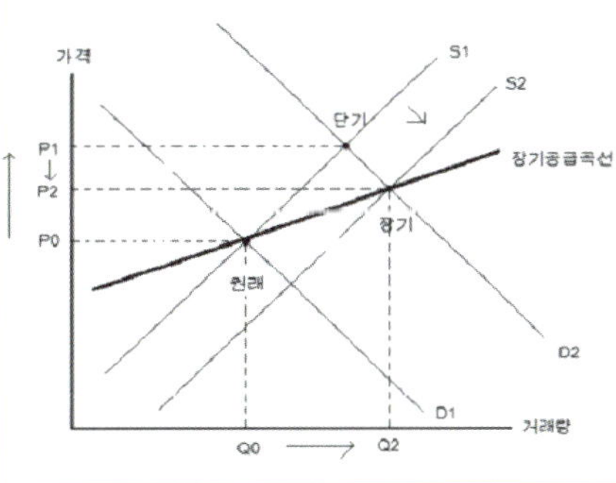
주택가치	원래 균형으로 복귀	원래 균형보다 상승
주택량	증가	증가
장기공급곡선	수평선	우상향

참 고

추가적인 제한(신축금지)이 있을 경우

지역지구제의 실시로 배타적 이용이 인정됨으로써 수요가 증가하게 되어 부동산 가격은 상승하게 되어 초과이윤을 얻게 될 것이다. 추가적인 제한이 있으므로 경쟁업자들은 해당 지역에는 진입하지 못할 것이고, 그 주변 지역을 비롯한 다른 지역을 개발하게 될 것이다. 따라서 장기적으로는 다른 개발된 지역과의 경쟁으로 해당 지역의 주택가격은 수요의 감소로 원래 수준으로 복귀하게 되고 초과이윤은 소멸하게 될 것이다.

(3) 독점의 문제 – 초과이익의 존재

어떤 특정 지역에만 독점적 지위를 부여하고 경쟁이 발생하는 것을 차단한다면 진입장벽으로 인해 더 이상 공급이 늘지 않으므로 장기적으로도 그 지역의 부동산 가치는 하락하지 않을 것이다. 또한 이때 발생하는 초과이익은 모두 기존의 토지소유자에게 돌아간다.

부동산의 위치에 관한 독점은 사전적 독점과 사후적 독점으로 나눌 수 있는데, 사전적 독점이란 부동산 가치에 영향을 줄 수 있는 어떤 사건이 발생하기 전에 특정 위치를 점하고 있음으로 인하여 생기는 독점이며, 사후적 독점은 어떤 사건이 발생하고 난 후에 특정 위치를 점하고 있음으로 인하여 생기는 독점을 의미한다.

이 경우 초과이윤은 사전적 독점만 의미가 있고(발생하고), 사후적 독점은 사실상 초과이익이 반영된 사전적 독점권을 매입하였기 때문에 초과이윤이 발생하지 않는다.

3) 문제점

(1) 용도지역 간의 형평성 문제를 들 수 있다.

용도지역 · 지구제는 토지이용에 대한 규제가 심한 지역과 독점적 위치를 부여한 지역 간의 지가 상승에 큰 차이를 야기하게 된다. 이로 인하여 규제가 심한 지역 내 토지의 지가를 상대적으로 떨어뜨려 경제적 불이익을 주고 다른 지역의 지가를 상대적으로 높임으로써 경제적 특혜를 주게 된다. 과잉지정은 위치별 토지의 특성을 살린 토지의 효율적 이용을 저해하고 특정 용도로 지정된 토지소유자들의 재산권을 과잉보호하는 결과를 낳는다.

(2) 토지이용의 경직성을 들 수 있다.

지역 및 지구가 잘못 지정되거나 혹은 사회 · 경제적 여건에 신축성 있게 대응하지 못하는 경우 사회적으로 바람직한 토지이용이 배제되거나 혹은 제약의 정도가 적은 토지 용도가 지나치게 많이 선호될 우려가 있다. 또한 지나치게 경직되고 엄격한 지역지구제의 실시는 토지의 공급을 억제하여 지가의 앙등을 초래하고 한편으로는 토지의 불법개발 및 이용을 조장하게 된다.

4) 용도지역 · 지구제의 문제점을 보완하는 제도

(1) 재정적 지역지구제

재정적 지역지구제(Fiscal Zoning, Contractual Zoning)는 부의 외부효과를 억제하거나 토지 관련 공공재를 공급하려는 목적보다는 개발 시 민간에게 공공용 토지 등의 현물을 기부하게 하거나 시설을 준공하여 공공에게 귀속하게 하는 등 다양한 방법으로 기반시설의 공급에 역점을 둔 지역지구제이다. 그러므로 이것은 주로 도시에 있어서의 각종 공공재 및 공공서비스 공급비용을 절감하거나 혹은 공급비용을 원활하게 조달하려는 재정상의 목적을 위주로 한 지역지구제라고 할 수 있다.

(2) 계획단위개발

계획단위개발(PUD: Planned Unit Development)이란 토지이용 규제대상 단위를 개별필지 단위로 계획 · 설계하여 개별적으로 개발하는 것이 아니라, 일단의 사업지를 하나의 단위로 계획 · 설계하고 이에 따라 개발하는 제도이다. 이 방법으로 개발하게 되는 지역은 일반 용도지역제 등의 제한 규정을 완화하여 적용받기 때문에 용적률, 건물의 형태 등의 계획 · 설계에 있어서 신축성과 독창성을 발휘할 수 있다.

계획단위개발은 토지이용 규제가 갖는 경직성을 어느 정도 완화할 수 있는 장점을 갖고 있지만, 보상지역제와 마찬가지로 협의 과정상 투명성이 확보되지 않는 한 논란을 불러일으킬 소지가 있다. 미국에서 교외의 주거단지를 만들 때 흔히 사용하는 기법이다. 개발업자가 전체적인 개발계획을 수립하고 공공은 전체적인 밀도와 기반시설 여건을 확인한 후 개발을 허가한다. 개발 허가를 받을 때 적용된 개별필지의 개발 규제 관련 내용은 개발 후 필지를 분양할 때도 적용되며 우리나라에서는 지구단위계획 등에 이를 응용하고 있다.

(3) 보상지역제

보상지역제(Incentive Zoning)란 전통적인 용도지역제의 단점을 보완하기 위한 제도로서 민간소유자들이 자신의 건축물 내에 광장이나 조경, 예술품 등 여러 사람들에게 혜택을 주는 시설물을 설치할 경우 용적률 제한 등의 규제를 완화해 주는 제도이다. 보상지역제란 비수익적 시설의 정비를 행하는 민간개발업자에 의한 개발에 대하여 적당한 개발 보너스를 부여하는 대신 공공에게 필요한 쾌적함 등을 제공하도록 유도하는 제도이다.

이 제도가 실행되기 위해서는 먼저 도시 정부와 개발 업체 간의 협의 과정을 공개하고 주민의 동의를 얻는 등 정책 결정의 투명성을 확보하여 각종 규제 완화에 대한 보너스의 내용을 둘러싼 특혜시비를 불식시킬 수 있어야 한다.

(4) 성과주의 지역지구제

성과주의 지역지구제(Performance Zoning)이란 지역의 환경 여건과 수용력을 고려하여 공해 물질을 발생시키는 업소에 대해 총량규제를 하는 방식이다. 환경오염이나 소음, 공해 등에 성과 기준을 정해 놓고 기준에 부합하는 활동은 허용하고 그렇지 못한 활동은 규제하는 총량규제를 하는 방식이다.

우리나라 「수도권정비계획법」에도 이러한 총량규제 개념이 도입되어 공장과 대학의 입지 등에 적용하고 있다. 이 방식의 문제점으로는 오염물질의 배출 총량을 과학적으로 결정하기가 어렵다는 점이다. 그러한 이유로 흔히 환경의 용량과는 관계없이 도시간의 협상의 결과로 정해지는 경우가 많다.

(5) 개발권양도제

개발권양도제(TDR: Transferable Development Right)는 문화재 등의 경관 보호를 위해 그 주변 지역에서 높이나 용적률의 규제가 과도하게 적용될 경우 규제한 지역에서의 이용에 비해서 추가로 규제되는 부분에 대한 개발권을 보상토록 하는 방법이다.

개발 허가제도나 개발 선매제도와 같이 개발권과 소유권을 분리하되 개발권 상실로 인한 우발손실을 시장기구를 통해서 다른 곳의 개발권과 결부된 우발이익(개발이익)으로 보상함으로써 그 두 제도의 문제점을 보완하려는 취지에서 만들어진 제도이다.

개발권양도제는 특정 지역에 있는 토지의 소유자에게 당해 지역에서 개발권을 행사하지 못하게 하는 대신 다른 지역에서 그 개발권을 행사할 수 있도록 허용한다. 즉 어떤 토지에 대한 현재의 이용에 개발 가능성이 남아 있을 때 그 '잠재적 이용권'을 개발권으로 파악하여 권리의 집합체로부터 분리시켜 독립된 재산권으로 취급한다. 우리나라에서는 시행되지 않고 미국 등에서 시행되고 있는 제도이다.

가) 실시 가능 지역

개발권양도제는 개발제한구역 또는 녹지지역 등처럼 토지이용에 대한 규제가 극심한 지역에서 실시 가능하다. 개발권양도제는 도심의 역사적 유물을 보존하거나 공지 · 자연녹지 혹은 환경적으로 민감한 지역을 보호하려는 목적으로 시행하는 제도이기 때문에, 도시 내 문화재보존지구, 한옥보존지구 등이 개발권양도제의 대상이 된다.

나) 절차

개발행위가 제한되고 규제될 '보전지역(R)'과 개발잠재력을 가지고 개발을 수용할 '개발지역(D)'을 구분한다. 지방자치단체는 당해 자치단체 구역 내의 토지이용의 최대량을 결정한다. 이를 개발권 총량(r + d)으로 계산하여 각 토지소유자에게 분배한다. 보전지역 내에서의 모든 개발행위를 억제하는 법적 · 행정적 조치를 취하고, 소유토지의 개발권을 상실하는 토지소유자들에게 양도 가능 개발권(TDR) 증서를 발급한다.

보존지역 내에서 개발잠재력을 가진 지역에 대해서는 토지이용 밀도에 관한 상한선을 설정하고, 상한선 이상의 토지개발은 반드시 개발권을 가진 사람에게만 허락하도록 한다. 보전지역 토지소유자들에게 발급한 개발권(r)은 사용할 수 없는 것이므로 증서를 매각(양도) 가능케 하고, 이 증서의 소지자가 개발지역에서의 토지개발을 원하는 사람에게 자유롭게 팔 수 있도록 여건을 조성한다. 개발이 허가된 토지(D)의 경우 당해 토지에 분배된 개발권(d) 이상의 개발을 하려면 그 개발규모에 상응한 수량의 개발권(r)을 추가로 획득하여야 한다.

다) 적용조건

개발지역에서 개발의 상한선에 대한 엄격한 규제가 있어야 개발권을 살 유인이 발생한다. 또한 보상이나 손실 보상금을 국고로 충당하는 것은 피할 수 있어야 한다. 개발권이 개발 용도로의 전환이 용이하여야 매매가 활발해질 수 있다.

라) 장점과 단점

개발지역과 보전지역으로 인위적으로 구분함으로써 발생하게 되는 용도지역에 따른 토지이용과 관련된 형평성의 문제를 정부의 재정적인 부담 없이 시장기능에 의해 어느 정도 해소할 수가 있다. 이 부분이 '개발권 선매제도'에 비해 장점으로 인정되는 부분이라 할 수 있다. 토지소유자는 이 개발권을 다른 사람에게 양도할 수 있으며, 또한 다른 지역에서 직접 행사할 수도 있다. 결과적으로 쾌적한 환경, 아름다운 경관 같은 토지 관련 공공재를 안정적으로 공급할 수 있고 토지의 공중공간의 효율적인 활용을 촉진 시킴으로써 일종의 공중권의 활용방안으로 쓰일 수 있다.

단점으로는 개발권양도제는 개발 가능 지역에서 이미 설정된 규제 상한선 이상으로 토지를 개발할 수 있음을 전제하기 때문에 개발 가능 지역의 과밀 및 혼잡을 가중시킴으로써 사회적 비용을 발생시켜 효율적인 토지이용을 행하는 데 어려움을 가져다줄 수 있다.

또한 개발권의 취득 없이 개발행위가 이루어지는 등의 불법개발 등이 만연할 경우에는 이 제도의 실효성이 없게 된다. 그러므로 개발권의 취득 없이는 토지개발자가 원하는 정도로 토지를 집약적으로 이용할 수 없도록 개발행위가 효과적으로 규제되어야 한다.

개발지역이 이미 고밀도로 개발되어 있어서 주민들이 더 이상의 고밀도 개발을 거부할 때 이 제도의 효용성은 매우 저하되며, 지가수준이 낮거나 개발지역에서의 토지이용 규제가 약하면 양도 가능 개발권에 대한 수요가 적을 수 있다.

2 토지적성평가제도

토지적성평가는 도시 · 군 관리계획 입안권자가 도시 · 군 관리계획을 입안하기 위하여 실시하는 기초조사의 하나이다. 평가의 목적에 따라 관리지역 세분을 위한 평가와 도시 · 군 관리계획 입안을 위한 평가로 구분된다.

관리지역 세분을 위한 평가는 「국토의 계획 및 이용에 관한 법률」의 시행으로 준도시지역과 준농림지역이 관리지역으로 통합되고 관리지역을 일정 기간 내에 보전관리지역, 생산관리지역 및 계획관리지역으로 세분하여야 함에 따라 이를 세분하는데 필요한 자료를 제공하기 위하여 실시하는 토지적성평가이다.

도시 · 군 관리계획 입안을 위한 평가는 「국토의 계획 및 이용에 관한 법률」 제27조 및 위임 행정 규칙인 「토지의 적성평가에 관한 지침」에 의거하여 개별토지가 갖는 환경적 · 사회적 가치를 과학적으로 평가함으로써 각종 토지이용계획이나 주요 시설의 설치에 관한 계획을 입안하고자 하는 경우에 정량적 · 체계적인 판단 근거를 제공하기 위해 계획을 입안하는 단계에서 실시하는 기초조사 성격의 토지적성평가이다.

토지적성평가는 용도지역이나 용도지구를 지정 또는 변경하는 경우, 일정한 지역 · 지구 안에서 도시 · 군계획시설을 설치하기 위한 계획을 입안하고자 하는 경우, 도시개발사업 및 정비사업에 관한 계획 또는 지구단위계획을 수립하는 경우에 활용하며 특별시장, 광역시장, 특별자치도지사, 시장 또는 군수가 시행 주체가 된다.

참 고

개발권 허가제도 및 개발권 선매제도

1. 개발권 허가제도

영국에서 행하여졌던 제도로 개발권과 소유권을 분리하여 토지소유자에게는 현재의 상태로 토지를 이용할 수 있는 권한만을 부여하고 장래의 토지개발권은 국가에 귀속시킴으로써, 개인이 토지의 개발을 원하는 경우에는 정부로부터 개발허가를 얻도록 강제하는 제도이다. 그러나 이 제도는 토지를 효율적으로 이용하고자 하는 토지소유자들의 거센 반발 등으로 인하여 유명무실해지게 되었다.

2. 개발권 선매제도

토지소유권은 인정하되 개발권을 정부가 토지소유자로부터 미리 매입하는 제도로서, 토지소유자는 소유권은 보유하되 개발권은 행사하지 못한다. 주로 우량 농지 보전이 목적이다. 개발권 선매제도의 가장 결정적인 문제점은 개발권 매입에 소요되는 막대한 자금을 정부가 마련해야 한다는 점이다. 이러한 문제점을 해결하는 방안으로 개발권을 시장에서 거래가 될 수 있도록 하는 '개발권양도제'가 나오게 되었다.

3. 토지매수청구권

어떤 토지가 보전목적 등으로 이용이 엄격하게 제한되어 종전의 이용목적 이외의 목적으로 이용할 수 없게 되어 토지소유자가 타인에게 토지를 매각하는 것이 어렵게 된 경우 혹은 지가가 현저히 하락한 경우에는 국가를 상대로 매수청구권을 행사할 수 있다. 우리나라의 경우에는 개발 제한 구역 내의 토지, 상수도 보호구역에 속한 토지, 장기 미집행 도시계획시설부지 등에 대하여 법률의 규정에 의하여 토지소유자에게 토지매수청구권을 보장하고 있다. 그러나 이 제도는 소유권 자체가 상실된다는 점에서 토지소유자의 토지이용의 형평성 문제를 근본적으로 해결하지 못하는 제도라는 문제점이 있다.

3 개발이익환수제도

개발이익 환수는 공공의 직간접적 투자 및 용도변경 등의 인허가로 해당 토지의 가치가 증진될 경우 이러한 토지가치 증진분의 사유화를 지양하는 방편으로 그 일부를 공공이 환수하는 것이다.

1) 개발이익 환수의 도입

1980년대 후반 부동산 투기와 개발이익의 사유화 문제로 사회적 갈등이 커지자 정부는 1989년 토지공개념 제도를 도입하고 「택지소유상한에 관한 법률」, 「토지초과이득세법」, 「개발이익 환수에 관한 법률」 등을 제정하여 개발이익 환수를 제도화하였다.

이후 「택지소유상한에 관한 법률」과 「토지초과이득세법」은 헌법 불합치 결정에 의해 폐지되었고 현재는 「개발이익 환수에 관한 법률」에 따른 개발 부담금제도만 남게 되었다.

2) 개발이익 환수의 방법론

정부는 1960년대 중반 이래 수많은 개발이익환수제도를 도입 및 운영해 왔다. 현행 개발이익환수제도는 크게 조세 형식, 부담금 형식, 기타 형식 등으로 구분할 수 있다. 조세 형식의 환수제도 중 부동산 투기 억제세, 토지 초과 이득 세제, 법인세 특별부가세는 폐지되고, 현재는 「지방세법」의 간주취득세와 「소득세법」의 양도소득세만이 남아 있다.

개발사업지구 안에서 발생하는 개발이익을 조정하는 시설부담금제도는 「국토의 계획 및 이용에 관한 법률」에서 규정하고 있는 기반시설연동제, 「학교용지 확보 특례법」에서 정하는 학교용지 부담금, 「대도시 광역교통관리에 관한 특례법」에서 정하는 광역교통시설부담금 등이 있다. 기타 형식의 환수제도로는 공공용지 기부채납, 환지방식의 감보제도, 수용 보상 시 개발이익 배제, 선매제 등을 들 수 있다.

〈표 5-3〉 개발이익 환수의 방법

과세적 방법	비과세적 방법	
① 양도소득세 ② 간주취득세 ③ 상속세 및 증여세 ④ 재산세 ⑤ 종합토지세 ⑥ 도시계획세	① 개발부담금 ③ 개발제한구역훼손부담금 ⑤ 기부채납 ⑦ 도시개발사업에의 공공용지의 감보[12)] ⑧ 공영개발을 위한 토지수용 보상 시의 개발이익 배제[13)] ⑨ 채권입찰제 ⑪ 개발권양도제도	② 광역교통시설부담금 ④ 재건축초과이익환수제도 ⑥ 기반시설설치비용 ⑩ 토지은행제도

3) 개발이익환수 기능을 가진 제도

양도소득세는 실현된 개발이익, 즉 부동산 양도소득에 대한 과세로 1967년 '토지 양도차익'에 50%를 과세하면서 시작되었다. 과세대상의 거래에 따라 발생한 자본이득에 과세하는 개별 거래세적 성격과 연간 한 개인의 자본이득을 합산하여 과세한다는 인세적 특징을 동시에 지니고 있다.

간주취득세는「지방세법」제7조 납세의무자 조항 제4항에서 선박, 차량과 기계장비의 종류를 변경하거나 토지의 지목을 사실상 변경함으로써 그 가액이 증가한 경우에는 취득으로 본다고 규정하였다. 새로이 재산권을 취득하지 않더라도 재산의 가액이 증가한 경우 취득으로 간주하여 세금을 부과하는 것으로 토지형질변경사업으로 지목이 사실상 변경되는 토지의 경우 취득으로 간주하여 취득세를 부과한다.

개발부담금제도는 개발부담금 부과대상 사업이 시행되는 지역에서 발생되는 개발이익을「개발이익 환수에 관한 법률」이 정하는 바에 의하여 개발부담금으로 징수하여야 한다. 징수금의 배분은 징수된 개발부담금의 100분의 50에 해당하는 금액은 개발이익이 발생한 토지가 속하는 지방자치단체에 귀속되고 이를 제외한 나머지 개발부담금은 따로 법률이 정하는 광역 · 지역발전 특별회계에 귀속된다.

기부채납과 도시개발사업에의 공공용지의 감보 제도는 개발사업에서 필요한 공공시설을 확보하기 위한 제도로서 개발이익을 환수하는 제도는 아니지만 공공시설용지의 무상 확보라는 측면에서 광의의 개발이익 환수 방법의 하나로 보기도 한다.

---

12) 환지처분에 의한 지적의 감소를 '감보'라 한다.
13) 표준지 공시지가로 보상하기 때문이다.

기부채납제도는 전면매수방식의 도시개발사업의 토지개발 과정에서 공공시설 용지의 확보를 위한 것이다. 개발사업으로 인하여 새로 공공시설을 설치하거나 기존의 공공시설에 대체되는 공공시설을 설치하는 경우 새로 설치된 공공시설은 그 시설을 관리할 관리청에 무상으로 귀속되고, 종래의 공공시설은 개발행위허가를 받은 자에게 무상으로 귀속되는 것을 말한다.

공공용지의 감보제도는 본래 환지방식의 도시개발사업에서 필요한 사업경비를 충당하고 공공용지를 확보하려는 제도로 1966년 「토지구획정리사업법」에서 도시개발의 주요 기법으로 자리 잡았다. 기타 미비한 사항은 농지개량에 관한 법령을 준용하고 있다.

4) 재건축초과이익환수제

「재건축초과이익 환수에 관한 법률」(약칭: 재건축 이익 환수법)은 참여정부 시절 강남 3구 재건축아파트를 부동산 가격 불안의 진앙지로 보고 2006년 3.30 정책을 통해 재건축아파트를 대상으로 하는 개발이익환수제도를 예고한 후 2006년 5월에 제정되었다.

그러나 미실현 개발이익 환수의 문제점과 2007년 글로벌 금융위기와 맞물려 이 제도는 2017년까지 한시적 유예를 거듭 반복한 뒤, 2018년 이후 관리처분계획 인가를 신청한 재건축조합부터 다시 부과하기 시작하였다.

4 토지비축 · 토지은행 제도

1) 개념

정부가 미리 저가에 미개발토지를 대량매입하여 공공자유보유 또는 공공임대보유 형태로 비축하였다가 토지 수요의 증가 시 비축된 토지를 수요자에게 팔거나 대여하는 제도를 말한다. 토지은행 제도는 여러 곳에 분산되어 있는 국가의 모든 토지를 한곳으로 모아서(Banking) 공적 개발 수요 충족 및 토지시장 안정판 역할을 한다는 점에서 의의가 있다.

「공공토지의 비축에 관한 법률」상의 토지은행이란 공공토지의 비축 및 공급, 토지 비축계획 수립 지원, 토지 수급 조사 등 토지은행 사업 시행을 위하여 한국토지주택공사에 설치하는 토지은행 계정을 말한다.

2) 설치 및 운영

국가 토지 비축 정책을 집행하기 위하여 한국토지주택공사에 토지은행을 설치하고, 한국토지주택공사를 토지 비축 전문기관으로 활용하여 운영한다. 이 기관은 토지 수급 조사, 토지 비축 및 공급, 토지시장 분석, 토지비축정보체계의 운영 등 토지은행 사업을 수행하면서 정부의 통제 · 감독이 가능하도록 한국토지주택공사의 고유계정과 구분되는 계정으로서 한국토지주택공사에 토지은행 계정을 둔다. 한국토지주택공사의 당기순이익의 일부(40% 이상)와 토지채권 등으로 재원을 조달하고 조성한다.

3) 토지 비축대상[14)]

비축대상 공공토지는 비축목적에 따라 공공개발용, 수급조절용으로 구분하여 비축한다. 공공개발용 토지란 공적 개발 수요 충족을 위해 비축하는 토지로서 SOC 용지, 산업용지 및 주택용지를 말하고, 수급조절용 토지란 토지시장 안정을 위해 비축하는 일반 토지 또는 개발 가능지 등을 말한다. 한국토지주택공사는 토지은행 사업을 위하여 필요한 경우 농지법에서 정하는 바에 따라 농지를 취득할 수 있다. 요약하면 〈표 5-4〉와 같다.

〈표 5-4〉 비축토지의 구분

구분	공공개발용	수급조절용
비축목적	공익사업의 원활한 수행	토지시장 안정
비축대상	SOC용지, 산업용지, 주택용지 등	일반 토지, 개발 가능지, 매립지 등
비축수단	보상(협의, 수용), 선매, 매수청구[15)]	협의, 선매

14) 한국토지주택공사는 토지은행 사업을 위하여 필요한 경우 「농지법」으로 정하는 바에 따라 농지를 취득할 수 있다.

15) 공공개발용 토지로서 보상계획 공고 이전일 경우 토지의 소유자는 한국토지주택공사에게 해당 토지의 매수를 청구할 수 있다.

4) 기대효과 및 문제점

토지비축제도의 장점으로는 시장 상황에 따른 토지수급조절을 통해 토지시장의 안정을 도모할 수 있다는 것이다. SOC, 산업 · 주택용지 등 공공개발용지를 원활하고 저렴하게 공급할 수 있고, 공개발용 토지의 경우 보상비 절감으로 정부재정을 현재보다 절약할 수 있다. 이외에 공장 · 주택용지 가격 인하를 통해 기업 투자 활성화 및 집값 인하가 가능하고 개인들에 의한 무질서하고 무계획한 토지개발을 방지할 수 있어서 개발이익을 사회에 환원할 수 있다.

그러나 단점으로는 막대한 토지매입비가 필요하다는 것이다. 토지에 대한 정부의 수요에 의해서 지가가 상승하는 등 의도하지 않게 정부가 투기를 조장하는 결과를 낳을 수 있고, 토지매입과 매출 사이의 과도기 동안 자유보유 상태의 토지를 정부가 관리해야 하는 문제를 발생시키게 된다.

5 공영(공공)개발

1) 개념

공영개발(公營開發)은 국가나 지방자치단체 또는 정부투자기관 등의 공공부문에서 직접 개발하여 민간에 분양하는 택지공급 방식으로 국가나 지방자치단체, 정부투자기관인 공사 또는 지방공기업 등이 사업시행자가 된다. 국가나 지방자치단체가 사업을 시행하는 것은 직접 개발인 반면에, 공사나 지방공기업이 시행하는 것은 일종의 대행개발에 해당한다. 공공개발은 민간개발과는 달리 사회적 편익을 고려하는데, 사회적 편익이 비용을 초과한다면 개발사업의 타당성이 있다고 본다.

공영개발은 환지방식의 도시개발사업의 문제점인 개발이익의 사유화를 방지하기 위하여 정부 또는 공공기관이 직접 도시 또는 택지 개발사업을 수행하는 방법이나 '도시개발법'의 도시개발구역 사업과 '택지개발촉진법'에 의한 택지개발예정지구의 택지개발사업은 공공기관뿐만 아니라 토지소유자조합도 그 시행 주체가 될 수 있다.

2) 장점

계획적인 토지이용계획에 따라 토지 개발 및 이용을 어느 정도 질서 있게 유도하기가 비교적 용이하여, 스프롤 현상을 방지할 수 있고, 보상과 관련되는 법률 등에 의한 수용 절차로 인하여 택지의 신속한 부동산 개발이 가능하며, 또한 대량공급도 가능해진다. 또한 토지소유자들로부터 정부나 공공기관이 토지를 매입하여 사업을 진행하므로 토지소유자들에게 돌아가는 불로소득을 어느 정도 차단할 수 있다.

개발이익이 많이 발생할 수 있는 상업용지나 기타 용지의 매각수입을 택지가격에 반영함으로써 저소득층에게 저렴한 주택을 원활하게 공급할 수 있고 감보율에 얽매이지 아니하므로 공공용지를 충분히 확보할 수 있다.

3) 단점

조상대대로의 생활 터전의 상실, 개발 과정에서 주민 의견 수렴 과정의 배제, 보상액에 대한 불만 등으로 토지소유자의 반발이 심하다. 또한 공익사업에 협조하여 보상비를 받고 이주한 개발지역 내의 주민과 개발로 인하여 발생하는 지가 상승의 혜택을 누리게 되는 개발지역 주변의 주민들 간의 형평성 문제가 발생할 수 있다. 이밖에 토지 매입 및 개발에 소요되는 막대한 투자로 인하여 과중한 재정적 부담이 발생하는 문제가 있다.

6 토지구획정리사업

1) 개념

토지구획정리사업이란 불규칙하게 산재한 농업용 토지나 미개발토지를 토지이용계획에 따라 구획정리하고 필요한 최소한의 기반시설을 갖추어서 보다 이용 가치가 높은 토지 즉, 도시용 토지로 전환시키는 사업방식을 말한다.

토지구획정리사업은 사업 시행 전의 권리관계에 변동을 가하지 않고, 토지의 교환과 분합 등의 환지방식이다. 공공시설을 확보하고 시가지를 개발하는 방식으로 도시재정이 충분하지 못한 상황에서 도시의 자연발생적 성장으로 인한 시가지의 무질서한 확산을 방지하고 새로이 형성되는 시가지의 공공용지 사전확보 등을 목적으로 시행되었다.

사업비 충당을 위해 체비지 및 공공용지에 해당하는 일정 면적을 토지소유자가 일정 비율대로 부담하는 환지방식의 보상을 통해 공공재원의 투자 없이 공공용지의 확보가 가능한 것이 이점으로 토지구획정리사업의 시행자는 토지소유자와 조합에 우선권이 부여된다. 이외에 국가, 지방자치단체, 대한주택공사, 한국토지개발공사 등이 시행자가 될 수 있다.

2) 성과

토지구획정리사업은 재정이 부족한 개발 초기에 시가지 개발 방법으로 적합하였다. 기개발 면적의 거의 절반에 가까운 면적을 시가지로 개발하여 도시화로 밀려드는 인구를 수용할 수 있는 대지와 공공용지를 공급할 수 있었다. 특히 1960년대 이후에 토지구획정리사업이 강남 전역에서 이루어져 강북 인구를 분산할 수 있었다.

3) 장점과 문제점

토지구획정리사업은 이용이 전환된 토지의 일부를 매각한 비용으로 구획 정리사업에 소요된 경비로 충당하고 나머지는 원래의 토지소유자에게 되돌려주게 된다. 그러므로 개발에 따른 비용부담 없이 대규모로 도시용 토지를 공급할 수 있다는 장점이 있다.

그러나 토지구획정리사업은 사업지역과 그 주변 지역의 과도한 지가 상승을 초래하여 토지소유자들에게 지나친 개발이익을 허용할 우려가 있고, 소규모 토지소유자들이나 도시의 저소득계층을 위한 배려가 부족하다는 문제점을 갖고 있다.

4) 한계와 발전

토지구획정리사업은 주로 단독주택지를 공급했기 때문에 급속한 도시화로 인한 주택부족문제는 크게 개선하지 못했다. 인구의 증가에 대응하기 위해 대규모 공동주택지를 공급하고, 개발이익 사유화 문제를 해결하기 위해 보다 강력한 토지개발제도의 필요성이 대두되어 1980년 12월 「택지개발촉진법」을 제정하였다. 이 법으로

참 고

토지의 취득방식에 따른 토지 개발방식

1. 매수방식

① 매수방식은 사업 주체가 사업지구의 토지를 수용하거나 매수하여 토지를 개발하는 방식을 말하며, 택지공영개발사업과 일단의 주택지 조성사업 등이 여기에 해당된다.

② 매수방식은 권리소멸형에 해당한다고 볼 수 있다.

2. 환지방식

① 환지방식은 사업 후 개발토지 중 사업에 소요된 비용과 공공용지를 제외한 토지를 원소유지에게 돌려주는 방식을 말하며, 이러한 환지방식에 의거하여 토지구획정리사업이 행해지고 있다.

② 환지방식은 권리축소형에 해당한다고 볼 수 있다.

3. 혼합방식(혼용방식)

혼합방식이란 한 사업지구 안에서 매수방식과 환지방식을 혼합하여 적용하는 방식을 말하며, 도시개발사업, 산업단지개발사업 등에 사용한다.

택지의 취득, 개발, 공급 및 관리 전 과정에 공공부문의 주도적인 참여가 가능하게 되었고 「도시계획법」으로 규정되었던 각종 도시계획 및 도시개발사업이 2000년 1월에 「도시개발법」으로 통합 · 관리되면서 토지구획정리사업이 '환지방식에 의한 도시개발사업'으로 바뀌게 되었다.

제5절
주택정책

1 주택정책 및 주택공급정책

주택정책(Housing Policy)이란 주택문제를 해결하기 위해 정부가 여러 가지 정책 수단을 통해 주택시장에 공적으로 개입하는 정부의 공적인 의사결정이다. 주택시장의 특성을 반영해서 입안되고 실행되는 것이 특징이다. 주택정책 중에서도 공급정책이 중요한데 이는 공급정책이 경제 전반에 커다란 영향을 주기 때문이다.

한 지역에 주택을 공급하기 위해서는 도로, 교통, 교육, 상 · 하수시설 등 각종 사회기반시설이 갖추어져야 하고, 건설된 주택에 거주하기 위해서는 가구, 가전제품 등 내구 소비재 수요가 발생하게 되므로 주택공급정책은 각 경제부문에 파급효과가 크고 경제 전반에 미치는 승수효과가 크다 할 수 있다. 이러한 이유로 경기가 침체되면 경기부양을 위해 주택투자를 늘리고, 경기가 과열되면 주택투자를 억제시키는 등 주택공급정책은 경기 조절을 위한 정책 수단으로 사용되기도 한다.

1) 주택정책의 목표

주택정책의 근본목표는 모든 국민에게 최소한의 주택복지를 보장하는 것이다. 즉, 주택이 없는 국민의 주거생활안정과 모든 국민의 주거수준의 향상을 도모하는 것이다. 이를 위한 구체적인 목표는 다음과 같다.

첫째, 저소득층이 구입 가능하고 인간이 기본적으로 필요로 하는 주거 서비스를 갖춘 주택을 공급 · 확대하는 것이다.

둘째, 공급되는 주택이 형평성과 사회정의의 차원에서 공평한 분배를 실현하도록 한다.

2) 주택공급 측면의 정책

주택의 수요량에 계속하여 공급이 일어날 수 있도록 하는 공급 측면의 정부지원 정책이다. 주택건설에 따른 제도적인 지원으로 주택공급가격을 저렴하게 하고, 주택공급물량을 증대시키고자 하는 방안이 주를 이루고 구체적인 내용은 다음과 같다.

첫째, 신규 주택 건설을 촉진하는 정책이다. 신규 주택 건설을 촉진하기 위해서는 저렴한 택지의 공급, 주택생산성의 증대, 건설 주체의 역할 증대 등이 중요하다.

둘째, 저렴한 택지 공급 정책이다. 주택비 중 택지비가 차지하는 비중이 크므로 택지비가 낮아야 많은 양의 공급이 가능한 것은 물론 공급에 참여하는 업자도 이윤이 보장된다.

셋째, 주택생산성 증대 정책이다. 주택생산성은 기업경영합리화에 의존하며, 토지 이외에 건설노동비, 자재, 기술 등의 공급 여건에 따라 생산성이 좌우된다.

마지막으로, 재고주택의 보전과 개량정책이다. 주택서비스의 제공은 대부분 기존 재고 주택(중고 주택)에서 얻고 있다. 따라서 신축도 중요하지만 재고 주택의 보전과 개량이 공급면에서 상당히 중요하다 할 수 있다.

주택공급의 확대는 수요자에게 선택의 폭을 넓히고 주택가격안정, 가수요 및 투기예방의 효과가 있으나 단기적으로는 주택공급의 비탄력성이라는 특성 때문에 주택수요를 충족시키지 못하는 경우가 발생할 수 있다.

3) 주택수요(구매력 강화) 측면의 정책

수요 측면의 지원방식은 가구의 주택 구매력을 증대시키는 것이 목적이 된다. 주택금융과 밀접한 관련이 있다. 주택수요를 강화시키기 위한 수단으로는 다음과 같은 방법이 있다.

첫째, 일반 소득 분포의 개선 정책이다. 일반 소득 분포는 경제성장과 밀접한 관계가 있다. 소득 분포의 개선을 통하여 저소득층의 주택구입능력을 향상시킬 수 있다.

둘째, 주택 규모 분포의 개선 정책이다. 대규모 주택건설을 가급적 지양하고 될 수 있는 대로 중소규모의 주택을 대량으로 공급하는 것이 규모분포의 적정화를 위해 바람직하다.

셋째, 서민을 위한 저당 금융제의 확대 · 실시 정책이다. 주택공급을 위해 가장 바람직한 제도이기도 하며 선진국에서는 이 제도가 잘 발달되어 구매력을 높여 주고 있다.

넷째, 사회임대주택제도의 활성화 정책이다. 이 제도는 나라마다 상이한 부동산에 대한 의식구조를 가지고 있어서 이러한 의식구조의 차이는 임대주택제도에 많은 영향을 미친다.

다섯째, 주택비 지원 및 보조 정책이다. 주택을 구입할 자금이 부족한 가구에는 주택비를 지원한다. 마지막으로 세제상의 혜택을 주는 정책이다. 주택 관련 세제의 경감, 면제 등은 주택의 공급을 증가시키고 수요를 유발하는 요인이 된다.

그러나 수요 측면의 공공지원책은 주택 공급이 비탄력적인 상황에서는 주택가격 및 임대료의 상승을 초래할 수 있다는 문제점이 있다. 즉, 주택공급이 증대되지 않은 상황에서 주택수요의 지원은 기존 주택소유자, 토지소유자, 주택건설업자에게만 경제적 혜택이 돌아갈 수 있다.

2 주택임대정책

1) 임대료 규제정책

임대료 규제는 임대료 수준 또는 임대료 상승률을 일정 범위 이내에서 규제함으로써 시장의 균형임대료보다 낮은 수준으로 최고가격을 설정하여 임대인으로 하여금 그 이상의 임대료를 부과할 수 없도록 하여 임차 가구를 보호하려는 일종의 최고가격제(상한제)이다.

임대료 규제는 정부의 재정투자 없이도 임차인에게 주택보조금을 지원하고, 임대인에게 임대수입의 감소를 유발시키는 효과를 가져온다. 따라서 임대료 규제 및 분양가 규제는 소득재분배를 목적으로 하는 정책이라 할 수 있다.

참 고

가격통제 또는 가격규제(Price Control)

1. 의의

① 가격통제란 시장경제에서 수요와 공급에 의해 결정된 가격이 국민경제 전체적인 측면에서 바람직하지 않다고 판단할 때, 어떤 특수한 목적을 달성하기 위하여 정부가 직접적으로 가격형성에 개입하는 것을 말한다.

② 가격통제는 자유시장기구에 의한 자원배분보다는 법적인 강제성을 통해 어떤 경제적 목적을 달성하고자 하는 데 있다.

③ 가격통제는 정부가 시장기구의 정상적인 작동 자체를 막으면서 가격과 거래량에 영향을 미치는 직접적인 규제 장치이다.

④ 가격통제는 대표적인 예로서 최고가격제와 최저가격제가 있다.

2. 최고가격제

① 전시, 천재지변 또는 평상시 생활필수품의 공급이 부족하여 물가가 치솟을 때 정부는 물가안정과 소비자의 보호를 위해 가격의 상한선을 설정하고 그 상한선 수준에서만 거래가 이루어질 수 있도록 법으로 엄격히 규제하는데, 정부가 설정한 가격을 최고가격 또는 상한가격이라 하고, 이러한 제도를 '최고가격제'라고 한다.

② 임대료 규제와 분양가 규제 및 이자율 규제 등이 그 예이다.

3. 최저가격제

① 최저가격제란 정부가 기업들 간의 과도한 경쟁을 방지한다든지 또는 어떤 산업의 상품생산자의 이익을 보호하기 위해서 최고가격제와는 정반대로 어떤 상품의 가격에 대해 최저가격을 설정하고 그 이하로 가격이 하락하지 못하게 규제하는 제도를 말한다.

② 농산물가격지지제도나 최저임금제도 등이 그 예이다.

임대료 규제는 규제임대료가 시장의 균형임대료보다 낮아야 시장에 영향을 미치므로, 규제임대료가 시장의 균형임대료보다 높으면 시장에는 아무런 영향을 미치지 못하게 된다. 따라서 임대료 규제는 정부의 직접적인 개입 방법이라 할 수 있다.

(1) 규제임대료가 시장임대료보다 낮을 때의 효과(장기)

가격에 대한 공급의 탄력성이 완전 비탄력적일 때, 임대주택의 소득재분배의 효과가 가장 크게 나타난다. 그러므로 임대료 규제는 공급의 가격탄력성이 비탄력적인 단기에는 소득재분배 효과가 있으나 탄력성이 커지는 장기에는 그 효과가 감소하게 된다. 규제임대료가 시장임대료보다 낮을 때의 효과(장기)는 다음과 같다.

① 초과수요 현상이 나타난다. 임대료의 하락으로 수요량은 증가하고, 공급량은 감소하게 되므로 규제임대료에서는 항상 초과수요 현상이 나타난다.

② 관리소홀 현상이 나타난다. 임대인들은 수익성의 하락으로 임대주택에 대한 관리 및 보수를 소홀히 하게 되고, 임대주택의 질적 수준도 떨어지게 된다.

③ 공급감소 현상을 들 수 있다. 투자자는 임대사업의 수익성 악화로 임대주택에 투자를 기피할 것이고, 이는 장기적으로 임대주택의 신규 공급의 감소를 초래한다. 또한 장기적으로 기존의 임대주택들은 전용비용이 부담스럽지 않는 한 다른 용도로 전용되는 경우가 늘어나게 되며 임대주택의 공급 감소로 가격 상승에 대한 수요의 탄력성은 더 작아지게 된다.

④ 임차인 입장에서는 임대기간이 종료되더라도 이주할 주택이 부족함에 따라 주거이동이 저하되는 현상을 겪게 된다. 또한 이미 낮은 가격으로 임대한 임차인(기존임차인)은 이득을 보지만 새로이 주택시장에 참여하는 자(신규 임차인)에게는 주택구입의 어려움을 주게 된다.

⑤ 임차인들은 정부가 정한 최고가격인 공식적인 임대료보다 높은 임대료를 지불하고서라도 기존의 임대주택에 거주하고자 하기 때문에 불법적인 시장인 암시장(Black Market)의 피해를 입게 된다. 즉, 임대료 규제는 법정 임대료와 암시장임대료라는 임대료에 대한 이중가격을 형성시키게 된다.

⑥ 수요의 가격탄력성이 비탄력적일수록 임대료 규제의 필요성이 더욱 커지나 이는 단기적인 효과가 있을 뿐이며 장기적으로는 암시장의 피해를 더욱더 초래할 가능성이 있다. 그러므로 규제임대료 수준을 유지할 수 있을 정도의 공급을 증가시키기 위한 정책을 실행하는 것이 임차인을 위한 근본적인 해결책이 될 것이다.

⑦ 정부의 조세수입은 감소하고 사회적 비용(후생손실)은 증가한다. 결국 임대료 규제는 효율성과 형평성 측면에서 문제가 있음을 알 수 있다.

(2) 규제임대료가 시장임대료보다 높을 때의 효과

정부의 규제임대료가 시장의 균형임대료보다 높은 수준에서 결정될 경우는 초과공급현상이 나타나는 등 시장에서 영향을 미치지는 않는다. 임대주택의 균형임대료와 임대주택공급량에 아무런 영향을 미치지 않을뿐더러 임대주택의 질적 저하를 가져오지 않으며, 기존 세입자들의 이동에도 아무런 문제가 없다. 즉, 시장에 아무런 영향을 미치지 않는다.

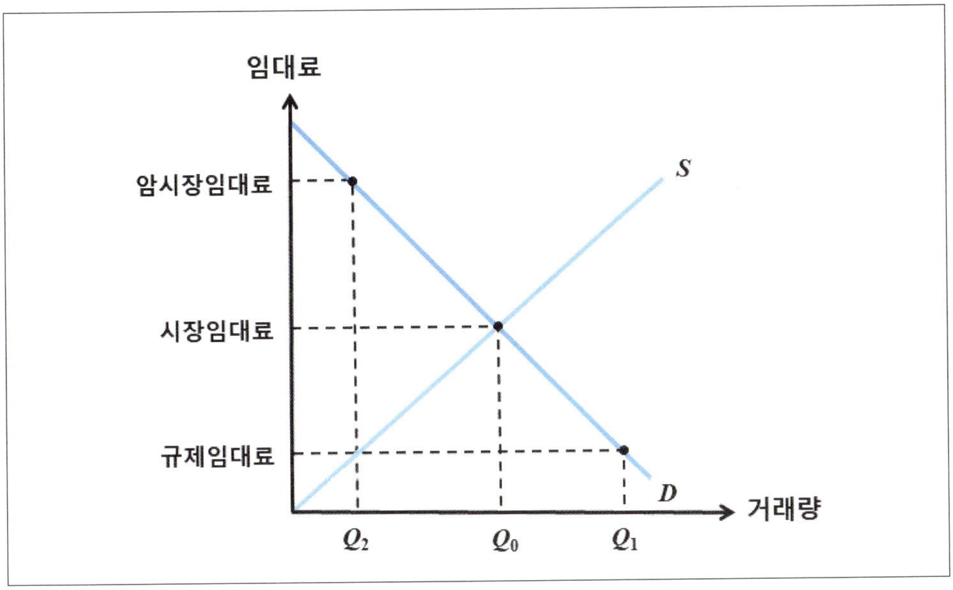

〈그림 5-1〉 시장임대료, 규제임대료, 암시장임대료

2) 수요 측면의 보조(소비자 보조) 정책

소비자 보조는 주택임차가구들의 임대료 부담능력을 높이기 위해 지급되는 것으로 임대료 보조(집세 보조)와 소득 보조(현금 보조)의 두 가지 유형으로 나눈다. 임대료 보조(Rent Subsidy)는 주택의 상대가격을 낮추어 줌으로써 임차인의 주택소비를 증가시키는 방식이다. 소득보조(Income Subsidy)는 임차인의 전반적인 소득을 높여 주고 임차인들로 하여금 적정한 주택 소비수준을 스스로 결정하게 하여 주거수준의 향상을 유도하는 방식이다.

효용 면에서는 소득 보조방식이 더 우월하다고 할 수 있다. 그 이유는 임차인의 선택의 폭을 더 크게 하여 소비자잉여가 더 커지기 때문이다. 그런데도 효용이 더 높은 소득 보조 대신 임대료 보조정책을 실시하는 이유는 소득 보조의 경우 그 지급한 현금을 주택소비에 사용하리라는 보장이 없기 때문이다. 그에 비해 임대료 보조금을 지급할 경우에는 정책상의 목적인 주택의 소비수준을 증가시킬 수가 있다

(1) 임대료 보조 정책

임대료 보조 정책은 공공임대주택 공급정책의 문제점 때문에 도입하게 되었다. 임차인이 스스로 자신이 거주할 임대주택을 선택하고 정부가 임대료의 일부를 보조

해 주는 방식을 취한다. 일정 수준 이하의 저소득층의 주거 안정을 위해 정부가 무상으로 임대료의 일부 또는 전부를 보조하거나, 일정 한도까지 과세소득을 공제해 준다.

가) 임대료 보조정책의 장·단기 효과

단기적으로 임대료 보조정책은 저소득층이 부담하는 임대료를 경감시킴으로써 저소득층 임차인의 실질소득이 상승하는 효과를 가져와 임대주택의 수요를 증가시킨다.

단기에는 임대주택의 공급량이 늘어나지 못하여 임대주택의 임대료가 상승하게 되고 임대주택시장에서 초과이익이 발생하게 된다. 그러나 여기에서 임차인의 주거비 부담이 늘어나는 것은 아니다. 임차인은 임대료 보조금 제도 도입 이전과 같은 임대료를 지불하게 되어 임대료 부담이 줄어들지 않고 정부의 보조금이 임대주택 공급자(임대인)에게 귀속된다.

장기적으로 임대료 보조금은 임대주택의 공급량을 증가시키게 되고, 임대주택의 양은 원상태보다 증가하게 되고, 임대주택의 임대료는 원상태로 복귀하거나 낮아지게 되어 임차인의 임대료 부담은 줄어들게 된다. 결국 임대료 보조정책의 효과가 임차인에게 돌아가게 된다.

결과적으로 임대주택의 공급량이 장기적으로 얼마나 늘어날지, 임차인의 임대료 부담이 어느 정도 줄어들지는 임대주택 공급의 탄력성에 달려 있다. 공급이 탄력적이라면 임대주택의 공급량이 많이 증가하고 임대료의 하락폭도 커질 것이다. 그러나 공급이 비탄력적이라면 임대주택의 공급량이 크지 않아서 임대료 하락의 폭도 크지 않게 된다.

나) 임대료 보조정책의 장·단점

임대료 보조금 제도의 장점은 임차인이 주거 서비스 소비에 대해 스스로 의사결정을 하도록 해 주기 때문에 공공임대주택 공급보다도 효율적인 제도로 알려져 있다. 보조금을 받은 임차인이 선호에 따라 주거공간을 넓히거나 기존임대주택에 거주하면서 임대료 부담을 덜 수도 있기 때문에 자발적인 주거 이동을 할 수 있어서 저소득층의 주거상향이동을 촉진하는 것으로 알려져 있다.

그러나 임대료 보조가 일부 저소득층의 부정적인 소비를 권장하는 방향으로 이용될 수 있다는 단점도 있다. 예를 들어 보조금으로 마약이나 알코올을 구입하는 경우가 있어 마약중독과 알코올 중독을 부추긴다는 비판도 있다. 또한, 소비자 보조방식은 단기적으로 임대료 상승을 유도할 가능성이 있고, 행정적으로 수혜자 선정의 어려움과 가구소득 파악에 어려운 점이 있다.

임대료 보조는 절대적으로 주택재고가 부족한 지역에서는 시행되기가 곤란한 점도 커다란 장애요인이라고 할 수 있다. 그 이유로 인하여 서구에서 임대료 보조금 제도는 공공임대주택의 재고량이 충분히 갖춰진 1970년대 이후에 본격적으로 도입되기 시작하였다.

(2) 주택바우처 제도

위에서 지적했던 임대료 보조금이 갖고 있는 문제 때문에 일부 나라에서는 임대료 보조금을 현금이 아닌 상품권, 바우처(Voucher)로 지급하기도 했다. 미국에서는 1974년에 주택바우처 제도(Housing Voucher)를 도입하였고 집세 보조금을 수혜자에게 쿠폰 형식으로 지급하고 주택을 임의로 선택하도록 하였다. 정부가 임차인에게 바우처를 지급하면 임차인이 임대인에게 바우처로 임대료를 지급하고, 임대인은 정부에 이를 제시하여 현금으로 돌려받게 하였다.

정부가 주택을 직접 생산 · 공급하지 않고서도 수혜자가 정해진 용도 내에서 자신의 욕구에 적합한 재화와 서비스를 주택시장에서 자유롭게 선택할 수 있어, 공공임대주택에 비해 수혜자 지원 폭도 넓고 수혜자도 부족한 구매력의 일부를 지원받을 수 있어 개별 효용이 크다는 장점이 있다

그러나 바우처를 사고파는 암시장이 형성되기도 하고 임대인과 임차인이 허위신고 등으로 임대료 보조금을 과다하게 징구 하는 등 상호 담합을 하는 경우가 있을 수도 있어 정부는 임차인뿐만 아니라 임대인까지 관리해야 하는 문제가 생길 수 있다는 단점도 존재한다.

3) 공급 측면의 보조(생산자 보조) 정책

생산자 보조는 공공주택 정책의 대안으로서 주택생산자에게 저리의 건설자금을 지원해 주는 등의 방식으로 생산비용을 낮춤으로써 민간 개발업자로 하여금 임대주택을 건설, 운영하도록 지원하는 제도이다. 이를 통해 민간부문에 의한 임대주택 공급의 확대를 유도하는 것이다.

생산자 보조는 단기적으로는 주택 스톡이 고정되어 균형의 변화가 없어서 아무 효과가 없다. 그러나 장기적으로는 주택생산비용이 하락하므로 신규 주택공급이 증가하여 시장임대료를 하락시키고, 결국에는 주택소비를 증가하는 효과를 가져다준다.

생산자 보조방식의 정책은 주택공급이 증가되어 주택부족률이 높은 지역이라면 더욱 효과가 크고, 주택의 질적 수준도 향상되는 장점이 있다. 그러나 형평성의 문제가 제기될 수 있고, 입주자의 주거지 선택의 자유가 제한된다는 단점이 있다. 주택도시기금이 공공임대주택 리츠나 민간임대주택 리츠에 자금을 지원하는 것도 일종의 생산자 보조방식으로 볼 수 있다.

4) 공공임대주택 공급정책

(1) 의의

공공임대주택 공급정책은 정부 등이 시장임대료보다 낮은 임대료로 공공임대주택량만큼 주택공급을 증가시키는 것이다. 공공임대주택의 건설은 고가주택으로부터 하향 여과되어 온 저가주택(임대주택)들이 시간이 지남에 따라 점점 낡아지는 현상을 대체하기 위해 계획되기도 하고, 민간부문으로부터 임대주택이 원활하게 공급되지 않을 때, 그 부족분을 보충하기 위해 계획되기도 한다. 또한 정부는 직접적인 방법으로 공공임대주택을 건설, 공급하는 정책을 시행하기도 한다. 공공임대주택을 비롯한 이러한 공공주택을 사회주택이라고도 한다.

(2) 공공임대주택 공급의 효과

공공임대주택 공급의 효과는 단기효과와 장기효과로 기간을 구분하여 살펴봐야

참 고

사회주택(Social Housing)

사회주택이란 주택소요(Housing Needs) 가구에게 주거를 안정시킬 목적으로 나타난 주택공급 형태이며, 주택보조 가운데 생산자 보조방식의 한 유형으로 볼 수도 있다.

결국 사회주택은 저소득층 가구들에게 시장가격 이하의 임대료로 주거안정을 돕고자 정부 혹은 비영리단체 또는 이 둘의 조합이 공급하는 사회복지 차원의 주택이라 할 수 있다.

할 것이다. 단기적으로는 저소득 가구를 위한 공공주택의 임대료는 시장임대료 이하로 책정되므로 민간시장이 제공하는 저가의 사적 임대주택에 대한 수요가 감소하여, 민간시장의 임대료가 하락하게 된다. 이때, 공공 및 민간임대주택의 임차인은 모두 혜택을 보게 되고 사회 전체의 임대주택 공급량은 증가하게 된다.

장기적으로 임대료 하락은 부동산 투자자들의 저가의 사적 임대주택에 대한 자본투자를 감소시켜 사적 임대시장의 공급이 감소하게 된다. 공급의 감소가 장기화되면 결국 하락했던 민간시장의 임대료는 원래 수준으로 회귀하게 되고 공급량만 감소하게 된다. 따라서, 저가의 사적 임대주택의 투자자는 단기간의 손실만이 발생하며 저가의 사적 임대주택에 남아 있는 임차인들은 공공임대주택 입주자에 비해 상대적 손실이 발생한다.

이는 임대료에 대한 이중가격이 형성되는 결과를 가져오게 되고 공공임대주택에 거주하는 임차인에게만 혜택이 돌아간다. 이는 공공임대주택에 거주하는 임차인들은 사적 임대주택과의 임대료 차액만큼을 정부로부터 보조받는 것과 같은 효과라고 볼 수 있다.

결과적으로 사적 저가 임대주택의 공급량 감소분은 공공임대주택 공급량과 일치하게 되어 사회 전체적으로 임대주택의 공급량은 불변이 된다. 그러나 저가주택(불량주택)의 비중은 감소하게 되어 결국 지역의 주거환경이 개선되는 효과가 발생하게 된다.

(3) 공공임대주택 공급의 한계

공공주택에서 임차인은 임대주택을 훼손하지 않고 잘 관리해야 할 의무가 있으나 임차인은 자가주택보다 주택관리에 소홀하기 때문에 훼손의 정도가 심해지고 관리비가 늘어나서 정부의 재정부담이 점차로 가중되어진다.

또한 공공주택에서 임대인은 정부이고 공공임대주택 관리담당자가 임대인으로서의 역할을 충실하게 하지 않으면 자가소유 임대인의 주택보다 물리적 훼손이 더 빨라지게 되고, 관리비가 증가하게 된다.

공공주택은 임차인의 주거선택을 제약한다. 저소득층은 공공임대주택이 있는 지역에서만 살 수 있기 때문에 거주를 원하는 지역에 공공임대주택이 없을 경우에는 주거이동에 제약을 받게 되고, 공공임대주택에 저소득층만 거주하게 되면서 거주공간이 계층 간 분리가 되는, 다른 집단과 격리가 되는 '사회적 배제(Social Exclusion)' 문제를 야기하게 된다.

3 분양주택정책

1) 분양가 규제정책 - 분양가 상한선제도

(1) 개념 및 목적

신규 분양주택의 분양가격을 시장균형가격보다 낮은 선에서 정부가 규제하는 것을 분양가격 규제정책이라고 한다. 분양가격 규제정책도 임대료 규제정책과 마찬가지로 일종의 최고가격제이다. 분양가 규제는 주택가격을 안정시키고, 무주택자들의 신규 주택 구입 부담을 덜어주기 위해서이다. 우리나라의 분양가 상한제는 분양가 규제의 대표적인 사례라고 할 수 있다.

(2) 효과

건설업체의 수익성을 악화시켜 규제가 없을 때에 비해 신규 주택공급이 줄어들어 신규 분양주택의 품귀현상을 가져올 수 있다. 낮은 분양가로 인해 초과수요가 발생하게 되고 이는 '누구에게 분양주택을 배분할 것인가?' 하는 배분의 문제가 발생하게 된다.

분양가 규제가 실시되면 분양가격이 시장가격보다 낮기 때문에 수분양자는 신규 분양주택의 질이 떨어지더라도 이를 감내할 의사가 있다. 공급자도 주택의 질을 떨어뜨려도 주택을 분양하는 데 어려움이 없으므로 신규 분양주택의 질은 하락하게 된다.

분양가 규제는 장기적으로는 신규 주택 공급량이 감소시킴으로써 시장가격은 규제 이전보다 더 올라갈 수 있으며 결과적으로 주택가격을 상승시키게 된다. 따라서 분양가 규제는 그 본래의 정책목적을 달성하기 어렵다. 신규 주택 공급량이 감소함으로써 시장가격은 규제 이전보다 더 올라갈 수 있고 신규 주택의 질이 하락함으로써 시장의 다양한 수요를 충족시켜 주지 못하기 때문이다.

또한 실질적인 시장가격과 분양가격의 차액을 분양프리미엄이라고 부른다면 이 분양프리미엄은 수분양자에게 돌아가게 되고 수분양자는 분양프리미엄을 조기에 실현하기 위하여 분양권을 매각하므로 전매차익을 노린 투기적 수요가 발생하게 된다.

2) 분양가 자율화의 효과

신규 주택의 분양가를 자율화하면 신규 주택 가격이 상승하게 된다. 신규 주택의 가격 상승은 주택산업의 수익성을 향상시켜 주택공급이 활성화된다. 신규 주택의 공급이 증가됨에 따라 중고 주택의 공급도 증가하게 되어 중고 주택의 가격이 하락하게 된다.

중고 주택의 가격하락은 중고 주택의 수요를 증가시켜 중고 주택 가격의 상승을 유발하게 되고 이로 인하여 수요자들이 신규 분양주택시장으로 이동하게 한다. 결국에는 신규와 중고 주택시장이 균형을 이루게 되고 신규 주택과 중고 주택의 가격 격차가 감소함에 따라 투기적 수요가 감소한다.

주택산업의 수익성이 향상됨에 따라 신규 공급되는 주택의 질이 향상된다. 그러나 수익을 위해서 고급주택 위주로 주택공급이 확대됨에 따라 저소득층의 주택 구입 부담은 커질 수 있다.

고급주택은 높은 분양가로 인하여 구매할 수 없게 되었고, 저급주택은 건설회사가 공급을 하지 않음으로써 주택이 부족해져 가격이 상승함에 따라 저소득층의 주택 구입 부담을 가중시킬 수 있기 때문이다.

3) 주택 선분양제도 – 공급자 주도시장

주택의 선분양이라고 하면 건축물이 준공되기 전에 주택의 착공과 동시에 분양하는 것을 말하고, 선분양제도는 사업자가 대지를 확보하고 주택도시보증공사로부터 분양보증을 받을 경우 착공과 동시에 입주자 모집이 가능한 제도이다. 이러한 선분양제도는 대부분 「주택법」과 하부규정인 「주택공급에 관한 규칙」에 근거한다.

주택선분양제도는 정부가 분양가격을 규제하는 대신에 주택가격을 순차적으로 사전납부하여 민간건설업체들의 택지확보 및 주택건설 재원 마련을 위하여 도입하였다. 이 제도는 신도시 주택건설에 참여하는 건설업체의 자금난 해소, 미분양사태 사전예방효과, 통화억제 및 조정효과 등이 목표였다.

선분양제도의 장점으로는 건설회사 입장에서는 자금조달이 용이하여 주택공급의 활성화에 기여하게 된다는 점과 소비자 입장에서는 분양금을 분할하여 납부하므로 초기 주택자금의 부담이 완화된다는 점을 들 수 있다.

선분양제도의 단점으로는 시공사의 부도 시에 소비자의 피해가 예상되고, 주택의 질이 저하되며, 주택매입자금에 대한 부담완화로 인한 주택의 가수요가 증가하여 투기를 조장할 우려가 있다는 점이다. 또한 건설자금이자는 소비자가 부담하게 되고, 입주 후에 건설업체와 소비자 간의 분쟁이 발생할 소지가 있다.

4) 주택 후분양제도 – 소비자 주도시장

2004년 2월 참여정부는 분양권 투기억제, 소비자 주택선택권 확대 및 주택 매매위험 감소 등을 목적으로 공공부문의 주택공급에 대해서는 후분양제 의무화 및 시범사업을 실시하였으며, 민간부문의 주택공급에 대해서는 후분양 사업장에 대해 기금지원, 공공택지 우선공급 등의 인센티브를 부여하는 내용을 골자로 하는 후분양 로드맵을 마련하였다.

이를 통해 정부는 선분양을 억제시키고 후분양의 안정적 정착을 도모하였으나 공공부문의 경우 시범사업장 외에는 후분양 추진사례가 극히 미미하였고 민간부문 또한 사업비용 증가에 따른 주택공급자의 저조한 참여로 후분양제의 실효성에 대한 의문이 제기되면서 대부분의 주택공급은 현재까지 선분양제를 통해 이루어지게 되었다. 후분양제도란 건축물이 지어진 후에 분양을 시행하는 제도로, 구체적으로 「주택공급에 관한 규칙」 제15조 2항에 의거 전체 층수의 2/3 이상에 해당하는 층수의 골조공사가 완성된 때 입주자를 모집하는 방법을 말한다. 후분양제도는 주택을 완성한 후 소비자들에게 분양하게 되어 주택가격은 선분양일 때보다 상승하는 것이 일반적이다.

후분양제도의 장점으로는 소비자가 품질을 비교하여 주택구입이 가능해지므로 주택의 질이 향상되고, 시공사의 부도위험에서 해소될 수 있다. 또한 후분양제도는 주택가격이 시장원리에 맡기도록 하는 것이기 때문에 주택거래의 투명화에 기여하게 된다.

후분양제도의 단점으로는 소비자 입장에서 분양가격의 상승에 따른 목돈마련에 대한 부담이 가중된다는 점이다. 또한 개발에 따른 자금여력이 없는 주택건설업체는 사업시행이 어렵고, 사업을 시행한다고 하더라도 분양이 안 되었을 때 재무구조의 악화로 부도의 가능성이 증가하게 됨에 따라 사업시행이 가능한 대형건설업체가 주택건설시장에서 독과점을 이룰 가능성이 증가하게 된다.

주택후분양제도가 활성화되기 위해서는 프로젝트 금융의 도입 확대와 주택매입자금의 확보를 위한 각종 주택소비금융(모기지 제도의 활성화 등) 구조가 마련되어야 할 것이다.

참 고

채권입찰제

1. 의의

분양가상한제가 적용되는 주택의 경우 주변시세보다 가격이 저렴해 투기 발생이 우려된다. 채권입찰제는 이를 방지하기 위하여 시행된 것으로써 분양가상한제와 함께 중대형 아파트에 적용되는 채권입찰제는 인근 시세를 자극하는 문제를 최소화하기 위해 정부가 고육지책으로 짜낸 정책이다.

2. 내용

① 신규 아파트 분양가격이 높아질 경우 기존 아파트 값도 영향을 받아 덩달아 상승하는 부작용이 발생한다. 이 같은 현상을 억제하기 위해 정부는 아파트의 분양가를 일정 수준 이상 받지 못하도록 제한하고 있다. 이를 '분양가상한제'라 한다.

② 신규 아파트의 분양가를 이처럼 억제하다 보니 또 다른 부작용이 생기게 된다. 즉, 신규 아파트 분양가가 인근의 기존 아파트 매매가보다 훨씬 낮아지면서 신규 아파트를 분양받는 수요자들은 막대한 시세차익을 얻게 되는 것이다. 예를 들면 분양가상한제가 적용되는 신규 아파트 분양가격이 4억원으로, 비슷한 평수의 주변 기존 아파트가 6억원이라면 당첨자는 2억원의 시세차익을 바로 누리게 된다.

③ 이 같은 시세차익은 일종의 불로소득이다. 따라서 신규 아파트 당첨자들이 얻는 불로소득을 환수하기 위해 도입한 제도가 '채권입찰제'이다.

④ 채권입찰제는 신규 아파트를 청약할 때 채권매입 예정금액을 써 넣도록 하는 제도다. 즉, 전용면적 85㎡(25.7평)를 초과하는 아파트에 청약하는 경우 제2종 국민주택채권 매입액을 함께 적어 내야 한다. 다시 말해 예상 시세차익을 환수하기 위해 청약자들로 하여금 제2종 국민주택채권 매입예정금액을 기재하도록 하는 것이다.

3. 제도 운영 경과 및 폐지

채권입찰제는 분양가상한제 감소 및 분양가 자체가 높아져 시세차익 규모가 축소되고, 국민주택채권 매입 · 환매의 비효율성 및 복잡한 청약 절차로 인한 행정 부담의 증가 등의 이유로 2008년 금융위기 이후 사실상 사용되지 않았고, 결국 2020년 2월 『주택공급에 관한 규칙』 개정으로 법적으로 폐지되었다.

5) 주택의 청약

(1) 주택청약

주택청약은 주택을 분양받을 목적으로 분양 공모에 응모하여 분양 계약을 하는 행위를 의미한다. 분양주택의 종류에 따라 일정한 입주자격을 갖추어 사겠다는 의사표시로 예금 등에 가입하여야 한다.

(2) 「주택공급에 관한 규칙」

청약제도는 1977년 제정된 「주택공급에 관한 규칙」에 따라 국민주택기금의 지원을 받아 건설되는 공공주택에 적용하여 '국민주택청약부금' 가입자에게 공공주택 공급에 우선순위를 부여하면서 시작되었다. 1978년도에는 민영주택에도 청약제도를 적용하면서 현재 청약제도의 토대가 되었다.

(3) 입주자저축

「주택법」에 따라 공급되는 주택을 분양받기 위해서 청약하려는 자는 미리 입주자저축에 가입하여야 한다. 분양하는 주택의 입주자는 주택의 종류에 따라 무주택세대주 기간, 청약저축 납입 횟수, 저축총액 등이 많은 순서로 입주자를 선정하는 순차제, 일정한 기준의 가점항목과 감점항목을 합하여 산정한 가점제 점수가 높은 순서로 입주자를 선정하는 방식인 가점제와 추첨의 방식인 추첨으로 선정된다. 주택의 입주자로 선정된 사람은 일정한 기간이 지나기 전에는 입주자로 선정된 그의 지위나 주택을 전매할 수 없다.

(4) 입주자저축 종류

입주자저축은 청약저축, 청약예금, 청약부금, 주택청약종합저축 총 네 가지로 나뉜다. 청약저축은 85㎡ 이하의 국민주택 등을 분양받기 위해 가입하는 저축으로 무주택세대주를 가입 요건으로 하고 있다. 청약예금은 민영주택과 민간건설 중형 국민주택을 분양받기 위해 필요하며, 85㎡ 이하의 민영주택과 민간건설 중형 국민주택을 분양받기 위해서는 청약부금에 가입해야 한다.

청약예금과 청약부금은 모두 성년자만 가입할 수 있고(세대주인 경우에는 미성년자도 가능), 청약예금은 주택의 규모 및 지역별로 일정 금액을 예치해야 하는 반면, 청약부금은 청약저축과 마찬가지로 매달 일정 금액을 납입하는 방식을 취하고 있다.

주택청약종합저축은 가입 요건과 상관없이 누구나 가입이 가능하며, 일정한 기준에 따라 국민주택, 민간건설 중형 국민주택 및 민영주택 중 원하는 주택에 청약할 수 있다. 그러나 2024년부터는 기존 청약저축 · 청약예금 · 청약부금 신규 가입이 사실상 불가하고(기존 가입자는 유지), 신규 가입은 주택청약종합저축만 가능하다.

(5) 입주자의 선정

입주자저축은 해당 주택건설지역에 거주하거나 무주택세대주 등 일정한 가입 조건을 충족하면 누구나 가입할 수 있지만, 입주자저축에 가입한 사람들이 모두 주택 분양을 받을 수는 없기 때문에 「주택공급에 관한 규칙」에서 그 순위를 정하여 입주자를 순차적으로 선정하고 있다.

입주자 선정은 「주택공급에 관한 규칙」과 별도로, 국토교통부 고시 및 지방자치단체 조례에 따라 다소 세부 조정될 수 있다. 최근 개정 방향은 무주택 1인 가구 등의 청약 기회를 넓히기 위해 일부 추첨비율을 상향 조정하고, 생애최초 특별공급 요건 중 소득기준을 완화 적용하여 중산층 · 무주택자 · 청년층의 기회를 확대하는 방향으로 개편되고 있다.

제6절
조세정책

1 부동산 조세의 개념

1) 부동산 조세의 개념

조세는 국가 또는 지방자치단체 등이 그 업무수행에 필요한 경비를 조달하기 위하여 법률규정에 의해 직접적인 반대급부를 제공함이 없이 강제적으로 그 사회구성원에게 부과하는 경제적 부담이라고 할 수 있으며, 그 중에서 부동산과 관련된 조세를 부동산 조세라고 한다.

2) 조세의 기능

조세의 본원적 기능으로는 국가 등이 복지국가 실현을 위한 재원을 확보하기 위한 것에 있다. 조세의 파생적 기능으로는 재원을 확보하는 과정에서 파생되는 기능으로서 자원배분기능 · 소득재분배기능 · 경제안정기능 등이 있다.

조세의 정책적 기능으로는 조세를 통하여 산업을 보호육성하고 경기를 조절하며, 지가를 안정시키는 수단으로 이용되고 주택문제를 해결하는 수단으로써의 기능이 있다.

2 조세귀착

1) 조세의 귀착과 전가

조세납부를 실제 부담하는 사람(담세자)과 세금을 세무서에 전달하는 사람(납세자)과 다른 경우에 조세에 대한 최종적인 부담을 맡게 되는 것을 가리켜서 '조세의 귀착(Incidence)'이라고 한다. 정부에 의해 주택소유자에게 부과되는 재산세 등을 실제로 누가 부담하느냐 하는 문제를 조세의 귀착문제라고 한다.

'조세의 전가(Shifting)'란 법적 납세의무자로부터 다른 경제 주체에게로 조세의 부담이 이전되는 것을 말한다. 유통 과정에 부과되는 간접세는 조세의 명목적인 납부자로부터 실질적인 최종부담자에게로 조세의 부담을 전가시킨다.

2) 조세부과의 효과

① 〈그림 5-2〉에서 수요곡선과 공급곡선이 만나는 점 E_0 에서 균형이 이루어진 상태이다. 그런데 단위당 조세 T가 부과된다면 공급곡선이 좌측으로 이동하게 되어 새로운 균형점은 E_1 이 된다.

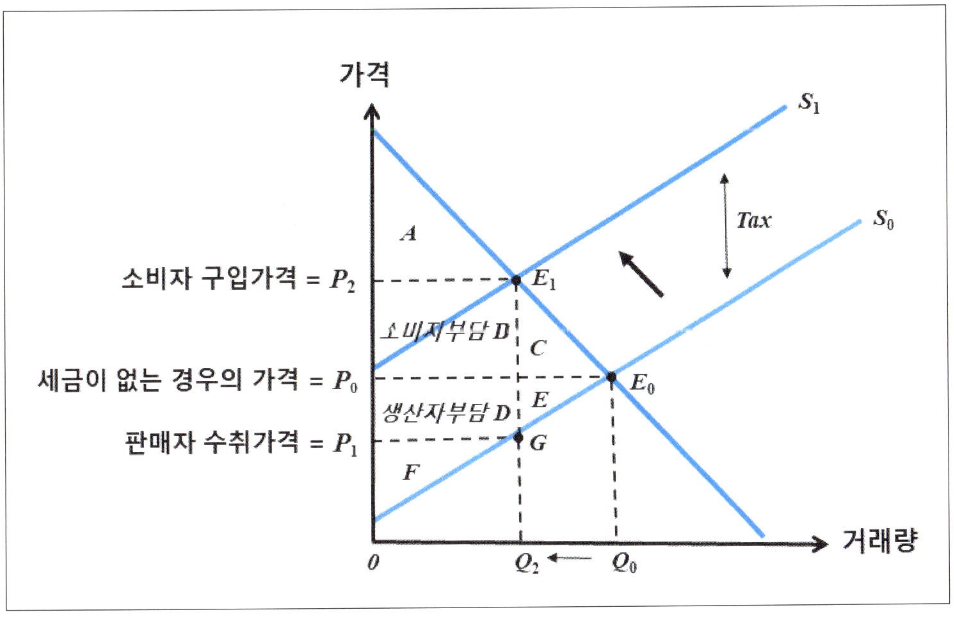

〈그림 5-2〉 조세부과의 효과

② 조세부과의 결과로 가격은 P_0에서 P_2로 올라가고 거래는 Q_0에서 Q_2로 감소하게 된다. 그리고 세금의 부과로 인해서 소비자 잉여의 크기는 사다리꼴($P_2 E_1 E_0 P_0$)만큼 줄어들게 되고, 생산자 잉여의 크기도 역사다리꼴($P_1 G E_0 P_0$)만큼 줄어들게 된다.

③ 그런데 이 중에서 직사각형($P_1 G E_1 P_2$)은 정부의 조세수입으로 징수되어 사회에 환원되지만 삼각형(C와 E의 면적을 합한 크기)은 사회에 환원되지 못하고 세금의 부과로 인해 사장되어 버리는 사회적 비용(사회적 후생손실)이 된다.

④ 조세의 부과 이후에 소비자는 단위당 조세를 포함하여 전보다 높은 가격을 생산자에게 지불하고 상품을 구입하게 되고, 생산자는 조세에 해당하는 가격만큼 더 높은 가격을 받고 소비자에게 상품을 판매한 후 정부에게 세금을 납부하게 된다.

⑤ 이때 소비자와 생산자 모두가 조세의 부과로 인해 소비자 잉여와 생산자 잉여를 잃게 되었고, 소비자 잉여와 생산자 잉여의 줄어든 부분이 곧 세금으로 인해 소비자와 생산자가 나누어 짊어져야 하는 실질적인 부담이라고 볼 수 있다. (위 그래프에서 소비자의 경우는 소비자부담 B의 면적이고, 생산자의 경우는 생산자부담 D의 면적이 된다.)

3) 조세귀착의 내용

세금의 부과는 공급자에게 부과하든 수요자에게 부과하든 수요와 공급이 완전탄력적 또는 완전비탄력적이 아닌 한 어느 일방의 부담으로만 귀착되지는 않으며, 정도의 차이는 있으나 결국은 수요자와 공급자가 같이 부담하게 된다.

(1) 탄력성과 조세의 귀착

수요자와 공급자 중 누가 더 많이 실질적인 조세부담을 안게 되는가 하는 문제는 가격에 대한 수요와 공급의 상대적인 탄력성에 달려 있다. 수요가 완전탄력적 또는 공급이 완전비탄력적이면 세금은 전부 공급자가 모두 부담한다. 수요가 완전비탄력적 또는 공급이 완전탄력적이면 세금은 전부 수요자가 모두 부담한다.

① 공급이 완전 비탄력적이어서 공급곡선이 수직으로 되어 있으면 가격은 수요에 의해서 결정된다. 그러므로 세금을 부과하더라도 공급곡선을 위로 올려서 더 높은 가격을 받을 수는 없다. 따라서 세금은 전부 공급자가 부담하게 된다. 결과적으로 수요곡선을 아래로 내려서 공급곡선과 수요곡선이 만나는 점에서 세금을 제외한

참 고

조세부담의 상대적 배분

$$\text{수요자 부담 비율} = \frac{E_S}{E_d + E_S}, \qquad \text{공급자 부담 비율} = \frac{E_d}{E_d + E_S}$$

여기서,

E_d = 수요의 절댓값 탄력성 (|수요탄력성|)

E_s = 공급의 절댓값 탄력성 (|공급탄력성|)

가격이 형성되는 셈이다.

② 반면에 공급이 완전탄력적이어서 공급곡선이 수평으로 되어 있으면 부과된 세금만큼 공급곡선을 위로 올려서 수요곡선과 만나는 점에서 새로운 균형이 형성된다. 따라서 세금은 실질적으로 모두 수요자가 부담하게 되는 셈이다.

일반적으로 수요나 공급 중 탄력성이 더 큰 쪽이 세금을 덜 부담하게 되고, 탄력성이 더 작은 쪽이 세금을 더 부담하게 된다. 수요가 탄력적일수록(공급이 비탄력적일수록) 세금의 수요자부담은 작아지고 공급자부담은 커진다. 반대로 수요가 비탄력적일수록(공급이 탄력적일수록) 수요자부담은 커지고 공급자부담은 작아진다.

③ 만일 수요의 가격탄력성이 2이고, 공급의 가격탄력성이 3이라면 총조세액 중에서 소비자는 60%(3/5) 부담하고, 생산자는 40%(2/5) 부담한다.

4) 주택시장에서의 조세귀착

(1) 임대주택시장에 대한 영향

임대주택의 수요곡선이 완전비탄력적일 때는 재산세는 전부 임차인에게 귀착되고, 반대로 공급이 완전비탄력적일 때는 전부 임대인에게 귀착된다. 현실적으로 재산세의 부과는 수요와 공급의 상대적 탄력성의 정도에 따라 임대인과 임차인의 쌍방에 귀착되기 마련인데, 일반적으로 주택부족률이 심한 국가에서는 임대주택시장의 수요곡선은 상대적으로 비탄력적이다.

임대주택이 비탄력적이라는 말은 임대인이 세금을 전가시켜 임대료를 올린다고 하더라도, 임차인은 대체 임대주택이 부족하기 때문에 다른 곳으로 이사 가기가 곤란하게 되고, 임차인의 조세 부담이 더 커진다는 의미가 된다.

따라서 임대주택시장에 제공되는 주택들은 대체로 저가 주택인 경우가 많기 때문에 고가주택에는 중과세하고 저가 주택에는 상대적으로 경과세하거나 면제하는 제도는 세금 전가를 방지하는 방법이 된다.

(2) 고가주택과 저가주택 비례세의 역진세 효과

일반적으로 신규 주택의 공급곡선은 비탄력적인 경향이 강하고 오래된 주택일수록 탄력적인 경향이 강하다. 신규 주택은 토지 등을 확보하기가 어렵지만 오래된 주택은 그러한 제한이 없기 때문이다.

따라서 정부에서 주택에 대한 조세율을 인상할 때 일률적으로 같은 비율을 주택가치에 적용하게 되면 오히려 오래된 주택을 구입하는 저소득층이 세금을 더 많이 부담하고, 신규 주택을 구입하는 고소득층이 세금을 적게 부담하는 결과를 초래하게 된다.

그러므로 다른 조건이 동일할 경우 주택가치에 같은 비율로 적용되는 조세는 수직적 형평성의 문제가 발생하는 역진세적인 효과를 나타낸다.

(3) 양도소득세의 중과

양도소득세를 중과하는 것은 투기적 수요를 억제하여 주택가격을 안정화시키고자 하는 데에 목적이 있다. 그러나 양도소득세를 중과하면 매도자들이 부담을 느껴 주택공급을 감소시키게 된다. 이를 주택공급의 동결효과(Lock-in Effect)라고 한다.

주택공급의 감소는 장기적으로 수요자 측면에서는 대체주택이 감소한 것이 되기 때문에 수요의 가격탄력성이 더 작아진다. 따라서 매수자의 부담은 기존보다 더 커지게 되고, 이것은 결국 주택가격의 상승으로 나타날 수 있다.

따라서 주택가격을 안정시키고자 하는 양도소득세의 중과가 오히려 주택가격을 상승시켜 조세정책이 실패할 수도 있음을 시사해 주고 있다.

또한 양도소득세 중과는 생산요소의 효율적 배분을 저해한다. 예를 들어 어떤 직장인이 회사의 이전으로 A지역에서 B지역으로 이사를 가야 하며, A지역과 B지역의 주택가격은 동일하고 이 직장인 A지역의 주택을 판매하면 양도소득세를 무겁게 부담해야 할 경우, 이 직장인은 B지역으로 이사하지 않고 장거리 출퇴근에 시간과 비용을 투입해야 하므로 노동력의 효율적 배분과 생산성이 저하되는 문제가 발생할 수 있다.

제6장

부동산 개발론

제1절
부동산 개발이론

1 부동산 개발의 기본 개념

1) 부동산 개발의 개념

부동산 개발(Real Estate Development)은 토지와 건축물, 이른바 부동산의 조성과 개량 활동이라고 할 수 있으며, 이는 개발 주체가 대상부동산을 둘러싼 물리적 · 공간적 환경을 개선하여 경제성 및 편익과 쾌적성을 증진시키는 활동 과정이라고 할 수 있다.

구체적으로는 토지나 건물을 주체의 목적에 적합하게 개발하는 행위, 인간의 생활에 필요한 물리적인 공간의 제공과 함께 토지를 개량하는 활동으로 여기에는 '조성에 의한 개량'이나 '건축에 의한 개량'이 수반된다.

조성에 의한 개량이란 택지나 공장부지의 조성작업, 도로공사, 배수공사, 수도의 설치 등과 같이 토지 자체의 유용성을 증대시키는 활동을 말한다. 이는 건축활동이 이루어지기 전의 사전적 준비 활동 단계를 말하는 것으로서, 토지개발에 해당하는 것이다.

건축에 의한 개량이란 토지 위에 건물이나 다리와 같은 건축물을 세움으로써 토지의 유용성을 증가시키는 것이다. 이는 공간창조와 관계된다. 이는 토지와 개량물을 결합하여 실제로 운영할 수 있는 부동산을 생산하는 것이라고 할 수 있다.

2) 「부동산개발업의 관리 및 육성에 관한 법률」에 의한 개발

「부동산개발업의 관리 및 육성에 관한 법률」(약칭: 부동산개발업법)에서 부동산 개발이란 타인에게 공급할 목적으로 토지를 건설공사 수행 또는 형질변경으로 조성하여 판매하거나 임대하는 행위 및 건축물 그밖의 공작물을 건축, 대수선, 리모델링 또는 용도 변경하여 해당 부동산을 판매, 임대하는 행위를 말하며, 시공행위는 제외한다고 명시하고 있다. 또한 부동산 개발업은 타인에게 공급할 목적으로 부동산 개발을 수행하는 업이라고 정의하였다.

2 부동산 개발의 분류

1) 외관에 따른 분류

(1) 유형적 개발

직접적으로 토지의 물리적 변형을 초래하는 행위로서 건축 · 토목 · 공공사업 등이 이에 속한다. 조성개량과 건축개량이 모두 포함된다.

(2) 무형적 개발

토지의 물리적 변형은 초래하지 않으나, 이용상태에 변경을 초래하는 행위로서 용도지역 · 지구의 지정 또는 변경, 농지전용 등이 이에 해당한다.

(3) 복합적 개발

토지의 유형 · 무형의 개발행위가 동시에 이루어지는 경우로서, 토지형질변경사업, 도시재개발사업, 공업단지조성사업, 도시개발사업 등이 이에 속한다.

2) 개발 주체에 따른 분류

부동산 개발의 주체는 개발자의 법적 지위에 따라 크게 공공부문과 민간부문 그 외 특수법인이나 제3 개발자로 구분할 수 있다. 공공개발은 국토개발과 관련한 사업이 주종을 이루며 한국토지주택공사가 주로 시행하는 택지개발사업, 지방자치단체의 도시개발사업이 주를 이루고 있다.

민간개발은 공공개발 이외의 재건축, 주상복합, 업무용 빌딩, 오피스텔, 테마 상가 등 매우 다양하게 추진된다. 민관합동개발사업은 관광단지, 레저휴양단지, 복합단지 등의 개발이 주를 이루고 있고, 민간법인의 기술력 및 자금력과 공공법인 또는 정부 등의 행정력이 결합되어 사업의 효율성을 높이기 위하여 추진되고 있다.

(1) 공공부문(제1 섹터)

국가나 지방자치단체, 공사나 정부투자기관, 지방공기업 등이 사업 주체(시행자)가 되는 것을 말한다. 공공개발은 경제적 이익을 극대화하는 민간개발과 달리 규모가 크고 공익성이 높아서 사회적 편익을 고려하게 된다. 이때 비용보다 편익이 크다면 사업타당성이 있다고 본다. 이는 비용–편익 분석기법으로 계산하게 되는데 사회적 편익과 비용을 측정하는 데 어려움이 있다.

(2) 민간부문(제2 섹터)

토지소유자 개인, 주택건설사업자, 토지소유자 조합 등이 주체가 되는 것을 말한다. 크게 단독개발사업과 공동개발사업으로 구분할 수 있는데 단독개발사업은 가장 기본이 되는 개발사업으로 자신이 소유하고 있는 부동산을 개발하는 경우, 시행자에 의해 시공은 하지 않고 시행만 하는 경우, 건설회사 자체 사업 등이 있다.

공동개발사업은 신탁회사나 금융기관 등과 공동으로 개발하는 사업, 지주공동사업 등이 있다. 지주공동사업은 토지소유자가 토지를 현물로 투자하고 개발업자나 건설업자가 개발비용을 투자하여 개발완료 후 투자수익을 투자 비율대로 분배하는 형태가 주를 이룬다.

(3) 민 · 관합동부문(제3 섹터)

민 · 관합동 개발사업은 정부와 민간이 공동개발 사업 주체가 되는 것을 말한다. 민 · 관 제3 섹터 방식이라고도 한다. 지방자치단체 등이 민간기업과 합동으로 개발하는 방식으로 지방자치단체의 재정자립도 확립 차원에서 행해지고 있다. 공공은 토지와 인허가를 담당하고 민간은 기술과 자본을 투입하여 공공목적과 사업목적을 동시에 달성한다. 「사회기반시설에 대한 민간투자법」에 의한 사회간접자본의 확충을 위한 사업과 이에 부수한 부대사업이 주를 이룬다.

3 부동산 개발의 과정

부동산 개발의 과정은 학자들에 따라 다양한 개발 과정 모델로 개발의 단계를 설명하고 있지만, 현실적으로 각 단계가 뚜렷하게 구분되는 것은 아니며, 부동산 개발업자의 목적이나 개발사업의 성격에 따라서 달라질 수 있고 여러 단계를 동시에 검토해야 하는 경우도 많다.

1) 구상(아이디어) 단계

모든 부동산 개발은 아이디어 단계로부터 시작된다. 개발업자의 지식과 경험을 살려 토지의 최유효 이용 방안이 무엇인지를 자신의 개발능력과 자금 동원능력을 고려하여 사업을 머릿속으로 구상해 보는 단계이다.

2) 예비적 타당성 분석 단계

예비적 타당성 분석은 부지 매입 여부 검토를 판단하기 위해서 행해진다. 부지를 매입한 후 개발사업이 완성되었을 때 예상되는 수입과 비용을 추정하여 개략적인 수익성을 검토한 후 사업 가능 여부를 판단해 보는 것이다.

이때, 개발업자는 사전에 개발비용, 개발에 따른 시장가치 및 수익자료 등을 개괄적으로 조사하게 된다. 비용과 편익을 비교 분석하여 타당성이 있다고 판단되면 다음 단계로 넘어가고 그렇지 않으면 이 단계에서 중단하게 된다.

3) 부지의 모색 및 확보 단계

부지 확보 단계에서는 개발사업에 대한 대안적 부지들을 서로 비교하여 최선의 부지를 선택하는 것이다. 사업성이 분명히 있다고 판단이 되는 적절한 부지가 선정되면 이것을 확보하기 위해 토지소유자와 교섭을 하여 매입하여야 한다. 부지를 확보한 후에는 인 · 허가 절차를 밟아야 한다.

인 · 허가는 부지확보와 예비적 사업타당성 분석까지 완료한 후에 절차를 밟게 되며 사업의 추진 여부를 결정할 수 있는 중요한 판단의 요소이기 때문에 이 부분이 어느 정도 해결되었다면 추후 협상 시에도 상당히 유리한 입장에서 협상하고 계약할 수 있게 된다.

4) 타당성(실행 가능성) 분석 단계

예비적 타당성 분석으로부터 어느 정도 긍정적인 결과가 나왔다고 하더라도 다른 사업참여자들에게 개발사업의 사업 타당성을 공식적으로 입증해야 하므로 보다 완전한 타당성 분석을 하여야 한다.

개발사업의 타당성 분석은 법률적 · 경제적 · 기술적(물리적) 타당성 등을 모두 포함한다. 타당성 분석으로부터 나온 결과가 동일하더라도, 개발업자마다 요구수익률이 다를 수 있으므로, 개발업자에 따라 채택될 수도 있고 그렇지 않을 수도 있다. 따라서 개발사업 자체가 타당성이 있다, 없다를 말하기는 어렵다.

5) 계약 및 협상 단계

개발사업의 타당성이 공식적으로 입증되었다면, 개발자금을 조달하고 공사도급계약을 체결하기 위하여 금융기관과 시공회사 그리고 부동산 신탁회사 등과 협상을 하고 약정 또는 계약을 체결한다. 강화된 공공부문과 다양해진 개발사업 참여자들로 인해 개발사업이 점점 복잡해짐에 따라 협상 및 계약의 단계의 중요성이 커지고 있다.

대부에는 개발사업을 착공하고 완공하는데 필요한 '건축대부(Construction Loan)'와 개발사업이 완성되었을 때 완성된 부동산을 담보로 하는 '저당대부(Mortgage Loan)'가 있다. '건축대부'는 착공에서 완공에 이르는 건설 과정에 필요한 자금을 일시적으로 융통하는 것으로서, 개발사업이 완성되어 영구적 금융인 '저당대부'를 받으면 그때 일시불로 상환된다.

6) 건설 단계

개발사업이 예정된 계획대로 진행되지 않는다면 수익성에 큰 타격을 줄 수 있기 때문에 건설활동은 전체 개발사업의 성공 여부를 결정짓는 가장 중요한 일 중의 하나이다. 따라서 개발업자는 계약에 의해 설계에서 완성에 이르기까지 개발사업에 대한 전반적인 책임을 지는 유능한 건설회사와 공사도급계약을 체결하고, 감리회사와 감리계약도 맺어야 한다.

7) 마케팅 단계

부동산 개발사업이 성공하느냐 마느냐는 개발상품의 시장성(Marketability)에 달려 있다. 개발사업의 마케팅 형태에는 분양(처분)과 임대 그리고 직영이 있다. 마케팅 시기는 사업의 종류와 법률의 규정에 따라 다르나, 임대활동을 위한 마케팅은 개발의 초기 단계에서부터 이루어지는 것이 보통이다.

4 부동산 개발의 참여자

1) 사업 주체 및 시공자

(1) 사업 주체

부동산 개발사업을 함에 있어서 사업 전체를 이끌어 가는 개발 주체를 '시행자'라고 한다. 사업의 주체가 되는 시행자가 되기 위한 요건에 제한이 있는 경우도 있으나, 일반적으로는 제한 없이 개인이나 법인 모두 가능하다. 「주택법」상의 주택의 공급 혹은 재개발이나 재건축 등 특수한 개발사업에서는 일정한 요건을 갖춘 자나 조합 등으로 그 자격이 제한되고 있다.

시행자는 개발사업의 인허가 및 포괄적 권리, 각종 민원 업무를 주체적으로 처리하며 개발된 부동산의 소유자가 된다. 상품기획에서 개발 컨셉, 분양 마케팅, 관리 등을 직접 관장하는 시행자를 개발업자 혹은 디벨로퍼(Developer)라고 한다.

미국에서 디벨로퍼는 프로젝트 매니지먼트 컴퍼니(Project Management Company)로도 불리는데 자신이 건축주이거나 건축주를 대행하여 개발사업의 총괄을 일임받은 자로 대지구입에서 개발기획, 시장조사 및 분석, 건축설계 및 시공, 임대 · 분양, 운영 · 관리 등의 기능을 직접 갖추거나 전문협력업체를 두어 운영하는 자를 말한다.

(2) 시공자

시공자는 발주자(건축주, 시행자, 개발업자)로부터 공사 도급을 받아 공정에 따른 보수인 공사비를 받고 공사를 진행하여 완료한 후 발주자에게 인도하는 자를 말한다. 일반적으로 건설회사라고 부르기도 한다. 개발사업에서 개발 주체인 시행자만큼 중요한 참여자로 시공사를 들 수 있다. 부동산은 현장에서 실물을 건설하는 상품이다 보니 건설에 직접 참여하는 시공자는 대단히 중요하다. 시공자의 역할은 최종적으로 부동산의 품질을 결정하고 하자보수에 책임을 지게 된다.

따라서 「건설산업기본법」 등 법에 의하여 시공자의 자격에 대해서는 종목별로 일정한 자격을 가진 자로 신고하도록 하고 있고, 국토교통부에서는 건설업체로 등록된 업체 현황 등을 제공하고 있다.

2) 컨설팅사 및 분양대행사

(1) 컨설팅사

컨설팅사는 투자자 또는 사업 주체가 하고자 하는 부동산 관련 제반 활동에 대하여 전문적인 의견을 제공하거나, 투자자 또는 사업 주체가 하고자 하는 투자 또는 사업에 대하여 각종 대안과 문제 해결 방안을 제공하는 역할을 담당한다.

미국 일본 등 여러 나라에서는 부동산 카운슬러 제도가 있고 미국은 부동산 카운슬러 협회(CRE: The Counselors of Real Estate) 등에서 소속 부동산 컨설팅업자들의 부동산 상담업무의 질적 향상을 도모하고 있으나 아직 우리나라에서는 컨설턴트나 컨설팅사에 대한 국가자격증 제도가 없는 상태이다. 컨설팅사의 주된 업무는 다음과 같다.

① 시장조사: 컨설팅사의 가장 주된 업무는 시장조사라고 할 수 있다. 부동산을 지역별, 상품유형별, 공급자별로 구분하여 과거와 현재의 가격 자료들을 수집, 조사하고 미래가격을 예측하고 분석한다. 개발사업 및 투자의 시작은 현재 시장 상황에 대한 정확한 이해를 바탕으로 검토되어진다.

② 입지분석: 부동산의 근원적인 특성인 부동성으로 인하여 좋은 입지의 선정은 개발사업 성공의 절대적인 요소라 하여도 과장이 아니다. 개발해야 할 토지가 이미 정해져 있다면 다양한 용도 가운데서 보다 유리한 이용, 최유효 이용을 추구하여야 하며, 입지를 선정해야 하는 경우라면 입지 조건이 양호한 입지 잉여가 많이 있는 곳을 선택하여야 한다.

③ 개발기획: 컨설팅의 핵심은 구체적인 대안을 제시하는 것이다. 해당 입지에 어떠한 상품을 어느 정도의 규모로 얼마에 어떻게 개발해야 할지를 구체적으로 제시하는 것이다. 따라서 이러한 개발기획은 각각의 안별로 다양하게 제시할 수 있으며

컨설팅을 의뢰한 투자자나 사업주의 이해를 돕기 위해 개발사례 등을 들어 사례분석을 제시하여야 한다.

④ 경제성 분석: 부동산 개발 및 투자를 하고자 하는 최종목적 중에서 경제성, 수익성은 대단히 중요한 요소라고 할 수 있으므로 개발했을 때 어떠한 금전적인 이익이 있을지 평가해 주는 것이 필요하다. 경제성 분석은 위에서의 시장분석의 결과로 주어진 자료를 토대로 하여 개발사업에 대한 최종적인 투자결정을 하는 것을 의미하므로 보다 구체적으로 개발사업의 수익성 여부를 평가해 주어야 한다.

⑤ 개발 운영 방안: 경제성 있는 개발 투자를 하고 이를 운영하기 위한 구체적인 방안을 제시하는 것이다. 개발 단계마다 각 시기에 적합한 인사, 행정, 재무 등의 내용을 제시하여야 한다. 제시된 방안에 대해 각각의 장단점을 비교하여 투자자가 최종선택을 함에 있어서 합리적인 의사결정을 할 수 있도록 지원하여야 한다.

⑥ 제시 및 조언: 각 방안을 제시, 조사, 분석함에 있어서 전제 조건 등을 밝히고 간단하고 명료하게 검증 가능하도록 조언하는 것으로 컨설팅은 종료된다.

3) 건축사 및 설계감리자

건축사와 설계감리 전문 엔지니어링 업체들도 개발의 중요한 참여자이다. 건축조형미, 경제성, 안정성, 기능성 등이 반영된 이상적인 건축계획안 및 설계도서가 작성되어야 상품 가치가 높은 부동산 상품이 개발되고 또한, 설계도서 내용들이 시공 과정에서 정확히 반영되는지를 확인하는 감리업무를 통해서 건축 시공의 품질의 안정성이 확보되기 때문이다.

보통 설계의 사전적 단계로서 조사, 기획업무가 있다. 사업주가 원하는 바를 시장여건에 맞추어 설계하기 위해서는 대지분석, 건축 계획 및 재원 확정을 위한 기획, 공사비 예산 확정을 위한 조사연구, 환경 영향에 관한 조사연구, 건설공정을 위한 프로그램 개발 등을 하게 된다. 핵심적 업무는 건축, 설계 업무라 할 수 있다.

건축사는 자신의 전문지식과 경험을 토대로 건축주의 의뢰 내용을 충실히 반영하여 기본 계획, 기본 설계, 실시설계의 과정을 거치며 건축물의 도면을 작성하게 된다. 이렇게 작성된 설계도면을 토대로 각종 인허가 및 검사와 관련된 업무를 사업주를 대신하여 수행하게 되고 시공자가 설계도면대로 충실히 건축에 임했는지 여부를 감리하게 된다.

4) 광고대행사

분양이나 임대를 하기 위해서 광고를 하게 되는데, 이때 참여자가 광고회사이다. 광고회사의 광고 전략은 사업을 시행하는 사업주에게는 핵심적인 마케팅 전략이 되기 때문에 성공적인 광고회사의 선정은 사업 전체의 성공 가능성을 좌우할 만큼 중요한 일이라고 할 수 있다. 따라서 신용과 능력은 물론 부동산 시장에 대한 이해도 함께 갖추고 있는 광고대행사의 선정은 매우 중요하다.

광고대행사는 부동산을 비롯하여 전 상품을 취급하는 종합광고대행사가 있는가 하면 부동산만 전문으로 하는 회사도 있다. 종합광고대행사는 전반적인 시각에서 홍보전략을 수립하는 장점이 있고 부동산 전문광고대행사는 부동산의 특징을 정확히 간파하는 전략이 뛰어나다는 장점이 있다.

5) 부동산 개발에 있어 재무적 참여자(Financial Players)

(1) 건설융자자(Construction Lenders)

주 참여자는 상업은행(Commercial Bank)이다. 개발자가 제시간 안에 예산 범위 내에서 프로젝트를 완성할 수 있도록 건설기간에 걸쳐 재정적인 책임을 담당한다. 이들은 부채의 형태로 건설자금을 조달하고 개발자가 건축가가 설계한 계획과 세부사항을 따르고 예산 범위 내에서 사업을 완료하는지 감독하는 역할을 한다.

그들은 건설비용이 그들이 제공한 부채 규모를 초과할 위험에 노출되어 있다. 만약 개발자가 그 차이만큼의 자금을 댈 의지가 없거나 불가능하다면 건설자금 대출자들은 원래의 대출서류에 명시된 규모를 넘어서서 건설 대출 규모를 늘리거나 부동산에 대한 담보권을 행사하게 된다.

(2) 영구대출자(Permanent Lenders)

은행, 연기금, 생보사, REITs, 사모투자자, 그리고 조인트벤처(JV)가 이에 해당될 수 있다. 이들은 건설융자자(Construction Lenders)와 마찬가지로 대출금의 안정성을 추구하나 다른 점은 건설융자자는 건설 과정에 필요한 자금을 대출하므로 리스크가 상대적으로 큰 반면에 영구대출자는 건설이 완료 된 후 준공된 건축물을 담보로 대출을 하므로 리스크가 상대적으로 작고 대출금의 담보물건으로 이용될 수 있는 완성된 프로젝트의 시장가치를 중요하게 생각한다.

건설자금 대출자로부터 자금 조달을 넘겨받아 완료된 사업에 장기모기지를 통해 자금을 조달한다. 이 경우의 대출은 주로 고정금리상품이다. 대출의 규모는 담보자산의 가치와 담보자산이 창출하는 원리상환금의 현금흐름에 따라 결정된다.

(3) 합작파트너(Joint Venture Partners)

특정 목적을 달성하기 위하여 공동으로 사업을 전개하는 공동벤처회사로 수많은 소액투자자로 구성된 신디케이션과 달리 소수의 개인이나 기관투자자로 구성된다. 일반적으로 개발의 경험과 전문성을 갖춘 부동산 개발업자와 자본을 갖고 있는 대출기관 사이에서 형성되고 특정한 조인트 벤처사업을 위하여 자회사를 설립하여 운영하기도 한다.

대출기관은 저당투자자가 아닌 지분투자자로 참여하여 개발이나 운영기간에 개발자에게 자본의 형태로 자금제공(Equity Funding)을 하고 그 대가로 개발수익의 지분을 받는다.

부동산 개발회사 입장에서는 지분권을 팔아서 자기자본을 조달하게 되므로 이들 합작파트너(조인트 벤처 파트너)가 투하한 자본은 사업의 비용과 부채 조달 금액 간 간극을 메우는 중요한 역할을 한다. 하지만 이들은 금융 리스크(Financial Exposure)를 최소화하면서 법적으로 물건을 관리, 매각할 수 있는 권리(Ownership Interest)와 배분되는 수익의 극대화를 요구하므로 개발자에게 부담이 될 수 있다.

조인트벤처가 합자회사 형태를 띤다면 개발업자는 무한책임사원, 대출기관은 유한책임사원이 되므로 대출기관은 사업의 통제권을 갖지 못하게 되고, 합명회사의 형태를 띤다면 대출기관도 무한책임을 져야 하는 등의 장·단점이 있다.

(4) 장기 주식투자자(Long-Term Equity Investors)

Fund, REITs, 연기금 등이 이에 해당한다. 이들은 건설 시작 전에 준공된 부동산을 구매하는 계약을 할 수도 있다. 이 경우 완공이 될 때까지 자금이 집행되지 않는 일이 자주 발생한다. 건설 전에 계약 서약은 장기대출로 대체될 수도 있다. 이들은 개발기간 동안은 소극적인 투자자로서 개발 위험을 지지 않는다.

이들 투자자는 자금집행을 최대한 늦추기를 원하며, 때에 따라서는 추가적인 요구와 개인적인 책임을 회피하고 지분액을 줄이기를 원하기도 한다. 또한 완공 이후에는 가장 낮은 가격에 대한 운영수익(The Max. Possible Operating Returns for the Least Possible Price)이 극대화하길 원한다. 이 수익은 개발기간에 참여한 투자자들이 받는 수익보다 낮은 것이 일반적이다.

5 부동산 개발의 위험

부동산 개발사업의 위험이란 '부동산 개발사업을 수행하는 데 있어서 장래의 불확실성으로 인한 손실이 발생할 가능성'을 말한다. 부동산 개발사업의 위험에는 개발업자가 통제할 수 있는 것도 있지만 통제할 수 없는 것도 있다.

통제할 수 없는 위험은 외부환경요인에 의한 것으로서 일반적으로 환율, 금리, 통화량, 부동산 정책의 변화 등으로 볼 수 있으며, 통제할 수 있는 위험은 내적요인에 의한 것으로서 개발사업의 전 과정에 걸쳐서 나타난다. 통제할 수 없는 것이라고 하여 개발업자는 이를 무시해서는 안 되고 항상 여러 가지 위험 요소를 파악, 분석하여 이것을 개발사업의 의사결정에 적절히 반영하여야 한다.

1) 법적 위험

법적 위험이란 부동산 개발에 수반되는 토지이용 규제, 건축 규제와 같은 공법적인 측면과 소유권 관계, 주민의 민원 등과 같은 사법적인 측면에서 발생할 수 있는 위험을 말한다. 시장성과 수익성이 있는 개발사업이라 하더라도 법률에 위배되어 인허가가 불가능하다면 사업 자체가 어렵기 때문에 개발업자는 법률적 위험을 최소화하기 위한 방법으로 이미 이용계획이 확정된(인허가가 완료된) 토지를 구입하는 등의 조치가 필요하다.

2) 시장위험

시장위험이란 개발기간이 길어질수록 시장의 불확실성이 커지면서 개발업자에게 주는 부담도 커지게 되며, 대표적으로 개발된 부동산이 임대나 분양이 안 될 가능성이 그것이다. 또한, 시장의 이자율 상승으로 개발업자에게 추가적인 금융비용을 지불하게 하는 등 시장의 불확실성이 개발업자에게 주는 부담을 시장위험(Market Risk)라고 한다. 시장성 분석을 통해 위험부담을 줄일 수 있다.

사업 초기 단계에서 보다 사업 말기 단계에서 시장위험으로 인하여 개발사업이 중단되면 그만큼 손실이 커지기 때문에 개발업자는 개발사업의 각 단계마다 위험을 체크하여야 한다. 개발업자는 대상부동산을 개발 초기에 매도하여 개발에 따르는 위험을 줄이고자 할 수 있다. 그러나 이는 시장위험이 매수자에게 전가되는 것이지 없어지는 것은 아니다.

또한 초기에 매도하면 개발업자가 부담하는 시장위험을 그만큼 줄일 수 있지만, 가격은 낮게 형성되므로 반드시 개발업자에게 유리하다고 볼 수는 없다.

개발사업이 완성 시점에 가까울수록 시장위험은 줄어들면서 부동산 가격은 높게 형성된다. 따라서 개발업자는 어느 시점에서 매도 또는 임대를 하여야 위험을 최소화하고 수익률을 최대로 할 수 있을 것인지를 세밀히 검토하여야 한다.

3) 비용부담위험(운영위험)

개발비용이 변하면 개발수익에 영향을 주게 된다. 예상보다 개발기간이 늘어나면 건축비, 금융비용 등과 같은 개발비용이 커지게 된다. 예상기간 안에 개발을 완료하더라도 예를 들면, 인플레이션 상황이 발생될 경우 건축비용의 변화는 빈번할 수 있으므로 개발기간이 긴 사업일수록 위험은 더 커지게 된다. 이를 비용부담위험 또는 운영위험이라고 한다.

개발업자는 비용위험을 줄이기 위해 시공사(건설회사 등)와 '최대가격보증계약'을 맺을 수 있다. 최대가격보증계약을 맺으면 개발사업에 실제로 든 비용이 계약금액을 초과하더라도 개발업자는 추가적인 비용을 부담하지 않게 된다. 그러나 현실적으로는 최대가격보증계약을 체결하고 부동산 개발을 하게 되면, 개발 주체는 비용위험을 줄일 수 있으나, 시공사들도 비용위험을 감안하여 개발사업비를 높게 책정하려고 하기 때문에 계약금액이 높아질 수 있다.

제2절

부동산 개발 분석

1 부동산 분석

부동산 분석의 궁극적 목적은 특정 부지에 대한 경제성 있는 개발 대안을 찾는 것이다. 이를 위하여 개발업자들은 먼저 개발사업을 입지 시킬 특정한 부지를 찾고, 그 부지에서의 개발사업이 투자자의 목적을 충족시킬 수 있는지를 분석한다. 전자에 속하는 연구로는 시장분석, 시장성 분석, 지역경제 분석이 있고, 후자에 속하는 연구로는 타당성 분석, 투자분석이 있다.

2 부동산 분석의 유형

1) 시장분석(Market Analysis)

시장분석이란 부동산 의사결정을 지원하기 위해 부동산 시장의 동향과 추세를 연구하는 활동이다. 특히나 개발사업에 있어서 제대로 분석하고 파악한 시장에 대한 정보는 개발업자나 투자자들에게 개발에 따르는 리스크를 최소화하게 하므로 개발에 참여하는 각 부문의 참여자들에게 중요한 판단을 하게 도와주는 길잡이와 같은 역할을 하게 된다.

따라서 시장분석은 부동산 개발에 대한 결정을 내리기 이전부터 시작하여 준공(혹은 착공) 후 처분하기까지 계속하여 정보를 탐색하고 분석하는 일련의 과정이 수반된다.

시장분석을 용이하게 하기 위하여 부동산 시장을 몇 개의 하위시장으로 나눌 수 있다. 전체시장을 '제품의 특성에 따라' 대상부동산을 범주화하여 몇 개의 하위시장으로 나누어 다른 부동산과 구별하는 것을 시장 차별화(Disaggregation)[1]라고 말하며, 주거용 · 상업용 · 공업용으로 구분한다거나, 단독주택 · 공동주택으로 구분한다거나, 매매 · 임대시장으로 구분하는 것이 대표적인 예라 할 수 있다.

시장 차별화를 통하여 구체적으로 부동산을 구분하고 나서 그다음의 과정으로 '소비자의 특성에 따라' 잠재 고객을 서로 다른 욕구를 갖는 구별되는 집단으로 범주화하여 전체시장을 부문시장으로 세분화하는 과정을 시장 세분화(Segmentation)[2]라고 한다. 소비자의 연령 · 성별 등 인구통계학적 특성과 소득, 생활양식, 의식구조 등으로 구분하는 것이 대표적인 예라 할 수 있다.

이렇듯 대상부동산에 대하여 적정한 시장 지역을 확정하고 확정된 지역시장 단위에서 특정 부동산에 대한 시장의 수요와 공급 상황을 분석하여 전반적인 가격수준과 이의 동태적 경로를 분석하여 대상부동산의 가치에 어떠한 영향을 미치는가를 조사하고 분석하는 작업이 시장분석이다.

거시적 시장분석은 대상부동산이 속한 지역에 영향을 주는 거시경제지표들, 일반 경기변동과 부동산 경기변동은 어떠한지 살펴보고 미래의 부동산의 경기변동을 분석하고 예측하는 것이다. 부동산의 경기변동은 부동산 경기순환과 인근지역 생애주기를 통해 분석한다. 이외에 그 지역의 입지적 특성, 시장환경, 정부의 부동산에 대한 정책 등을 통하여 시장분석 및 지역분석을 한다.

미시적 시장분석은 각 하위시장의 현황분석을 하기 위하여 통계조사, 현장조사, 설문조사 등의 방법으로 수요량과 공급물량을 파악하고 적정한 가격을 도출해 내는 방법이다. 현재 계획하고 있는 프로젝트의 결과가 장래에 일어난다고 가정하고 미

1) 시장 차별화는 비표준화된 일반 시장으로부터 보다 표준화된 부분시장을 확인하는 과정으로써, 시장분석의 첫 번째 단계가 된다. 차별화된 주택시장도 세분화 과정을 통하여 더 표준화되며, 수요와 공급 결정요인이 더 균등화되는 부분시장을 확인할 수 있게 된다.

2) 시장 세분화란 차별화가 이루어진 특정한 부동산 제품의 소비자를 보다 동질적인 소집단으로 구분하는 것을 말하는데, 이러한 시장 세분화는 소비자의 인구적 · 사회적 · 경제적 · 심리적 특성에 따라 이루어진다.

래의 소득과 비용을 자본환원율(할인율) 등으로 할인하여 현재가치로 평가한다. 따라서 미래 예측에 따른 분석이라는 어려움이 있다.

시장분석의 역할은 크게 다음의 세 가지로 설명될 수 있다.

첫째, 시장분석은 주어진 부지(Site)의 이용 용도를 결정하는 역할을 한다.

둘째, 시장분석은 특정 용도에 어떠한 부지가 적합한가를 결정하는 역할을 한다.

셋째, 시장분석은 주어진 자본을 투자할 대안을 찾는 투자자를 위해서 수행되기도 한다.

넓은 의미의 시장분석에는 지역경제 분석, 시장성 분석을 포함한다. 그러나 좁은 의미의 시장분석에는 지역 및 도시 분석, 인근지역 분석(근린분석), 개별분석(부지분석), 수요분석, 공급분석이 행해진다.

지역 및 도시분석은 당해 지역의 경제활동 분석, 경제기반 분석, 인구 및 소득 분석, 교통망 분석, 성장과 개발유형 등을 살펴본다. 지역의 경제기반과 성장 가능성을 분석하고 개발프로젝트의 성장잠재력을 분석하고, 수요 · 공급에 영향을 미치는 요인인 인구의 구성 및 예측, 소득 및 고용 예측 등을 조사한다.

인근지역 분석(근린분석)은 개발대상 부동산에 직접적 영향을 주는 인근지역의 현황과 변화 방향을 알아보는 분석이다. 구체적으로는 지역경제가 부지의 인근에 미치는 영향, 지역 교통의 흐름, 인구의 특징(성별, 연령, 혼인 여부, 가구규모, 교육수준 등), 인근지역 내의 경쟁, 장래경쟁의 잠재성 등을 조사 분석한다.

개별분석(부지분석)은 개발대상 부지의 개별적 요인을 분석하여 최유효 이용을 꾀하는 것이다. 구체적으로는 지역지구제, 편익시설(전기, 가스, 상 · 하수도 등), 접근성(Assess), 크기와 모양, 지형조건, 공공규제, 비용과 가치, 기타 물리적 특징 등을 조사하여 분석한다.

이 중 개발계획이 확정된 경우 토지의 최유효 이용을 위해 건축 분석이 행해진다. 건축 분석 시 구체적인 고려사항은 기능적 효용성, 주변환경과의 조화성, 특정 활동의 수용 가능성, 유지관리의 용이성, 건축양식 및 장식 등이 있다.

수요분석은 개발대상 부동산에 대한 유효수요를 분석하는 것을 의미한다. 먼저 시장지역을 획정하여야 하고 경쟁력, 인구, 추세 등을 분석하여야 한다.

공급분석은 개발대상 부동산과 경쟁의 관계에 있는 다른 부동산의 상태를 분석하는 것으로서 공실률 및 임대료의 추세, 공공편익시설의 상태, 건축 착공량과 건축허가량, 지역의 도시계획, 건축비용 및 금융의 유용성 등을 분석한다.

2) 시장성 분석(Marketability Analysis)

시장성 분석이란 개발된 부동산이 현재나 미래의 시장 상황에서 매매되거나 임대될 수 있는 경쟁력을 조사하는 것을 말한다. 시장성 분석에서는 대상 개발사업 자체에 초점을 두어, 이것이 시장에서 어떻게 흡수될 것인가를 부동산의 위치, 유형, 질, 양에 따라 구체적으로 분석한다. 또한 인근지역 분석과 부지 분석을 통하여 미시적 개발환경을 분석하는 작업이 이루어지며 구체적인 법적 제약조건과 함께 기술적인 검토가 이루어진다.

시장성 분석의 한 방법으로 흔히 쓰이는 것으로 흡수분석(Absorption Analysis)이 있다. 흡수분석이란 흡수율이나 흡수시간 등을 분석하여 부동산의 수요와 공급을 지역별, 유형별로 구체적으로 조사하는 것을 의미한다. 여기서 흡수율이란 시장에 공급된 부동산이 단위시간(통상 1년) 동안 시장에서 흡수된 비율을 의미하고, 흡수시간이란 공급된 부동산이 시장에서 완전히 흡수될 때까지 걸린 시간을 말한다.

흡수율 분석(Absorption Rate Analysis)은 시장에 공급된 부동산이 일정 기간 동안 얼마만큼의 비율로 흡수(매수 및 임대)되었는가 하는 매매 가능성 및 임대 가능성을 분석하는 것으로 과거의 추세와 그 원인을 분석한다. 이는 단순히 과거의 추세를 알아보기보다는 이를 기초로 대상 개발사업에 대한 미래의 흡수율을 예측하기 위함이다.

흡수율은 일정 기간 동안 입주면적의 증가분을 말하는데 흡수면적은 연말입주면적에서 연초 입주면적을 빼는 방식으로 계산되고 흡수면적은 다음과 같은 산식을 사용한다.

$$흡수면적 = 지역성장률 \times 수요패러미터 \times 점유율$$

☑ 산식에서 사용된 변수들을 살펴보면 흡수율 분석에는 지역성장 예측, 수요매개변수 분석, 시장점유율 분석이 필요함을 알 수 있다.

☑ 지역성장률은 지역 내 인구, 고용 등을 나타내고, 수요 패러미터는 근무자당 사무실 이용면적, 매출액당 가구 수, 가구당 지출액 등으로 계산되며 시장점유율은 경쟁시설 및 사업규모 등을 고려해서 산출한다.

참 고

시장분석과 시장성 분석과의 관계

① 시장분석은 특정 부동산에 대한 혹은 대상부동산이 속한 지역의 수요와 공급 상황을 분석하는 것이므로, 범위를 좀 더 좁혀 대상부동산의 흡수율을 분석하는 시장성 분석에 비해서는 거시적인 분석에 해당한다.

② 같은 이유로 절차적 선 후에 있어서 시장분석은 시장성 분석에 대한 선행작업에 해당하고, 결과적으로 시장성 분석에는 시장분석이 포함된다.

3) 지역경제 분석(Analysis of Local Economy)

지역경제 분석은 대상 시장지역의 인구, 고용, 소득 등 모든 부동산의 수요와 시장에 영향을 미치는 요인을 분석, 확인 및 예측하는 작업을 말하며, 거시적 시장 분석의 한 부분이라고 할 수 있다. 지역경제 분석은 지역의 경제활동, 인구와 소득, 교통망, 성장과 개발의 유형 등 모든 부동산의 수요와 시장에 영향을 미치는 요인을 분석하고 예측하며 대상 지역시장 전체에 대한 총량적 지표를 분석한다.

경제기반 분석은 경제기반을 분석하는 것으로 경제기반이란 그 지역사회의 주된 산업으로서 경계선 바깥으로 재화나 용역을 수출하는 활동을 가리킨다. 지역사회의 부동산은 경제기반산업의 경기와 밀접한 관련성이 있기 때문에 이 같은 관계를 정확히 파악하여야 한다. 구체적 분석 요인들은 다음과 같다.

첫째, 국가경제가 지역에 미치는 영향 분석이다.

둘째, 경제기반 분석이다. 경제기반 분석에는 입지계수와 경제기반 승수 분석이 포함된다.

셋째, 인구분석이다. 인구변화 및 추세는 시장 강약의 지표가 된다. 인구이동 유형, 연령, 교육수준, 이동성 등을 평가한다.

넷째, 소득수준 분석이다. 지역의 평균소득, 소득원의 종류, 실업의 유형, 새로운 고용기회 등이 지역의 공간수요에 미칠 영향을 분석한다.

다섯째, 교통체계(수송체계) 분석이다.

마지막으로, 현재와 미래의 개발성장의 패턴 등 분석이 있다.

참 고

지역경제기반 분석

1. 경제기반 모형

경제기반 모형(Economic Base Model)은 한 도시나 지역의 경제구조 및 성장의 건전성을 규명하는 분석기법으로 티부(Charles Tiebout)와 호이트(Homer Hoyt) 등에 의해 개발되었다.

이론적 배경은 케인스(J.M. Keynes)의 승수이론에 기반을 두고 있는데 승수이론은 국민소득의 순환 과정에 외부로부터 어떤 유입(투자, 정부지출, 수출)이 있게 되면 국민소득은 승수효과(Multiplier Effect)를 가지고 증가하는 경향이 있다고 보는 이론이다. 승수이론을 바탕으로 하여 도시 경제구조를 기반 활동과 비기반 활동 2개의 그룹으로 구분한다.

1) 기반 활동(Basic Activity)

도시 성장에 기여하는 활동으로 도시 외부의 기업이나 개인들에게 수출하기 위해 재화나 용역을 생산하여 판매하는 활동으로 외부로부터 화폐의 유입을 가져오는 활동이다. 구체적으로는 재화를 수출하는 활동과, 외부 지역에 용역을 제공하고 화폐를 가져오는 활동, 외부인에게 용역을 제공하고 화폐를 받는 활동으로 관광산업이 여기에 속한다.

2) 비기반 활동(Non-basic Activity)

해당 도시 내에서 소비되는 재화나 용역을 생산하여 판매하는 활동으로 도시 내부의 화폐유통을 가져오는 활동이다.

기반 활동만이 도시의 경제력을 결정하는 관건이 되며, 기반 활동의 팽창은 비기반 활동의 성장을 유도하여 도시 전체의 경제성장을 주도한다는 것으로 수출이 경제성장의 기반을 이루며, 비기반 활동은 단순히 도시 성장의 결과 혹은 영향이라고 본다.

2. 경제기반 분석의 절차와 방법

경제기반 분석의 2단계 절차는 먼저 기반 활동과 비기반 활동을 분리하는 단계이고, 다음으로 이와 같은 구분을 바탕으로 분석대상 도시의 산업구조를 분석하는 단계로 이루어진다.

1) 분리 방법

(1) 산업의 성격에 따른 분류: 1차와 2차 산업을 기반 활동으로 3차 산업을 비기반 활동으로 분류한다.

(2) 입지(LQ: Location Quotient): 분석대상 도시의 산업구조를 전국의 그것과 비교하는 방법으로 대상 도시의 i산업에 고용되어 있는 노동력이 i산업에 대한 전국 평균 비율보다 높을 때는 전국 수준과 같은 선까지의 노동력은 도시 내부의 수요에 충당되

고, 나머지는 수출시장의 수요에 할당되는 것으로 산정한다. j도시의 i산업에 대한 LQ값의 산정 방법은,

$$입지계수(LQ_i) = \frac{j도시의 i산업의 고용인구/j도시의 총고용인구}{전국 i산업의 고용인구/전국총고용인구}$$

여기서 LQ_i의 값이 1보다 크면 j도시의 i산업의 제품을 수출하게 되는데, $LQ_i = 1$ 이상의 부분만큼은 기반활동으로, $LQ_i = 1$ 미만의 부분 만큼은 비기반활동으로 분류된다. 계산된 LQ_i 값이 1보다 작으면 j도시의 i산업의 제품을 수입하게 되고, j도시의 i산업은 모두 비기반 활동으로 분류된다. 만약 계산된 LQ_i 값이 1이면 자급자족의 도시가 되고, j도시의 i산업은 모두 비기반활동으로 분류된다.

2) 경제기반분석의 기법

기반, 비기반을 분리한 후에 해당 도시의 경제구조를 분석하기 위해 B/N ratio나 경제기반 승수(Economic Base Multiplier)의 분석기법을 이용한다.

(1) B/N ratio(Basic Non-basic Ratio)

B/N ration = 기반활동에 고용자 수 / 비기반활동의 고용자 수

이 비율은 지역의 경제 의존도와 자립도를 평가하는데 사용되며, 한 도시의 시점 간의 비교를 통해 도시경제의 변화를 측정하고, 도시 간의 비교가 가능하며, 한 도시나 지역에서 산업 간의 비교가 가능하다.

(2) 경제기반 승수(Economic Base Multiplier)

경제기반 승수는 경제기반산업의 고용증가 등이 지역 전체의 인구증가에 미치는 영향을 알 수 있는 승수이다.

◇ 지역사회 전체의 인구증가 = 경제기반 승수 × 기반산업의 인구증가

◇ 경제기반 승수 = 지역사회 전체의 인구증가분 / 기반산업의 인구증가분

ET = EB + EN

여기서, ET = j도시의 총고용인구
EB = j도시의 기반활동 총고용인구
EN = j도시의 비기반활동 총고용인구

여기서, 1/(1−(EN/ET))이 경제기반 승수이다.

경제기반 승수를 통하여 기반활농 고용인구의 변화가 지역의 총고용인구에 미치는 영향을 예측할 수 있다.

기반승수이론의 유용성은 첫째, 분석대상 도시의 미래성장 예측을 가능하게 하고, 둘째, 새로운 산업의 입지나 확장에 따른 소득 및 고용창출효과를 예측할 수 있다.

4) 경제성 분석(경제적 타당성 분석)

경제성 분석은 시장분석에서 수집된 자료를 활용하여 개발사업에 대한 수익성을 평가하고, 최종적인 투자결정을 하는 것이다. 시장분석은 특정 개발사업에 대한 채택 가능성을 평가하기 위한 것이지만, 경제성 분석은 특정 개발사업의 수익성 유무를 평가하기 위한 것이다. 경제적 타당석 분석이라고도 한다.

분석의 방법을 단계별로 간단하게 설명하자면 **첫 번째**, 개발사업에 드는 총비용을 추계하여 토지 부문과 개량물 부문으로 나눈다. **두 번째**, 예상영업소득과 영업비용 등을 분석하여 첫해의 세전 현금수지를 추계하여 이를 토대로 '예상 수지명세서'를 확장하여 미래의 세전 현금수지분석을 한다. **세 번째**, 세후 현금수지를 계산하여 현재가치로 환원한다. **네 번째**, 순현가법(NPV)이나 내부수익률법(IRR)을 적용하여 최종 투자결정을 내린다.

5) 타당성 분석(Feasibility Analysis)

타당성 분석이란 대상 개발사업이 충분한 수익성을 제공할 수 있도록 수행될 수 있을지 여부를 구체적으로 분석하는 것이다. 즉, 타당성 분석에서는 대상 개발사업이 시장에서 흡수됨에 있어, 만족스러운 이윤을 제공할 수 있는지를 분석한다. 대상 개발사업의 수익성은 세후현금수지를 기준으로 판단한다. 따라서 타당성 분석을 할 경우에는 시장 상황에 관한 것뿐만 아니라, 대상 개발사업의 공실률, 영업경비, 저당조건, 세금 등에 관한 것도 고려해야 한다.

타당성 분석은 법률적 · 경제적 · 기술적 타당성 분석을 행하나 가장 중요한 것은 경제적 타당성 분석이다. 타당성 분석으로부터 나온 결과가 비록 동일하다고 하더라도, 개발업자마다 요구수익률이 서로 다를 수 있기 때문에 개발업자에 따라 채택될 수도 있고 그렇지 않을 수도 있다. 그러므로 개발사업 자체가 타당성이 있다거나 없다거나를 말하기는 어렵다.

6) 투자분석(Investment Analysis)

투자분석에서는 대상 개발사업을 다른 투자대안과 비교 · 분석하여 투자 여부를 최종적으로 결정한다. 투자자의 입장에서 대상 개발사업은 투자 가능한 여러 대안

중의 하나일 뿐이므로 대상 개발사업의 타당성 분석의 결과가 긍정적으로 나왔다고 해서, 언제나 투자자에게 채택되는 것은 아니다. 투자자는 대상 개발사업의 기대수익률과 위험을 감안한 투자자 본인의 요구수익률을 비교해서 결정하기 때문이다.

투자분석에서는 전형적인 보유기간을 기준으로 매 기간의 세후 현금수지와 기간 말의 세후 지분복귀액을 추계하고, 받아들일 수 있는 위험 수준에서 최고의 수익을 창출하는 대안을 선택한다.

결국, 투자분석단계에서는 타당성 분석을 통해서 확인된 기대수익률이 개발업자의 요구수익률을 만족시킬 수 있는지를 분석하는 것이다. 즉, 기본적으로 순현가가 0보다 커야 하고, 내부수익률이 요구수익률보다 커야 하며, 수익성 지수가 1보다 큰 여러 대안을 선정하고, 이 중에서 최선의 대안을 선택할 것이다.

7) 경제성 분석과 시장분석의 관계

부동산 개발의 타당성 분석은 먼저 시장분석에서부터 시작되고 난 후 개발사업에 대한 경제성 분석을 실시한다. 시장분석에는 개발사업이 안고 있는 물리적 · 법적 · 경제적 · 사회적 제약조건에 대한 분석이 포함된다. 경제성 분석은 시장분석의 결과로 주어진 자료를 토대로 개발사업에 대한 최종적인 투자결정을 하는 것을 의미한다. 즉, 시장분석은 어떤 개발사업의 시장에서의 채택 가능성을 평가하기 위해 고안된 것이지만, 경제성 분석은 보다 구체적으로 개발사업의 수익성 여부를 평가하기 위해 고안된 것이라고 할 수 있다.

3 부동산 분석의 체계

〈그림 6-1〉에서 보는 바와 같이 상위계층인 시장분석에는 하위계층인 지역경제분석과 시장성 분석의 내용이 포함된다. 상위계층인 경제성 분석에는 하위계층인 타당성 분석과 투자분석이 포함된다.

같은 하위 계층 간에는 '〈'로 표시하였는데, 큰 계층의 분석에는 그보다 작은 계층의 분석이 포함된다는 것을 의미한다. 이 중에서 하위의 세 가지는 특정 개발사

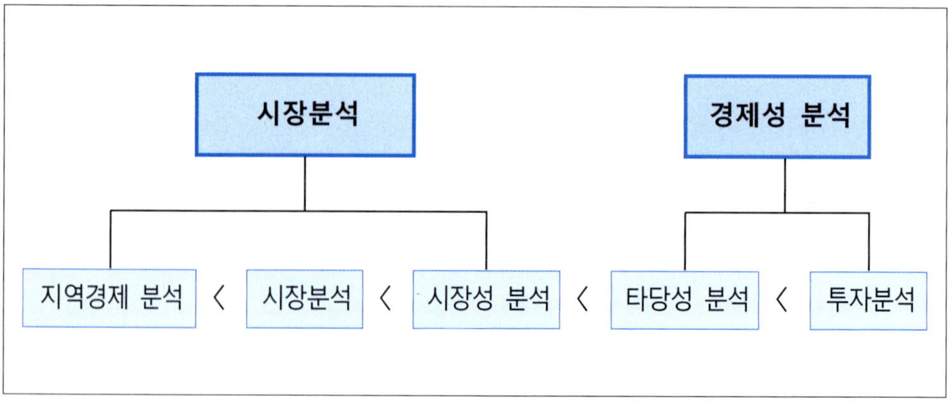

〈그림 6-1〉 부동산 분석 체계

업의 시장에 초점을 두는 연구이며, 상위의 두 가지는 개발업자의 결정에 초점을 두는 연구이다. 또한 하위의 세 가지를 '시장분석', 상위의 두 가지를 '타당성 분석' 또는 '경제성 분석'으로 이분하기도 한다.

제3절
부동산 개발방식

1 신개발사업

신개발은 토지를 절토 · 성토 또는 정지 등 토지의 형상을 변경하는 토지형질변경을 통해 물리적으로 사실상 건축이 가능한 토지로 전환하고, 합필 · 분필의 과정을 거쳐 필지별 토지소유관계를 재편성하는 것을 내용으로 한다. 신개발은 모든 용도의 토지개발을 대상으로 하며, 택지개발은 물론 공장용지개발, 관광지개발 등이 이에 따르고 있다.

신개발은 전 · 답 · 임야 등과 같이 건축이 허용되지 않는 토지를 건축이 가능한 토지로 전환하는 것을 목적으로 한다. 신개발은 토지형질변경을 수반하는 것이 일반적이다. 따라서 신개발은 용도전환을 필연적으로 수반하게 된다.

1) 토지형질변경사업

토지형질변경이란 토지의 원형, 지표, 지질 등을 변경하여 지형을 인위적으로 조정하는 행위를 말한다. 이는 통상 대지조성, 개간, 매립, 성토, 절토, 굴착 등 다양한 방식으로 수행되며, 그 결과 지목이 '전(田)', '답(畓)', '임야' 등에서 '대(垈)' 등으로 변경되는 것이 주요 목적이다. 이러한 토지형질변경을 통해 새로운 도시개발, 산업입지 조성, 주거지 공급 등이 가능해진다.

2) 토지구획정리사업

토지구획정리사업은 도시구역 내 토지의 합리적인 이용과 공공시설의 정비, 생활환경 개선을 목적으로 시행된 정비형 개발 방식이다. 사업은 도로, 공원 등 공공시설을 먼저 배치한 후, 남는 토지를 건축 가능한 대지로 구획 정리하여 분양하거나 기존 토지 소유자에게 배분하는 방식으로 이루어졌다. 1960년대부터 1980년대까지 활발히 추진되었고, 토지 소유자 간의 토지 교환 및 분합을 통해 토지의 효율성을 높이고, 사업 비용 충당을 위해 체비지를 활용하고, 사업을 위해 토지 소유자가 토지를 제공하는 감보 제도를 활용하였다.

3) 일단의 주택지 조성사업

'일단의 주택지 조성사업'은 1970년대와 1980년대에 주택난 해소를 목적으로 도입된 개발 방식으로, 1만㎡ 이상의 미개발지를 대상으로 주거용지를 계획적으로 조성하는 데 중점을 두었다. 이 사업은 도로, 상하수도, 전기 등 주택 건설에 필수적인 기반 시설이 미비한 지역에 토지를 정비하여, 주택의 대량 공급이 가능하도록 기반을 구축하는 것이 주요 특징이다. 토지구획정리사업과 함께 당시 「도시계획법」상 도시개발사업의 일환으로 분류되었다.

4) 아파트지구 개발사업

아파트지구 개발사업은 1970년대 서울의 급격한 인구 증가에 따른 주택 공급 부족 문제를 해결하기 위해 도입되었다. 1976년 서울시 아파트지구 지정을 시작으로 1983년 아파트지구 지정 종료까지 주로 한강변 저습지나 고속도로변에 대규모 아파트 단지가 조성되었다. 시간이 지나면서 토지 용도 구분이 경직되고 다양한 주거 수요를 반영하지 못한다는 한계가 드러나자 2003년 「주택건설촉진법」이 「주택법」으로 개정되면서 아파트지구 개발사업은 폐지되었고, 관련 법령도 정비되었다. 현재는 지구단위계획 제도를 통해 아파트지구 개발 및 관리가 이루어지고 있다.

5) 도시개발사업

도시개발사업은 「도시개발법」에 따라 계획적인 도시개발을 목적으로 시행되며,

주거 · 상업 · 산업 · 문화 · 생태 · 정보통신 기능을 포괄하는 복합적 도시공간을 조성하는 사업이다. 개발 규모와 밀도에 따라 다양한 시설이 복합 조성되며, 기반시설 설치비용의 효율성과 고용 창출 효과가 크다는 장점이 있다.

과거에 별도로 존재했던 토지구획정리사업, 일단의 주택지 조성사업, 아파트지구 개발사업은 각각의 제도적 배경과 운영 방식에 차이가 있었으나, 2000년대 이후 「도시개발법」의 제정 · 시행으로 대부분 도시개발사업의 형태로 통합되었다. 현재는 구체적인 지구단위계획과 도시개발구역 지정 절차에 따라 시행되며, 종전 방식은 폐지되거나 도시개발사업에 흡수된 상태이다.

2 택지개발사업

1) 개념

택지란 건축물을 건축할 수 있는 토지로서 주거용 · 상업용 · 공업용 등으로 이용 중이거나 이용하는 것이 합리적이라고 인정되는 토지를 말한다. 농지나 임지는 택지라고 부르지 않는다. 택지개발이란 농지나 임지 등을 건축 용지로 이용하기 위하여 토지를 변화시키는 것으로, 대규모의 토지를 대상으로 도로 등 공공시설을 정비하여 주택 건설 및 주거 생활이 가능한 환경으로 조성하는 것이다.

2) 택지개발의 기본 조건

택지개발은 도시의 규모, 지형, 지세, 인구 동향, 주택수요 등을 검토한 후 집단주택지로 공급할 수 있는 토지이용성을 고려하여야 한다. 그 기본 조건은 다음과 같다. 기존 건축물이 없는 나지일 것, 토지의 취득이 용이할 것, 도시공해와 공장공해가 적을 것, 지하수가 풍부하고 풍광이 있는 등 주택환경이 좋을 것, 단기간 개발을 완성시킬 수 있고 장래성이 있을 것, 농지가 가능한 한 적을 것, 철도와 도로교통이 편리할 것 등이 있다.

참 고

토지자본

① 토지에 투입되어 토지로부터 분리할 수 없게 된 일종의 고정자본을 말하며, 이는 토지의 효용을 증진하기 위하여 소요되는 비용이라는 점에서 토지의 매입대금이나 토지가격과는 다르다.

② 농촌 토지의 경우는 주로 생산력을 높이기 위하여 미개간지를 개간하여 농업용으로 사용할 수 있도록 만드는 데 토지자본을 투입한다. 반면에 도시 토지의 경우는 주로 택지의 가치 증대를 위하여 택지조성이나 성토, 축대, 매립 등을 위해 신규 또는 추가로 투입되는 비용으로서의 토지자본을 말한다.

3) 택지개발을 위한 토지의 성숙도

토지의 성숙도란 택지가 건축할 수 있는 조건을 얼마나 갖추고 있는가에 관한 복합개념이다. 성숙도는 개개의 택지에 대한 개념이며, 통상 동일한 지역이라도 용도에 따라 성숙도가 다르다. 투자자의 관점에서 보면 미성숙지는 통상 대체적으로 불리하나, 대규모의 개발계획이 있는 투기지역의 경우에는 미성숙지를 대상으로 하기도 하여 유리할 수도 있다.

성숙지란 시간의 낭비 없이 즉시 건축 활동 등 소기의 이용이 가능한 토지를 뜻한다. 미성숙지란 택지가 성숙하기까지 상당한 시간, 비용이 소요되거나 택지소유 비용을 부담해야 하는 경우 등을 뜻한다.

4) 택지개발의 방식

택지개발방식은 사업 주체에 따라 국가, 지방자치단체, 공사, 민간부문 등으로 분류할 수 있고, 택지개발 목적에 따라 주택지 개발(가장 많은 부분을 차지함), 공업용지의 조성, 특수기능의 수용을 위한 용지의 조성, 레크리에이션 단지의 조성 등으로 분류할 수 있다.

5) 택지개발의 과정

택지개발의 과정은 개발목적에 합치된 토지의 취득에서부터 택지조성의 목적으로 이용하거나 또는 처분하기까지의 과정을 말한다. 이러한 과정을 통해서 자연적 · 농업적 토지이용 형태로 있던 토지가 도시적 토지이용의 형태(택지)로 전환된다. 이 전환을 실현해 가는 과정이 택지개발의 과정이다. 이 과정에서는 토지이용의 전환과 함께 토지에 관한 권리의 변동도 수반하게 되며 다음의 4단계로 나눌 수 있다.

1단계는 기획 및 사업준비 단계이다. 사업을 기획하고 사업대상의 용지를 취득하고, 입지조건에 알맞은 토지이용계획 등 기본 계획을 수립하고, 택지조성공사에 필요한 제 수속을 행하는 과정이다. 토지이용의 전환과 조성공사에 필요한 제 수속을 행하며 조성공사착수 이전까지의 단계를 의미한다.

2단계는 조성공사의 시공단계이다. 택지개발사업의 기본적인 부분을 차지하는 토지의 구획, 형질변경과 공공 · 공익시설의 설치 또는 변경에 관한 사업을 계획하고 실시하는 과정이다. 계획에 준하여 공사를 시공하는 단계라고 할 수 있다.

3단계는 조성된 택지를 처분하거나 그 목적에 따라 택지로서 사용, 수익이 개시되는 단계이다. 구체적으로는 계획에 준하여 타 시행 주체에 의한 주택건설이 행해지고, 공공시설은 공공단체에 의해 인수되고, 관련 시설도 주택건설과 거주자에 맞게 건설되어 주민서비스가 제공된다.

마지막 4단계는 택지개발사업의 종료와 더불어 이후 시가화가 진행된다. 지금까지의 자연적 또는 농업적 이용 형태이던 토지가 도시적 이용 형태로 전환된다.

6) 택지개발사업의 유형

새로운 도시(택지)의 개발사업은 수용방식, 환지방식, 혼합방식의 세 가지 방식에 의하여 시행된다.

수용방식(매수방식)은 개발자(사업시행자)가 도시개발구역 안의 토지를 전면 매수하거나 수용하여 도시를 개발하는 방식을 말한다. 개발자로서는 비교적 사업시행이 간단하고 용이한 장점이 있지만 토지소유자는 개발이익을 전혀 기대하지 못하게 된다. 개발자의 초기 사업비 부담이 과중하고 토지소유자의 저항이 심한 문제가 있다.

환지방식은 개발자(사업시행자)가 도시개발구역 안의 토지를 구획하고 형질을 변경하여 감보된 토지를 종전의 토지소유자에게 되돌려주는 방식이다. 감보된 토지는 새로이 필요로 하는 도로나 공원 등 공공시설 용지로 사용되며 나머지 토지(체비지)

는 매각하여 개발비용을 회수한다. 개발이익이 토지소유자에게 돌아가는 장점이 있지만, 환지의 형평성을 기하기 위한 절차의 번잡성과 사업시행기간의 장기화로 인하여 시행자가 불편을 겪게 된다. 토지구입비가 소요되지 않는 방식으로 사업시행자가 재정지출을 효율적으로 관리할 수 있다.

혼합방식은 일부지역은 수용방식(매수방식)으로 개발하고 나머지 지역은 환지방식으로 개발하는 방법을 말한다. 도시개발사업, 산업단지 개발사업 등에서 주로 사용하고 있다.

3 공영개발사업

「택지개발촉진법」상의 택지개발예정지구 개발 즉, 공영개발 사업은 국가 · 지자체 · 한국토지주택공사 등의 공공기관만 시행할 수 있다. 이에 반해서 환지방식 도시개발 사업은 토지소유자 조합 및 공공기관이 시행 주체가 될 수 있다.

부동산 공영개발은 부동산이 지닌 기능 내지 적성, 혹은 지역에 따라 공공복리를 위해 가장 효율적으로 이용하기 위한 실행 방법의 하나로서, 도시지역의 주택난을 해소하기 위하여 주택건설에 필요한 택지를 개발하여 국민 주거생활의 안정과 국민복지 향상에 기여함을 목적으로 「택지개발촉진법」에 의한 도시계획구역과 그 주변지역을 택지개발예정지구로 지정한다.

택지개발예정지구로 지정한 이후에는 국가나 지방자치단체와 한국토지주택공사 등이 사업지구 내 부동산을 전면 매수하여 계획에 적합하게 개발 · 공급하고, 공급 후에도 일정 기간을 관리하는 부동산 개발 방법을 택하게 되었다.

부동산 공영개발지역의 개발대상이 되는 토지는 가급적 쓸모없는 구릉지, 저습지, 산지와 매립지 등을 주로 개발하도록 하고 있다. 도시계획구역 내의 토지에 대해서는 개발로 인한 지가 상승의 억제와 용지의 확보를 용이하게 하기 위하여 「국토의 계획 및 이용에 관한 법률」상에 규정된 시가화조정구역의 지정을 통하여 효과적으로 운용해 나가고 있다.

부동산 공영개발의 장점은 토지이용의 효율성 제고, 택지의 대량공급, 개발이익의 사회적 환수, 공공사업에 대한 재투자, 토지투기 방지, 지가 안정 등을 들 수 있다. 단점으로는 재산권의 상대적 손실감으로 토지소유자의 민원이 발생할 우려가 있으며, 사업시행자가 사업비 전액을 먼저 투자함으로써 시행자의 자금부담이 가중된다는 점이다. 또한 대규모 사업시행 시 용지 보상 지출로 통화팽창과 주변 지역의 지가 상승이 우려된다.

4 재개발

재개발은 도시기능을 회복하기 위하여 정비구역 안에서 정비기반시설을 정비하고 주택 등 건축물을 개량하거나 건설하는 정비사업에 의해 이루어진다. 재개발은 토지형질변경을 수반하는 경우도 있지만 그렇지 않은 경우도 있다. 대개의 경우 용도 전환이나 지목변경을 수반하지 않는다. 또한 정비사업은 법적으로는 종전의 토지 및 건축물에 관한 권리관계를 새로운 토지 및 건축시설로 이전(입체환지)하게 된다.

1) 재개발의 구분

(1) 정비사업의 유형에 따른 구분

도시 및 주거환경정비사업은 도시기능을 회복하기 위하여 정비기반시설을 정비하고 주택 등 건축물을 개량하거나 건설하는 사업을 말하며, 「도시 및 주거환경정비법」에서는 다음과 같이 구분하고 있다.

주거환경개선사업은 도시 저소득 주민이 집단으로 거주하는 지역을 대상으로 한다. 정비기반시설이 극히 열악하고 노후·불량 건축물이 과도하게 밀집한 지역을 대상으로 한다. 주택재개발사업은 정비기반시설이 열악하고 노후·불량 건축물이 밀집한 지역을 대상으로 한다. 이에 비해 주택재건축사업은 정비기반시설은 양호하나 노후·불량 건축물이 밀집한 지역을 대상으로 한다.

도시환경정비사업은 상업지역이나 공업지역 등으로서 토지의 효율적 이용과 도심 또는 부도심 등 도시기능의 회복이나 상권활성화 등이 필요한 지역을 대상으로 한다. 주거환경관리사업은 단독주택 및 다세대주택 등이 밀접한 지역에서 정비기반시설과 공동이용시설의 확충을 통하여 주거환경을 보전 · 정비 · 개량하기 위하여 시행한다.

가로주택 정비사업은 노후 · 불량 건축물이 밀집한 가로구역에서 종전의 가로를 유지하면서 소규모로 주거환경을 개선하기 위하여 시행한다.

(2) 도시 재개발 시행 방법에 따른 구분

보전 재개발은 아직 노후 · 불량 상태가 발생되지 않았으나 앞으로 노후 · 불량화가 야기될 우려가 있을 때 사전에 노후 · 불량화의 진행을 방지하기 위하여 채택하는 가장 소극적인 도시재개발이다.

수복 재개발(지구수복)은 현재의 불량 · 노후화된 상태가 관리나 이용 부실로 발생된 경우 본래의 기능을 회복하기 위하여 현재의 대부분의 시설을 그대로 보존하면서 노후 · 불량화의 요인만을 제거시키는 소극적인 도시 재개발 방법이다. 일본에서는 지구수복이라 한다.

개량 재개발은 수복 재개발의 일종으로서 기존 도시환경의 시설기준 및 구조 등이 현재의 수준에 크게 미달되는 경우 일정 범위 내에서 개량하거나 기존 시설의 확장, 개선 또는 새로운 시설의 첨가를 통하여 기존 도시의 물리적 환경의 질적 수준을 높여 도시기능을 제고시키고자 하는 도시 재개발의 한 형태이다.

철거 재개발은 부적당한 기존 환경을 완전히 제거하고 새로운 환경, 즉 시설물로 대체하는 가장 적극적이고 전형적인 도시 재개발의 유형이다.

(3) 도시 재개발 대상에 따른 구분

주거지 재개발은 주거기능을 향상시키기 위하여 불량주거지를 대상으로 실시하는 도시 재개발 사업이다. 공공시설 재개발은 지역단위의 모든 환경, 즉 도로 · 상하수도 등 공공시설과 건물을 총괄적으로 변화시키는 것을 의미한다.

상업 · 업무지구 재개발은 도시의 중추기능인 상업 · 업무기능을 제고시키기 위한 도시 재개발로서, 상업 · 업무지구 외 공업지역 등의 재개발도 이 유형에 포함시켜 포괄적으로 시가지 재개발이라 부르기도 한다.

5 민간개발

민간개발이란 토지소유자 또는 토지소유자로 구성된 조합, 순수민간기업 등이 사업시행자인 경우를 말한다. 민간의 부동산 개발방식에는 자체사업, 지주공동사업, 토지신탁사업, 그리고 컨소시엄 구성방식이 있다. 이밖에도 일본에는 차지방식 혹은 신차지방식의 개발이 있다.

1) 자체개발사업

이 방식은 토지소유자가 사업기획을 하고 직접 자금조달을 하여 건설을 시행하는 방식이며, 통상적으로 가장 많은 형태이다. 자금조달은 토지소유자의 보유자금 혹은 토지소유자가 차입하여 활용하고, 건설은 토지소유자가 직접 건축 또는 도급발주하여 공사의 진척에 따라 대금을 지급하며, 마케팅은 토지소유자가 직접하거나 분양대행을 시킬 수 있다.

이 방식의 장점은 개발사업의 이익이 모두 토지소유자에게 귀속되고, 사업시행자의 의도대로 사업추진이 가능하며, 사업수행의 속도도 빠르다. 그러나 사업의 위험성이 매우 높고 자금조달의 부담이 크며, 위기관리능력이 요구된다는 단점을 지니고 있다.

2) 지주공동사업

지주공동사업은 토지소유자와 개발업자 간에 부동산 개발을 공동으로 시행하는 것으로서 등가교환방식, 사업수탁방식, 신차지방식 등이 있으나 우리나라에서는 차지방식은 활용이 어려운 상황이다.

(1) 공사비대물변제 등가교환방식

등가교환방식은 토지소유자가 소유한 토지를 개발업자가 개발하고 건물을 건축하여 완성된 건물의 건축면적을 토지소유자와 개발업자가 토지평가액과 건축비의 비율에 기초하여 나누는 방식이다. 이 방식의 가장 큰 장점은 부동산 개발사업에 대한 위험을 토지소유자와 개발업자 간에 분산하는 데 있다. 즉, 토지소유자 입장에서는 개발에 대한 노하우 없이 개발사업에 참여하여 이익을 얻을 수가 있고, 개발업자 입장에서는 토지비용이라는 초기투자비가 들지 않기 때문에 위험을 줄일 수가 있다.

등가교환방식은 다음과 같은 세 가지 유형이 있다.

첫째, 공사비 대물변제형이다. 토지소유자가 건설공사의 도급발주에 있어 공사비의 변제를 준공된 건축물의 일부로 받게 된다. 공사비는 건설업체(개발업자)가 조달하게 되고, 그밖의 사업비 조달은 토지소유자 또는 건설업체가 대여하게 된다.

둘째, 분양금 공사비 지급형[3]이다. 토지소유자가 사업 시행에 있어 건설업체에 공사를 발주하고 공사비의 지급은 분양 수입금으로 지급하게 된다.

셋째, 투자자 모집형(조합에 의한 개발)이다. 개발업자가 조합 아파트처럼 투자자로부터 사업자금을 마련하여 사업을 시행하고 투자자에게는 일정의 투자수익 또는 지분을 보장하게 된다.

(2) 사업위탁방식

사업위탁방식은 토지소유자가 토지의 소유권은 그대로 보유한 채 개발업자에게 사업 시행을 의뢰하고, 개발업자는 사업 대행에 따른 수수료를 취하는 형태이다. 자금의 조달은 토지소유자 또는 개발업자의 주선에 의하여 토지소유자가 조달하며, 개발 후 분양이나 임대를 개발업자가 대행하는 것이 보통이다. 이는 분양보다는 임대형에 유리하고 개발업자도 자금이 풍부해야 한다.

사업위탁방식은 토지신탁방식과 유사하나, 토지신탁방식이 수탁자인 개발업자의 명의로 개발이 이루어지는 데 비해 사업위탁방식은 사업이 토지소유자의 명의로 행해진다고 하는 점에서 차이가 있다.

(3) 신차지방식

차지방식은 토지소유자의 토지를 임차하는 방식으로 차지인(임차인)은 권리금을 지불하고 차지권(민법상 지상권)을 설정하고 건물 완공 후 차지권부 건물을 분양 또는 임대하는 방식이다.

3) 분양금 공사비 지급형은 통상적으로 자금 동원능력이 없는 개인이나 법인이 사용한다.

신차지방식은 차지권자와 토지소유자의 공동사업방식으로 하는 사업이므로 차지에 대한 권리금이 없다. 차지계약기간 중 차지권자는 토지소유자에게 고액의 차지료를 지불하고 차지 종료 시 토지는 무상으로 건물은 시가로 토지소유자에게 양도하게 된다. 여기서 차지료의 경제적 성격은 공동사업의 이익배분이다. 따라서 차지료가 고액이 지불된다.

3) 토지신탁 개발방식

토지주가 토지개발자금이 없거나 개발 방법을 모르거나 할 경우 토지를 신탁회사에 위탁하여 개발 · 관리 · 처분하는 방식이며, 사업위탁방식과 유사하나, 가장 큰 차이점은 신탁회사에 형식상의 소유권이 이전된다는 것이다. 즉, 토지신탁형식은 토지신탁회사가 사업 주체가 되는 반면에 사업위탁방식은 토지소유자가 사업 주체가 된다. 신탁기간이 종료되면 신탁회사는 토지소유자에게 토지와 건물을 반환한다.

4) 컨소시엄 방식(PF방식)

대규모 개발사업은 한 회사가 시행하는 것보다는 여러 회사가 컨소시엄을 구성하여 시행하는 것이 자금의 조달이나 기술의 보완 등 여러 가지 측면에서 시너지 효과가 발생하기 때문에 여러 업체가 공동으로 부동산 개발사업에 참여하게 되는 데 이를 컨소시엄(Consortium)이라 한다. 이때 참여회사 중의 한 회사가 대표회사가 되거나 참여회사들이 별도의 법인을 설립하여 시행할 수 있다.

컨소시엄 방식은 개발사업을 안정적으로 할 수 있다는 장점이 있지만 회사 간 이해관계 조정이 어렵고 이로 인하여 사업 시행기간이 오래 걸릴 수 있다는 단점이 있다.

5) 기타 개발방식

(1) 건설협력금차입 방식

토지소유자가 소유권을 그대로 보유하면서 부동산 개발업자인 공동사업자가 건축비를 충당하여 건물을 완공한 후 제3자에게 임대하고 그 이익을 배분하는 공동사업 형태이다. 일반적으로 건축비는 토지를 담보로 개발업자가 대출을 받아 조달하므로 건설협력금차입 방식이라고 한다.

공동사업자가 행하는 업무는 기본적으로 사업수탁방식과 유사하지만 사업수탁방식은 건축비 등의 비용부담을 개발업자가 지는 데 반해 건설협력금차입 방식은 개발업자가 소유자의 토지를 담보로 건설협력금을 차입해 개발하는 방식이다. 토지소유주 입장에서 리스크는 사업수탁방식보다는 낮은 방법이기도 하나, 이익의 배분에 있어서 사업수탁 방식에 비해 현저하게 낮을 가능성이 높다.

(2) 공동빌딩 방식

공동빌딩 방식이란 택지의 크기가 작은 경우 인접 토지소유자와 함께 공동으로 빌딩을 건설하는 사업방식을 말한다. 공동빌딩 방식은 토지소유자 상호 간의 공동개발을 의미하는 것으로 개발사업자와의 관계에서는 자체개발 사업방식, 지주공동사업방식, 건설협력금차입 방식 등 다양한 방식이 적용될 수 있다.

6 민간자본유치 사업방식

1) 추진 배경 및 목적

노후화된 학교시설, 하수관거 등 국민의 기본적 수요를 충족시키기 위한 국가의 긴요한 사업은 많지만 정부재원은 제약이 많은 상황인 것에 반해 민간자본은 적절한 투자처를 확보하지 못하고 있는 실정이다. 이에 민간투자를 통하여 현재 시중에서 표류하고 있는 대규모의 자금을 실물 공공투자로 연결시켜 공공투자의 적시성을 도모할 수 있게 되었다.

또한 민간의 창의(경영기법 등)를 활용해 투자효율을 높이고, 정부재정 운영방식의 탄력성을 높일 수 있으며, 민간 유휴자금을 장기 공공투자로 전환하여 경제 활성화와 일자리 창출을 뒷받침할 수 있는 등의 이점이 있다.

2) 민간자본 유치 사업방식의 종류

민간투자사업(PPP: Public-Private Partnership)은 전통적으로 정부 예산으로 건설 · 운영하여 온 도로, 항만, 철도, 학교, 환경시설 등 사회기반시설 등을 확충하기 위하여 창의적이고 효율적인 민간자본을 유치하는 사업방식을 활용하고 있는데 「사회기반시설에 대한 민간투자법」에 따라 행해지고 있다.

1994년 8월 「사회간접자본시설에 대한 민자유치촉진법」 제정을 계기로 사회기반시설의 건설 · 운영에 민간투자방식이 처음으로 도입되었고, 1998년 12월 「사회간접자본시설에 대한 민간투자법」으로 전면 개정되었고, 2005년에는 「사회기반시설에 대한 민간투자법」으로 개정되면서 수익형 민간투자사업(BTO) 방식뿐만 아니라 임대형 민간투자사업(BTL) 방식도 추진하게 되었다.

사업 추진방식은 1차적으로는 '해당 사회기반시설의 소유권을 국가 또는 지방자치단체 등 공공에 귀속(Transfer)시키는지 여부'에 따라 귀속시설방식(BTO, BTL, BOT)과 비귀속방식(BOO)으로 구별할 수 있다.

2차적으로는 '(민간)사업시행자가 투자금을 회수하는 방식'에 따라 사업시행자가 해당 시설의 사용자로부터 사용료를 직접 징수하는 방식(BTO, BOT, BOO)과 국가 등을 통해 투자금을 회수하는 방식(BTL)으로 구별할 수 있다.

마지막으로 '(사용료를 사용자로부터 직접 징수하는 경우)사용료의 징수권원이 무엇인지'에 따라 징수권원이 관리운영권원인 방식(BTO)과 소유권인 방식(BOT, BOO)으로 구별할 수 있다.

민간투자사업의 추진은 크게 두 가지 절차로 진행된다. 재정투자사업 중 사업성이 우수하고 정부보다 민간이 추진하는 것이 더 효율적일 것으로 예상되는 사업을 정부가 선정하여 민간사업자를 공모하는 정부고시사업과, 민간사업자가 공공투자사업 중 수익성이 있다고 판단되는 사업을 자체적으로 발굴하여 정부에 제안하는 민간제안사업의 절차가 있다.

(1) BTO 사업방식

BTO(Build-Transfer-Operate) 사업방식은 민간(사업시행자)이 공공시설을 건설하고 준공시점에서 소유권을 정부에 양도한 후, 민간이 일정 기간 이 시설에 대한 운영권을 부여받아 운영하면서 최종소비자에게 사용료를 부과해 투자비를 회수하는 방식이다.

주로 도로, 철도, 항만 등 SOC(Social Overhead Capital: 사회간접자본시설) 시설 건설에 사용되는 사업방식이다. 정부는 재정부담을 늘리지 않고 민간자본 및 외국자본을 유치하여 인프라를 개발하는 형태로 기존에 대부분의 국가관리사업이 BTO 방식으로 추진 중에 있다.

(2) BTL 사업방식

BTL(Build-Transfer-Lease) 사업방식은 민간이 자금을 투자해서 공공시설을 건설한 뒤 정부에 소유권을 이전하는 대신 일정 기간(약 20~30년간) 동안 시설의 관리 · 운영권을 획득하면, 정부가 이 시설을 임대, 사용하고 약정기간 동안 임대료를 지급하여 시설투자비를 보전해 주는 사업방식이다.

민자사업 시행방식의 다변화를 위해 민간사업자는 주로 투자와 건설을 담당하고 정부가 시설 운영을 담당하게 된다. 기존에는 BTO, BOT, BOO 방식이 주로 적용되어 왔으나, 2005년부터 BTL 방식으로도 민간투자사업이 추진되고 있다. BTL 방식은 민간이 건설한 시설에 대해서 정부가 임대료를 지급하기 때문에 위험이 없고 적정수익률이 보장되기 때문에 '프로젝트 금융'을 해 주는 은행에서 선호하는 사업방식이다.

BTL 방식은 일반 시민에 대해 시설이용료 부과가 어렵거나, 시설이용료 수입으로는 민간투자비 회수가 어려운 시설이 대상이 되는데, 주로 교육시설이 대부분이고, 이외에도 문화복지시설, 환경시설, 군 주거시설 등이 있다.

BTL 방식은 다른 민간투자방식과 다음과 같이 구별된다.

첫째, 민간이 건설한 시설은 정부 소유로 이전(기부채납)된다. 이는 민간이 시설소유권을 갖는 BOO 방식과 구별된다.

둘째, 정부가 직접 시설임대료를 지급해 민간의 투자자금을 회수한다. 이는 시민들에게 시설이용료를 징수해서 투자자금을 회수하는 BTO 방식과 구별된다.

〈표 6-1〉 BTO 사업방식과 BTL 사업방식 비교

추진 방식	BTO	BTL
대상 시설 성격	최종수요자에게 사용료 부과로 투자비 회수가 가능한 시설	최종수요자에게 사용료 부과로 투자비 회수가 어려운 시설
투자비 회수	최종사용자의 사용료	정부의 시설임대료
사업 리스크	민간이 수요위험 부담	민간의 수요위험 배제

셋째, 임대료는 정부가 적정수익률을 반영하게 임대료를 산정 · 지급하게 되므로 사전에 목표수익률 실현을 보장한다. 이는 시민들로부터의 이용료 수입이 부족할 경우 정부재정에서 보조금을 지급해 사후적으로 적정수익률 실현을 보장하는 BTO 방식과 구별된다.

(3) BOT 사업방식

BOT(Build-Operate-Transfer) 사업방식은 민간이 SOC 시설에 대한 기획, 설계, 건설까지 함께 수주하는 '풀턴키' 방식[4]의 프로젝트를 완성하고, SOC 시설을 완성 후에도 일정 기간 동안 그 운영을 맡아 프로젝트의 건설비용을 회수하고 계약기간 종료 시에 시설소유권을 정부에 양도하는 방식이다.

(4) BOO 사업방식

BOO(Build-Own-Operate) 사업방식은 민간이 SOC 시설을 건설한 후 당해 시설의 소유권을 갖고 시설을 운영하는 방식이다. 다만 정부는 타당성 검토 등 기본적인 사항을 조사한 후, 기본 계획을 고시하여 민간사업자를 선정하고 건설을 감독하는 역할만 수행한다.

순수 영리시설은 민간이 자율적으로 건립 여부를 결정해야 하지만, 일정 지역의 다른 시설과 연계하여 정부에서 종합적 개발계획을 수립하여 민간사업자가 민간시설을 개발하도록 감독한다. 재래시장 재개발, 사립도서관 건립 등과 같은 시설에 민간이 개발하고, 정부는 개발 노하우와 일정 규모의 보조금을 지원하는 형태이다.

(5) BLT 사업방식

BLT(Build-Lease-Transfer) 사업방식은 민간이 SOC 시설을 건설한 후 당해 시설물을 소유하며, 정부와 약정한 일정 기간 동안 운영(정부나 제3의 운영업자에게 리스로 임대)하여 투자비를 회수한 후 시설의 소유권을 정부에게 무상 양도하는 방식이다.

BTL 방식은 정부가 건립시설의 기본 설계를 한 후, 기본 설계 내용을 제안요청서(RFP, Request For Proposal)로 제시하고, 민간사업자는 기본 설계 내용에 따라 실시

4) 풀턴키(Full-Turn Key) 방식이란 부동산 개발사업에서 행해지는 계약방식으로서 사업타당성 검토부터 설계 및 시공에 이르기까지 전 과정을 대행해 주는 계약방식을 말한다.

설계와 시설공사를 수행하게 된다. BTL은 민간사업자가 건립 후 즉시 정부로 소유권을 이양하는 반면, BLT는 민간사업자가 건립 · 운영 후, 운영이 종료되는 시점에서 정부에 소유권을 이전한다. BTL은 건립자와 운영자가 동일체이지만, BLT는 건립자와 운영자가 분리된다.

(6) 그밖의 사업방식

① RTO(Rehabilitate-Transfer-Operate) 사업방식: 국가 또는 지방단체 소유의 기존 시설을 개량 · 보수 · 증설 또는 확장한 후 해당 시설의 소유권이 국가 또는 지방자치단체에 귀속되며, 사업시행자에게 일정 기간의 정비한 시설에 대한 시설관리운영권을 인정하는 방식이다.

② ROT(Rehabilitate-Operate-Transfer) 사업방식: 정부 소유의 기존 시설을 정비한 민간에게 일정 기간 동 시설에 대한 운영권을 인정하고, 그 기간의 만료 시 시설 소유권이 국가 또는 지방자치단체에 귀속되는 방식이다.

③ BBO(Buy-Build-Operate) 사업방식: 민간이 기존의 시설물을 정부로부터 매입하여 민간이 보수 · 확장 공사를 한 후 정부의 규제하에 운영하는 방식이다.

④ ROO(Rehabilitate-Own-Operate) 사업방식: 기존 시설을 정비한 사업시행자에게 당해 시설의 소유권과 관리 · 운영권을 인정하는 방식이다. 기존시설물을 BOO 방식으로 재정비하는 방식이라고 할 수 있다.

⑤ RTL(Rehabilitate-Transfer-Lease) 사업방식: 국가 또는 지방단체 소유의 기존 시설을 개량 · 보수 · 증설 또는 확장한 후 해당 시설의 소유권이 국가 또는 지방자치단체에 귀속되며, 사업시행자에게 일정 기간의 정비한 시설에 대한 시설관리운영권을 인정하되 그 시설을 국가 또는 지방자치단체 등이 협약에서 정한 기간 동안 임차하여 사용 · 수익하는 방식이다.

⑥ DBFO(Design-Build-Finance and Operate) 사업방식: 민간 사업시행자가 프로젝트의 설계 · 시공 · 금융 · 운영을 전담하는 방식으로 주로 민관합작사업에 많이 적용된다. KOEX, BEXCO 등 컨벤션센터 시설에 적용되는 방식으로, 정부는 출자지분에 대해서, 영업이익에 따라 배당금을 받는 형태이다.

7 기타 개발방식

1) 컨소시엄 구성 개발방식

컨소시엄(Consortium)이란 개발 프로젝트에 참여하기 위해 구성된 공모자들의 연합을 의미한다. 프로젝트 규모가 클 경우 단일 업체 단독으로 참여하기 어려워 지분을 출자하여 연합체를 구성하는 사례가 많다. 컨소시엄 구성 개발방식은 사업자금의 조달 혹은 상호 기술보완 등의 필요에 의해 개발회사와 개발회사, 개발회사와 건설회사, 개발회사와 금융기관, 개발회사와, 금융회사, 건설회사 등 법인 간에 컨소시엄을 구성하여 사업을 수행하는 방식이다.

대규모 자금조달은 물론 사업 리스크도 분담할 수 있어 사업의 안정성 확보라는 점에서 장점이 있으나, 출자회사 간 상호 의견조율이 잘 안 되는 경우 사업 시행에 시간이 오래 걸리고, 책임 회피 현상이 있을 수 있는 단점이 있다. 컨소시엄 구성의 대표적인 사업방식은 SPC 설립에 의한 PFV 사업구조라 할 수 있다.

2) 부동산 신디케이션

부동산 신디케이션(Real Estate Syndication)은 여러 명의 투자자가 공동의 부동산에 대해 부동산 개발사업을 수행하기 위하여 일반 투자자들의 자금과 부동산 개발업자의 전문성이 결합된 투자집단을 의미한다. 신디케이션(Syndication)이 부동산을 취득, 운용, 개발, 관리, 처분 등을 하기 위해서 법인의 형태를 갖추게 되는데 신디케이션의 법인의 형태를 신디케이션 회사(Syndication Firm) 또는 신디케이트(Syndicate)라고 한다.

신디케이션의 결성에 주된 역할을 하고 운영과 관리의 책임을 지는 법인이나 자연인을 일컬어 신디케이터(Syndicator)라고 한다. 보통 건설회사, 개발회사, 리츠 등이 신디케이터로 역할하며 이들의 법인 형태도 주식회사, 합자회사, 합명회사 등 다양하다. 일반적인 형태로는 투자자는 유한책임의 파트너(Limited Partner)로서 투자 한도 내에서 책임을 지고 출자 비율에 따라 배당을 받고, 개발업자는 무한책임의 파트너(General Partner)로서 관리 · 운영의 책임을 지며, 개발목적의 신디케이트는 당초의 사업계획이 끝나면 자동적으로 해산되는 일시적인 경우가 많다.

제4절

개발 관련 이슈들

1 토지개발과 토지보존

유한자원인 토지는 어떻게 하면 희소한 이 토지를 효율적으로 이용하는 것이 큰 당면과제인 동시에 현세대에서 너무 많은 자원을 이용하다 보면 환경오염문제를 야기하게 되고 또한 후세대가 사용할 자원이 부족하게 되는 문제가 발생하게 된다. 그러므로 토지는 개발의 대상이 되는 동시에 보존의 대상이 되기도 하는데, 서로 상충되는 이러한 두 가지의 가치관이 서로 조화를 이루고자 하는 것이 토지이용 및 개발의 목적이라고 할 수 있다.

한편, 개발과 보존의 갈등 논리를 '현장자원으로서의 토지'와 '상품자원으로서의 토지'의 개념으로 설명하는데 이에 대한 구별은 다음과 같다. '현장자원으로서의 토지'는 산림, 갯벌, 녹지 등과 같이 생산 과정을 거치지 않고 자연상태로 현장에 존재하면서 직접 인간에게 어떤 효용을 가져다주는 토지를 말한다. 즉, 자연재로서의 토지를 말한다.

반면, '상품자원으로서의 토지'는 택지, 농지 등과 같이 자연적으로 주어진 토지에 노동과 자본을 투입하는 등의 인위적인 노력을 개입함으로써 어떤 사회적 이익을 발생시키는 토지를 말한다. 즉, 경제재로서의 토지를 말한다.

1) 공급 면에서의 특징

상품 자원으로서의 토지는 그 공급을 증가시킬 수 있으나, 현장 자원으로서의 토지는 그 물리적 양이 한정되어 있다(부증성). 상품 자원으로서의 토지는 그 대체토지를 구할 수 있으나, 현장 자원으로서의 토지는 대체토지를 구할 수 없으므로 토지 문제가 발생하면 이를 원상태로 복귀하기가 어렵다는 '비가역성'의 특징을 나타내게 된다.

2) 희소성 면에서의 특징

현장자원으로서의 토지의 수요는 매우 소득탄력적이다. 이는 소득의 증가, 교육수준의 향상, 여가증대, 인구의 증가 등으로 인하여 현장자원에 대한 수요가 상품자원에 대한 수요보다도 더 크게 된다는 것이다. 결국, 한정된 양에 수요의 증가로 인하여 현장자원으로서의 토지에 대한 희소성은 더욱더 가중되게 된다.

3) 시장가치 면에서의 특징

상품자원으로서의 토지는 시장의 기능에 의해 사회적 가치를 잘 반영하는 시장가격이 존재하게 된다. 현장자원으로서의 토지는 공공재적 성격 때문에 거래가격이 사회적 가치를 그대로 반영하지 못한다. 현장자원으로서의 속성은 자연으로서의 가치라고 할 수 있으며, 상품자원의 속성은 자산으로서의 가치라고 할 수 있다.

4) 개발과 보존의 문제

시장기구 체제하에서는 현장자원은 상품자원의 개발수요 압력에 지속적으로 잠식될 수밖에 없다. 따라서 현장자원으로서의 토지는 그 사회적 가치에 상응하는 정부의 정책적 배려에 의해서 보존되어야 하기 때문에 사회적 가치에 대한 별도의 추정이 있어야 한다. 수도권의 개발제한구역이나 공원녹지의 의의를 단순한 확산억제에 국한시키는 것은 현장자원으로서의 사회적 가치를 과소평가하는 것이다.

2 개발권양도제

개발권양도제(TDR: Transfer of Development Right)란 주어진 개발허용한도(개발권) 내에서 토지이용 규제로 인해 사용하지 못하는 부분을 다른 지역에 판매할 수 있도록 하는 제도이다. 1961년 개발업자인 로이드가 처음으로 이전 가능한 개발밀도(Transferable Density)라는 개념을 제안한 후 1968년 뉴욕시에서 문화재보전법을 제정하여 기념비적인 건축물에 대하여 이를 적용하면서부터 시작되어 토지이용 규제, 역사적 건물의 보전, 공공용지 확보 등을 위한 정책수단으로 널리 활용되고 있다.

불로소득을 얻는 개발지역 내의 토지소유자와 개발억제로 인해 손해를 입는 토지소유자 간의 경제적인 불공평을 완화하기 위해 도입되었다. 개발권을 면적비례로 단순하게 배분하는 방법, 지가비례에 따라 배분하는 방법, 양자를 절충하여 기존 시가지를 중심으로 도심에서 가까운 지역을 더 높게 평가하여 면적당 개발권을 산정하여 배분하는 방법 등이 있다.

이 제도는 개발권과 소유권을 분리하되 개발권 상실로 인한 손실을 시장기구를 통해서 다른 곳의 개발이익으로 보상함으로써 사회적으로 바람직할 뿐만 아니라 개발권허가제도와 선매제도의 문제점을 보완하려는 취지에서 개발된 제도이다.

3 부동산 개발 과정의 주요 변화

1) 도시개발사업 패러다임 변화로서의 도시재생

도시재생의 개념은 학자마다 다양하지만 「도시재생 활성화 및 지원에 관한 특별법」에서는 도시재생의 개념을 "인구의 감소, 산업구조의 변화, 도시의 무분별한 확장, 주거환경의 노후화 등으로 쇠퇴하는 도시를 지역 역량의 강화, 새로운 기능의 도입 · 창출 및 지역자원의 활용을 통하여 경제적 · 사회적 · 물리적 · 환경적으로 활성화시키는 것"이라고 규정하였다.

도시재생은 기존 도시개발 사업으로 대표되는 재개발 · 재건축사업, 도시정비사업 등 물리적 개발사업은 물론 전통시장 활성화 사업, 마을 만들기 육성, 사회적기업 육성 등 비물리적 사업까지를 포함한다.

2) 새로운 도시개발 패러다임

과거에는 도시 중심의 개발, 도시별, 국가별 상황에 따른 국부적인 개발이었다면 현재 논의되고 있는 도시개발의 패러다임은 자연과 상호 공존하는 개발이고 이를 위해 범지구적 환경보전을 위한 포괄적인 실천계획이 수립되어가고 있다.

(1) 뉴어바니즘

뉴어바니즘(New Urbanism)은 지금까지의 도시개발방식을 지양하고, 교외화 현상이 시작되기 이전의 인간적인 척도를 지닌 근린주구가 중심인 도시로 회귀하는 것을 지향한다. 도시의 무분별한 확산에 의한 도시문제를 극복하기 위한 대안으로서 1980년대 미국, 캐나다에서 시작하였다. 도시적 생활 요소들을 체계적으로 변형시켜 전통적 생활방식으로 회귀하고자 하는 신전통주의적(Neo-traditional) 운동이다.

뉴어바니즘 계획은 전통적인 근린주구 구성기법에 근거하여 전통근린개발, 대중교통지향개발, 복합용도개발 중심의 개발 경향을 가진다. 전통근린개발(TND: Traditional Neighborhood Development)은 전통도시에서 볼 수 있는 긴밀하게 연결된 도시조직에 적용하는 개발이고, 대중교통지향개발(TOD: Transit Oriented Developmen)은 대중교통수단의 이용과 에너지를 효율적으로 이용하는 개발이며, 복합용도개발(MUD: Mixed Use Development)은 보행거리 내에 상업, 업무, 위락, 주거시설 등의 용도를 혼합하는 개발이다.

뉴어바니즘 기본 원리는 사람이 걸어 다닐 수 있는 환경, 연계성, 복합용도 및 다양성, 주택의 혼합으로 요약할 수 있다. 사람이 걸어 다닐 수 있는 환경(Walkability)은 집과 직장은 걸어서 10분 이내이고, 보행자에게 친근한 가로 디자인, 차로부터 자유로운 보행 가로를 추구한다.

연계성(Connectivity)은 분산되어진 교통과 쉽게 걸을 수 있는 상호연결된 격자형 가로 네트워크를 추구한다. 복합용도 및 다양성(Mixed-Use & Diversity)은 주상복합과 근린주구, 블록, 빌딩 내에서 복합용도는 물론 사람들의 다양성(나이, 계층, 문화,

인종 등)을 추구한다. 주택의 혼합(Mixed Housing)은 유사한 범위 내의 주택의 유형, 규격, 규모의 혼합을 추구한다.

(2) 어반 빌리지

어반 빌리지(Urban Village)는 모더니즘의 대안으로 쾌적하고 인간적 스케일의 도시환경 목표로 하여 개발지역의 재생에 주안점을 둔 1989년 영국에서 시작된 도시마을 운동(Urban Village Movement)이다. 찰스 황태자의 『영국 건축 비평서』가 출발점이 되었다. 어반 빌리지는 과거 인간적이고 아름다운 경관을 가진 도시의 구성수단을 통칭하는 개념으로 지속 가능한 규모에 다양한 계층의 사람들이 거주하면서 다양한 용도와 유형의 커뮤니티가 혼합되어 있는 전원도시를 말하며 자동차 없이 보행으로 도시생활이 가능하며 계획의 입안에 있어 주민참가를 전제로 하는 등 지속 가능한 환경의 실현을 지향한다.

어반 빌리지는 뉴어바니즘과 비교할 때 인간적인 척도의 도시계획에 중점을 둔 점은 유사하다. 하지만 뉴어바니즘에 비해 어반 빌리지에 기반을 둔 사례는 새로운 지역의 개발보다 기성 시가지 재개발이 많다는 차이가 있다. 또한 뉴어바니즘은 대부분 민간 주도로 추진되며 시장지향적 성격을 띠고 있는 데 반해 어반 빌리지는 복지정책과 연계하는 움직임을 보인다.

어반 빌리지에 대해서 현대사회의 높은 이동성 때문에 주민참여 및 지속적이며 강한 유대감과 소속감을 형성하는 것은 어려울 것이라고 보고 낭만주의적, 과거지향적이어서 21세기와는 동떨어진 이상적인 계획이라는 부정적 평가도 있다.

(3) 콤팩트 시티

콤팩트 시티(Compact City)는 유럽에서 논의되고 있는 도시개발개념으로 교외지역으로 주거지를 저밀도로 확신시키는 대신 기존 도심지역이나 역세권과 같은 특정 지역을 주거 · 상업 · 업무기능 등이 복합된 시설물로 고밀도로 개발하는 형태이다.

20세기 자동차의 보급으로 도시 외형 팽창에 의한 중산층의 대규모 거주지 교외 이동, 도심 공동화 현상과 도시 외곽의 환경파괴 등 많은 문제점이 생겨났는데, 이를 극복하고 도시의 지속 가능한 개발을 지향하게 되면서 도시를 압축하여 고밀 · 집적 개발함으로써 활기 넘치게 가꾸자는 비전을 실현하고자 대두되었다.

유럽위원회의 녹색보고서(1990)에서는 압축개발을 다음과 같이 정의하고 있다.

"도시계획과 사회경제적인 지속 가능성 간의 연계성을 강화, 엄격한 용도지역제를 탈피하고 분산된 집중(Decentralized Concentration) 개념에 따라 다핵화 전략을 수행하는 등 경제적 수행력과 도시의 활력을 개선함으로써 차후의 도시성장을 기존 도시 경계 내에 수용하려는 고밀도의 도시개발을 의미한다."

(4) 스마트 성장

스마트 성장(Smart Growth)은 도시가 과밀화되면서 생겨난 문제점인 교통체증, 환경오염, 스프롤(Sprawl) 등을 치유하기 위해 시작된 도시운동으로 '스마트 성장'이라는 용어는 주로 미국에서 쓰는데 유럽은 정부정책의 영향을 받아 비슷한 뜻인 압축도시(Compact City) 혹은 도시강화(Urban Intensification) 등의 용어를 쓴다.

스마트 성장이란 개인승용차와 고속도로를 중심으로 하는 개발 패턴 위주 과거 도시정책(도시 스프롤)만으로는 기존의 도시문제를 해결하고 도시환경을 개선하는데 한계가 있음을 인식하고, 자연환경을 파괴하지 않고 다양한 도시구성원의 상호교류에 의한 의사결정을 바탕으로 경제성장을 지속하면서 동시에 도시와 환경문제를 개선하고 발전을 도모하는 도시정책 모델이다.

스마트 성장은 경제성장, 환경보전, 삶의 질 개선을 동시에 추구하기 위해 도시성장을 계획적으로 수용, 유도하기 위한 도시성장 관리방식으로 공간과 지역사회의 고유한 느낌을 살리는 것을 목표로 한다. 이를 위해 토지이용계획 측면에서 혼합토지이용을 수용하며, 교통계획 측면에서 도보, 대중교통, 자전거 이용을 강조하고, 도시설계 측면에서는 공공 공간을 강조하며, 계획과정 측면에서는 정부 간, 이해집단 간 조정과 협의를 중시하고 있다.

(5) 스마트 시티

스마트 시티(Smart City)는 도시가 과밀화되면서 교통체증에 따른 비용 급증, 환경오염 등으로 삶의 질이 떨어지는 것을 예방하고 도시 기능을 최적화할 수 있는 대안으로 대두되었다. 스마트 시티는 도시 인프라의 계획 · 설계 · 구축 · 운영에 IT를 적용해 삶의 질과 경제적 번영을 향상시키는 도시를 추구한다.

컴퓨터 기술의 발달로 도시 구성원들 간 네트워크가 갖춰져 있고 교통망이 거미줄처럼 효율적으로 짜여져 있어서 다양한 데이터 활용으로 향상된 교통서비스 및 환경관리의 효율성을 높여서 시민의 복지를 향상시키는 것을 주요 내용으로 한다.

제7장

부동산 감정평가론

제1절

감정평가제도

1 감정평가의 이론적 개념

1) 개설

감정평가란 부동산의 소유권, 기타 권리 · 이익의 경제적 가치를 판정하여 그 결과를 화폐액으로 표시하는 작업이다. 감정평가의 개념과 관련해서는 이론적인 개념과 제도적인 개념에 관한 논의가 있다. 이론적 개념은 주로 감정평가의 업무영역과 관련되고, 제도적인 개념은 우리나라에서 감정평가가 전문적 기능으로서 어떠한 의미를 갖는가에 있다. 감정평가의 이론적 개념에 대한 논의는 감정평가의 본질을 이해함으로써 감정평가의 정체성 규정과 업무영역을 명백히 하고, 그 활동을 능률화하려는 데 있다.

2) 이론적 개념에 대한 논의

(1) 일원설

부동산의 진위, 선악, 적부 등 가치판단이 개재될 여지가 없고, 감정과 평가는 그 개념이 엄격한 논리 면에서는 구분될 수 있으나 업무적 행위 면에서는 결국 하나의 행위라는 견해이다. 감정평가는 전문적 영역의 업무 면에서 하나의 용역으로 귀속되는 것이므로 감정이라는 개념과 평가라는 개념은 결국 동질적 서비스 기능에 내포된 일련의 과정일 뿐이다.

(2) 이원설

감정과 평가는 상호 구분되는 개념이며 분리되는 행위로 보는 견해이다. 즉 감정은 부동산에 대한 사실의 진위(소유권의 진정성), 선악(물리적, 기능적 하자), 적부(용도의 적합성) 등에 대한 판단행위이며 평가는 부동산 가치의 추산행위로 보는 견해이다. 이를 구분할 실익은 감정평가 개념에 관한 논의를 폭넓게 전개함으로써 감정평가 업무영역의 확대 및 평가이론의 성장에 도움을 주며, 감정평가 전문인의 육성 및 자질향상을 도모하게 된다.

(3) 삼원설

감정과 평가는 그 의미가 달라 당연히 구분될 뿐만 아니라 더 나아가 감정평가는 부동산의 가치를 판단하기 위한 진위의 조사, 가치의 추산은 물론 최유효 이용분석, 개발사업의 타당성 분석 등을 포함하는 컨설팅의 개념을 포함하는 견해이다. 이는 이원설의 경우처럼, 평가업무의 영역 확대 및 평가이론의 성장은 물론 전문평가인에 대한 자질향상에 도움이 될 수 있을 것이다.

(4) 결어

일원설의 주장과 이원설, 삼원설의 주장은 나름대로 논리적 타당성을 가지고 있는데, 일원설은 결국 감정평가라는 부동산 활동을 기능 면에서 볼 때 단일한 서비스라는 점에 초점을 둔 반면, 이원설이나 삼원설은 감정평가라는 개념이 전문적 기능 이전의 행위 과정 면에서 상호 분리되며 각각 진위판단, 가치추산, 경제적 타당성 분석이라는 행위로 분리된다고 보는 견해이다.

감정평가의 개념은 그것을 보는 견해에 따라 달라지기 때문에 다원적이라고 할 수 있다. 미국의 경우 감정평가 영역을 컨설팅만이 아니라 평가검토(Appraisal Review)까지 포함시키는 등 그 개념을 현실화하고 있다.

2 감정평가의 사회성 · 공공성

1) 개설

부동산은 자연적 특성으로 균형가격이 자연스럽게 형성되지 못하므로 시장기능을 대신하여 감정평가가 필요하며 그 결과는 부동산 활동의 지표로서 공공복리는 물론 개인의 행복에 미치는 영향이 막대하므로 사회성과 공공성이 강조된다.

2) 제기되는 근거

(1) 부동산의 사회성 · 공공성

국토는 모든 국민의 공공복리를 위한 유한한 자원이므로 그 이용에 있어서 공공복리를 우선시키는 사회성과 공공성이 강조된다. 즉, 토지는 주거용, 상업용, 공업용 등 그 용도가 다양하고 거래단위의 금액이 크므로 거래사고는 사회적인 문제가 된다.

(2) 평가 결과의 다효성

감정평가결과는 감정평가서를 통하여 의뢰인에게 전달되고 이는 다시 가치형성요인에 영향을 미치는 이중성이 있다. 또한 그 가치는 자원배분, 잠재가격으로서의 기능을 한다. 따라서 그 결과는 의뢰인은 물론 제3자에게 미치는 영향이 크고, 부동산 가치형성에도 영향을 주는 바 사회성과 공공성이 강조된다.

(3) 감정평가의 기능

감정평가는 효율적인 토지의 이용관리, 적정한 가격 유도, 손실보상의 기초, 과세의 합리화 및 자원배분, 거래질서 확립, 부동산 의사결정 판단기준 제시 등 다양한 기능을 하므로 그 감정평가는 적정해야 한다.

부동산 문제는 토지문제, 주택문제 등으로 파악되며 이들을 해결하기 위한 수단으로서는 과세정책, 거래규제 등 매우 다양하다. 감정평가는 이들 정책의 합리성과 효율성을 향상시키는 도구이므로 사회성, 공공성에 미치는 영향이 크다.

3 감정평가사의 직업윤리

1) 서설

감정평가사는 타인의 의뢰에 의하여 일정한 보수를 받고 감정평가를 업으로 하는 자이다. 감정평가의 대상인 부동산은 그 자체로서 국토공간을 구성하며, 용도의 다양성과 환경성이 있으며, 상대적으로 경제적 비중이 큰 경제재이다.

따라서 감정평가의 결과는 의뢰인이나 제3자에게도 미치는 영향이 크다. 이는 부동산 자체가 가지는 사회성, 공공성에 기인하는 것으로 평가 주체가 윤리의식을 가져야 하는 이유가 된다.

2) 직업윤리의 의의 및 강조되는 이론적 근거

(1) 의의

직업윤리라 함은 감정평가의 주체인 감정평가사가 그 직무를 수행함에 있어 관계 법령에 의한 제 규정은 물론이고, 그 이외에도 자율적으로 준수하여야 할 전문직업인으로서의 행위규범을 말한다.

(2) 직업윤리가 강조되는 이론적 근거

가) 부동산 특성으로 인한 감정평가의 필연성에 따른 강조

부동산의 특성으로 인한 합리적인 시장의 결여 등으로 일반인에 의한 가치평정이 어렵고, 감정평가액이 일반인의 거래 지표가 되어 부동산의 적정한 가치형성을 유도하므로 전문가에 의한 인위적인 가치산정이 필요하며, 이로 인하여 감정평가사에게 높은 윤리의식이 요구된다.

나) 감정평가의 사회성 · 공공성

감정평가의 결과가 사회적 · 경제적 · 행정적으로 의뢰인은 물론 제3자에게도 영향을 준다. 이는 부동산의 사회성 · 공공성으로 인하여 감정평가도 사회성 · 공공성을 가지며, 이에 따라 감정평가사에게 높은 직업윤리의식이 요구된다.

다) 객관적 가치평정의 중요성

감정평가사가 구한 가치는 수요 · 공급의 중요한 지표가 되어 토지공간 이용 패턴 결정, 부지경쟁, 가격선도기능 등을 수행하게 된다. 따라서 객관적 가치의 평정이 요구되므로 평가 주체는 고도의 직업윤리의식으로 업무를 수행하여야 한다.

라) 감정평가의 주관성

감정평가는 부동산 가치에 관한 판단이자 의견이므로, 평가 주체의 주관적 의사 개입 개연성이 있기에 높은 직업윤리의식이 요구된다.

3) 직업윤리

(1) 부동산윤리

감정평가사는 기본적으로 전문적 직업인으로서 부동산업자이기 때문에 부동산 윤리를 지켜야 할 것이다.

① 고용윤리: 경영자로서 종업원에 대한 감독, 교육을 위한 노력

② 조직윤리: 동업자에 대하여 지켜야 할 윤리

③ 서비스윤리: 업자와 의뢰인 관계에서 지켜야 할 도리

④ 공중윤리: 일반 대중에 대하여 지켜야 할 전문직업인으로서의 윤리

(2) 감정평가사의 직업윤리

가) 윤리적 준수사항[1)]

① 기여성: 감정평가사는 전문적 지식과 풍부한 경험 그리고 정확한 판단력을 갖고 맡은 바 책임을 다해야 한다.

② 성실성: 감정평가사는 이론과 경험 및 실무에서 성실, 정직해야 한다.

③ 공정성: 이해관계, 기타 여하한 이유에도 공정 타당한 태도를 견지해야 한다.

④ 신뢰성: 감정평가사는 평가 관련 제 법규에서 일반인의 이해를 얻고 신뢰성 제고를 위해 노력해야 한다.

---

1) 「감정평가에 관한 규칙」 제3조 (감정평가업자의 의무)감정평가업자는 다음 각 호의 어느 하나에 해당하는 경우에는 감정평가를 하여서는 아니 된다.
  1. 자신의 능력으로 업무수행이 불가능하거나 매우 곤란한 경우
  2. 이해관계 등의 이유로 자기가 감정평가하는 것이 타당하지 아니하다고 인정되는 경우

⑤ 비밀엄수: 정당한 이유 없이 직무상 알게 된 비밀을 누설해서는 안 된다.

⑥ 감정제한: 감정평가사 본인 능력에 의한 업무수행이 불가능하거나, 극히 곤란하다고 판단되는 물건과 특별한 이해관계가 있는 물건은 감정평가를 해서는 안 된다.

나) 직무적 준수사항

① 전문지식의 보유: 감정평가사는 부동산에 관한 이론의 습득은 물론 새로운 전문적 식견의 향상을 위해 노력해야 한다.

② 조사능력: 모든 자료수집 및 이를 조직적으로 정리하는 능력이 있어야 한다.

③ 판단력: 감정평가사는 수집된 자료의 분석을 위한 정확한 판단력이 요구된다.

④ 경험과 상식: 감정평가 주체에게는 풍부한 경험과 건전한 상식이 요구된다.

4) 의무와 책임

(1) 의무(「감정평가 및 감정평가사에 관한 법률」 제25조~제27조)

① 감정평가법인 등은 업무를 하는 경우 품위를 유지하여야 하고, 신의와 성실로써 공정하게 감정평가를 하여야 하며, 고의 또는 중대한 과실로 잘못된 평가를 하여서는 아니 된다.(성실의무 등)

② 감정평가법인 등은 자기 또는 친족 소유, 그밖에 불공정한 감정평가를 할 우려가 있다고 인정되는 토지 등에 대해서는 이를 감정평가하여서는 아니 된다.(불공정한 감정평가 배제)

③ 감정평가법인 등은 토지 등의 매매업을 직접 하여서는 아니 된다.(겸업 금지)

④ 감정평가법인 등이나 그 사무직원은 수수료와 실비 외에는 어떠한 명목으로도 그 업무와 관련된 대가를 받아서는 아니 되며, 감정평가 수주의 대가로 금품 또는 재산상의 이익을 제공하거나 제공하기로 약속하여서는 아니 된다.(금품수수 금지)

⑤ 감정평가사는 둘 이상의 감정평가법인 또는 감정평가사사무소에 소속될 수 없다.(이중소속 금지)

⑥ 감정평가법인 등이나 그 사무직원 또는 감정평가법인 등이었거나 그 사무직원이었던 사람은 업무상 알게 된 비밀을 누설하여서는 아니 된다. 다만, 다른 법령에 특별한 규정이 있는 경우에는 그러하지 아니하다.(비밀엄수의무)

⑦ 감정평가사 또는 감정평가법인 등은 다른 사람에게 자기의 성명 또는 상호를

사용하여 업무를 수행하게 하거나 자격증 · 등록증 또는 인가증을 양도 · 대여하거나 이를 부당하게 행사하여서는 아니 된다.(자격증대여 금지)

(2) 책임

가) 민법상 책임(「감정평가 및 감정평가사에 관한 법률」 제28조 손해배상책임)

감정평가법인 등이 감정평가를 하면서 고의 또는 과실로 감정평가 당시의 적정가격과 현저한 차이가 있게 감정평가를 하거나 감정평가 서류에 거짓을 기록함으로써 감정평가 의뢰인이나 선의의 제3자에게 손해를 발생하게 하였을 때에는 감정평가법인 등은 그 손해를 배상할 책임이 있다.

나) 행정상 책임

① 징계: 징계의 종류에는 자격의 취소, 등록의 취소, 2년 이하의 업무정지, 견책이 있다.

② 과징금의 부과: 국토교통부 장관은 감정평가법인 등에 업무정지처분을 하여야 하는 경우로서 그 업무정지처분이 「부동산 가격공시에 관한 법률」 제3조에 따른 표준지공시지가의 공시 등의 업무를 정상적으로 수행하는 데에 지장을 초래하는 등 공익을 해칠 우려가 있는 경우에는 업무정지처분을 갈음하여 5천만원(감정평가법인인 경우는 5억원) 이하의 과징금을 부과할 수 있다.

다) 형사상 책임

「감정평가 및 감정평가사에 관한 법률」 제48조 벌칙 적용에서 공무원 의제 규정에 따라 공무원에 의제되어 처벌을 받게 된다.

① 다음 어느 하나에 해당하는 자는 3년 이하의 징역 또는 3천만원 이하의 벌금에 처한다.

- ☑ 부정한 방법으로 감정평가사의 자격을 취득한 사람
- ☑ 감정평가법인 등이 아닌 자로서 감정평가업을 한 자
- ☑ 구비서류를 거짓으로 작성하는 등 부정한 방법으로 제17조에 따른 등록이나 갱신등록을 한 사람
- ☑ 제18조에 따라 등록 또는 갱신등록이 거부되거나 제13조, 제19조 또는 제39조에 따라 자격 또는 등록이 취소된 사람으로서 제10조의 업무를 한 사람

☑ 제25조 제1항을 위반하여 고의로 잘못된 평가를 한 자

☑ 제25조 제4항을 위반하여 업무와 관련된 대가를 받거나 감정평가 수주의 대가로 금품 또는 재산상의 이익을 제공하거나 제공하기로 약속한 자

☑ 정관을 거짓으로 작성하는 등 부정한 방법으로 제29조에 따른 인가를 받은 자

② 다음 어느 하나에 해당하는 자는 1년 이하의 징역 또는 1천만원 이하의 벌금에 처한다.

☑ 제21조 제4항을 위반하여 둘 이상의 사무소를 설치한 사람

☑ 제21조 제5항 또는 제29조 제8항을 위반하여 소속 감정평가사 외의 사람에게 제10조의 업무를 하게 한 자

☑ 제25조 제3항, 제5항 또는 제26조를 위반한 자

☑ 제27조 제1항을 위반하여 감정평가사의 자격증 · 등록증 또는 감정평가법인의 인가증을 다른 사람에게 양도 또는 대여한 자와 이를 양수 또는 대여받은 자

☑제27조 제2항을 위반하여 같은 조 제1항의 행위를 알선한 자

4 감정평가의 분류

1) 개설

감정평가 분류의 목적은 이론구성을 위한 지침을 제시하고, 감정평가 활동의 능률화에 대한 지침이 되며, 사회성 · 공공성이 필요한 관계로 정부정책의 유익한 제도화에 도움을 주며, 대상부동산에 대하여 확정적인 인식과 감정평가 활동에 있어서 제시된 평가조건과 평가목적 등의 명백을 기하기 위함이다.

2) 제도상 분류

(1) 공적평가와 공인평가

평가 주체가 공 · 사인 가운데 공인에 의한 것이냐 사인에 의한 것이냐에 따른

분류로, 공적평가는 공기관이 평가 주체가 되는 평가이고, 공인평가는 사회력에 의해 인정받은 자가 평가 주체가 되는 평가이다.

(2) 필수적 평가와 임의적 평가

어떤 사실이 있을 때 필수적으로 감정평가를 수반해야 되는가의 여부에 따른 분류이다. 그런데 이러한 보조적 기능이 필수적인가 그렇지 않은가에 따라 전자를 필수적 평가, 후자를 임의적 평가라 한다.

(3) 공익평가와 사익평가

평가목적이 공·사익 중 무엇이냐에 따른 분류이다. 표준지의 평가, 보상평가 등 공익평가로 분류하고 개인 간의 매매를 위한 평가, 담보부 금융에 있어서의 평가 등은 보통 사익평가로 분류된다.

(4) 법정평가와 비법정평가

법정평가는 제도에 의해 평가 방법을 정한 경우의 평가이고, 합목적성을 위해 일반적인 평가가격과는 다른 결과액을 산출하게 되는 경우의 평가를 비법정평가라 한다.

3) 업무기술상 분류

(1) 단독평가와 합의제 평가

감정평가를 몇 명이 했느냐에 따른 구분이다. 한 사람에 의한 경우를 단독평가, 다수인에 의한 경우를 합의제 평가라 한다.

(2) 현황평가와 조건부 평가

현재 이용 상황 그대로 행하는 평가를 현황평가라 하고 장래 불확실하게 발생할 새로운 상태의 발생을 조건으로 그 상황이 성취된다는 것을 전제로 하여 평가하는 것을 조건부 평가라 하는데, 조건 설정에 합법성, 합리성, 실현 가능성 등이 요구된다.

(3) 제1차, 제2차, 제3차 수준의 평가

평가전문성 수준에 따른 분류이다. 전문성이 낮은 평가자의 평가를 제1차 수준의 평가라 하고, 준전문가적 수준의 평가를 제2차 수준의 평가라고 하며, 직업적 전문가가 행하는 평가를 제3차 수준의 평가라고 한다.

(4) 일괄, 구분, 부분평가[2)]

가) 일괄평가

평가는 대상물건마다 개별로 행하여야 한다. 다만 2개 이상의 대상물건이 일체로 거래되거나 대상물건 상호 간에 용도상 불가분의 관계가 있는 경우에는 일괄하여 평가할 수 있는데 이를 일괄평가라 한다.

예를 들면 토지와 건물이 일체로 거래되는 경우, 입목과 임지가 동시에 평가의뢰된 경우, 한 획지 중 2개 이상의 필지를 하나로 합산한 가치로 평가할 것을 의뢰조건에 명시하였거나, 2필지 이상의 토지가 일단지로 이용되고 있어 이를 일괄하여 평가하는 경우가 이에 해당된다.

나) 구분평가

구분평가란 하나의 부동산 중 일부분이 가치를 달리하는 경우 이를 구분하여 각각의 가치로 구하는 감정평가를 말한다. 원칙적으로 평가는 물건마다 행하여야 하지만, 한 부분의 가치가 다를 경우에는 그 부분만의 거래가 별도로 이루어지기 때문에 구분평가가 필요하다.

예를 들면 한 필지의 토지가 광평수인 관계로 노선상가지대와 후면주거지대로 확연히 구별되는 경우, 한 필지의 일부가 도시계획시설에 저촉되었을 경우 그 각각에 대한 평가가 이루어진다.

다) 부분평가

일체로 이용되고 있는 대상물건의 일부는 평가하지 아니함을 원칙으로 한다. 다만, 일체로 이용되고 있는 대상물건의 일부분에 대하여 특수한 목적 또는 합리적

---

2) 독립, 부분, 병합 · 분할평가: 일본 감정평가 기준상의 분류로서 독립평가란 복합부동산의 경우에 토지 또는 건물만을 독립한 부동산으로 보고하는 평가이고, 병합 · 분할평가란 병합 · 분할을 전제로 평가하는 것을 말한다.

인 조건이 수반되는 경우에는 전체를 기준으로 하여 그 일부를 평가한다. 즉, 토지와 건물이 일체로 구성된 복합부동산 상태에서 토지만의 가격을 구하는 경우가 해당된다.

예를 들면, 전체 200평의 토지 중 10평이 공공용지로 편입된 경우, 이때 10평은 과소면적으로 감가요인이 있으나 전제 200평을 기준으로 한 가격을 적용하여 10평의 부분가격을 구하는 경우가 이에 해당된다.

라) 평가 시 유의사항

공시지가 산정을 위한 표준지 평가에 있어서는 일괄평가가 금지된다. 즉, 나지를 상정하여 평가하게 된다.

구분평가는 물건 일부분이 다른 부분과 단위당 가치수준이 다른 경우에 성립하는 것인 데 반하여 부분평가는 가치수준이 같은 경우에 있어서의 일부를 평가한다는 점에서 구별된다.

제2절

부동산 가치이론

1 부동산 가격의 의의

1) 부동산 가치 · 가격 · 원가

(1) 개념의 구분과 이해

부동산은 그 고유한 자연적 · 인문적 특성으로 인하여 시장이 불완전하고, 균형가격 성립이 곤란한 재화로써, 이에 따라 부동산 가격과 가치의 일치성 여부, 가치다원론, 가치의 이중성 등 부동산 가격과 관련된 논의가 있다.

그 중 가치, 가격, 원가의 개념은 통상 유사개념으로 사용되고 있으나, 이들 개념의 구분과 상호관계의 이해가 부동산 가격과 감정평가의 본질을 이해하는 데 중요하다.

(2) 부동산의 가치 · 가격 · 원가의 개념

가) 가치

가치란 두 가지로 정의된다. 첫째로, "가치란 어떤 재화나 용역이 다른 재화나 용역을 교환의 대상으로 지배하는 힘"[3]이라는 것이다. 가치에 대한 이 같은 정의는, 가치란 재화가 가지고 있는 어떤 내재적 질에 의해서 결정되는 것이 아니라는 것이다. 가치란 재화와 재화 간의 단순한 교환비율이라는 것이다.

3) 안정근, 『부동산평가이론』, 양현사, 2009, 62쪽.

둘째로, “가치란 장래 기대되는 편익을 현재가치로 환원한 값”이라는 것이다. 이 정의는 특히 부동산과 같은 내구재에 대한 가치의 정의로 적합하다. 따라서 부동산학에서는 두 번째 정의를 일반적으로 사용하고 있다.

나) 가격

경제학에서의 가격은 가치의 화폐적 표현으로 보고 있으나, 부동산학에서의 가격은 일반적으로 특정 부동산에 대한 교환의 대가로 시장에서 매수자와 매도자 간에 현실 거래에 의해 특정 시점에 지불된 금액을 의미한다.

다) 원가

재화의 생산에 투여된 비용으로 토지의 경우는 자연적으로 주어진 것으로 소지가격 등 한정적인 의미로만 사용된다.

(3) 부동산의 가치 · 가격 · 원가의 관계

가) 가치와 가격

일반적으로 경제학에서는 가격은 가치의 화폐적 표현이라고 하여 가치와 가격은 관념상의 차이일 뿐이지만, 거의 동의어로 사용되고 있다. 하지만 이 개념은 비내구재의 경우에는 적용되나, 부동산과 같이 장기간에 걸쳐 효용을 제공하는 내구재의 경우에는 현재 가격이 장래 가치를 정확하게 반영한다고 보기 어려워 부동산학에서는 가치와 가격을 구별하는 것이 일반적이다. 그러나 학자에 따라서는 가격은 가치의 화폐적 표현이라 하여 동일시하기도 한다.

나) 가치와 원가

가치란 외연적이므로 시장현상을 통하여 시장성과 수익성 등의 동향에 따라 변화하고, 다원적 개념이 성립하나, 원가는 하나의 과거값으로 다원성이 존재하지 않으며, 오늘날과 같은 동태적인 시장에서는 가치와 원가가 일치하기 어렵다. 예를 들어, 분양 아파트의 가치는 개발이익을 반영하나 원가는 그렇지 않다.

다) 가격과 원가

가격은 주로 수요자 측면을 반영하고, 원가는 공급자 측면을 반영한다.

라) 시장에서의 가치 · 가격 · 원가

통상 가치는 거래가격의 상한선을, 원가는 하한선을 반영한다. 따라서 현실적인 가격은 이들 양자의 사이에서 매수자와 매도자 간 협상력에 의해서 결정된다.

2) 감정평가에서의 가치 · 가격 · 원가의 반영

(1) 가치발생요인과의 관련성

부동산 가치는 효용, 상대적 희소성, 유효수요 3자의 상관결합으로 발생한다. 효용은 가치 측면을, 상대적 희소성은 원가 측면을, 유효수요는 가격 측면을 반영하고 있다.

(2) 감정평가 3방식의 접근원리와 관련성

부동산 가치를 판정하는 감정평가 3방식은 가치이론에 근거한다. 즉, 비교방식은 부동산의 가치를 과거의 가격이나 실거래 가격을 기준으로 비준하는 방식이며, 원가방식은 투하된 재조달원가를 기준으로 하고, 수익방식은 장래의 편익을 근거로 하는 방식으로 감정평가 3방식은 이들 가치, 가격, 원가를 적절히 반영하고 있다.

다만, 원가 개념은 재생산이 가능한 물건에 적용되지만, 토지는 예외적으로 분양가 평가에 활용될 수 있다.

(3) 시산가액 조정과 관련성

마샬은 정태적 경제하에서 완전경쟁시장의 장기에는 가치, 가격, 원가가 일치한다는 삼면등가를 주장하였다. 그러나 부동산 시장은 전형적인 불완전경쟁시장으로 3자는 괴리될 수밖에 없다. 따라서 가치판정을 위하여는 감정평가 3방식을 병용하고 이에 의해 구해진 시산가액을 상호 관련지어 검토하는 시산가액의 조정이 필요하다.

2 부동산 가격

1) 개념

부동산의 가격이란 소유권, 기타 권리이익에 대한 장래 이익의 현재가치다.

2) 소유권 기타 권리이익에 대한 개념

(1) 부동산 소유권

부동산 소유권은 부동산을 사용, 수익, 처분할 수 있는 권리를 말한다. 이는 자연력으로 주어진 것이나 사유가 인정되는 것은 최대의 가치를 창출하기 위함이다. 부동산 활동의 전문화, 과학화에 따른 토지이용의 집약화, 입체화 등으로 점점 더 부동산 소유권의 이용이 세분화되어 가는 추세이다.

(2) 권리

생활이익을 향유하기 위하여 법이 인정해 주는 힘으로써 제한물권, 임차권이 포함되고, 물권, 채권, 공권, 사권, 유형 · 무형의 권리까지 포함한다. 반사적 이익은 포함되지 않으며, 가압류 채권자의 권리 등도 포함된다.

(3) 부동산학상 이익

이익이란 제도적 권리로서 확립되지 않았지만, 사회 통념상 가격을 발생시키는 것으로 권리에 가깝다. 이익은 법이 금지하는 것이 아닐 것, 시장성이 있을 것, 이익의 존속기간이 보장될 것, 이론적으로 평가가 가능할 것의 요건을 충족하여야 한다.

3) 장래의 이익

(1) 장래 이익의 유형

임료의 기간소득, 자본이득, 세액공제, 조세감면으로 얻는 이득, 레저 및 주거용 부동산의 소유 및 사용으로 얻는 정신적 소득 등이 해당된다.

(2) 부동산의 기간적 소득

토지, 건물 또는 양자의 사용에 대한 대가인 임료는 원본과 과실의 상관관계에 의해 원본 부동산의 수익성을 나타낸다.

(3) 부동산의 정신적 소득

주거용, 레저용 부동산의 소유 및 사용에서 발생한다. 구체적으로 소유권에 대한 만족감, 명성, 안정성, 쾌적성, 사용자의 자유로부터 발생한다. 주거용의 경우 쾌적성이 대표적이다.

(4) 장래 이익에 대한 현재가치

부동산의 가격은 장래 이익을 기준시점 기준으로 하여 현가한 것이다.

3 부동산 가치발생요인

1) 의의

부동산 가치는 자연적 · 사회적 · 경제적 및 행정적 제 요인의 상호작용에 의하여 형성된 결과이다. 부동산 가치의 발생원인은 ① 효용(유용성), ② 상대적 희소성, ③ 유효수요 세 가지를 들 수 있다. 부동산 가치는 일반적으로 효용(유용성), 상대적 희소성, 유효수요에 영향을 주는 자연적 · 사회적 · 경제적 · 행정적인 일반 요인, 지역요인 및 개별요인의 상호작용에 의하여 창조 · 유지 · 수정되고 파괴된다.

2) 효용(유용성)

(1) 의의

효용이란 인간의 필요나 욕구를 만족시켜 줄 수 있는 재화의 능력이다. 이는 부동산의 종류에 따라 달리 나타난다. 일반 재화의 경우에도 재화가 가지는 효용에 의해 가치가 발생되나, 그 효용이 일회적이고 소멸적인 데 반하여 부동산의 효용은 다용도적이고 내구적 · 비소멸적인 것에 차이가 있다. 이러한 측면에서 일반 재화의 효용과 구별하여 유용성이라고도 한다.

(2) 효용의 형태

부동산 용도의 다양성에 의하여 효용의 형태도 여러 가지로 발현된다. 주거용 부동산의 경우 당해 부동산의 이용에서 느끼는 만족감(정신적 소득)인 쾌적성이 효용으로 발현되며, 상업용 부동산의 경우 부동산의 이용에서 얻어지는 수익성, 업무용 부동산의 경우에는 능률성, 공업용 부동산의 경우에는 생산성, 공공용 부동산이 경우에는 공익성이 효용으로 발현된다.

(3) 감정평가상 중요성

가치발생요인은 부동산의 가치를 평가함에 있어 가치의 근원을 파악하고 그것이 얼마만큼의 크기로 작용할 것인가 하는 기초적인 판단작업과 관련되므로, 당해 부동산 효용의 크기에 대한 파악은 가치의 크기에 대한 파악과 직결된다. 이는 가치평가의 기준이 되며, 수익성 부동산의 경우 수익성이 클수록 가치가 더 크다고 볼 수 있다.

3) 상대적 희소성

(1) 의의

상대적 희소성이란 인간의 무한한 욕망에 비하여 이를 충족시킬 재화의 공급이 양적으로 유한하다는 것이다. 일반 경제이론의 근간이 될 뿐만 아니라, 부동산의 경우에는 특히, 부증성, 지리적 위치의 고정성, 개별성 등의 자연적 특성으로 인하여 희소성은 그 의미가 크다.[4] 다만, 부동산의 용도적 다양성 등 인문적 특성에 기인한 경제적 공급(용도적 공급)이 가능함에 따라 희소성은 완화된다.

4) 토지의 경우 상대적 희소성을 증대시키는 예시는 다음과 같다.
① 자연적, 물리적 측면에서 토지의 절대량의 부족을 들 수 있다.
국토의 협소 등, 자연적 조건의 제약 때문에 토지의 희소성이 높아지는 경우가 있다.
② 토지에는 부증성의 특성이 있고 용도적인 면에서 대체성이 있는 토지는 제한이 있다.
③ 행정적 제 요인이 작용하여 희소성이 높아지는 경우도 있다.
개발제한구역, 용도지역 · 지구의 지정이나 건폐율의 인하 등은 한정된 토지의 상대적 희소성을 증가시키는 경우가 있다.

(2) 관련 문제

일반적인 부동산 문제의 발생은 대체로 상대적 희소성에 기인한다. 부동산 문제의 해결을 위한 방안으로는 용도의 다양성 및 최유효 이용의 기초하에 토지이용을 집약화 · 입체화하는 것도 하나의 대안이 될 수 있을 것이다.

(3) 감정평가상 중요성

상대적 희소성은 부동산의 수요 · 공급에 모두 영향을 준다. 재화가 희소하므로 공급의 제약이 발생하고, 욕구 충족을 위하여 대가를 지불해서라도 만족을 얻고자 하는 수요가 발생한다. 감정평가에 있어서 이러한 수요와 공급의 현상을 이해하여 부동산 가치에 접근해야 한다.

4) 유효수요

(1) 의의

유효수요란 재화를 구입하고자 하는 의사와 이에 대한 대가의 지불능력을 모두 갖춘 수요, 즉 욕구와 구매력을 함께 갖춘 수요를 말한다. 부동산 가치가 발생하기 위해서는 효용 · 상대적 희소성 외에 유효수요가 함께 전제되어야 하므로, 유효수요가 없으면 부동산의 구체적 가치는 발생될 수 없다.

(2) 유효수요의 요인

대체로 유효수요의 요인은 일반 경제이론의 수요요인과 맥을 같이한다. 소득의 증가, 기호의 변화 등이 부동산 유효수요의 변동요인으로 작용하며, 부동산 가치형성 제 요인이 함께 복합적으로 작용한다.

(3) 감정평가상 중요성

부동산 가치는 부동산의 자연적 특성으로 인하여 수요자 경쟁에 따른 가치의 특성을 갖는 경향이 크며, 이는 상대적 희소성과도 관련된다. 따라서 부동산 가치의 산정을 위하여 당해 부동산에 대한 유효수요의 파악이 중요한 비중을 차지한다.

5) 유의사항

가치발생요인은 각각 필수적 요소이며, 상호 밀접한 관계를 이루며 작용한다. 다만, 어느 하나의 요인이 독립적으로 변화하면 직접 가치에 영향을 미치기도 한다. 이러한 변화는 수요와 공급의 원리라는 경제학의 기초개념을 반영한 가치형성요인의 작용으로부터 기인한다.

가치발생요인들은 상호 밀접한 관련이 있다. 가치발생요인들 중의 어느 한 요인의 변동은 필연적으로 가치에 반영된다.

감정평가사는 대상부동산의 시장가치를 결정하는 데 있어 법률적 · 사회적 · 경제적 요인이 가치발생요인에 대하여 어떻게 영향을 미칠 것인가에 대한 정확한 판단이 필요한 것이다.

제3절

부동산 가치형성원리

1 부동산 가치형성요인

1) 부동산의 가치

부동산 가치는 부동산 자체의 가치와 부동산을 둘러싸고 있는 환경의 가치가 합해진 것으로 이해된다. 부동산의 가치는 효용(유용성), 상대적 희소성, 유효수요 등 3자의 상관결합에 의하여 발생하고, 이들에 영향을 미치는 일반적 · 지역적 · 개별적 제 요인의 상호작용에 의하여 형성, 유지, 수정, 파괴된다.

부동산 가치는 가치형성요인이 변동함에 따라 변동한다(유동성의 원칙). 가치형성 제 요인은 하나하나가 독립하여 개별적으로 작용하는 것이 아니라, 유기적인 관련성을 갖고(관련성의 원칙)[5] 부동산 가치에 영향을 미친다.

그리고 가치형성요인은 우리 생활 전반에 걸쳐 나타나는 것으로 사회변천에 따라 새로운 요인이 나타나거나, 요인 자체도 변화하는 것이므로 동태적으로 파악하여야 한다.

5) 인구 증가라는 사회적 요인으로 그 예를 들어보면, ㉠ 인구 증가(사회적 요인) → 노동력 증가 → 생산력 증가 → ㉡ 소득 증가(경제적 요인) → ㉢ 인구 급증(사회적 요인) → 토지 부족 → 토지이용 규제(행정적 요인) →....

2 부동산 가치의 형성과정

1) 부동산 가치형성과정의 특징

(1) 부동산의 지역성

부동산은 고정성이라는 특성으로 인해 다른 부동산과 함께 어떤 지역을 형성하고 지역의 구성분자로써 지역 간 또는 지역 내의 다른 부동산과 의존, 보완, 협동, 대체, 경쟁하면서 사회적 · 경제적 · 행정적 위치가 정해진다. 이를 부동산의 지역성이라 한다.

(2) 일반적 요인의 지역지향성

일반적 요인 즉 사회적 · 경제적 · 행정적 요인은 전국적으로 동일한 작용을 하는 것이 아니라, 지역마다 다르게 작용하므로 지역마다 가치수준이 다르게 형성된다.

이는 일반적 요인이 지역의 자연적 조건과 상호 결합하면서 각 지역의 규모, 구성내용, 기능에 따라 지역 특성을 형성하고, 지역에 속하는 부동산의 가치형성에 전반적인 영향을 주기 때문이다. 따라서 평가대상 부동산의 가치수준을 파악함에 있어서 지역요인을 구성하는 일반적 요인은 해당 지역 차원으로 축소하여 이해하는 것이 효과적이다. 이를 일반적 요인의 지역지향성이라 한다.

2) 부동산 가치형성과정의 파악

(1) 부동산의 가치

부동산 가치는 효용, 상대적 희소성, 유효수요 3자의 상관결합에 의하여 발생되고 이들에 영향을 미치는 일반적 요인 및 지역 요인에 의하여 지역의 표준적 이용 및 가치수준이 형성되고, 개별적 요인 분석을 통한 최유효 이용을 기준으로 하여 개별적 · 구체적 가치가 형성된다.

(2) 가치수준의 형성

일반적 요인은 부동산이 갖는 지역성으로 인해 지역에 따라 다르게 작용하나 같은 지역에서는 동질적인 작용을 하여 지역의 동질성을 선도한다. 또한 지역범위로 축소된 일반적 요인은 지역의 자연적 조건과 결합하여 지역 특성의 바탕이 되는 지역요인을 구성한다.

이러한 지역요인은 그 지역의 규모, 구성내용, 기능 면에서 다른 지역과 구별되는 지역 특성을 나타내고 지역 특성의 구체적 표현인 지역의 표준적 이용 및 가치수준을 형성하게 된다.

(3) 개별적 · 구체적 가치형성

개별요인은 부동산의 개별적 특성을 반영하여 가치를 개별화 · 구체화시키는 요인이지만, 부동산의 종별과 유형에 따라 부동산 가치에 미치는 영향은 다르다. 예를 들어, 토지의 고저는 토지의 개별적 요인이지만 부동산이 주거지인 것과 상업지인 것에 따라 영향 정도는 다르다.

부동산 가치는 지역요인에 의해 결정된 표준적 이용에 의해 가치수준이 형성되고 그 제약하에서 개별요인이 작용하여 개별적 · 구체적 가치가 형성된다. 이때 개별요인은 대상부동산의 최유효 이용을 전제로 파악하게 된다.

3 가치형성요인의 내용

1) 부동산의 가치형성요인

부동산의 가치형성요인이란 가치발생 3요인에 영향을 주고 이들을 움직이는 일반적 요인, 지역요인, 개별요인을 말한다. 부동산 감정평가의 본질은 부동산의 가치를 파악하고 가치를 화폐 액으로 나타내는 것임에 비추어 볼 때 가치형성요인에 대한 이해는 대단히 중요한 전제가 아닐 수 없다.

이러한 가치형성요인에 대한 이해는 예시적으로 열거되는 요인들에만 국한될 것이 아니라 사회 · 경제현상의 변화에 따라 새롭게 발현되는 요인들에 대하여도 충분히 고려되어야 할 것이다.

2) 일반적 요인

(1) 의의

일반적 요인이란 일반 경제사회에 있어 부동산의 상태 및 가치수준에 영향을 주는 제 요인을 말하며, 대체로 사회적 · 경제적 · 행정적 요인으로 구분하고 자연적 요인을 함께 열거하기도 한다.

부동산은 인간의 행위와 결합되면서 경제적 가치를 갖게 되므로 일반적 요인은 결국 인간의 생활에 영향을 주는 모든 요인이라 말할 수 있다.

(2) 지역분식 · 개별분식과의 관계(일반적 요인 분석의 중요성)

지역분석을 행하면서 당해 지역의 표준적 이용 및 장래의 동향을 파악한다. 이는 개별분석 시 최유효 이용을 판정하는 경우 그 기초로써 일반적 요인의 파악 및 분석이 선행되어야 하는바 일반 경제 · 사회적 현상을 반영한 적정한 분석작업이 되어야 한다.

(3) 구체적 예시

가) 사회적 요인

부동산의 가치는 일차적으로 사회적 영향권에 있다. 이때 사회적 요인이란 부동산의 가치에 영향을 미치는 일련의 사회적 현상을 말한다.

a. 인구의 상태

인간은 부동산 거래의 주체이다. 부동산의 전반적 수요는 인간 개개인의 욕망과 필요성에 근원을 두고 있다. 즉 인구의 증가, 도시집중, 인구증가율, 출생률, 사망률 등은 부동산에 대한 수요를 변화시켜 부동산 가치에 직접적인 영향을 미친다.

b. 가족구성 및 가구분리의 상태

1인가구, 대가족제에서 소가족제로 분화되어 가는 상태, 가구수, 가구당 인구수 등은 주거에 대한 유효수요를 변화시켜 부동산의 수요변화에 작용을 한다.

c. 도시형성 및 공공시설의 정비상태

도로, 상하수도, 공원, 철도, 터미널, 학교, 병원, 전기, 가스 등의 공공시설의 양부, 기타 재해발생 가능성, 보건조건, 공해, 정서와 경관, 쾌적성 등은 주변토지의 효용성 증감에 영향을 주며, 또한 도시의 기능과 구조, 규모, 역사, 성장상태 등도 중요한 요인이 된다.

d. 교육 및 사회복지 수준

교육수준, 문화수준, 생활수준은 부동산 수요의 질적 측면에서 영향을 미친다.

e. 부동산 거래 및 사용수익의 관행

권리금 부착, 암거래 성행 등 부동산 시장의 유통질서는 부동산의 가치형성에 영향을 미친다. 토지이용의 집약화 · 조방화, 부동산 임대, 건물의 밀집도, 공지의 여유 등은 부동산의 사용수익에 영향을 주고, 이는 다시 부동산의 가치형성에 영향을 미친다.

나) 경제적 요인

부동산 가치는 경제적 가치 측면이 강하며, 부동산은 다른 재화와 마찬가지로 유기적인 관련을 갖고 경제구조에 포함되어 있기 때문에 경제구조와 경제정세 등의 변화는 직접 또는 간접으로 부동산 가치에 영향을 미친다. 경제적 요인이란 부동산의 가치에 영향을 미치는 일련의 경제적 현상을 말한다.

a. 저축, 소비, 투자 등의 수준 및 국제수지 등의 상태

공공부문의 투자 및 소비정책, 국제수지 등은 부동산의 수급에 직접적인 영향을 미친다.

b. 재정 및 금융의 상태

재정 및 금융의 상태는 일반 경제의 경기와 민간투자 등에 영향을 미쳐 부동산의 수급에도 영향을 준다. 재정지출의 증대는 경기부양을 가져오고, 재정지출의 감소는 경기하락을 초래한다. 금리의 인상 또는 인하는 경기변화에 직접 영향을 준다. 산업용 · 상업용 부동산의 수요(파생수요)는 경기확장책으로 인해 증대되고 이에 따라 주거용 부동산의 수요(본래적 수요)도 증가할 수 있다.

c. 물가, 임금 및 고용 등의 상태

물가, 임금은 건설비와 직접 관련이 있으며, 임금 · 고용의 수준은 주택의 구매력과 유효수요의 요인이 된다.

d. 세부담의 상태

조세부담률은 개인 및 기업의 가처분소득에 영향을 미치고, 국가의 재정 규모에도 작용을 하여 부동산 가치에 여러 가지 영향을 준다. 취득세, 등록세 등은 부동산의 수요 측면에 영향을 미치고, 양도소득세, 개발부담금 등은 부동산의 공급 측면에 영향을 미친다.

e. 기술혁신 및 생산구조의 상태

이는 기업의 설비투자에 영향을 주고, 부동산의 수요에도 영향을 미친다.

f. 교통체계의 상태

철도, 자동차, 선박, 항공기 등의 교통체계는 경제활동의 수준과 관련되고, 토지이용권의 범위에도 영향을 준다. 즉, 교통체계의 확대는 인근지역의 토지이용권의 확대를 가져오고, 이는 곧 토지시장 규모의 증대를 말하는 것이므로 토지의 경제적 공급 증가를 가져온다.

다) 행정적 요인

토지는 국토 공간으로 국민 생활과 생산의 기본적인 요소이고 개인의 행복과 사회발전의 토대를 이루며, 용도상 중요하고 필수적인 유한자원이므로, 부동산의 사회적 · 공공적 의의는 대단히 크며, 이에 대한 행정적 조치의 필요성이 인정된다.

사회정세의 변화, 경제활동의 확대 등 각 방면에 걸친 국민의 활동이 복잡 · 다양해짐에 따라 새로운 행정수요가 발생하고 행정 분야가 확대되고 있으며, 토지의 거래 · 이용 활동 등에 대한 행정상 법적 규제나 조장은 부동산의 가치형성에 영향을 미친다.

a. 토지제도

토지에 관한 소유관계를 말하며, 토지의 사유 또는 국유, 부재지주의 정리, 경자유전의 원칙 등 소유권의 귀속 형태와 공공 필요상의 사용 · 수익 제한은 토지 가치에 영향을 미친다.

b. 토지이용 계획 및 규제

효율적인 토지이용을 위하여 공적 계획을 수립하여 시행하고 있는바, 국토이용계획, 용도지역 · 지구 · 구역제, 재개발구역 지정 등의 각종 규제 또는 조장은 토지이용과 가치에 영향을 준다.

c. 토지 및 건축물의 구조, 방재 등에 관한 규제상태

건폐율 · 용적률 등 제한, 소방시설 및 소방도로, 축대 또는 옹벽의 구축 등은 토지의 유용성에 영향을 미치고 가치수준의 차이를 발생시킨다.

d. 택지 및 주택정책

정부, 지방자치단체, 정부투자기관, 민간기업체의 택지조성, 공공분양, 주택의 질적 규제, 도시계획 규제 등은 부동산의 가격에 일반적인 영향을 미친다.

e. 부동산에 관한 세제

부동산에 관한 세제의 목적은 ① 국가 또는 공공단체의 재원수입으로 사업비 조달, ② 공적 투자로 인해 발생한 경제적 가치를 불로소득으로 보고 공공환원 도모, ③ 지가의 안정책(부동산 투기성향 억제), ④ 토지의 이용증대 및 주택공급 촉진, ⑤ 공적 토지취득의 원활, ⑥ 부동산 시장질서의 확립에 있다.

부동산 관련 세제로는 재산세, 취득세, 등록세, 양도소득세, 개발부담금, 증여세, 상속세 등이 있는바, 이들을 적용하는 지역, 규모, 면적, 대상 종별(대, 전, 답, 임야 등) 등을 달리함에 따라 거래유형이 바뀌고 가격구조도 변하게 된다.

f. 부동산의 가격 · 임료에 관한 통제

지가동결, 토지거래허가신고제, 임료통제 등 각종 투기억제정책과 전세 · 월세 안정대책은 부동산 경기의 전반적인 흐름을 변화시키는 중요한 요인이 된다. 이러한 부동산 가격 · 임료의 통제는 가격 상승을 둔화시키거나 투기를 억제하는 데 효과가 있을 수 있지만, 가격의 시장기능 억제로 부작용이 나타날 수도 있다.

3) 지역요인

(1) 의의

지역요인이란 부동산이 갖는 지역성과 일반적 요인의 지역지향성으로 인하여 일반적 요인이 지역적 범위로 축소되어 그 지역의 자연적 조건과 결합하여 그 지역의

부동산의 상태 및 가치수준에 영향을 주는 요인을 말한다.

지역요인은 대상부동산이 속한 지역 특성의 바탕이 되며, 지역요인 분석에 의해 지역의 표준적 이용과 장래 동향을 파악할 수 있다.

(2) 일반적 요인과의 관계(지역요인의 이론적 근거)

일반적 요인은 부동산의 가격형성에 있어 광범한 지역적 범위로부터 개별 부동산의 말단에 이르기까지 전반적으로 영향을 미치는 요인이다. 그러나 일반적 요인만으로는 서로 구별되는 지역 간 특성과 지역 내 부동산의 가치수준 및 지역차원의 장래 동향 등을 설명하지 못한다.

그러므로 부동산이 갖는 지역성과 일반적 요인의 지역지향성으로 인하여 지역적 범위로 축소되어 그 지역의 자연적 조건과 결합하여 그 지역 내 부동산의 상태 및 가치수준에 영향을 주는 지역요인을 파악하여야 한다. 따라서 일반적 요인을 지역적 범위로 축소하고 그 지역의 자연적 조건을 합친 지역요인을 부동산 가치수준의 형성요인으로 이해하고 이를 통해 가치수준을 파악하여야 한다.

4) 개별요인

(1) 의의

부동산은 개별성으로 인하여 대상부동산마다 개별적 특성을 갖게 되는바, 부동산의 가치형성에 있어서 이와 같은 개별적 특성에 따라 개별 부동산의 가치를 개별적 · 구체적으로 형성하게 하는 요인을 개별요인이라 한다. 개별요인은 동일한 요인일지라도 부동산의 종별과 유형에 따라 가격에 미치는 영향은 달라진다.

(2) 일반적 요인과의 관계

부동산 가치는 일반적 요인과 개별적 요인의 작용에 의하여 형성되는 것으로 감정평가에 있어서는 두 가지 가치형성요인을 명확하게 파악 · 분석하여 부동산의 효용, 상대적 희소성 및 유효수요에 미치는 영향을 판정하여야 한다. 부동산의 가치는 최유효 이용을 전제로 파악되는 가치를 기준으로 형성되므로 감정평가에 있어서는 개별요인의 분석을 통하여 대상부동산의 최유효 이용을 판정하여야 한다.

(3) 구체적 예시

가) 토지의 개별요인

① 택지의 개별요인: 위치, 면적, 지세, 지질, 지반 등

② 농지의 개별요인: 일조, 건습, 우량 등의 기상상태 등

③ 임지의 개별요인: 일조, 건습, 우량 등의 기상상태 등

④ 후보지 · 이행지의 개별요인: 후보지 · 이행지는 전환하거나 이행한다고 예상되는 전환 후 또는 이행 후의 종별 지역 내의 토지의 개별적 요인을 더 중시해야 하나, 전환 또는 이행이 완만하거나 전환 · 이행의 정도가 낮은 경우에는 그에 소요되는 시간도 장기화될 것이므로 전환 전 또는 이행 전의 종별 지역 내의 토지의 개별요인을 더 중시해야 한다.

나) 건물의 개별요인

① 면적, 높이, 구조, 재질 등

② 설계, 설비 등의 양부: 쾌적성에 관련되고, 건물의 재조달원가에 영향을 주며, 기능적 감가요인이 됨

③ 시공의 질과 양: 재조달원가 및 건물의 품등에 영향을 주며, 경제적 내용연수와 관련됨

④ 공 · 사법상의 규제 및 제약 등

⑤ 건물과 그 환경과의 적합상태: 적합 · 최유효 이용의 원칙과 관련하며 부적합한 경우는 경제적 감가요인이 됨

다) 복합부동산의 개별요인

① 부지 내의 건물배치상태

② 건물과 부지의 면적상 균형상태

③ 건물의 용도 · 규모의 부지와의 적합성

④ 기타 부지와 건물의 적응상태

4 가치형성요인 분석 시 주의사항

가치형성요인은 항상 변동하고 있으므로, 동태적으로 분석하여야 한다. 또한 가치형성요인은 다른 가치형성요인에도 영향을 미치므로 상호관계에서 분석하여야 한다.

일반적 요인은 지역분석 및 개별분석에서 모두 고려되어야 하는 사항으로 가치판정의 타당성 검증(시산가액 조정)에 활용되어야 한다. 또한 일반적 요인의 작용 형태는 전국적으로 일률적인 것이 아니므로 모든 종류의 부동산에 대해 균등하게 작용하는 것도 아니다.

경제적 요인의 동향은 항상 고려되어야 하는 것이므로 이에 관련되는 자료의 수집, 분석 등을 항상 하지 않으면 안 된다.

행정적 요인은 시장가치를 구하기 위해 최유효 이용의 원칙 및 적합의 원칙을 적용하는 데 있어 대상물건의 경제가치에 많은 제약을 주는 것이므로 항상 법제의 정비 동향이나 실태를 파악하여야 한다.

지역분석 및 개별분석은 대상부동산의 최유효 이용을 어떻게 판정할 것인가를 밝힘과 아울러 자료수집 범위, 감정평가방식 적용 방법을 제약한다. 지역분석 시 유사지역 및 주변지역의 가치형성요인에 대한 비교분석을 통하여 인근지역의 가치수준을 파악하게 된다.

제4절

부동산 가치제원칙

1 가치제원칙의 이해

1) 의의

부동산 가치는 효용, 상대적 희소성, 유효수요의 상관결합에 의하여 발생하고 이들에 영향을 미치는 가치형성 제 요인의 상호작용에 의하여 형성된다. 그 형성과정을 고찰할 때 기본적인 법칙성을 발견할 수 있는데, 이러한 법칙성을 부동산 감정평가 활동의 지침이자, 행위기준으로 하고자 하는 것이 부동산 가치제원칙이다.

2) 필요성

감정평가란 부동산 가치의 형성과정을 파악하고 분석하는 작업이므로 감정평가사는 감정평가 활동에 필요한 지침이자 행위기준으로서 법칙성을 충분히 이해하고 이를 적정하게 활용하여 평가해야 한다.

3) 특징

가치원칙은 각기 고립되어 작용하는 것이 아니고 직 · 간접으로 상호 관련하여, 하나의 체계를 이루고 있으므로 가치원칙 상호 간 관련을 명확히 이해하여야 한다. (상호 유기적 관련성) 부동산 가격제원칙은 최유효 이용 원칙을 최상위 원칙으로 하여 하나의 체계를 형성하고 있다. (최유효 이용의 규준성)

4) 가치원칙의 상호연관성(체계)

부동산은 '상대적 유한성'이라는 공간적 특징과, '장기성'이라는 시간적 특성을 가지므로, 부동산 가치를 지배하는 제 원칙도, '공간적 가치원칙', '시간적 가치원칙', '시공간적 가치원칙'의 방향에서 유도할 수 있다.

(1) 공간적 가치원칙

대내적 공간 가치원칙으로는 대상부동산의 내부에서 작용하는 기여, 수익체증 체감, 균형, 수익배분의 원칙이 있다. 대외적 공간 가치원칙으로는 대상부동산과 외부 공간과의 관계에서 작용되는 적합, 경쟁의 원칙이 있다. 대 · 내외적 공간 가치원칙에는 최유효 이용의 원칙이 있다.

(2) 시간적 가치원칙

대상부동산의 기준시점을 기준으로 하여 과거 및 미래에 작용하는 가치원칙으로, 변동의 원칙과 예측의 원칙이 있다.

(3) 시공간적 가치원칙

대상부동산의 공간과 시간에서 작용되는 가치원칙으로, 공간과 시간에 의해 측정되는 수요공급의 원칙, 공간상 그리고 시간상의 대체의 원칙이 있다.

2 가치제원칙의 유형

1) 변동의 원칙

(1) 의의

부동산 가치는 그 형성요인이 변화함에 따라 항상 변동하는 양상을 보인다는 원칙이 변동의 원칙이다. 즉, 변동의 원칙은 부동산의 활동에 있어서 가변성에 유의하여 가치형성 제 요인의 현재의 작용과 과거의 추이, 장래의 동향을 정확히 파악할 필요를 갖게 한다.

(2) 성립근거

부동산은 영속성과 사회적 · 경제적 · 행정적 위치의 가변성 등의 특성으로 인하여, 가치는 과거로부터 장래에 걸친 장기적인 배려하에서 형성되고 항상 변화의 과정에 있다. 따라서 부동산의 특성 중 영속성과 가변성의 특징과 밀접한 관련이 있다.

(3) 감정평가상 중요성

가) 기준시점 확정의 필요성

변동의 원칙에 의거 부동산의 가치는 일정 시점에서 유효한 가치이므로, 감정평가 시 기준시점을 확정할 필요가 있는 것이다.

나) 지역분석 및 개별분석

시간의 경과에 따른 지역요인의 변화는 지역 특성을 변화시키고 이는 결국 지역의 표준적 이용 및 가치수준을 변화시키므로 지역분석 시 지역 특성 및 표준적 이용의 장래 동향을 명백히 할 필요가 있다. 이때 변동의 원칙을 그 지침으로 활용할 필요가 있는 것이다.

또한, 시간의 변화에 따른 개별요인의 변화는 개별특성을 변화시키고, 이는 결국 최유효 이용 및 가치를 변화시킨다. 따라서 가치형성 제 요인을 동태적으로 파악하여야 한다.

다) 평가 3방식에서의 활용

평가 3방식의 적용에 있어 사례는 시점수정의 가능성을 고려하여, 가능한 최근의 사례를 이용하여야 한다.

비교방식의 적용 시 지역요인 및 개별요인을 항상 동태적으로 파악하여야 하며, 원가방식의 적용 시 시간이 지남에 따라 개량물의 가치를 감가수정 해야 하고, 수익방식의 적용 시 환원이율 산정은 금융시장의 변화 등에 따른 수익률의 변화에 유의하여 변동의 원칙을 지침으로 활용하게 된다.

2) 예측의 원칙

(1) 의의

부동산의 가치는 그 부동산에 존재할 효용성과 장래의 비용 등을 예측함으로써 그 수준이 결정된다는 원칙이다.

(2) 성립근거

부동산 가치는 가치발생요인인 효용, 상대적 희소성, 유효수요가 어떻게 변화하느냐를 예측하는 데서 좌우되는 것이다. 이 3요인에 대한 예측은 직접으로는 이들 요소에 영향을 주는 가치형성요인의 변화에 대한 예측에 따라 좌우된다.

한편, 부동산은 자연적 특성으로 영속성이 있고, 인문적 특성으로 사회적 · 경제적 · 행정적 위치의 가변성이 있기 때문에, 가치형성요인 및 발생 요인이 어떻게 변동하고 있는지를 파악하여야 한다. 부동산 가치는 끊임없이 변화의 과정에 있으므로 부동산의 정확한 가치를 파악하기 위해서는 장래에 대한 예측이 필요한 것이다.

(3) 감정평가상 중요성

가) 지역분석

지역요인의 변화는 지역 특성을 변화시키고, 이에 표준적 이용 및 가치수준도 변화한다. 따라서 지역분석 시 지역 특성이나 표준적 이용의 장래 동향을 명백히 할 필요가 있다.

나) 개별분석

개별요인의 변화는 개별특성을 변화시키고 이에 최유효 이용이나 가치가 변화한다. 따라서 개별분석 시 이러한 개별특성이나 최유효 이용의 장래 동향을 명백히 할 필요가 있다.

다) 평가 3방식

① 원가방식: 감가수정 시 경제적 잔존내용연수의 예측 및 적산법에 이용될 기대이율의 산정에 있어 예측이 요구된다.

② 비교방식: 사례와 대상 간의 지역 및 개별요인을 비교함에 표준적 이용 및 최유효 이용의 장래 동향을 명백히 하여야 할 것이다.

③ 수익방식: 순수익은 대상부동산이 장래에도 계속적으로 산출할 것으로 기대되는 것이어야 하므로, 장래 순수익의 변동에 영향을 미치는 요인들을 면밀히 분석·검토하여야 한다. 그리고 환원이율은 금융시장 등의 변화에 유의하여야 하는바 예측의 원칙을 지침으로 하여 동태적으로 파악할 필요가 있다.

3) 수요·공급의 원칙

(1) 의의

본 원칙은 일반 재화의 가격이 수요·공급에 의해 결정되고, 동시에 그 가격은 수요·공급에 영향을 미치게 되는데 이를 부동산에 적용시킨 것이다. 그러나 부동산은 그 특성상 일반 재화와는 달리 적용된다. 즉, 토지에 있어서는 자연적 특성 때문에 이 원칙의 제약이 있으나, 용도적 관점(택지개발, 주택신축 등)이나 효용 면에 있어서는 대체가 가능하므로 수요공급의 원칙이 적용된다.

(2) 성립근거

자연적 특성으로 인하여 물리적 관점에서는 대체가 불가능하나, 용도적 관점에서 대체성이 인정되므로 수요·공급원칙이 적용된다고 볼 수 있다.

(3) 감정평가상 중요성

본 원칙은 가치형성요인 중 경제적 요인 즉, 국민소득·저축 등은 경제현상 분석 지침으로 활용되는 중요한 도구이다. 수요·공급의 동향은 중요한 지역요인이므로 비교방식 적용 시 지역요인 비교 시 반영하여야 할 원칙이며 원가방식의 적용 시 재조달원가 산정에 대체원칙과 더불어 적용된다.

4) 대체의 원칙

(1) 의의

가치는 대체성을 지닌 다른 부동산 또는 재화 등의 가치와 상호작용 과정에서 형성된다는 원칙이다. 이는 감정평가 활동을 부동산 시장분석과 비교조정 작업의 결과로 볼 때 가장 기본이 되는 원칙이다.

(2) 성립근거

가) 용도적 관점

부동산은 자연적 특성으로 대체성이 없으나 용도적 관점 또는 효용의 관점에서 대체성이 인정된다.

나) 지역성

부동산은 다른 부동산과 함께 어느 지역을 구성하고 그 지역의 구성분자로서 그 지역과 그 지역 내 다른 부동산과의 사이에 의존 · 보완 · 협동 · 대체 · 경쟁 등의 관계를 갖는다. 즉, 지역성으로 대체 가능한 지리적 범위(동일수급권 또는 부분시장)가 결정되며 그 범위에서 대체성이 인정되게 된다.

다) 합리성 추구

인간은 시장에서 합리적인 경제행위를 한다. 다시 말해서 최소의 비용으로 최대의 효과를 획득하기 위해 부단히 노력한다. 경제 주체가 합리성을 추구하는 과정에서 동일가치이면 비용이 낮은 것을, 동일비용이면 가치가 높은 것을 선택한다.

라) 투자재로서의 부동산

부동산은 경제재로서 그 자체가 수익을 산출하므로 투자의 대상이 된다. 일반적으로 투자재로 증권, 채권, 기타 실물자산 등이 있으나, 이 각각의 재화는 그 투자재로서의 특성이 서로 다르다. 부동산은 주로 수익성이 높고 투자의 안정성이 있으나 환금성이 적다는 특성이 있어 다른 재화와 비교된다. 따라서 부동산의 투자자는 안전성 · 수익성 · 환금성 등 투자의 위험관리를 다른 일반 투자재와 비교 · 대체하는 과정에서 가치를 형성한다.

(3) 감정평가상 중요성

가) 지역 · 개별분석과 관계

3방식 성립의 이론적 기초가 된다. 즉, 대체의 원칙은 대체 가능한 부동산의 가치는 상호작용하면서 형성된다는 것으로, 평가에 있어서 대체 가능한 부동산을 매개로 하여 가치형성과정을 합리적으로 분석하는 이론적 근거가 된다. 지역분석 시 대체 · 경쟁의 범위를 파악함으로써 지역분석 대상지역의 설정과 경계를 파악할 수 있으며, 개별분석 시 대체 가능한 용도 중 용도의 경쟁에 의하여 최유효 이용의 용도가 결정되고 이 최유효 이용의 판정에 의해 구체적 가치에 접근하게 된다.

나) 원가방식

① 재조달원가: 동유형 부동산이 두 개 이상 있는 경우에 대체성이 있는 다른 부동산의 원가 또는 건설사례는 대상부동산의 기준이 된다.

② 감가수정(관찰감가법): 대체부동산과 비교 수정 시, 기능적 · 경제적 감가요인 고려 시, 내용연수 조정 시 대체의 원칙이 지침이 된다.

다) 비교방식

유사성 또는 동일성이 있는 재화의 가치는 대체의 원칙에 의해 상호 접근하여 경쟁과 견인의 과정을 거치며, 결국 대체 가능한 부동산 가치는 서로 일치되도록 결정된다. 즉, 대체의 원칙은 비교방식의 논리적 근거를 제시하고 있다. 사례의 선택 시 위치 · 물적 유사성은 대체성을 전제로 한다. 요인비교는 대체성 있는 부동산과 한다.

라) 수익방식

부동산 역시 투자성 자산으로 수익성에 근본을 두며 대체 가능한 타 부동산 및 타 금융자산과의 대체성의 원리에 입각하여 부동산의 수익성과 가치가 파악된다.

① 순수익: 기존 부동산 가치는 부동산의 순수익과 동등의 순이익을 기대할 수 있는 대체 수익부동산을 취득하기 위한 투자액과 일치하게 된다. 수익방식에서 순이익을 구할 때 간접법은 수익사례를 통한 대상부동산과 사례부동산의 대체를 전제로 하며 직접법도 대체 가능한 순수익과 항상 비교하여야 한다.

② 환원이율: 환원이율 결정 시 시장추출법 · 요소구성법은 대체성을 전제로 한다.

4) 경쟁의 원칙

(1) 의의

일반 경제활동과 같이 부동산의 이용으로 인한 초과이윤을 얻기 위한 시장참가자들의 경쟁관계에 의해 그 가치가 형성된다는 원칙이다. 즉 부동산은 초과이윤을 내기 위해서 부동산 상호 간 또는 다른 재화와 경쟁을 하며, 이러한 과정에서 부동산 가치가 형성된다는 것이다.

(2) 성립근거

용도의 다양성으로 인하여 경쟁이 인정되며 고정성 · 부증성의 특성으로 인하여 강한 수요의존성을 나타낸다. 또한 사회적 · 경제적 · 행정적 위치의 가변성 및 지역성의 특성으로 대체가 인정되므로 경쟁의 원칙이 나타난다. 그리고 지역성의 특성으로 경쟁의 범위가 대체 가능한 지리적 범위(동일수급권)로 축소된다.

(3) 감정평가상 중요성

대상부동산과 경쟁관계에 있는 부동산의 범위를 확정함으로써 지역분석 대상지역의 설정과 경계를 파악할 수 있으며, 원가방식의 재조달원가 산정 시 상한가격 판정에 대체 · 경쟁원칙이 고려되어야 하며, 수익방식의 순수익 산정 시 초과이윤은 경쟁에 의해 소멸되어 갈 것이다.

비교방식에서 사례 선택 시 위치의 유사성은 대체 · 경쟁의 범위 안에서 하여야 하며 개별요인 비교 시 판단기준으로 활용할 수 있다.

5) 균형의 원칙

(1) 의의

부동산의 유용성이 최고로 발휘되려면 부동산의 구성요소들이 균형을 이루어야 한다는 원칙으로 부동산 가치는 이들 구성요소 간의 균형이 형성된다는 원칙이다.

(2) 균형의 구성요소

구성요소라 함은 단순한 토지, 자본, 경영 등에 국한되지 않는다. 토지의 경우는 접면너비, 획지의 깊이, 고저 등의 관계에 균형이 있어야 하고 건물의 경우는 건축면적, 높이, 복도, 층, 계단의 배치 등의 관계에서 균형이 유지되어야 하며 복합부동산인 경우는 토지, 건물에 대한 것 이외에 건물과 부지의 배치 및 크기 등의 관계에서 균형이 있어야 한다. 구성요소의 균형 여부의 판단은 건물의 용도에 따라 다르다.

(3) 성립근거

부동산은 자연적 특성으로 인해 부동산 문제가 악화성향 · 지속성 · 비가역성의 특징과 인문적 특성으로 인해 내부적 균형이 깨질 염려가 크다는 점에서 균형의 원칙이 강조된다.

(4) 감정평가상 중요성

개별분석에 유효한 기준이 되며, 재조달원가의 적정화와 재조달원가 구성항목 간의 투입비 균형 판단 및 내부균형 상실에 따른 기능적 감가요인 파악의 지침이 된다. 또한 수익분석에서도 내부적 요소의 균형에 유의하여야 한다.

6) 수익체증체감의 원칙

(1) 의의

부동산에 계속적인 투자를 행하는 경우 단위투자당 순수익은 증가하다가 손익분기점 이후에서는 감소한다는 원칙으로 부동산 가치는 단위투자당 순수익의 증감을 반영하여 형성된다는 원칙이다.

(2) 성립근거

한계효용 체증 · 체감의 법칙과 부동산의 부증성으로 인하여 공급량은 유한한데 인구증가, 산업화 등으로 인하여 수요는 계속 증가하므로 토지이용 효율의 극대화를 위한 추가투자의 한계점을 판단해야 한다는 점에서 부증성, 용도의 다양성과 관련이 있다.

(3) 감정평가상 중요성

추가투자의 적정성 판정기준이 된다. 최유효 이용의 층수 판정 즉, 고층 건물을 짓는 경우 일정한 층수까지는 단위투자에 대한 수익이 체증하지만 그 층수를 지나면 체감한다. 이때 한계수익이 제로가 되는 층수를 수익한계점이라 하며 이는 층수 결정기준이 된다.

또한 토지의 공간이용가치를 측정하기 위한 입체이용률, 입체이용저해율, 지가배분율, 층별효용비율, 공중권의 이용가치 등과 밀접한 관계가 있다.

7) 기여의 원칙

(1) 의의

부동산 가치는 각 구성요소의 수익획득에 대한 기여도에 따라 영향을 받는다는 원칙이다. 즉 각 부분 기여가치의 합이 전체 부동산의 가치가 된다는 것이다.

이는 부동산의 가치는 부동산 각 구성요소의 가치에 대한 공헌도에 따라 영향을 받는다는 원칙으로, 부동산의 가치는 각 구성요소의 기여도를 합한 것이지 각 구성 부분의 투입비용을 합한 것이 아니다.

(2) 성립근거

부동산의 구성요소가 전체에 기여하는 정도가 가장 큰 사용 방법을 선택해야 하는 필요성을 제시한다는 점에서 용도의 다양성, 병합 · 분할 가능성 등과 관계가 있다. 또한 한계효용의 법칙도 그 근거가 된다.

(3) 감정평가상 중요성

이 원칙은 부적정한 획지규모나 부정형의 획지에 인접한 다른 토지를 구입하여 합필함으로써 획지 전체의 가격을 상승시키는 경우에 한정가격 · 기여도 판정근거가 된다. 건물을 증축하는 경우 등에 있어서 추가투자의 적정성 판정에 유용하게 활용된다.

또한 배분법의 근거가 되며, 수익방식에서 순수익 파악의 지침이 되며 원가방식의 간접법에 의한 재조달원가 산정 시 대체의 원칙과 더불어 검증기능을 한다. 거래사례비교법에서 공제방식 및 비율방식의 적용에 있어 각 구성 부분의 기여도 판단 시 활용된다.

8) 수익배분의 원칙

(1) 의의

부동산의 자연적 특성으로 인하여 부동산의 수익은 자본, 노동, 경영 등에 배분되고 남는 잔여수익이 배분되므로, 잔여수익의 크기를 통해 부동산의 가치가 형성된다는 원칙이다.

(2) 성립근거

토지가 토지 이외의 생산요소에 대한 배분을 끝낸 후 최종배분을 받는 이유는 부동성의 특성이 있기 때문이다. 이는 토지 이외의 생산요소는 유동성이 있어서 평균 수준의 배분이 없으면 곧 다른 곳으로 이동함으로써 토지의 이용을 위협하기 때문에 부동성이 있는 토지가 최종적으로 배분을 받는다.

(3) 감정평가상 중요성

부동산에 귀속되는 순수익을 기초로 가격을 구하는 수익방식 및 토지잔여법 등의 이론적 근거가 된다. 특히 기업용 부동산은 각 생산요소의 결합에 의하여 수익이 발생되므로 수익배분의 원칙이 중요한 판단기준이 된다.

9) 적합의 원칙

(1) 의의

부동산의 유용성이 최고로 발휘되려면 당해 부동산이 환경에 적합해야 한다는 원칙으로 부동산의 가치는 주변환경과의 적합성과 관련되어 형성된다는 원칙이다.

(2) 성립근거

부동산은 부동성 및 지역성의 특성에 의하여 부동산이 속한 지역 특성의 영향을 받으므로 비표준적 이용의 토지가 최유효 이용이 되는 경우를 제외하고는 대상부동산이 속한 지역에 적합하여야 유용성이 최고로 발휘된다는 데 근거를 두고 있다.

적합의 원칙은 부동산의 지역성에 기인하므로 부동산의 자연적 · 인문적 특성 모두와 관련이 있다.

(3) 적합성 판정기준 및 유의사항

용도지역 · 지구에 의한 제한 등 토지이용에 대한 행정적 규제를 지키는 것이 제1차적인 적합이다.

적합성은 질적 · 사회적 · 경제적 유사성(동질성)을 포함한다. 즉, 최고의 부동산 가치는 자연환경과의 동질성이 있고, 사회적 · 경제적 환경의 정도가 합리적일 때 실현된다.

또한 용도의 적합성은 최고의 가치를 창조, 유지하기 위하여 부동산의 이용에 있어 불가결한 것이다. 이로 인해서 적합성은 합리적인 유사성을 가져야 한다. 지역의 표준적 이용을 기준으로 판정하게 되는 것이다.

(4) 감정평가상 중요성

가) 지역분석의 근거

부동산과 환경과의 적합성 판단에 있어서는 그 부동산이 속한 용도지역의 표준적 이용을 명확히 할 필요가 있는데, 이는 지역분석에 의한다.

나) 최유효 이용 판정의 기준

부동산의 유용성이 최고도로 발휘되기 위해서는 부동산이 속하는 용도지역의 환경에 적합할 필요가 있다.

다) 경제적 감가요인의 판단기준

시장인의 경제적 합리성에 부적합하여 유용성이 감퇴되면 수요의 이동을 초래하고, 대상물건의 시장성을 하락시키는 요인이 된다. 따라서 적합의 원칙은 원가방식 중 감가요인 분석에 있어 외부환경과의 부적합으로 인한 경제적 감가요인의 판단기준이 된다.

라) 관련 가격원칙

적합의 원칙은 부동산과 외부조건과의 균형을 문제로 하나, 부동산의 내부요소 간의 균형을 문제로 하는 균형의 원칙과 함께 최유효 이용의 판정에 중대한 지침이 되므로, 지역분석과 개별분석에 있어서 항상 고려해야 할 가격원칙이다.

균형의 원칙이 내부적 균형에 관한 원칙으로 개별분석과 관계되는 데 반하여 적합의 원칙은 부동산과 인근의 용도 · 환경과의 외부적 균형(지역분석)과 관계된 원칙이다. 대상부동산의 가치는 외적인 조건, 환경, 요소들에 의하여 영향을 받으므로 대상부동산의 인근지역에 대한 적합성 여부와 외부환경이 대상부동산에 어떤 영향을 주는지를 동시에 고려해야 한다.

적합의 원칙은 부동산이 입지한 환경에 적합하여야만 최유효 이용 상태가 된다는 것을 강조하는 원칙으로 최유효 이용의 원칙과도 관련이 있다. 대상부동산의 적합 여부는 가변적일 수 있으므로 적합의 지속 여부, 기간의 예측이 필요하게 되므로 예측의 원칙하에 판단하여야 한다.

10) 최유효 이용의 원칙

(1) 의의

최유효 이용의 원칙이란, 부동산은 용도가 다양하고 공급이 상대적으로 희소하므로 최고 최선의 이용(Highest and Best) 방법으로 이용되어야 하는 것으로, 부동산 가치는 최유효 이용을 전제로 하여 파악되는 가치를 기준으로 하여 형성된다는 원칙이다.

따라서 이 원칙은 대상부동산의 최유효 이용 판정에 기본적 지침이 되는 것으로서 대체의 원칙과 함께 3방식에 밀접한 연관이 있다.

최유효 이용이란 개념은 양식과 통상의 사용능력을 가진 사람에 의한 합리적 · 합법적인 최고 최선의 이용을 말한다. 보통의 이용이 주변환경과 적합한 이용이 되고, 부동산의 지역성 또는 인접성으로 인해서 주위환경에 적합한 이용이 일반적으로 최유효 이용이 된다.

(2) 이론적 근거

부동산은 고정적 · 경직적인 자연적 특징이 있으나, 인문적 특성인 용도의 다양성에 의거 다양한 용도 중 가장 효용성 있는 이용 방법을 생각하게 된다. 즉, 시장에서 행동하고 있는 '경제적 합리성'을 가진 매도인과 매수인은 가장 효용성 있는 이용 방법을 상정하여 거래한다는 논리가 성립한다.

또한, 부동산은 용도의 다양성과 동시에 상대적으로 공급이 희소하므로 최유효하게 이용하여야 할 '규범적 목적 지향성'이 있다.

(3) 감정평가상 중요성

가) 평가의 가치전제(Premise of Value)

부동산의 가치는 최유효 이용을 가치전제로 하여 형성되기 때문에 대상부동산이 최유효 이용이 아닌 경우에는 그만큼 낮게 평가하게 된다.

따라서 최유효 이용에 대한 상태판정이 가치평가에 있어 중요한 작용을 하는바 현재의 이용 방법은 최유효 이용인가? 최유효 이용으로 전환 가능한가? 가능하면 소요비용은 얼마나 되는가? 최유효 이용의 장래 계속기간은 얼마나 되는가?에 유의해야 한다.

나) 최유효 이용의 원칙과 3방식과의 관계

① 원가방식과의 관계: 원가법은 기준시점에서 대상물건의 재조달원가에 감가수정을 가하여 대상부동산의 가치를 구하는 평가 방법이다. 재조달원가는 최유효 이용의 상태를 기준으로 하며, 감가수정은 최유효 이용 상태에서의 감가이고, 재조달원가를 간접적으로 구하는 경우의 개별요인 비교는 최유효 이용 상태를 기준으로 하는 것이다.

② 비교방식과의 관계: 거래사례비교법은 거래사례와 비교하여 대상물건의 현황에 맞게 사정보정 및 시점수정 등을 가하여 가치를 산정하는 방법이다. 이때 거래사례와 대상물건 간의 개별요인의 비교는 획지의 이용상태에 대하여 사례와 대상부동산 간의 품등비교에서 분석되므로, 이때 최유효 이용의 원칙이 판단의 기준이 되는 것이다.

③ 수익방식과의 관계: 수익환원법은 대상물건이 장래 산출할 것으로 기대되는 순수익을 환원이율로 환원하여 가치를 구하는 방법이다. 이때 경제 주체가 대상물건을 통하여 일정 기간 획득할 순수익은 최유효 이용을 전제로 하여 산정한다. 즉, 합리적 · 합법적 방법에 의한 최고 최선의 이용 방법을 기준으로 한 표준적인 수익이어야 한다. 토지잔여법에 있어서 대지의 순수익을 구하기 위한 건물 및 부지의 수익사례는 최유효 이용의 상태에 있는 것을 기준으로 하여야 한다.

다) 지역요인과의 관계

부동산의 최유효 이용 판정은 부동산이 속하는 지역의 표준적 이용을 척도로 한다. 개개의 부동산은 어느 특정 지역의 구성분자로서 그 지역적 특성의 제약하에 있는 것이므로, 지역적 특성을 구체적으로 나타내는 일반적 · 표준적 이용을 지표로 하여 결정된다.

라) 표준적 이용과의 관계

최유효 이용은 부동산의 개별성에 의한 최고 최선의 이용 형태를 기준으로 판정하는 개념이고, 표준적 이용은 그 지역의 지역 특성에 의한 일반적 · 평균적인 이용 방법이다. 인근지역에 속하는 개개의 부동산의 최유효 이용을 집약평균한 사용 방법이라 할 수 있다. 따라서 최유효 이용은 그 지역적 특성의 제약하에 있어서의 개별적인 최고 최선의 이용 방법을 뜻하므로, 이는 표준적 이용을 지표로 하여 결정된다.

마) 가치형성요인과의 관계

부동산의 가치는 그 부동산의 유용성, 상대적 희소성, 유효수요 3자에 영향을 미치는 가치형성요인이 작용하여 상호 유기적으로 관련되어 형성된다. 부동산 가치형성요인은 일반적 요인과 지역적 요인 및 개별요인으로 나뉘어지는데, 개별적 요인의 분석 · 판정은 대상부동산의 최유효 이용을 전제로 이루어지므로 최유효 이용의 원칙은 부동산 가치형성요인과도 관련된다.

바) 관련 가격제원칙

a. 대상부동산의 내부적 구성요소에서 본 경우

① 균형의 원칙: 부동산의 쾌적성이 최고도로 발휘되기 위해서는 그 내부적인 구성요소 간에 균형이 유지되어야 한다는 원칙이다. 구체적으로 토지는 형태 · 면적 · 접면너비 · 획지의 깊이에서, 토지와 건물은 건물과 부지의 배치상태에서 각각 균형이 유지되어야 최유효 이용이 될 수 있다. 이때 균형의 원칙은 최유효 이용의 판정기준이 된다.

② 수익체증체감의 원칙: 부동산의 수익이 투자액에 대하여 한계수익점에 도달하고 있는가, 아니면 과잉투자로 인하여 수익이 체감되고 있는가의 판단은 최유효 이용의 판정기준이 된다.

③ 수익배분의 원칙: 토지를 이용함으로써 발생하는 총수익에서 다른 결합요소인 자본 · 노동 · 경영에 배분된 이외의 부분이 토지에 귀속된다. 토지에 대한 배분이 최대로 실현되었을 때에 최유효 이용의 상태가 된다.

④ 기여의 원칙: 토지 또는 건물에 대한 추가투자 등이 대상부동산 전체의 가격에 미치는 공헌의 정도를 파악하는 것으로써 그 부동산의 균형의 상태 또는 최유효 이용의 상태로 접근하느냐의 여부가 최유효 이용 판정에 도움을 준다.

b. 대상부동산의 외부적 요인에서 본 경우

① 적합의 원칙: 부동산의 쾌적성, 수익성 등이 최고도로 발휘되기 위해서는 대상부동산이 위치한 환경에 적합하여야 한다는 원칙이 적합의 원칙이다. 균형의 원칙

이 내부적 구성요소 간의 균형을 문제로 삼는 데 반하여, 적합의 원칙은 외부적인 균형 즉, 주변환경과의 적합을 문제로 삼는다. 이때 대상부동산이 용도지역이나, 주위의 환경 등에 적합하여야만 최유효 이용의 상태가 된다. 외부조건에 부적합하면 경제적 감가요인이 된다.

② 경쟁의 원칙: 일반적으로 최유효 이용의 상태에 있는 부동산은 경쟁의 대상이 되고, 부동산 상호 간 또는 다른 재화와의 사이에서 인정되는 경쟁의 정도 · 유무 등은 최유효 이용의 판정기준이 된다.

c. 대내외적인 측면

① 예측의 원칙, 변동의 원칙: 부동산의 가치와 최유효 이용은 통상 과거와 장래에 걸친 장기적인 고려에서 형성되므로, 변동에 대한 대비, 미래에 대한 예측이 있어야 최유효 이용의 판정이 가능하다.

3 최유효 이용 분석

1) 최유효 이용

부동산은 고유한 특성으로부터 기인하는 희소성과 인간 생활에서 차지하는 사회성 · 공공성으로 인해, 물리적 · 경제적 · 법률적 차원에서의 합리적 이용 즉, 최유효 이용을 강제 받는다.

따라서 부동산 가치는 최유효 이용을 전제로 형성되고, 부동산 감정평가란 바로 대상부동산의 최유효 이용에 대한 경제적 가치의 판정을 의미하는바, 최유효 이용 분석은 부동산 감정평가의 근본이 된다.

2) 최유효 이용을 전제한 가치를 구하는 이유

(1) 최유효 이용의 의의

객관적 양식과 통상의 이용능력을 가진 사람에 의해 공지나 개량부동산에 관한 합리적, 합법적으로 이용 가능한 대안 중 물리적으로 채택 가능하고 경험적 자료에 의해 지지될 수 있고 경제적 타당성이 있는 것으로 최고가치를 창출하는 이용을 말한다.

(2) 가치 기준성

부동산의 특성으로 인해 부동산의 가치형성은 일반 재화와 달리 그 지역의 표준적 이용하에서 최고 최선의 이용을 전제로 구체적 가치에 접근하게 된다. 이는 부동산의 시장가치가 시장원리에 의하여 최고가치를 창출할 수 있는 이용인 최유효 이용을 전제로 하여 가치가 결정된다는 데에 그 논리적 근거가 있다.

가치 기준성으로 최유효 이용이 전제되는 근거로 ① 부동산의 용도의 다양성에 의해 최고가치를 창출한 이용자에게 토지가 할당되며, ② 부동산에 대한 공적 규제를 통한 최유효 이용의 강제, ③ 경제 주체의 합리성 추구로 인해 부동산 이용을 결국 최유효 이용으로 귀착시킨다.

3) 최유효 이용의 판단기준

(1) 합리적 이용

합리적 이용이란 '합리적으로 가능한 이용'을 의미한다. 따라서 투기목적의 비합리적 이용이나 먼 장래의 불확실한 이용은 합리적 이용이 될 수 없다. 예컨대, 어떤 공지가 10년 이상 동안 방치된 상태에 있었고 예견할 수 있는 가까운 장래에도 주거용으로 개발될 가능성은 별로 없는 경우 이 토지에 대한 최유효 이용을 주거용이라고 간주하고 토지가치를 평가했다고 하면 이것은 비합리적이고 잘못된 것이라 할 수 있다.

대상토지에 대한 이용이 합리적 이용인지 알기 위해서는 해당 용도에 대한 '토지이용 흡수율 분석'을 할 필요가 있다. 흡수율 분석이란 특정 지역의 특정 부동산에 대한 수요와 공급의 추이를 분석하는 것을 의미한다.

또한, 합리적 이용이란 경제적으로 타당성이 있는 이용이다. 경제적으로 타당성이 있는 이용은 성(+)의 순현가를 실현할 수 있는 이용이다. 즉 대상부동산의 기대이윤이나 가치증진이 그 비용을 초과해야만 경제적으로 타당성이 있는 이용이 된다.

(2) 합법적 이용

합법적 이용이란 단순히 지역 · 지구제에 적합한 토지이용만을 의미하는 것은 아니다. 오늘날에는 이 같은 요건 외에도 여러 가지 환경기준이나 생태기준 같은 개발에 대한 각종 규제요건도 충족시킬 수 있는 이용일 것이 요구된다. 그러므로 감정평가사는 대상부동산의 최유효 이용을 분석함에 있어서 여러 가지 환경규제나 생태규제에 익숙할 필요가 있으며, 이 같은 문제에 대한 주민이나 지역사회의 반응에 대해서도 주의 깊게 분석해야 한다.

한편, 지역 · 지구제에 현재 적합하지 않은 이용도 합법적 이용이 될 수도 있다. 예를 들어 유용한 토지가 부족한 도시지역에서는 재건축이 가능한 오래된 저층 아파트의 가격이 오히려 비싼 경우를 흔히 볼 수 있다. 이런 경우 감정평가사는 대상부지에 대한 최유효 이용을 확률적으로 판단할 수도 있다.

(3) 물리적 채택 가능성

물리적 채택 가능성 판단 시 중요한 고려사항은 토양의 하중지지력, 부지의 모양, 공공편익시설의 유용성 등을 들 수 있다. 예컨대, 토양의 하중지지력이 적절하지 못한 부지는 비록 다른 조건이 양호하다고 하더라도, 공업용으로 판정되기 어려울 수가 있고, 경관이 수려한 곳에 호텔을 지으려고 하는데 공공편익시설이 충분하지 않으면 대상부지에 호텔을 짓는 것은 불가능할 수가 있다.

(4) 최고수익에 대한 경험적 증거

특정한 토지이용이 최유효 이용이 되기 위해서는 그것을 지지할 수 있는 객관적인 경험적 증거가 반드시 제시되어야만 한다. 감정평가사는 여러 가지 대안적 용도를 검토하여 최고의 수익을 올릴 수 있는 토지이용을 선택한다.

그러나 대안적 용도 중에서 제일 높은 수익성을 창출하는 것이 무조건 최유효 이용이 되는 것은 아니다. 대상부동산이 창출하는 수익은 적어도 그 용도에 대한 유사 부동산의 시장수익률과 일치하는 수준은 되어야 한다.

특히, 단일이용, 중도적 이용, 비적법이용 등 특수 상황하에서의 최유효 이용 판정에 유의해야 할 것이다.

제5절

지역분석 및 개별분석

1 지역분석

1) 의의

일반적으로 부동산 가치는 장래 기대되는 편익을 현재가치로 환원한 값으로 정의된다. 일반 재화의 가격과 마찬가지로 부동산 가치도 효용(유용성), 상대적 희소성 및 유효수요의 상관결합에 의하여 발생하고, 이들 가치발생요인에 영향을 미치는 일반적 요인, 지역요인, 개별요인의 상호작용에 의하여 형성 · 유지 · 수정 · 파괴되는 과정을 거친다.

그러나 부동산은 일반 재화와는 달리 가치형성과정이 복잡 · 다양하여 가치형성 제 요인의 작용을 파악 · 분석하여 대상부동산의 최유효 이용을 판정하는 것이 대단히 중요한 전제가 된다.

지역분석이란 대상부동산이 속한 지역을 파악하고, 그 지역 내 부동산의 가치형성에 영향을 미치는 지역요인의 분석을 통해 당해 지역의 특성 및 장래 동향을 명백히 하고, 그 지역 내 부동산에 대한 전반적 위치와 표준적 이용 및 가치수준을 판정하는 작업을 말한다.

2) 지역분석의 목적

지역분석은 대상지역이 지니는 객관적 가치에 대한 수준을 파악하게 되며(가치수준의 가늠), 대상부동산의 최유효 이용을 어떻게 판정할 것인가에 대한 방향을 명백히 한다(최유효 이용의 판정). 또한 감정평가를 위한 사례자료의 수집범위를 파악할 수 있다.

그리고 평가방식의 적용에 있어 적용할 자료를 산출해 낼 수 있으며, 컨설팅 분야에도 활용하게 된다. 이는 표준지의 선정을 위해서도 행하여진다.

3) 지역분석의 필요성

(1) 지역분석

부동산은 지역성으로 인하여 지역을 이루고 대상부동산이 속한 지역은 다른 지역과 구분되는 특성을 가진다. 지역은 대상부동산의 가치형성에 영향을 미치며 항상 변화한다. 표준적 이용은 최유효 이용을 판정함에 있어 제약요인이 되므로 이를 파악하기 위한 지역분석이 필요하다.

(2) 지역성

부동산은 자연적 · 인문적 조건의 전부 또는 일부를 공유하며 다른 부동산과 함께 어떤 지역을 구성하고, 그 지역 내의 구성분자로서 지역 내 다른 부동산과의 사이에 상호 의존 · 보완 · 협동 · 대체 · 경쟁의 상호관계를 통하여 사회적 · 경제적 · 행정적 위치가 정하여진다.

(3) 지역 특성

일반적 요인은 지역마다 다른 영향을 주며, 그 영향은 지역의 규모 · 구성내용 · 기능 등에 따라서 상이하게 나타나는데, 어떤 지역이 다른 지역과 구별되는 특징을 지역 특성이라 한다.

지역 특성은 그 지역에 속한 부동산의 일반적 · 표준적 이용의 상태를 통하여 구체적으로 나타난다.

(4) 지역의 영향(환경성) 및 변화

부동산은 지리적 위치가 고정되어 있기 때문에, 주위 외부환경에 지배된다. 따라서 지역은 대상부동산의 가치형성에 전반적인 영향을 미친다. 부동산 가치에 영향을 미치는 지역의 특성은 고정적이지 않고 항상 변동하고 있다.

(5) 표준적 이용과 최유효 이용의 피결정성

지역 특성은 지역의 일반적이고 표준적 이용에 의하여 구체적으로 나타나며, 표준적 이용은 대상부동산의 최유효 이용을 판정하는 유력한 기준이 된다.

(6) 사례자료의 수집범위의 결정

지역분석을 통해 감정평가에 사용할 사례자료의 수집범위가 정해진다.

4) 지역분석의 방법

(1) 지역분석 방법

지역분석의 방법은 ① 용도를 기준으로 대상부동산이 어떠한 지역에 속하는가를 파악하고(지역획정), ② 지역요인의 분석에 의해 지역의 특성과 지역의 표준적 이용 및 장래의 동향을 명백히 하며, ③ 가치수준을 판정한다.

(2) 지역의 획정

인근지역의 범위는 개별분석을 제약하고 1차적 가치수준을 결정하므로 자료의 수집정리와 현장답사를 통해 인근지역의 범위를 명확히 해야 한다. 지역의 범위가 너무 넓으면 가치수준의 파악이 어렵고, 지역의 범위가 너무 좁으면 사례자료의 선정이 어렵다.

인근지역의 상대적 위치와 장래의 동향을 파악하기 위하여 유사지역과 동일수급권도 획정하여야 한다.

(3) 지역요인의 분석

지역요인은 용도지역별로 그 의미가 다르므로 사회적 · 경제적 · 행정적 관점에서 정확한 용도지역의 판단과 요인의 파악이 필요하다. 지역분석을 할 때에는 지역 특성을 파악하고 지역의 시장 상황을 분석하여야 한다.

(4) 지역 특성과 표준적 이용의 파악

표준적 이용이란 인근지역에 속하는 부동산의 최유효 이용의 집약적 · 평균적인 사용 방법을 말한다.

지역분석의 핵심인 지역 특성은 그 지역 내 부동산의 일반적 · 표준적 이용에 의해 파악이 가능하기에 표준적 이용은 대상부동산의 최유효 이용을 판정하는 유력한 기준이 되므로 정확하게 파악하여야 한다. 그리고 지역요인은 부단히 변동하므로 표준적 이용의 분석에 있어 현재의 상태와 장래의 동향을 동태적으로 파악 · 분석하여야 한다.

(5) 가치수준의 판정

가치수준이란 개개의 부동산의 가격이 아니고 지역 내 부동산의 평균가격을 의미한다. 부동산의 개별적 · 구체적 가격은 가치수준 범위 내에서 형성되므로 가치수준의 판정이 중요시된다. 가치수준의 판정은 그 지역 내 부동산의 일반적 · 표준적 이용의 상태와 장래의 동향을 파악함으로써 가능할 것이다.

5) 지역분석의 대상지역

(1) 지역분석 대상지역

부동산의 가치는 대체 · 경쟁의 원칙이 작용하여 형성되므로 대체 · 경쟁관계에 있는 다른 부동산의 경제가치와의 상대적 격차를 분석 · 검토함으로써 비로소 적정한 감정평가를 할 수 있다.

지역분석의 대상지역은 인근지역, 유사지역, 동일수급권 및 주변 용도지역이다. 부동산의 지역성으로 인하여 인근지역에 대한 분석이 중심이 되나, 인근지역의 상대적 위치 · 장래의 동향 등을 명백히 하기 위해서 유사지역, 동일수급권 및 주변 용도지역에 대한 비교 · 분석도 중요시된다.

(2) 인근지역

가) 개념

대상부동산이 속한 지역이면서 대상부동산과 용도적 · 기능적 동질성이 있어 상호 대체 · 경쟁 관계에 있는 부동산이 존재하는 지역으로 당해 지역의 특성이 대상부동산의 가치형성에 직접 영향을 미치는 지역이다.

인근지역은 도시나 농촌 등과 같은 지역사회보다는 작은 지역으로서 어떤 특정 용도에 제공되는 것을 중심으로 하여 지역적으로 어떤 집단을 이루고 있는 지역을 말한다.

나) 특성

① 인근지역은 대상부동산이 속한 지역으로 그 지역에 있어 대상부동산이 차지하는 물리적 · 경제적 비중은 큰 경우도 있고 미미한 경우도 있다.

② 인근지역의 지역 특성은 대상부동산의 가치형성에 직접 영향을 미친다.

③ 도시 또는 농촌과 같은 종합 형태로서의 지역사회보다 작은 지역이다.

④ 인간의 생활과 관련하여 주거 · 공업 · 상업활동 등의 특정한 용도를 중심으로 집중된 형태이다.

⑤ 인근지역 내 부동산은 대상부동산과 상호 대체 · 경쟁의 관계에 있고, 동일한 가치수준을 갖는다.

⑥ 인근지역 내 부동산은 대상부동산과 용도적 · 기능적인 면에서 동질성을 갖는다.

⑦ 인근지역 내 지역요인은 확대 · 축소, 집중 · 확산, 발전 · 쇠퇴의 변화 과정에 있다.

다) 인근지역의 경계와 범위

a. 경계설정의 중요성

같은 용도지역일지라도 규모에 따라 부동산 가치형성에 미치는 영향에는 차이가 있으며, 지역의 범위가 너무 넓으면 가치수준 판정이 어렵고 너무 좁으면 사례자료 선정 등에 어려움이 있다.

따라서 지역 특성, 장래 동향, 표준적 이용 등을 종합적 · 유기적으로 고려하여 인근지역 경계를 설정할 필요성이 있다. 이는 곧 자료수집의 지리적 범위를 설정하는 것이지만 그 범위가 명백한 것은 아니다.

b. 경계설정의 필요성

인근지역은 객관적인 지역구분으로 독립해 존재하는 것이 아니라, 대상부동산과 그 가치형성요인의 분석 방법에 따라 그 범위가 상대적으로 결정된다.

그러나 인근지역을 파악할 때 지역의 종별을 세분화하여 인근지역의 용도를 파악하면 감정평가의 정도를 높일 수 있다.

또한, 경계를 파악함으로써 사례수집의 범위를 판단할 수 있다. 수집된 사례는 대상물건과의 지역요인 비교가 필요 없으며, 가치수준을 파악함으로써 구체적 가치로의 접근이 용이하다.

c. 경계설정의 기준

〈표 7-1〉 경계설정의 기준

일반적 기준	기본적인 토지이용 형태와 이용상의 편리성, 교통체계 등이 기준이 된다.		
자연적 경계	인위적으로 만들지 않고 자연적으로 나타난 경계의 형태로 하천, 산악, 구릉, 호수, 강, 바다, 지질, 지반 등을 기준으로 설정한다.		
인문적 경계	유형적 경계	철도, 도로, 공원, 대규모공장, 슈퍼마켓, 관공서, 건축양식 등	
	무형적 경계	사회적 경계	언어, 종교, 인종 등
		경제적 경계	소득수준, 문화생활정도 등
		인문적 경계	행정구역, 토지이용 계획 및 규제 등

d. 경계설정 방법

① 지역의 물리적 특성 검토: 토지이용의 질서정도를 파악하고, 구조의 유형, 건축기술의 형태, 유지비 등을 알기 위해 주변 분석을 실시한다.

② 지도상에 예비적 경계설정: 지도상에 물리적 특성이 변화하는 지점을 연결한다.

③ 예비적 경계의 검토: 인구학적 자료(소득수준, 교육수준, 인근 거주자 세대 등)에 의한 검증한다.

e. 경계설정 시 유의사항

① 지역요인이 부단히 변동하므로 동태적으로 분석하고, 용도적 · 기능적 동질성을 고려하여 설정하여야 한다.

② 인근지역은 공법상 용도지역과 반드시 일치하는 것은 아니며, 합리적 유사성이 있으면 2종 이상의 경계가 혼재하는 것도 가능하다.

라) 인근지역의 변화(연령성, 성쇠현상)

a. 의의 및 성립 요건

인근지역의 생애주기란 일정 지역의 성쇠현상을 생태학적 측면에서 파악하여 각 국면의 여러 가지 현상을 특징적으로 나타낸 것을 말한다. 즉, 지역에 대해 생명체의 일생과 유사하게 파악하여 표현한 것이다.

이러한 생애주기는 한 지역이 동시적, 동질적 개발이 있을 경우에 더욱 선명하게 나타난다. 생애주기는 시대와 지역에 따라 다른데, 100년으로 보는 것이 일반적이었으나 최근에 생애주기가 짧아지는 경향이 있다.

b. **변화 과정**(인근지역의 생애주기 국면)

① 성장기(개발기): 계속적으로 개발되고 있는 기간을 말한다. 통상 10~20년 정도의 기간이 되나 소규모인 경우 수년 정도일 수도 있다. 이 시기에는 새로운 기능 및 문화가 발생, 유입되고, 지가상승률이 높으며, 주민들의 유동이 많고, 지역 안의 입지경쟁이 치열하며, 지역주민들은 젊고 교육수준이 대체로 높은 특징을 나타낸다.

② 성숙기(안정기): 지역의 기능이 안정되는 시기이다. 통상 20여 년으로 보지만 지역의 크기나 정부의 정책 등에 따라 달라진다. 이 시기는 부동산 가치수준이 최고가 되며, 지가상승률은 안정되며, 주민들의 유동은 많지 않고, 지역의 기능은 큰 변화 없이 일정한 특징을 갖고, 지역주민들의 사회경제적 수준은 비교적 좋고 입지경쟁도 안정된 특징을 나타낸다.

③ 쇠퇴기(노후기): 지역의 기능이 쇠퇴하는 시기로서 재개발이 이루어지지 않으면 다른 단계보다 가장 긴 기간이 된다. 지가상승률이 저하되며, 필터링 현상이 활발해지고, 지역에 따라서는 재개발이 이루어지기도 하며, 서민 주택지역의 경우 저소득계층이 전입하기도 하며, 건물의 관리유지비가 급격히 증가하는 특징을 나타낸다.

④ 천이기(과도기): 지역의 쇠퇴가 더욱 가속화하고 주민들은 계속 저소득층으로 교체가 이루어지는 시기이다. 저소득층의 활발한 전입으로 부동산 가치는 가벼운 상승을 보이기도 하며 경우에 따라 새로운 지역문화가 생성되기도 한다.

⑤ 악화기: 슬럼화되는 단계 또는 슬럼화된 단계이다.

c. 생애주기 파악의 실익

부동산 감정평가 등 각종 부동산 활동에 있어 예측의 논거, 토지이용계획, 지역분석, 최유효 이용 판정 등에 활용될 수 있다.

(3) 유사지역

가) 의의

유사지역이란 대상부동산이 속하지 아니하는 지역으로서 인근지역과 유사한 특성을 갖는 지역을 말한다. 인근지역과 용도적 · 기능적 유사성이 있어 대체 · 경쟁관계가 성립하는 지역을 말한다.

이때 지역은 거리의 원근개념이 아니라 인근지역의 지역 특성 및 지가형성 제

요인과 유사성을 갖는 범위의 개념이다.

나) 유사지역 파악의 필요성

인근지역 내 사례자료가 없는 경우 동일수급권 내 유사지역의 사례자료를 활용할 수 있다. 인근지역 내 사례자료가 있는 경우에도 유사지역을 분석하여 인근지역의 상대적 위치와 지역 특성을 명백히 하고 적정한 가치수준을 파악하여 감정평가의 정도를 높일 수 있다.

(4) 동일수급권

가) 의의

동일수급권이란 대상부동산과 대체 · 경쟁 관계가 성립하고 가치형성에 서로 영향을 미치는 관계에 있는 다른 부동산이 존재하는 권역을 말하며, 인근지역과 유사지역을 포함한다.

이는 부동산의 고정성으로 인하여 부동산의 수요와 공급이 일정한 지역범위로 제약됨을 의미한다.

나) 특성

① 부동산 동일수급권의 한계는 종별 · 성격 · 규모 등에 따라 다르다.

② 인근지역과 유사지역 및 주변 용도지역을 포함하는 광역적인 지역으로 그 내부에는 순수하게 동질적이라 볼 수 없는 지역도 포함된다.

③ 원칙적으로 인근지역과 동일수급권 내 유사지역과의 인접 여부는 관계가 없다. 그러나 대상부동산에 가까이 입지한 것이 멀리 입지한 것보다 대체성이 큰 것이 일반적이다.

④ 각 지역을 구성하는 부동산 상호 간에 대체 · 경쟁 관계가 있고, 양 지역이 서로 가치에 영향을 미치면 동일수급권이 된다고 할 수 있다.

⑤ 어떤 부동산과 대상부동산 사이에 대체 관계가 성립하기 위하여는 적어도 그 부동산과 대상부동산이 용도적, 기능적으로 동질적이거나 유사하여야 한다. 즉, 일반 재화의 대체성은 물적 동일성으로 충분하나, 부동산의 대체성은 위치의 동일성까지 요구하는 것이다. 이는 지리적 위치의 고정성에 기인한 결과이다.

다) 동일수급권 파악의 필요성

고정성으로 부동산의 수요와 공급이 일정한 지역범위로 제한될 수 있으나, 용도적 측면에서 대체 · 경쟁 관계에 있는 부동산이 존재하는 동일수급권을 파악하여 그 범위를 넓혀야 한다.

감정평가방식의 적용 시 인근지역의 사례뿐만 아니라, 동일수급권 내 자료를 활용함으로써 대상부동산의 상대적 위치를 분석하여 평가의 정도를 높일 수 있다. 주변 용도지역의 분석에 의하여 시계열적 파악도 가능하게 된다.

라) 용도지역별 동일수급권

a. 택지의 동일수급권

① 주거지의 동일수급권: 도심에서 통근이 가능한 지역적 범위와 일치하는 경향이 있다. 다만 자연적 선호나 지역의 사회적 지위 · 명성 · 품위 등에 따라서 대체관계가 성립하여 그 범위가 좁아지기는 경향이 있다.

② 상업지의 동일수급권: 상업지는 배후지를 배경으로 상업활동에 따른 수익을 올리는 것이 중심이 되는 택지이므로 상업지의 동일수급권은 배후지를 배경으로 일정한 수익을 얻을 수 있는 지역적 범위와 일치한다. 중심상업지는 광역적인 배후지를 배경으로 하여 동일수급권이 비교적 크고, 일반상업지는 보다 작은 배후지를 배경으로 하여 동일수급권이 비교적 작다.

③ 공업지의 동일수급권: 제품생산과 판매활동을 하는 데 있어 경제성 문제가 대체성의 초점이 된다. 제품 및 공장의 형태에 따라, 소비지입지형(시장지향형)이냐 자원지입지형(원료지향형)이냐에 따라 대체성이 달라진다. 또한 철도, 도로, 항만 등의 수송수단도 함께 고려되어야 할 것이다. 대규모 공장의 경우에는 전국을 동일수급권으로 하는 경우가 많다.

b. 농지 · 임지의 동일수급권

해당 농지 · 임지를 중심으로 하여 경영 주체의 생산활동이 가능한 지역범위와 일치하는 경향이 있다. 농지의 경우 통상적으로 통작거리의 2배를 반경으로 하는 지역이 된다.

c. 후보지(예정지) · 이행지의 동일수급권

일반적으로 해당 토지가 전환 · 이행할 것으로 예상되는 토지 종별의 동일수급권과 일치하는 경향이 있다. 다만, 전환 또는 이행이 완만하거나 전환 · 이행의 정도가 낮은 경우에는 전환 전 또는 이행 전의 토지 종별의 동일수급권과 일치하는 경향이 있다.

마) 동일수급권 파악 시 유의사항

종별에 따라 상이함에 유의한다. 지리적 인접성은 원칙적으로 무관하나, 실제로는 무시할 수 없는 요소이다.

동일수급권은 후보지 · 이행지 지역을 포함하나, 순수한 용도적 동질성이 있다고 보기는 어렵다.

2 개별분석

1) 의의

부동산 가치는 최유효 이용을 전제로 파악되는 가치를 표준으로 형성되는 것이기 때문에 감정평가에 있어서는 대상부동산의 최유효 이용을 판정하는 것이 대단히 중요하다.

개별분석이란 지역분석에 의하여 판정된 표준적 이용과 가치수준을 전제로 하여 대상부동산의 개별성에 근거한 가치형성요인인 개별요인을 분석하여 최유효 이용을 판정하고 대상부동산의 가치를 구체화 · 개별화시키는 작업을 말한다.

2) 필요성

부동산 가치는 그 부동산의 최유효 이용을 전제로 파악되는 가치를 표준으로 형성되므로 대상부동산의 최유효 이용을 판정하고 대상부동산의 가치를 구체화 · 개별화시키는 개별분석이 필요하다.

부동산은 개별성과 용도의 다양성의 특성으로 인하여 그 유형적 이용 및 권리관계의 태양마다 개별적 요인을 달리하고 최유효 이용이 달라지므로 개별 부동산마다 개별분석을 하여야 한다.

3) 개별분석의 방법(최유효 이용의 분석)

(1) 최유효 이용의 의의

최유효 이용이란 객관적으로 보아 양식과 통상의 이용능력을 가진 사람에 의한 합리적이고 합법적인 최고 최선의 이용으로 물리적으로 채택 가능하고, 경험적인 자료에 의해서 적절히 지지될 수 있고, 경제적으로도 타당성이 있다고 판명된 것으로서 최고의 가치를 창출하는 이용을 말한다.

(2) 최유효 이용의 근거

① 영속성: 부동산은 영속성을 가지며, 부동산 문제는 악화성향, 지속성, 비가역성 등으로 인하여 한번 잘못 사용되면 그 상태가 장기간 지속되고 회복이 곤란하므로 최유효 이용이 필요하다.

② 부증성: 부증성으로 인하여 공급이 제한된다. 따라서 최유효 이용이 필요하다.

③ 용도의 다양성 및 병합 · 분할의 가능성: 부동산은 여러 가지의 용도에 제공될 수 있고 이용목적에 따라 그 면적을 인위적으로 분할하거나 병합하여 사용할 수 있으므로 최유효 이용이 필요하다.

④ 토지할당: 대체 · 경쟁의 토지는 결국 최고의 가치를 제시할 수 있는 최유효 이용자에게 할당되므로 이 가치가 시장가치이다. 따라서 이를 전제로 평가해야 한다.

⑤ 최유효 이용의 강제: 부동산의 극대 총량적 가치창조 및 사회성 · 공공성의 최대발휘를 위하여 최유효 이용이 필요하다. 따라서 국가나 사회는 공적 규제 등을 통하여 최유효 이용을 강제하고 있다.

⑥ 인간의 합리성 추구: 경제 주체의 합리성 추구는 결국 토지의 이용을 최유효 이용으로 귀착시킨다.

4) 최유효 이용의 판정 방법

(1) 내부판정

최유효 이용이 되는 규모는 어떠한 것인가, 용도를 주어진 그대로 사용할 경우 내부구성요소의 상태는 어떠한가 등에 대한 판정이다.

① 균형의 원칙: 부동산의 유용성이 최고도로 발휘되려면 내부적 구성요소의 결합이 균형을 이루어야 한다.

② 수익체증체감의 원칙: 단위부동산에 대해 계속적인 투자가 행해질 경우 단위 투자당 순수익은 증가하다가 어느 시점부터는 감소하게 되므로 부동산의 가치도 수익체증체감 상태에서 균형에 달하면 최유효 이용이 된다.

③ 수익배분의 원칙: 토지상 어떤 경영활동으로 인해 발생한 총수익은 자본(이자), 노동(임금), 경영(이윤)에 배분되고 최종적으로 남은 몫이 토지에 귀속되므로 최종적 배분 몫의 크기를 통해 지가가 결정된다. 즉, 토지에 대한 배분이 최대로 되었을 때 최유효 이용의 상태가 되는 것이다.

④ 기여의 원칙: 부동산의 어느 부분이 그 부동산 전체의 수익획득에 기여하는 정도는 부동산 전체의 가치에 영향을 미치므로 부동산 각 부분이 수익획득에 있어 기여도가 가장 클 때 최유효 이용이 된다.

(2) 외부판정

① 적합의 원칙: 부동산의 유용성이 최고도로 발휘되려면 당해 부동산이 환경에 적합하여야 하므로 대상부동산이 용도지역의 이용면에서나 주위 환경 및 용도 등에 적합하여야 최유효 이용의 상태가 된다.

② 경쟁의 원칙: 부동산 가치는 동일성 또는 유사성이 있는 다른 부동산 또는 다른 재화와의 경쟁 관계에서 형성되므로, 투자적 측면에서 초과이윤은 경쟁을 야기시키고 경쟁은 초과이윤을 감소 · 소멸시킨다. 일반적으로 최유효 이용의 상태에 있는 부동산은 경쟁의 대상이 된다. 부동산 상호 간 또는 다른 재화와 사이에서 인정되는 경쟁의 유무 · 정도 등은 최유효 이용의 판정기준이 된다.

③ 시계열상 판정: 부동산은 영속성과 사회적 · 경제적 · 행정적 위치의 가변성 등의 특성이 있어서 그 가치는 과거로부터 장래에 걸친 장기적인 배려하에서 형성되고, 항상 변동의 과정에 있다. 따라서 변동에 대한 대비가 있어야 최유효 이용이 가능하다는 점에서 예측 · 변동의 원칙은 최유효 이용과 관련된다.

④ 제합사용의 원칙: 최유효 이용의 판정기준으로 토지와 부가물의 양립성을 함께 고려해야 한다. 양립성은 토지와 부가물이 용도적인 관점과 시계열적인 관점에서 적합하여야 한다는 것이다.

용도상 적합: 일반적으로 부동산 가치는 토지 가치에 건물 가치를 가산한 것 또는

토지 가치나 건물 가치는 전체 부동산 가치의 일부를 구성하는 것이라고 말할 수 있기 때문에, 토지와 그 지상건물 사이에는 적합성이 있어야 한다는 것이다.

시계열상 적합: 어느 용도지역에서 다른 용도지역으로 전환 또는 이행해 가고 있는 지역에 대하여는 전환 또는 이행 후의 용도지역의 지역요인을 중시해야 할 것이다. 전환의 정도가 낮은 경우에는 전환 전 또는 이행 전의 용도지역의 지역요인을 중시해야 한다. 즉 시계열상 적합성이 있어야 한다.

5) 최유효 이용의 검토

최유효 이용은 무엇인가? 현재의 사용은 최유효 이용인가? 만약 최유효 이용이 아니라면 최유효 이용으로 전환이 가능한가? 또 전환의 난이는 어떠한가? 만약 전환이 가능하면 어느 정도의 비용이 소요될 것인가? 최유효 이용의 계속성은 장기적인가? 등을 검토하여야 한다.

객관적인 양식과 통상의 이용능력을 가진 사람이 채택할 것이라고 생각되는 합리적 · 합법적 이용 방법이어야 하며, 특별한 능력자에 의한 이용 방법은 적절치 않다.

사용수익은 장기적으로 지속될 수 있는 안정적인 이용 방법에 의해서 창출되어야 하며, 투기적이거나 불안정한 수익이어서는 안 된다.

효용을 충분히 발휘할 수 있는 시점이 예측할 수 없는 장래가 아니어야 한다. 너무 먼 장래의 주관적 예측이면 감정평가의 객관성 · 합리성이 없어진다.

단순한 사용자가 아닌 소유자에 의한 사용을 상정하여야 한다. 단순한 사용자라면 최유효 이용에 제약을 받을 수 있기 때문이다.

합리적 사용 방법은 인근 환경과의 적합 등 외부적으로도 합리적이어야 한다. 개별 부동산의 최유효 이용은 인근지역의 지역적 특성의 제약하에서 개별적 요인의 제약을 받기 때문이다.

어떠한 이용이 합리적인 것인지를 알기 위해서는 특정 지역의 특정 부동산에 대한 수요 · 공급의 추이를 분석하는 토지이용 흡수율 분석, 시장성 분석 등을 할 필요가 있다. 왜냐하면 당해 토지에 대한 충분한 수요가 없다면 그 용도로 토지를 이용하는 것은 잠정적으로 연기될 수밖에 없을 것이며, 이러한 경우 대상토지는 중도적 이용에 할당되게 될 것이다.

제6절

감정평가 3방식 6방법

1 원가방식

1) 원가법

(1) 의의 및 성립근거

원가법이라 함은 기준시점에서 대상물건을 재생산 또는 재취득하는 데 소요되는 재조달원가에 감가수정을 하여 대상부동산의 가격을 산정하는 방법이다.

가치이론적 측면에서 성립근거를 고찰해 보면, 그 재화의 생산에 투여된 생산요소의 비용, 즉 생산비가치설에 의해 가치가 결정된다는 고전학파적 관점과 마샬(A. Marshall)의 장기적인 시장가격은 정상적인 생산비에 상응한다는 이론에 근거한다.

즉 '가격 = 평균비용'이라는 것으로, 현실의 부동산 시장은 불완전한 요소를 가지고 있어 대상부동산의 시장가치는 단기적으로 생산비보다 클 수도 있으며 작을 수도 있으나 완전경쟁시장에 관한 조건이 충족된 상황에서의 생산비는 대상부동산의 시장가치에 대한 상한선이 된다

부동산은 용도의 다양성에 의한 용도적 측면에서 대체성이 인정되는데, 대체부동산의 재조달원가는 상한선이 된다.

즉 신규로 조달하는 것보다 기존의 것을 시장에서 구입할 수 있을 경우, 동등한 효용을 제공하는 한 후자를 택할 것이기 때문이다. 또한, 두 개 이상의 동 유형 부동산이 있는 경우에 대체성 있는 다른 부동산의 원가 또는 건설사례는 대상부동산 가치의 기준이 된다.

(2) 재조달원가

가) 의의

재조달원가란 대상부동산의 시장가치에 대한 상한가격이 되는 개념으로서, 현존하는 물건 또는 동일한 효용의 물건을 기준시점 현재 신축 조성하여 취득함을 가정하는 경우 소요되는 비용 총액으로, 재생산비용과 대체비용으로 구분된다.

나) 원가의 유형

재생산비용이나 대체비용을 산정하기 위해서는 직접비용, 간접비용 그리고 개발이윤을 계상해야 한다

다) 직접비용

개량물의 건축에 사용되는 노동과 원자재에 대한 지출경비뿐만 아니라, 간접비용과 이윤도 포함된다.

라) 간접비용

노동과 원자재 이외의 항목에 대한 지출경비로서, 행정비용, 수수료, 세금, 마케팅 비용 등 일반적으로 직접비용의 일정 비율로 표시된다. 종류에는 일반 간접비용, 관리 간접비용, 비품에 대한 감가상각비 등이 있다.

마) 개발이윤

개발이윤(Entrepreneurial Profit)[6]이란 완성된 부동산의 가치에서 개발비용을 뺀 차액을 말하는데, 매도할 경우에는 판매이윤의 형태로, 임대할 경우에는 정상적 임대수익 외에 소유자에게 귀속되는 추가적 투자수익의 형태로, 직접 사용할 경우에는 기업에 대한 사용가치의 형태로 나타난다.

바) 산정 방법

재조달원가를 산정하는 방법에는 크게 직접법과 간접법으로 뷰류할 수 있고 구체적인 방법으로 총량조사법, 구성단위법, 단위비교법, 비용지수법이 있다.

---

6) 개발업자의 수수료(Developer's Fee): 개발업자가 대상 개발사업에 부담하는 전반적 관리 및 위험에 대한 보수로서, 개발업자의 시간, 노력, 경험 등에 대한 급료와 동일한 성격을 갖는 간접비용이다.

〈표 7-2〉 재조달원가의 구성

<table>
<tr><td rowspan="6">재조달원가</td><td rowspan="3">표준적인 건설비</td><td rowspan="2">공사비</td><td>직접비</td></tr>
<tr><td>간접비</td></tr>
<tr><td colspan="2">청부자의 적정이윤</td></tr>
<tr><td rowspan="3">발주자가 직접 부담하는 통상의 부대비용</td><td colspan="2">건설자금이자, 설계감리비</td></tr>
<tr><td colspan="2">세금 및 공과금 등, 등기수속비 등</td></tr>
<tr><td colspan="2">기타 도급인 부담비용</td></tr>
</table>

a. 직접법과 간접법

이는 선택자료의 근거를 기준으로 한 것으로, 직접법이란 대상물건의 자료를 직접 활용하여 재조달원가를 산정하는 방법이고, 간접법이란 동일성 또는 유사성 있는 다른 물건의 자료를 활용하여 간접적으로 구하는 방법이나, 이러한 분류는 경직적인 것이 아니라 상호 혼합되어 사용된다. 예컨대, 직접법으로 분류되는 총량조사법이나 구성단위법도 동일 또는 유사한 사례로부터 구하여 대상물건의 재조달원가를 산정할 수 있다.

b. 총량조사법(총가격적산법)

총량조사법이란 대상부동산에 대한 건설비, 노무비, 부대비용 등을 산정하여 재조달원가를 구하는 방법으로, 원가 요소별로 재료비, 노무비, 경비 등을 집계하여 산정한다. 모든 비용항목을 세목별로 조사하므로 중요한 항목이 누락되거나 간과되는 현상은 발생하지 않으므로 다른 어떤 방법보다도 정확하다는 장점이 있으나, 시간과 노력이 많이 든다는 단점이 있다.

c. 구성단위법(부분별 단가적용법)

구성단위법은 건물을 벽, 바닥, 지붕 등과 같은 몇 개의 중요한 구성 부분으로 나누고, 각 구성 부분별 측정단위에 단가를 곱하여 비용을 산정하는 방법으로 총량조사법에 비해 시간과 비용이 훨씬 절약된다는 장점과 공정별 표준단가의 정확성이 기대되며 특정 수리 부분에 대한 공사비 파악이 용이한 반면 건축물의 특성에 단가가 달라질 수 있으며, 산정 시 전문지식이 요구되는 단점이 있다.

d. 단위비교법

단위비교법은 평방미터나 입방미터와 같은 총량적 단위를 기준으로 비용을 산정하는 방법이다. 예를 들어, 평당 건설비용이 얼마니까 총비용은 얼마가 된다는 식으로 산정하는 것으로, 이는 평방미터법과 입방미터법으로 나뉜다. 전자는 주로 단독주택의 평가에 사용되며, 후자는 극장, 강당, 공공건물, 고층사무실 건물 등에 주로 사용된다.

단위비교법은 사용하기 간편하고 시간과 비용이 적게 들 뿐만 아니라 산출된 비용 산정치도 용이하게 검증할 수 있기 때문에 가장 널리 사용되고 있다. 또한 이 방법은 건축실무에 관한 기술적 지식이 별로 없어도 사용할 수 있으며, 다소 부정확하기는 하지만 평가목적으로는 충분히 적용될 수 있다. 일반적으로 감정평가사는 신뢰성 있는 전문기관으로부터 발표된 비용자료를 사용하여 산정한다.

e. 비용지수법(변동률 적용법)

비용지수법은 대상부동산의 최초의 건물비용을 알 수 있을 때에 사용되는 방법으로, 신뢰성 있는 기관으로부터 발표된 건물비용에 관한 지수를 사용하여 재생산비용을 추계하는 방법으로, 총량조사법이나 단위비교법에서 시점수정을 가해야 하는 경우 이들 방법과 함께 활용된다.

(3) 감가수정

가) 의의

감가수정이란 대상물건에 대한 재조달원가를 감액하여야 할 요인이 있는 경우에 물리적 감가, 기능적 감가 또는 경제적 감가 등을 고려하여 그에 해당하는 금액을 공제하여 기준시점에 있어서의 대상물건의 가액을 적정화하는 작업을 말한다. 이때 감가란 신규 또는 최유효 이용 상태에서 실현되는 상한치로서의 원가 감소를 의미하며, 재조달원가와 적산가격의 차액을 의미한다.

적산가격은 기준시점에 있어 정상적인 시장을 전제로 한 부동산의 현존가치이므로 최유효 이용 상태인 재조달원가로부터 어느 정도 감가되었는지 판단해야 한다. 즉, 감가수정은 최유효 이용 상태의 재조달원가에 대한 가치변동분의 차감이므로 최유효 이용의 원칙과 변동의 원칙에 이론적 근거를 한다.

나) 감가요인

감가요인이란 부동산의 취득 또는 준공으로부터 시간의 경과나 사용 등에 따라 경제적 가치와 유용성이 감소되는 요인으로 물리적, 기능적, 경제적 요인이 있다.

a. 물리적 감가요인

부동산의 물리적 상태에 따라 생기는 감가요인이며, 시간의 경과, 자연의 적응, 사용으로 인한 마멸과 훼손, 재해 등으로 인한 우발적 손실 등에 기인한다.

b. 기능적 감가요인

건물의 기능적 효용이 변화함으로써 생기는 감가요인이며, 건물과 그 부지의 부적합, 설계의 불량, 설비의 부족, 형식의 구식화, 능률의 저하 등에 기인한다.

c. 경제적(외부적) 감가요인

대상부동산과는 상관없이 외부적 환경에 의해 생기며, 인근지역의 쇠퇴, 인근 환경에의 부적합, 시장성의 감퇴 등에 기인한다.

다) 감가수정 방법

내용연수법은 실무상 적용이 간편하고, 객관적인 장점이 있지만, 개별성이 있는 각각의 부동산의 실제 감가와 괴리되며, 내용연수의 조정에 의해 기능적 감가는 어느 정도 반영할 수 있으나, 경제적 요인에 의한 감가는 반영하기 어렵기에 관찰감가법을 병용하도록 하고 있다.

a. 내용연수에 의한 방법

① 정액법: 대상물건의 감가총액을 단순히 경제적 내용연수로 평분하여 매년의 감가액으로 하는 방법으로, 감가누계액이 경과연수에 정비례하여 증가하므로 직선법이라고도 하는데, 건물 등 구축물 평가에 유용한 방법이다. 산식이 간단하며, 계산이 용이하고, 모든 자산에 사용이 가능(정률법은 잔가율이 0인 무형고정자산 등에 사용하지 못한다)하다. 또한, 감가상각에 대한 자료가 극히 제한되어 있어 다른 방법의 사용이 어려울 때 유용하다. 그러나 유형의 상각자산은 일반적으로 초기에는 수리비의 부담이 적으나 말기에 가까워질수록 수리비의 부담이 증가하는 것을 감안하여 적용하여야 할 것이다.

② 정률법: 자산의 가치가 매년 일정한 비율로 감가된다는 가정하에 매년 말 잔존 가격에 일정한 감가율을 곱하여 매년의 감가액을 구하는 방법이다. 이 방법은 감가액이 첫해에 가장 크고 해가 지날수록 감가액이 점차 줄어드는 것으로, 기계 · 기구 등 동산, 수익성 · 임대용 부동산 평가에 주로 활용된다. 능률이 높은 초기에 많이 감가하여 안전하게 자본회수를 할 수 있으나, 매년의 감가액이 상이하여 표준 감가액을 정하기 어렵고, 최종잔가율이 0보다 큰 자산에만 활용 가능하고, 체감비율이 크므로 건물의 감가수정에는 사용되지 않는다.

③ 상환기금법: 대상물건의 내용연수가 만료되는 때의 감가누계 상당액과 그에 대한 복리계산의 이자상당액을 포함하여 당해 물건의 내용연수로 상환하는 방법으로, 광산, 산림 등 고갈성 자산의 평가에 적절한 방법이다. 장점으로는 경제이론에 기초하여 시간 · 비용 · 이자에 따른 것으로 논리적이며, 연간 감가액은 아주 적고 평가액은 타 방법보다 높으나, 외부에 재투자한다는 가정은 비현실적이고, 감가액은 소액이므로 기업의 세부담이 높다.

b. 관찰감가법

감정평가 주체가 대상물건의 전체 또는 구성 부분을 면밀히 관찰하여 물리적 · 기능적 · 경제적 감가요인과 감가액을 직접 구하는 방법이다. 즉, 감가의 기준을 직접적으로 경과연수에 두지 않고 대상 건물의 전체 또는 구성 부분별로 물리적 · 기능적 · 경제적 감가요인에 의한 감가액을 직접 관찰함으로써 감가액을 달관적으로 구하는 방법이다.

2) 적산법

(1) 의의

적산법이란 기준시점에 있어서의 대상물건의 기초가격을 기대이율로 곱하여 산정한 금액에 대상물건을 계속하여 임대차하는 데 필요한 경비를 가산하여 임료를 산정하는 방법을 말한다.

(2) 기초가격

기초가격이란 적산법을 적용하여 적산임료를 구하는 데 기초가 되는 가격으로 임료의 기준시점에 있어서 대상물건의 원본가치를 의미한다.

기초가격을 산정하여야 할 필요성은 교환의 대가인 가격과 용익의 대가인 임료 사이에는 원본과 과실의 관계가 있으므로, 적산임료를 구하기 위해서는 원본가치로서의 기초가격을 구할 필요가 있고(원본과 과실의 관계), 적산법은 일정한 사용 · 수익을 얻기 위하여 소비된 비용에 착안하여 임료를 구하는 것이므로 투하된 가치인 기초가격을 구할 필요가 있는 것이다.(비용성 · 원가성)

(3) 기대이율

기대이율이란 임대차에 제공되는 물건을 취득하는 데 투입된 일정액의 자본에 대하여 기대되는 임대수익의 자본에 대한 비율을 말한다.

대법원 판시의 주요 내용은 당해 부동산 기초가격에 기대이율을 곱하는 이른바 적산법에 의한 방식으로 임료를 산정함에 있어 기대이율이란 임대할 부동산을 취득함에 있어 소요되는 비용에 대한 기대되는 이익의 비율을 뜻하는 것이다.

원칙적으로 개개 토지의 소재지, 종류, 품등 등에 따라 달라지는 것이 아니고 국공채이율, 은행의 장기대출금리, 일반 시중금리, 정상적인 부동산 거래이윤율, 국유재산법과 지방재정법이 정하는 대부료율 등을 참작하여 결정되는 것이다.

따라서 위와 같은 방식에 의한 임료 산정 시 이미 기초가격이 구체적인 개개의 부동산의 실제 이용 상황이 참작되어 평가 · 결정된 이상 기대이율을 산정함에 있어서 다시 위 실제 이용 상황을 참작할 필요는 없다는 것이다.[7]

(4) 필요제경비

가) 의의

임대차 계약에 의거하여 임차인이 사용 · 수익하는 데 있어 임대인이 물건을 적정하게 유지, 관리할 필요가 있으며, 이에 소요되는 비용을 말한다.

---

7) 관련 판례(대법원 1994.6.14. 선고93다62515 판결)
【판시사항】 시가 권원 없이 사유지를 도로로 점유하는 경우 당이득액 산정 방법
【판결요지】 시가 권원 없이 사유지를 도로로 점유하고 있는 경우 그 반환할 부당이득액은 일반적으로 개발이익을 공제한 임료 상당액으로서 이는 당해 토지의 기초가격에 임료율(기대이율)을 곱하는 방법에 의하여 산정할 수 있을 것인바, 토지의 임료를 산정하기 위한 임료율(기대이율)은 국공채이율, 은행의 장기대출금리, 일반 시중의 금리, 정상적인 부동산거래이윤율, 국유재산법과 지방재정법 등이 정하는 대부료율 등을 고려하여 결정하면 되고, 공공사업에 필요한 토지 등을 협의에 의하여 취득하거나 사용할 경우에만 적용되는 「공공용지의취득및손실보상에관한특례법 시행규칙」 제6조의2에서 규정한 사도 등과 같이 보아 인근토지의 5분의 1 내지 3분의 1 이내에서 추정거래가격을 구하여 이를 기준으로 하여 그 임료 상당의 손해액을 산정하여야 하는 것은 아니다.

나) 내용(구성)

① 감가상각비: 대상물건이 상각자산인 경우에는 시간이 경과함에 따라 발생하는 물리적, 기능적, 경제적 가치감소 즉 감가상각액을 임료에 계상하여야 한다.

② 유지관리비: 대상물건의 유용성을 유지 또는 회복시키는 데 필요한 유지비 등 수익적 지출을 말한다.

③ 조세공과: 대상부동산에 직접 부과되는 세금 및 공과금으로, 법인세와 소득세는 제외된다. 그 이유는 개인별로 세율의 차이가 있어 소유자에 따라 시장가치가 달라지는 모순이 발생하기 때문이다.

④ 손해보험료: 화재보험료, 기계나 설비에 대한 보험료와 같이 임대차를 계속하는데 통상적으로 필요한 경비는 임대차에 제공되는 부분에 해당하는 적정액(소멸성 보험료)을 필요제경비에 포함하여야 한다.

⑤ 대손준비금: 임차인의 임료지불을 불이행하므로 인한 손실을 막기 위해 일정액을 필요제경비에 포함하여야 되는데, 보증금에 의해 결손에 대한 충분한 조치가 행하여진 경우 제외된다.

⑥ 공실손실상당액: 임대기간의 공백이나 일부의 미입주 등으로 공실이 발생할 것에 대비한 손실상당액을 말하는데, 손실상당액은 과거의 경험과 사례 등에 의하여 시·공간마다 표준적으로 파악하되, 장래의 동향도 감안하여야 한다.

⑦ 정상운전자금이자: 임대영업을 영위하기 위한 정상적인 운영자금에 대한 이자로, 고정자산세의 일시납입 등도 포함되나, 1년 이상의 장기차입금이자, 자기자금이자 상당액은 정상운전자금이라고 볼 수 없다.

2 비교방식

1) 거래사례비교법

(1) 의의 및 성립근거

거래사례비교법은 대상물건과 가치형성요인이 같거나 비슷한 물건의 거래사례와 비교하여 대상물건의 현황에 맞게 사정보정, 시점수정, 가치형성요인 비교 등의 과정을 거쳐 대상물건의 가액을 산정하는 감정평가 방법을 말한다.

이는 합리적인 경제인이라면 시장에서 수요 · 공급의 상호작용에 의하여 결정되는 가격을 기준으로 행동할 것이므로 시장에서 어느 정도의 가격으로 거래되는가 하는 시장성 및 대체 · 경쟁관계에 있는 다른 부동산의 가격과 상호작용에 의하여 가격이 결정된다는 대체의 원칙에 근거를 두고 있으며, 수요 · 공급 측면에서는 재화의 가치를 파악한 신고전학파의 수요 · 공급이론에 영향을 받았으며, 비교방식에 의한 가격은 균형가격의 성격이 있으며, 부동산 특성상 수요 측면이 강하다.

(2) 장단점

가) 장점

시장성의 원리에 의한 것으로 현실성과 실증력이 있고, 법적 문제 시 강한 설득력을 지니고, 거래사례가 있는 모든 부동산에 적용 가능하여 3방식 중 중추적인 역할을 담당한다.

그리고 타 방식에 비해 적용이 간편하고 이해하기 쉽고, 인플레이션이 계속적으로 심한 상황하에서는 보다 직접적으로 시장가치를 지지 할 수 있는 수단이 된다.

타 방식과 비교하여, 소득의 예측이 어렵거나 없는 부동산 경우와 재조달원가 및 감가수정 산정 시 주관성을 회피할 수 있다.

나) 단점

대상부동산의 가치를 비교방식으로 평가하고자 할 경우에는, 이 방법이 본질적으로 가지고 있는 한계를 충분히 인식하고 있어야 한다.

방법 그 자체나 감정평가 시 시장자료가 가질 수 있는 약점을 평가사가 충분히 이해하고 있지 못한 상황에서는 거래사례를 정확하게 해석할 수가 없다. 또한, 거래사례의 가격은 과거의 역사적 가격이라는 점에서 장래 기대되는 편익의 현재가치로 환원한 값이라는 가치 정의에 불일치한다.

(3) 사례 선택기준

가) 위치의 유사성(지역요인 비교 가능성)

거래사례는 대상물건과 위치에 있어서 동일성 내지 유사성이 있어야 한다. 이때 지리적 접근성보다는 용도적, 기능적, 접근성이 보다 중시된다.

나) 물적 유사성(개별요인 비교 가능성)

대상부동산과 사례부동산은 지역적인 격차 이외에도 획지, 환경, 가로, 접근, 법적 규제, 행정조건, 기타 조건 등에 의한 개별적 격차도 가치형성에 주요한 영향을 미치게 되므로 이에 의한 수정이 필요하다.

거래사례자료는 대상물건과 물적 동일성 내지 유사성이 있어야 한다. 배분법의 적용을 위해서는 복합부동산 중 대상물건과 동일 유형이 존재하여야 하며, 사례물건의 면적, 건평 등 물량적인 수량의 파악이 가능하여야 함을 의미한다.

다) 사정보정 가능성

수집된 거래사례가격에 거래 관계자의 특수한 사정이나 개별적인 동기 등이 개입되어 거래사례가격이 시장가치와 차이가 발생했을 경우 그 차이의 정도를 파악할 수 있어야 한다.

① 영업상 장소적 한정 등 특수한 이용 방법을 전제로 하여 거래한 경우

② 가격 상승을 예측한 투자 또는 과대한 기대가격을 바라고 자산 보유 목적으로 거래된 경우

③ 매도인이 시장에 비정통하여 과소거래된 경우

④ 상속 · 전근 등에 의해 급매로 거래된 경우

⑤ 지인 · 친인척 간 등의 인간관계에 의한 은혜적인 거래가 이루어진 경우

라) 시점수정의 가능성

시점수정이라 함은 가치의 산정에 있어서 거래사례자료의 거래시점과 기준시점이 시간적으로 불일치하여 가치수준의 변동이 있을 경우에 거래사례가격을 기준시점의 수준으로 정상화하는 작업으로서, 지가변동률, 건축비지수, 임대료상승률, 생산자물가지수 등에 의하여 산정된다.

거래사례자료는 거래시점이 분명해야 하고, 그 기간 가격변동에 관한 자료를 구할 수 있어야 하며 거래시점이 너무 오래되지 않아야 한다. 시점수정의 가능 여부는 시간적 장 · 단기뿐만 아니라 가치형성요인의 변동을 동하여 결정되어야 한다.

(4) 거래사례비교법의 산식

거래사례비교법의 기본적인 산식은 다음과 같다.

거래사례가격×사정보정치×시점수정률×지역요인비교치

×개별요인비교치×면적비교치 = 비준가액

상기 수식은 가치 보정 방법을 곱의 형태로 표시하고 있으나, 미국의 경우는 상기 방법(Cumulative Adjustment Method)이 요인 상호 간에 완전상관(Perfect Correlation) 관계에 있을 때는 문제가 없으나 그렇지 않을 경우 오차가 누적되는 모순이 있어 보정 방법을 곱의 형태가 아닌 가감방식을 택하고 있다.

2) 임대사례비교법

(1) 의의

임대사례비교법이란 대상물건과 가치형성요인이 같거나 비슷한 물건의 임대사례와 비교하여 대상물건의 현황에 맞게 사정보정, 시점수정, 가치형성요인 비교 등의 과정을 거쳐 대상물건의 임대료를 산정하는 감정평가 방법을 말한다. 이에 의하여 산정한 임료를 비준임료라 한다.

이 방법은 인근지역 또는 동일수급권 내의 유사지역에서 대상부동산과 유사한 임대차가 이루어지는 경우에 유효하며, 임대차 등의 사례가 적은 대저택이나 교회 등의 특수목적 부동산인 경우에는 적용이 곤란하다.

(2) 임대사례비교법의 적용

가) 사례의 선택

① 인근지역 또는 동일수급권 내의 유사지역에 있는 사례

② 임대차 등의 계약이 정상적인 것이거나, 정상적인 것으로 보정이 가능한 사례

③ 시점수정이 가능한 사례

④ 개별요인의 비교가 가능한 사례

나) 임대사례의 선택 시 유의사항

a. 사례임료의 정상화

① 시점수정: 임대차의 사례자료가 대상부동산의 임료를 구하는 기준시점과 일치하지 않아 임료수준에 차이가 있을 경우에는 임대사례의 임료를 기준시점의 수준으로 수정한다.

$$\text{임대사례의 임료} \times \frac{\text{기준시점의 임료지수}}{\text{임대사례 임대시점의 임료지수}} = \text{기준시점의 임대사례 임료}$$

② 사정보정: 수집된 임대사례가 계약당사자 간에 특수한 사정이나 개별적인 동기가 개입되었거나 시장성에 정통하지 못하므로 그 임료가 시장임료라고 볼 수 없을 때에는 그러한 사정이나 동기가 없는 적정한 임료로 보정하여야 한다.

b. 지역요인 및 개별요인의 비교

유사지역의 임대사례인 경우에는 대상부동산이 속한 인근지역과 유사지역의 지역요인을 비교하여 지역격차를 판정하고 다시 개별요인을 비교하여 개별적인 임료수준의 격차를 판정하여야 하며, 인근지역 내 임대사례인 경우에는 지역요인이 동일하므로 당해 임대사례자료와 대상부동산과의 개별요인을 비교하여 개별적인 가치수준을 판정하여야 한다.

3 수익방식

1) 수익환원법

(1) 의의

수익환원법이라 함은 대상물건이 장래 산출할 것으로 기대되는 순이익이나 미래의 현금흐름을 환원하거나 할인하여 대상물건의 가액을 산정하는 감정평가 방법을 말한다. 이 방법에 의하여 구한 가격을 수익가격이라 한다.

이러한 수익환원법 적용 방법으로 첫째, 1년간의 소득기대치를 시장에서 도출한 자본환원율로 환원하거나 특수한 소득유형, 투자에 대한 수익, 투자가치의 변동을 반영하는 자본환원율로 환원하는 방법, 둘째, 보유기간 동안의 연간 현금흐름과 복귀액을 수익률(Yield Rate)로 할인하는 방법이 있다.

이 방법은 수익방식 중에서 부동산의 가격을 구하는 방법이며, 임대용 부동산이나 기업용 부동산의 가격을 구하는 데 유효하나, 수익성이 없는 교육용, 주거용, 공공용 부동산의 평가에는 이 방법의 적용이 불가능하다.

사전조사	• 기본적 사항의 확정 • 처리계획의 수립 • 자료수집 및 정리
실지조사	• 대상물건의 확인 • 자료수집 및 정리 (실지조사사항: 수익, 경비, 환원이율, 할인율 등을 추정하는 데 이용할 수 있는 자료)
평가방식의 적용	• 자료검토 및 가치형성요인의 분석 • 총수익의 산정(가능총수익, 공실률 등) • 영업경비의 산정 • 환원이율, 할인율의 산정 • 환원방법의 선택 및 적용 (직접환원법, 할인현금수지법)
평가가액의 결정 및 표시	• 시산가액 조정 • 감정평가액의 결정 • 감정평가서 작성

〈그림 7-1〉 **수익환원법에 의한 감정평가 절차**

(2) 수익환원법에 의한 감정평가

가) 순수익(순영업소득)의 산정

a. 의의

순수익이란 대상물건을 통해서 획득할 수 있는 총수익에서 그 수익을 발생시키는 데 소요되는 경비를 공제한 금액을 의미한다. 수익환원법에 있어서 부동산의 시장가치를 구하는 것이 평가의 목적이고, 시장가치는 최유효 이용을 기준으로 하여 형성되는 것이므로 순수익 또는 현금수지도 역시 시장가치, 최유효 이용의 요건을 충족해야 한다.

b. 순수익의 요건

순수익은 통상적인 이용능력과 이용 방법으로 산출되는 것이어야 하며, 일정 기간 계속적 · 규칙적으로 발생하여야 한다. 순수익은 예측이 가능하여야 하며 정상적인 임대 혹은 영업 활동 과정에서 발생되지 않은 순수익 혹은 현금수지를 포함해서는 안 된다.

이외에도 순수익을 산정할 때는 대상부동산으로부터 총수익 및 이에 든 총비용을 파악하고, 또한 각각의 세항목에 관하여 과거의 추이 및 장래의 동향을 신중히 분석하여 대상부동산의 적정한 순수익을 구하여야 한다.

c. 순수익(*NOI*)의 산정 과정

〈표 7-3〉 **현금수지 계산 과정**

	단위당 예상임대료
×	임대 단위 수
	가능조소득(PGI: Potential Gross Income)
−	공실 및 불량부채
+	기타 소득
	유효조소득(EGI: Effective Gross Income)
−	영업경비(OE: Operating Expenses)
	순영업소득(NOI: Net Operating Income)
−	부채서비스액(DS: Debt Service)
	세전현금수지
−	영업소득세
	세후현금수지

나) 환원이율

a. 의의

수익방식에서 사용하는 이율은 환원이율(Capitalization Rate)과 할인율(Discount Rate)로 구분할 수 있는데, 환원이율은 한 해의 순수익을 기준시점의 경제적 가치로 환산하기 위하여 적용하는 이율을 말하며, 소득률(Income Rate)과 동일한 개념으로, 지분환원이율, 저당환원이율, 종합환원이율이 이에 해당된다.

할인율은 장래의 현금흐름을 현재가치로 환산하기 위하여 적용되는 수익률(Yield Rate)을 말하며, 지분할인율과 종합할인율 등으로 구분 가능하다.

할인율이란 장래 순수익의 현금흐름을 현재가치로 환산하기 위하여 적용하는 수익률로 투자자가 어떤 투자안에 투자를 하기 위한 최소한의 요구수익률이고, 환원이율이란 순수익(순영업소득)을 기준시점의 경제적 가치로 환산하기 위하여 적용하는 이율로서 일반적으로 자본수익률과 자본회수율로 구성된다.

자본회수율은 기간 말의 부동산 가치가 증가하면 (−)값을 갖고, 기간 말의 부동산 가치가 감소하면 (+)값을 갖게 되는데, 토지 등 비상각자산에서 수익이 영구히 발생하고 복귀가격을 전제로 하지 않는 경우 또는 복귀가격의 변동이 없는 경우에는 환원이율과 할인율이 일치하게 된다.

그러나 환원이율 및 할인율은 모두 부동산의 수익성을 표시하고, 수익가격을 구하기 위해 사용하나, 기본적으로는 다음과 같은 차이가 있다. 환원이율은 직접환원법의 수익가격 및 DCF법의 복귀가격을 산정할 때, 1기간의 순수익에서 대상부동산의 가격을 직접 구할 때 사용하는 율이며, 장래 수익에 영향을 미치는 요인의 변동예측과 예측에 수반한 불확실성을 포함하지만, 할인율은 DCF법에서, 어떤 장래 시점의 수익을 현재 시점의 가치로 환산할 때 사용하는 율이며, 환원이율에 포함되는 변동예측과 예측에 따른 불확실성 중 수익예상에서 고려된 연속하는 복수기간에 발생하는 순수익과 복귀가격의 변동예측에 관계된 것을 제외한 것이다.

b. 산정 방법

환원이율의 결정 방법에는 시장추출법, 조성법, 투자결합법, 엘우드법, 부채감당법 등이 있는데, 투자결합법은 다시 물리적 투자결합법과 금융적 투자결합법으로 나뉜다.

① 시장추출법(직접시장비교법): 시장추출법은 시장으로부터 직접 자본환원율을 추출하는 방법으로서 대상부동산과 유사한 최근의 매매사례로부터 이 비율을 찾아내는 것으로 시장에서 찾아낸 자본환원율을 특히 시장추출률(Market Extraction Rate)이라고 한다.

$$환원이율 = \frac{사례부동산의\ 순수익}{사례부동산의\ 매매가격}$$

② 요성구성법(조성법): 조성법이란 대상부동산에 관한 위험을 여러 가지 구성요소로 분해하고, 개별적인 위험에 따라 위험할증률을 더해감으로써 환원이율을 구하는 방법으로, 요성구성법에 의한 환원이율은 다음과 같이 구성된다.

환원이율 = 무위험율 + 위험할증률

이 방법은 이론적으로는 어느 정도 정당성을 인정받고 있으나 자본환원율을 결정하는 과정에 평가사의 주관이 개입될 여지가 많고 저당금융이 자본환원율에 미치는 영향을 전혀 고려하지 않고 있다는 점과 일반 투자자의 시장행태와 부합되지 못한다는 비판이 있다. 또한, 가치상승분이나 지분변화분이 고려되지 않은 문제점이 있다.

(3) 환원 방법

수익환원법(收益還元法)이란 대상물건이 장래 산출할 것으로 기대되는 순수익이나 미래의 현금흐름을 환원하거나 할인하여 대상물건의 가액을 산정하는 감정평가 방법을 말한다.

이 정의에 근거하여, 환원 방법은 장래 산출할 것으로 기대되는 순수익을 환원하는 직접환원법과 미래의 현금흐름을 할인하는 할인현금수지법(DCF법)이 있다.

제7절

부동산 가격공시제도

1 표준지공시지가

1) 공시지가제도

토지의 적정가격을 평가 · 공시하여 일반적인 토지거래의 지표가 되고, 국가 및 지방자치단체 등이 업무와 관련하여 지가를 산정하거나 감정평가법인 등이 개별적으로 감정평가를 하는 경우 지가산정의 기준으로 제공하기 위해 1989년에 「지가공시 및 토지 등의 평가에 관한 법률(現「부동산 가격공시에 관한 법률」)」을 제정하여 공시지가제도를 새로이 도입하였다.

이에 따라 국토교통부 장관은 매년 1월 1일을 기준으로 전국에 일정 토지(52만 필지)를 표준지로 선정하고, 이들 표준지에 대한 가격을 감정평가사가 조사 · 평가하여 그 결과를 중앙부동산가격공시위원회의 심의를 거쳐 단위 면적당(㎡) 가격을 공시함으로써 공시지가에 대한 공정성과 신뢰성을 제고하고 있다.

2) 공시지가의 개념

공시지가는 국토교통부 장관이 매년 공시기준일(매년 1월 1일) 현재의 가격을 조사 · 평가하여 중앙부동산가격공시위원회의 심의를 거쳐 공시하는 표준지 1㎡당의 적정가격이다.

여기서 적정가격(適正價格)이라 함은 당해 토지에 대하여 통상적인 시장에서 정상적인 거래가 이루어지는 경우 성립될 가능성이 가장 높다고 인정되는 가격을 의미한다. 즉 투기적 요소나 거래 당사자의 특수한 사정으로 인하여 형성되는 가격은 배제된다.

3) 가격의 조사 · 평가

국토교통부 장관이 표준지의 적정가격을 조사 · 평가하고자 할 때에는 둘 이상의 감정평가법인 등에게 이를 의뢰하여야 한다.

다만, 지가변동이 작은 경우 등 대통령령으로 정하는 기준에 해당하는 표준지에 대해서는 하나의 감정평가법인 등에게 의뢰할 수 있으며, 표준지 가격의 조사 · 평가를 의뢰받은 감정평가법인 등은 표준지에 대한 적정가격을 조사 · 평가하고, 그 보고서를 국토교통부 장관에게 제출하여야 한다.

감정평가법인 등은 표준지 조사 · 평가보고서를 제출하고자 할 때에는 표준지가격에 대하여 미리 당해 표준지를 관할하는 시장 · 군수 또는 구청장의 의견을 들어야 하며, 이 경우 시장 · 군수 · 구청장은 미리 시 · 군 · 구 부동산가격공시위원회의 심의를 거쳐 의견을 제출하여야 한다.

공시된 지가에 이의가 있는 자는 공시일부터 30일 이내에 서면으로 이의신청을 할 수 있다.

4) 지가공시 및 이의신청

(1) 지가공시

국토교통부 장관은 감정평가법인 등에게 의뢰하여 조사 · 평가한 표준지가격을 중앙부동산가격공시위원회에 부의하여 심의한 후 관보에 공고한다.

관보에 공시되는 경우에는 표준지 지번 · 지목 · 형상 · 지세, 표준지의 단위면적당 가격, 지리적 위치, 표준지 및 주변토지의 이용 상황, 토지의 용도제한, 도로 · 교통 상황 등의 토지특성과 공시지가의 열람 방법 및 공시지가에 대한 이의신청기간 · 절차 · 방법 등을 포함하여야 한다.

국토교통부 장관은 공시지가를 일반적인 토지거래의 지표로 활용되도록 하기 위하여 지가공시 후 공시한 내용을 서울특별시장, 광역시장 및 도지사를 거쳐 시장 · 군수 · 구청장에게 송부하여 일반에게 열람시킨다.

(2) 이의신청

공시지가는 그 적용 대상이 광범위하고 많은 이해관계자가 있으며, 공시지가의 적용 대상에 따라 이해관계도 상충된다.

공시지가는 이들 이해관계인의 의견을 수렴하고, 조사 · 평가 과정에서 착오가 있거나 기타 사유로 잘못 조사 · 평가된 사항을 조사 · 확인하여 시정함으로써 적정한 지가가 공시되도록 하기 위하여 이의신청제도를 두고 있다.

공시된 지가에 이의가 있는 자는 공시일로부터 30일 이내에 서면으로 국토교통부 장관에게 이의신청을 할 수 있다.

국토교통부 장관은 이의신청 내용을 심사하여 이의신청이 타당하다고 인정할 때에는 중앙부동산가격공시위원회의 심의를 거쳐 조정 · 공시하고, 이의신청인에게 그 결과를 통지한다.

5) 표준지공시지가의 효력

공시지가는 토지시장의 지가정보를 제공하고 일반적인 토지거래의 지표가 되며, 국가 · 지방자치단체 등의 기관이 그 업무와 관련하여 지가를 산정하거나 감정평가사가 개별적으로 토지를 감정평가하는 경우에 그 기준이 된다.

공시지가는 국가 · 지방자치단체 등이 조세부과, 공공용지의 매수 또는 수용 · 사용에 대한 보상 등을 위하여 지가를 별도로 산정할 필요가 있을 경우 그 기준이 되고, 또한 감정평가사가 타인의 의뢰를 받아 지가를 감정평가하는 경우에 그 기준이 된다.

2 개별공시지가

1) 개별공시지가의 개념

개별공시지가는 국토교통부, 국세청, 지방자치단체 등 관계기관이 합동으로 조사하고 있으며, 국토교통부 장관이 매년 공시하는 표준지공시지가를 기준으로 지가 산정 대상토지의 지가형성요인에 관한 표준적인 비교표(토지가격비준표)를 사용하여 개별토지가격을 산정하게 된다.

이와 같이 조사하여 시장 · 군수 · 구청장이 결정 · 공시한 개별공시지가는 행정기관이 토지 관련 세제 등의 기초자료로 활용하게 된다.

개별공시지가를 직접 · 간접적으로 적용하고 있는 제도로는 「개발이익 환수에 관한 법률」에 규정된 개발부담금, 「개발제한구역의 지정 및 관리에 관한 특별조치법」에 규정된 개발제한구역 보전부담금, 「지방세법」에 규정된 토지분 재산세, 취득세 · 등록세, 「소득세법」 등에 규정된 양도소득세, 상속세, 증여세 및 국 · 공유지 대부료 · 사용료 등이 있다.

2) 개별공시지가 산정 방법

개별공시지가는 먼저 조사대상 토지의 지가형성에 영향을 주는 토지 특성을 조사하고 그 토지와 비교되는 표준지를 선택한 다음 비교표준지와 조사대상 토지의 토지 특성을 비교하여 토지 특성 차이에 따른 가격배율을 산출하고 이를 표준지공시지가에 곱하여 산정하게 된다.

이렇게 산정된 지가는 감정평가사의 검증을 받아 토지소유자 등에게 열람하여 의견을 수렴한 후 시 · 군 · 구 부동산가격공시위원회의 심의를 거쳐 시장 · 군수 · 구청장이 결정 · 공시한다.

(1) 토지 특성 조사

조사대상 토지와 표준지의 가격 격차를 분석하기 위해서는 많은 토지 특성을 조사하여 비교 · 분석하는 것이 바람직하나, 상세한 개별요인 분석에는 많은 시간이 소요될 뿐만 아니라 조사상의 편의를 도모할 필요가 있어 지가형성에 많은 영향을 주는 23개 항목의 토지 특성을 조사하고 있다.

〈표 7-4〉 개별공시지가 산정 방법

비교표준지 가격	토지 특성 비교 · 분석	개별토지 가격 산정
공시지가 (원/㎡)	비교표준지와 개별토지의 토지 특성을 비교 · 분석하여 가격배율을 산출	비교표준지공시지가 × 가격배율 =개별토지가격(원/㎡)

토지특성의 조사 방법은 먼저 토지대장, 임야대장, 토지분 재산세, 과세대장, 토지이용계획 등 공적 규제사항을 도면과 공부에 의하여 조사한 다음 현지조사를 통하여 실제 토지용도, 지형지세, 도로조건, 유해시설의 접근성, 농지의 경우 비옥도, 경지정리 여부 등을 조사한다.

(2) 토지가격비준표

가) 표지가격비준표 작성

국토교통부에서는 1990년도부터 토지 등의 감정평가에 관한 전문지식이 미흡한 공무원이라 할지라도 신속하게 지가를 산정하거나, 대량의 토지에 대한 가격을 간편하게 산정할 수 있도록 토지가격비준표를 작성하여 관계행정기관 등에 제공하고 있다.

나) 작성

현행 토지가격비준표는 감정평가사가 조사 · 평가하여 국토교통부 장관이 공시한 52만 표준지를 표본으로 개발한 것으로서 표준지에 관한 토지 특성 조사자료 중 용도지역 · 토지면적 · 토지이용 상황 · 도로조건 등 개별공시지가 토지특성 조사항목과 동일한 23개 항목의 특성과 지가와의 상관관계를 분석한다.

분석대상 지역별로 대표적인 지가형성요인을 찾아 지가 평가모형을 개발한 다음 다중회귀분석 방식으로 통계처리하여 작성한 것이다.

또한, 토지가격비준표는 세로방향에 표준지의 토지 특성을 가로방향에 지가산정 대상토지의 토지 특성을 나열하여 서로의 특성(가격배율)을 쉽게 비교할 수 있다.

(3) 지가 산정

개별공시지가는 평가를 통하여 가격을 알고 있는 비교표준지의 공시지가에 토지가격비준표에 나와 있는 토지 특성별 배율을 종합한 가격배율을 곱하여 산정하는 비교방식에 의하여 산정된다.

이 비교방식에 의한 토지의 가격 산정 절차는 산정의 기준이 되는 비교표준지를 선정하여 조사된 당해 토지의 특성과 비교표준지의 토지 특성을 서로 비교한 후 토지가격비준표에 나와 있는 특성별 배율을 종합하여 가격배율을 산출하고, 이와 같이 산출된 가격배율을 비교표준지공시지가에 곱하여 산정하게 된다.

개별공시지가를 정확하게 산정하기 위하여는 토지 특성 조사, 비교표준지 선정 및 가격격차 분석이 보다 정밀하게 이루어져야 한다.

비교표준지는 지가형성에 관한 지역요인과 개별요인이 같은 표준지를 선정하는 것이 가장 좋겠으나 하나의 표준지를 기준으로 지가를 산정하여야 할 개별필지의 비율이 전국평균 약 1 : 66이 되고, 선정자의 임의성이 개입될 수 있기 때문에 모든 조사대상 토지마다 토지 특성이 같은 표준지를 선정하기는 현실적으로 어렵다.

따라서 가장 유사한 토지 특성을 가진 표준지를 비교표준지로 선정할 수 있도록 조사대상 토지와 동일 용도지역 안에 있는 유사가격권의 표준지 중에서 조사대상 토지와 토지이용 상황이 같은 표준지를 선정하도록 기준을 정하고 있다.

(4) 토지소유자 등 의견수렴

개별공시지가는 토지분 재산세 등 토지 관련 제세와 개발부담금 등 각종 부담금의 산정기준이 되어 국민의 재산권에 미치는 영향이 크므로 결정 · 공시하기에 앞서 지가열람을 통한 토지소유자 등의 의견을 수렴하고 있다.

시 · 군 · 구 홈페이지 또는 언론매체 등을 통한 홍보를 하여 토지소유자 등이 시 · 군 · 구에서 산정한 개별공시지가에 대하여 의견이 있는 경우 지가열람기간 중 의견을 제출하도록 하여 의견이 제출된 지가에 대하여는 재조사하여 감정평가사의 검증과 시 · 군 · 구 부동산가격공시위원회의 심의를 거쳐 조정 여부를 결정한다.

(5) 결정 · 공시

「부동산 가격공시에 관한 법률」 제10조에 의하여 시장 · 군수 · 구청장이 매년 5월 31일까지 결정 · 공시한다.

4) 개별공시지가 검증

(1) 검증의 개념

개별공시지가의 검증이란 지가조사공무원이 표준지공시지가를 기준으로 토지가격비준표를 사용하여 산정한 지가에 대하여 표준지공시지가를 평가한 감정평가사가 토지특성조사, 비교표준지 선택, 토지가격비준표 적용의 타당성 등을 종합적으로 검토하여 산정된 지가가 표준지공시지가, 인근 토지의 지가, 전년도 지가 등과 균형을 유지하지 아니하는 경우 적정한 가격을 제시하는 것을 말한다.

(2) 검증의 구분

① 산정지가 검증: 시장 · 군수 · 구청장이 조사 · 산정한 지가에 대하여 지가현황 도면 등을 기준으로 개별공시지가 산정대상 필지에 대하여 실시한다.

② 의견제출지가 검증: 감정평가사의 검증을 거친 지가에 대하여 토지소유자 등이 지가열람기간 중에 의견을 제출할 경우 현지조사 등을 통해 실시한다.

③ 이의신청지가 검증: 시장 · 군수 · 구청장이 개별공시지가의 결정 · 공시(매년 5월 31일) 이후 토지소유자 등이 이의를 제기할 경우 현지조사 등을 통해 실시한다.

3 표준주택가격

1) 표준주택가격 개념

종전의 주택 보유세 과세방식(구분평가 · 구분과세)에 따른 세부담의 불형평 문제를 시정하고자 시장가치에 기초하여 통합평가 · 통합과세하는 주택(단독, 공동)가격공시 제도를 2005년도부터 도입하였다.

공시된 주택가격은 주택시장의 가격정보를 제공하고, 국가 · 지방자치단체 등의 기관이 과세 등의 업무와 관련하여 주택의 가격을 산정하는 경우에 그 기준으로 활용될 수 있도록 하였다.

표준주택가격이라 함은「부동산 가격공시에 관한 법률」제16조 제1항에서 규정한 절차에 따라 국토교통부 장관이 조사 · 산정하여 공시한 표준주택의 적정가격을 말한다.

국토교통부 장관은 매년 1월 1일을 기준으로 전체 단독주택 중에서 지역별 · 유형별로 대표성이 있는 주택을 표준주택으로 선정하여, 이들 표준주택에 대한 가격을 한국부동산원에 조사 · 산정 의뢰하고, 산정된 표준주택가격을 중앙부동산가격공시위원회의 심의를 거쳐 공시한다.

2) 표준주택가격의 조사 · 산정

국토교통부 장관이 표준주택의 적정가격을 조사 · 산정하고자 할 때에는 「부동산 가격공시에 관한 법률」 제16조 제4항에 따라 한국부동산원에 의뢰한다.

표준주택가격의 조사 · 산정을 의뢰받은 한국부동산원은 표준주택에 대한 적정가격을 조사 · 산정하고, 그 보고서를 국토교통부 장관에게 제출하여야 한다.

한국부동산원이 표준주택 조사 · 산정보고서를 제출하고자 할 때에는 표준주택가격에 대하여 미리 당해 표준주택을 관할하는 시장 · 군수 또는 구청장의 의견을 들어야 하며, 이 경우 시장 · 군수 · 구청장은 시 · 군 · 구 부동산가격공시위원회의 심의를 거쳐 의견을 제출하여야 한다.

공시된 주택가격에 이의가 있는 주택소유자, 이용자 기타 법률상 이해관계인은 공시일부터 30일 이내에 이의신청을 할 수 있다.

3) 표준주택가격공시 및 이의신청

(1) 표준주택가격공시

국토교통부 장관은 한국부동산원에 의뢰하여 조사 · 산정한 표준주택가격을 중앙부동산가격공시위원회에 부의하여 심의한 후 관보에 공고한다.

관보에 공시되는 경우에는 표준주택의 지번, 가격, 대지면적 및 형상, 용도 · 연면적 · 구조 및 사용승인일, 지목, 지리적 위치, 토지의 용도제한, 도로 · 교통 상황, 그밖에 표준주택가격 공시에 관하여 필요한 사항을 포함하여야 한다.

「부동산 가격공시에 관한 법률」 제16조 제7항에서 준용하는 같은 법 제6조에 따라 국토교통부 장관은 주택가격을 공시한 때에는 그 내용을 서울특별시장, 광역시장 및 도지사를 거쳐 시장 · 군수 · 구청장에게 송부하여 일반에게 열람하도록 하는 한편 그 내용을 도서 · 도표 등으로 작성하여 관계행정기관 등에 공급한다.

(2) 이의신청

주택가격은 주택소유자 및 이해관계인의 의견을 수렴하고, 조사 · 산정 과정에서 착오가 있거나 기타 사유로 잘못 조사 · 산정된 사항을 재조사 · 확인하여 시정함으로써 적정한 주택가격이 공시되도록 하기 위하여 이의신청제도를 두고 있다.

공시된 주택가격에 이의가 있는 주택소유자, 이용자 기타 법률상 이해관계가 있는 자는 공시일로부터 30일 이내에 서면이나, “부동산공시가격알리미” 사이트를 통하여 온라인으로 국토교통부 장관에게 이의신청을 할 수 있다.

국토교통부 장관은 이의신청 내용을 심사하여 이의신청이 타당하다고 인정할 때에는 중앙부동산가격공시위원회의 심의를 거쳐 조정 · 공시하고, 이의신청인에게 그 결과를 통지한다.

4 개별주택가격

1) 개별주택가격 개념

개별주택가격은 전국의 단독주택을 대상으로 국토교통부 장관이 매년 공시하는 표준주택가격을 기준으로 시장 · 군수 · 구청장이 산정하여 공시한 주택가격이다.

개별주택가격은 개별주택의 특성과 비교표준주택의 특성을 비교하여 국토교통부 장관이 작성 · 공급한 「주택가격비준표」상의 주택특성차이에 따른 가격배율을 산출하고, 이를 표준주택가격에 곱하여 산정한 후 한국부동산원의 검증을 받아 주택소유자 등의 의견수렴과 시 · 군 · 구 부동산가격공시위원회 심의 등의 절차를 거쳐 시장 · 군수 · 구청장이 결정 · 공시한다.

개별주택가격은 국가 · 지방자치단체 등의 기관이 과세 등의 업무와 관련하여 주택의 가격을 산정하는 경우에 그 기준으로 이용되며, 주택시장의 가격정보를 제공하는 기능을 한다.

2) 개별주택가격 산정 방법

개별주택가격은 표준주택가격을 기준으로 시장 · 군수 · 구청장이 조사한 개별주택의 특성과 비교표준주택의 특성을 비교하여 국토교통부 장관이 개발 · 공급한 「주택가격비준표」상의 주택특성차이에 따른 가격배율을 산출하고 이를 표준주택가격에 곱하여 산정한다.(그림 7-2)

〈표 7-5〉 개별주택가격의 활용

구 분	활용 분야 및 근거법
국세	종합부동산세(「종합부동산세법」 제8조, 「종합부동산세법 시행령」 제2조의4)
	양도세 과표(「소득세법」 제99조)
	상속세 및 증여세 과표(「상속세 및 증여세법」 제61조)
지방세	재산세(「지방세법」 제4조, 제110조)
	취득세(「지방세법」 제10조)
	등록면허세(「지방세법」 제27조)
재건축부담금	「재건축 초과이익 환수에 관한 법률」에 근거하여 초과이익 산정을 위한 주택가액 적용(「재건축 초과이익 환수에 관한 법률」 제9조)
청약가점제 무주택자 분류	입주자모집공고일 현재 60㎡ 이하의 주택으로서 주택가격이 8천만원(수도권 1억3천만원) 이하인 주택 1호(「주택공급에 관한 규칙」 제2조 8(별표 1))
국민주택채권	등기 시 국민주택채권 매입가의 기준이 됨(시가표준액) 「주택도시기금법 시행령」 별표(제8조 제2항 관련)]
주택자금 소득공제	공동주택가격 3억원 이하 – 주택마련저축불입액(「조세특례제한법」 제87조), 장기주택저당차입금 이자상환액(「소득세법」 제52조)
기초연금	기초연금 수급권자 분류를 위한 소득인정액 산출의 기초가 되는 재산 가액으로 활용(「기초연금법 시행규칙」 제2조, 제3조 등)
공직자 재산등록	공직자의 재산 등록 시 등록할 주택공시가격(「공직자윤리법」 제4조 등)
건강보험료	지역가입자의 부과표준소득 파악 시 재산세의 부과대상이 되는 주택의 재산세과세표준금액을 기준으로 재산의 등급별 점수를 산정, 반영 (「국민건강보험법 시행령」 제42조(별표 4))
기초생활보장	기초생활보장 수급권자 판단기준(「국민기초생활 보장법」 제2조, 「국민기초생활 보장법 시행규칙」 제3조)
농어촌주택 취득자의 양도소득세 면제기준	농어촌주택 등 취득자에 대한 양도소득세 과세특례(「조세특례제한법」 제99조의4)
근로장려세제	무주택자 또는 주택 1채소유, 재산의 합계액이 1억4천만원 미만(「조세특례제한법」 제100조의3, 「조세특례제한법 시행령」 100조의4)
장애인연금 대상 판단기준	장애인연금 대상자 판단을 위한 재산가액의 산정기준이 됨 [「장애인연금법 시행규칙」 제3조, 제4조]
생계유지곤란 병역감면 판단기준	생계유지곤란 병역감면자 판단을 위한 재산가액의 산정기준이 됨 [「생계유지곤란자 병역감면 처리규정」 제17조]

출처: 2020년도 부동산 가격공시에 관한 연차보고서

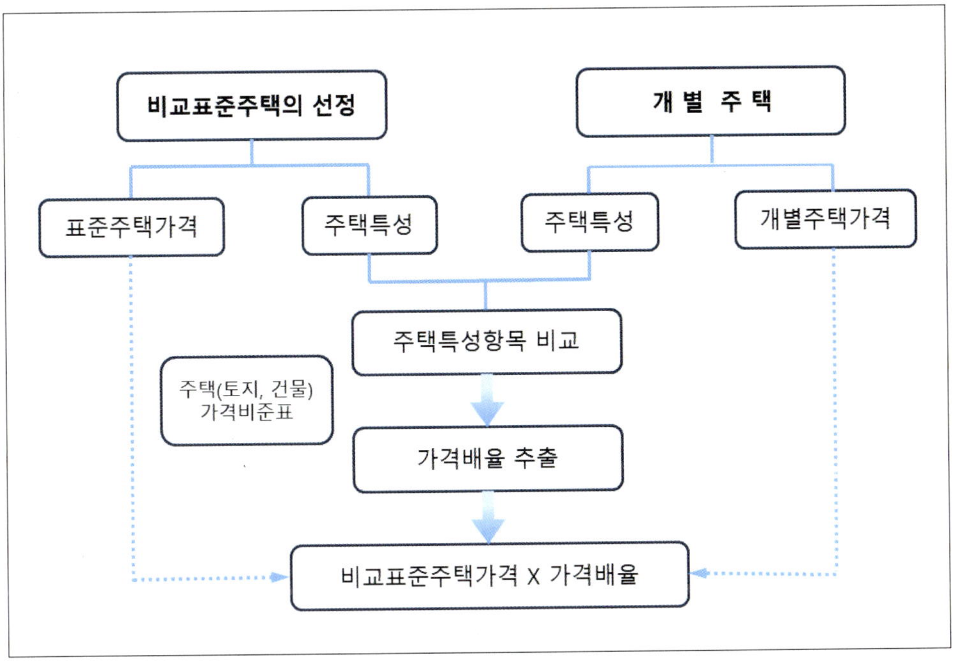

출처: 2020년도 부동산 가격공시에 관한 연차보고서

〈그림 7-2〉 개별주택가격 산정 방법

(1) 주택특성조사

개별주택의 정확한 가격 산정을 위해 조사의 정확성과 효율성이 담보될 수 있는 항목 위주로 특성조사 항목을 설정하고, 주택특성조사표에 따라 가격조사공무원이 특성조사를 실시한다.

가격에 미치는 영향이 낮음에도 실제조사에 많은 시간과 비용이 소요되는 항목과 조사는 용이하지만 가격에 미치는 영향이 미미한 항목 등은 특성 조사항목에서 제외한다.

(2) 주택가격비준표

가) 주택가격비준표 개념

시장 · 군수 또는 구청장이 개별주택가격을 결정 · 공시하는 경우에는 당해 주택과 유사한 이용가치를 지닌다고 인정되는 표준주택을 기준으로 주택가격비준표를 사용하여 가격을 산정하되, 당해 주택의 가격과 표준주택가격이 균형을 유지하도록 규정하고 있다.

국토교통부에서는 감정평가에 관한 전문지식이 미흡한 공무원도 대량의 주택에 대한 가격을 간편하게 산정할 수 있도록 주택가격산정기준을 제시한 주택가격비준표를 작성하여 관계행정기관 등에 제공하고 있다.

나) 작성

현행 주택가격비준표는 한국부동산원이 조사 · 산정하여 국토교통부 장관이 공시한 약 22만 표준주택을 표본으로 개발한 것으로서, 표준주택의 가격과 주택 특성을 다중회귀분석하여 추출된 주택 특성별 가격배율을 행렬표(Matrix) 형태로 재구성한 것이다.

주택가격비준표 작성에 활용된 표준주택 자료는 총 23개의 주택 특성 조사항목으로 토지 특성 조사항목이 용도지역, 용도지구, 고저, 형상, 도로접면 등 12개 항목이고 건물 특성 조사항목이 건물구조, 지붕구조, 경과연수(사용승인일자 기준) 등 11개 항목이다.

(3) 주택가격 산정

개별주택의 가격산정절차는 산정의 기준이 되는 표준주택(비교표준주택)을 우선 선정하고, 비교표준주택과 산정대상 주택의 주택 특성을 비교하여 서로 다른 특성을 찾아내어 그에 해당하는 가격배율을 주택가격비준표에서 추출한다. 이어 비교표준주택의 가격에 추출된 가격배율을 곱하여 개별주택가격을 산정하게 된다.

(4) 주택소유자 등 의견수렴

산정된 개별주택가격에 대한 검증이 이루어지고 나면, 시장 · 군수 · 구청장은 개별주택가격을 게시하고 이를 주택소유자 등 일반인이 열람할 수 있도록 한다.

주택소유자 등은 의견 제출기간(20일) 내에 시장 · 군수 · 구청장에게 서면으로 의견을 제출할 수 있으며, 제출된 의견에 대해서는 한국부동산원의 검증과 시 · 군 · 구 부동산가격공시위원회의 심의를 통해 이를 심사하고 그 결과를 통지한다.

(5) 결정 · 공시

시장 · 군수 · 구청장은 일련의 절차를 거쳐 결정된 개별주택의 적정가격을 공시하며, 이 경우 필요하다고 인정되는 때에는 주택소유자 등에게 개별 통지할 수 있다.

제8장

최근 부동산 환경의 변화와 새로운 이슈

제1절

디지털 기술과 부동산 산업의 변화

21세기에 접어든 이후 디지털 기술은 부동산 산업의 구조적 변화를 지속적으로 이끌어오고 있다. 과거 오프라인 중심의 정보 비대칭적 특성이 강했던 부동산 시장은, 최근 플랫폼 기반의 정보 공유, 인공지능(AI)을 활용한 수요 예측, 빅데이터 분석 등을 통해 보다 투명하고 효율적인 구조로 전환되고 있다. 이러한 기술 기반의 변화는 부동산의 기획, 중개, 관리, 투자 등 전 영역에 영향을 미치며, 이는 부동산 서비스 산업의 경쟁 구조를 변화시키는 주요 배경으로 작용한다.

1 프롭테크

1) 프롭테크의 개념과 발전 배경

4차 산업혁명과 이에 따른 디지털 전환은 부동산 산업 전반에 구조적이고 본질적인 변화를 야기하고 있다. 이러한 변화의 중심에는 '프롭테크(PropTech)'가 있다. 프롭테크는 부동산(Property)과 기술(Technology)의 합성어로, 정보통신기술(ICT), 인공지능(AI), 사물인터넷(IoT), 빅데이터 분석 등의 첨단 기술을 부동산 산업에 적용하는 것을 의미한다. 이를 통해 부동산 정보의 생성, 전달, 활용 방식이 기존의 아날로그적 처리 방식에서 벗어나 디지털 기반으로 전환되고 있으며, 이로 인해 산업 전반의 운영 효율성과 서비스 품질이 향상되고 있다.

2) 프롭테크의 적용 영역과 융합 기술

프롭테크는 단일 기술의 적용을 넘어, 부동산 산업의 다양한 활동을 디지털 기술 기반으로 재구성하고 있다.

(1) 중개 및 정보 제공 분야

중개 분야에서는 소비자 중심의 정보 탐색 환경이 조성되고 있다. AI 기술은 사용자의 검색 패턴을 분석하여 맞춤형 매물을 추천하고 있으며, VR 기술은 현장을 직접 방문하지 않고도 내부 구조를 시각적으로 체험할 수 있는 가상 투어 서비스를 제공한다. 이러한 기술은 거래의 편의성을 높이고, 중개인의 개입을 최소화한 비대면 서비스 확산에도 기여하고 있다.

또한 부동산 정보의 공공성과 접근성을 제고하기 위해 통합 포털 시스템을 운영하고 있다. 대표적인 예로 국토교통부의 '부동산 거래 관리 시스템(RTMS)'과 '실거래가 공개 시스템'은 실거래가, 공시지가, 건축물 정보 등을 통합 제공함으로써 정보 비대칭을 완화하고 있다.

(2) 자산관리 및 공간 운영 분야

건물의 운영과 유지관리에 있어서도 디지털 기술의 도입이 활발하다. 특히 IoT 센서를 기반으로 한 스마트빌딩 관리 시스템은 실시간 에너지 사용량 모니터링, 자동 조명 및 냉난방 제어, 무인 보안 및 출입 통제, 임대료 정산 자동화 등의 기능을 포함한다. 이와 같은 시스템은 상업용 오피스, 복합시설, 대형 공공건물 등에서 보편화되고 있으며, 에너지 효율성 제고와 사용자 편의성 향상이라는 두 가지 목표를 동시에 달성하고 있다.

(3) 투자 및 자산운용 분야

프롭테크는 부동산 금융시장에도 새로운 흐름을 형성하고 있다. 디지털 기술을 활용한 간접투자상품이 등장하면서, 부동산 투자에 대한 접근성이 크게 향상되었다. 대표적인 사례로는 부동산투자회사(REITs)의 디지털화가 있으며, 블록체인 기술을 활용한 부동산 조각투자 및 토큰화(Tokenization) 방식이 주목받고 있다. 이를 통해 개인 투자자는 고가의 상업용 부동산을 소액으로 분할 구매하고, 거래 이력은 분산원장기술(DLT: Distributed Ledger Technology)을 통해 안정적으로 기록된다.

국제적으로도 프롭테크 기반의 자산운용 기술이 공공 시스템에 도입되고 있다. 아시아개발은행(ADB)과 유엔 해비타트(UN-Habitat)는 개발도상국의 토지 등록 및 등기 시스템 개선을 위해 블록체인 기반의 토지관리 기술을 시범 적용하고 있으며, 이를 통해 등기 정보의 위변조 방지, 행정비용 절감, 재산권 보호 강화를 도모하고 있다.

(4) 설계 및 시공 분야

건설 및 개발 단계에서도 프롭테크 기술의 도입이 확산되고 있다. 드론은 현장 측량의 정확도를 높이고, 건설 진행 상황을 실시간으로 모니터링하는 데 활용된다. 또한 BIM(Building Information Modeling) 기술은 건축 설계, 시공, 유지관리 정보를 통합한 3차원 모델링을 통해 프로젝트 전반의 생산성과 협업 효율성을 제고하고 있다. 국토교통부는 국가 스마트 건설 활성화 전략으로 2010년부터 공공 건설사업에 BIM 도입을 확대했고, 2030년까지 모든 공공 공사에 3D BIM 설계를 적용해야 한다는 계획을 발표했다.

3) 프롭테크의 효과와 한계

프롭테크의 도입은 부동산 산업 전반에 다양한 긍정적 효과를 가져오고 있다. 우선, 정보통신기술의 활용을 통해 부동산 관련 정보에 대한 접근성이 크게 향상되었으며, 중개와 계약 절차의 디지털화는 거래의 효율성을 제고하고 있다. 또한 자산 운영 및 관리 부문에서는 자동화와 실시간 제어 기술의 도입을 통해 운영비용 절감이 가능해졌으며, 투자 측면에서도 디지털 플랫폼을 기반으로 한 소액 분산투자와 같은 유연한 투자 방식이 활성화되고 있다.

그러나 이러한 기술적 진보에도 불구하고 프롭테크의 확산 과정에서는 몇 가지 구조적 한계점이 병존하고 있다.

첫째, 데이터 신뢰성과 보안성 문제가 제기된다. 프롭테크는 다양한 데이터를 수집 · 가공 · 분석하는 데 기반을 두고 있으나, 데이터의 정확성 확보, 위변조 방지, 프라이버시 보호 등에 있어 여전히 기술적 취약성과 윤리적 과제가 존재한다. 특히 AI 기반 자동 평가 시스템이나 블록체인 기반 계약 시스템은 입력 데이터의 신뢰성이 전체 결과의 타당성을 결정짓는 핵심 요소로 작용한다.

둘째, 법적·제도적 기반의 미비 역시 주요한 제약 요인이다. 예컨대 부동산 조각 투자나 전자계약과 같이 새로운 유형의 거래나 서비스는 기존 부동산 관련 법령의 해석 범위를 벗어나는 경우가 많으며, 이에 따른 법적 불확실성과 분쟁 가능성이 내재되어 있다. 따라서 프롭테크 활성화를 위한 기술 개발과 더불어, 이에 상응하는 법적·제도적 정비가 병행되어야 할 필요성이 제기되고 있다.

셋째, 기술 수용 격차 문제도 간과할 수 없다. 디지털 서비스의 이용에는 일정 수준 이상의 기술 접근성과 이해 능력이 요구되는데, 고령층이나 디지털 소외 계층의 경우 서비스 활용에 제약을 받을 수 있다. 이는 프롭테크가 실질적으로 시장 전반에 확산되기 위해 해결해야 할 사회적 과제 중 하나이다.

프롭테크는 부동산 산업의 혁신을 이끄는 주요 동인이지만, 기술적·법적·사회적 측면에서의 한계점들을 체계적으로 인식하고 이에 대한 대응 전략을 수립하는 것이 지속 가능한 발전의 핵심 조건이라 할 수 있다.

2 AI 기반 가치평가 및 시장 예측[1)]

최근 부동산 가치평가와 시장 예측 분야에서는 인공지능(AI)을 기반으로 한 분석 기법이 점차 보조수단으로 활용되고 있다. 전통적으로 부동산 감정평가 및 시세예측은 감정평가사나 전문가의 경험, 현장 조사, 비교 사례 분석에 크게 의존해 왔다. 그러나 이러한 방법은 분석 대상의 수가 많아질수록 시간과 인력 소모가 크며, 데이터 기반 의사결정을 신속하게 반영하기 어렵다는 한계가 있었다.

AI 기술은 이러한 문제를 극복하고자, 기계학습(Machine Learning) 알고리즘을 통해 과거 거래 사례, 공시지가, 입지 정보, 개발계획, 인구 및 고용 지표 등 대규모 데이터를 분석함으로써 부동산 가치에 영향을 미치는 요인을 스스로 학습하고 예측 모형을 개선해 나가는 방식을 취한다.

특히 랜덤 포레스트(Random Forests), 그래디언트 부스팅 머신(GBM), 신경망 알

1) 2024년 12월 26일 「인공지능 발전과 신뢰 기반 조성 등에 관한 기본법」(이하 「AI 기본법」)을 제정하였으며, 2026년 1월 22일부터 시행될 예정으로 인공지능의 설계, 개발, 이용 전반에 걸쳐 국민의 권익 보호, 알고리즘의 투명성, 데이터 편향 방지, 인적 책임성 확보 등의 규범을 명문화하였다.

고리즘(Deep Neural Networks) 등은 다양한 변수 간 상호작용을 고려하여 복잡한 비선형 관계를 모형화하는 데 강점을 가지며, 기존의 선형회귀 기반 모델에 비해 예측 정확도가 높은 것으로 알려져 있다.

이러한 기술은 기존 감정평가의 대체가 아닌 보완 수단으로서 역할을 수행하며, 특히 사전 시세분석, 일괄 다수자산 분석, 이상거래 탐지 등의 분야에서 활용성이 높다. 예컨대, 금융기관의 담보평가 자동화, 대형 개발사업의 사전 타당성 분석, 공공기관의 토지보상 예정지 평가 등에서 AI 기반 가치추정 기법이 실무적으로 적용되고 있다.

다만, AI 예측모형의 활용에 있어 데이터의 품질관리, 알고리즘의 투명성, 윤리적 판단 기준 설정 등이 중요한 과제로 제기되고 있으며, 향후에는 전통적 감정평가와 AI 기반 자동평가의 융합 및 제도적 정합성 확보가 필요할 것으로 보인다.

참 고

AI 기반 시세 산정 서비스와 감정평가법의 법적 해석

AI를 활용한 부동산 시세 자동산정 서비스는 기술적으로 혁신적이나, 그 법적 성격과 관련하여 감정평가업과의 경계가 주요 쟁점으로 제기되어 왔다. 특히 「감정평가 및 감정평가사에 관한 법률」(이하 「감정평가법」)은 감정평가를 "토지 등의 경제적 가치를 판정하여 그 결과를 가액으로 표시하는 행위"로 정의하고 있으며, 이를 업으로 영위하려면 감정평가사 또는 감정평가법인의 자격을 갖추어야 한다고 규정하고 있다.

AI 시세 산정 서비스는 일정 알고리즘을 기반으로 공개된 부동산 데이터를 수집·분석하여 특정 주택의 예상 시세를 제시하는 기능을 제공한다. 이 과정에서 '가격을 특정하는 행위'가 감정평가와 유사하다는 지적이 제기되었으며, 실제로 감정평가사협회는 AI 기반 시세 산정 서비스를 '유사감정평가업'에 해당한다고 주장하며 관련 기업을 고발한 바 있다.

감정평가사협회는 해당 서비스가 단순한 정보 제공을 넘어 특정 부동산의 개별 시세를 제시하는 것은 감정평가 행위에 해당할 수 있으며, 데이터의 정확성·신뢰성 측면에서도 검증되지 않은 정보로 오인될 소지가 있다는 점을 문제로 삼았다. 협회는 특히 "부동산은 개별성이 강하여 알고리즘 분석에는 한계가 있다"는 점을 강조하였고, 미국의 경우에도 AI 기술은 감정평가사의 업무 보조수단으로 활용되고 있다는 점을 들어 기술과 전문가 간의 협업이 바람직하다는 입장을 표명하였다.

그러나 이 사건에 대한 검찰의 수사 결과는 '불기소'였다. 검찰은 시세 자동산정 서비스가 개별 의뢰를 받아 보수를 받고 평가를 수행하는 형태의 전통적 감정평가업과는 구별된다고 판단하였다. 해당 서비스는 데이터베이스 접근 권한을 제공하고, 사용자가 이를 참고 자료로 활용하도록 하는 형태로, 이는 법률상 감정평가의 개념에 해당하지 않는다고 보았다. 특히 서비스 제공자가 "감정인의 책임하에 완결성 있는 평가 결과를 제시한 것"이 아니라는 점에서, 이는 감정평가법의 적용 대상이 아니라는 결론을 내렸다.

이 사건은 AI 기반 기술이 기존 전문자격 기반 산업과 충돌할 수 있는 경계 사례로서 주목할 만하다. 검찰의 불기소 처분은 AI 시세 산정 서비스가 현행 「감정평가법」상 감정평가업에 해당하지 않음을 확인한 것이며, 이는 기술 기반 서비스의 일정한 자율성을 인정한 판례적 의의를 가진다. 그러나 동시에, 이는 AI 시세 산정이 감정평가를 대체할 수 있다는 의미는 아니며, 감정평가 업무의 공적 책임성과 전문성은 여전히 별도로 유지되어야 할 필요가 있음을 시사한다.

향후 프롭테크 산업의 발전 과정에서는 기술적 가능성과 법적 허용성 간의 균형 있는 규범 설계가 중요하며, 특히 전문가 직역과 기술 서비스의 역할 구분, 공동 활용 방식 등에 대한 사회적 합의가 필요할 것으로 보인다.

3 스마트 시티와 디지털 트윈(Digital Twin)

최근 도시개발과 건축설계 분야에서는 스마트 기술의 접목을 통해 도시의 효율성과 지속가능성을 제고하려는 움직임이 활발하게 전개되고 있다. 그 중심에는 "스마트 시티(Smart City)"와 "디지털 트윈(Digital Twin)" 개념이 자리하고 있다.

스마트 시티란 정보통신기술(ICT)을 활용하여 도시의 다양한 물리적 기반시설(교통, 에너지, 환경, 안전 등)을 효율적으로 운영하고, 시민의 삶의 질을 향상시키는 지능형 도시를 의미한다. 이러한 도시를 실현하기 위한 핵심 도구로 디지털 트윈 기술이 부각되고 있다. 디지털 트윈은 물리적 공간(Real World)과 동일한 구조 · 기능 · 속성을 갖는 가상의 모델(Virtual Model)을 컴퓨터상에 구축한 후, 이를 통해 시뮬레이션을 수행하고 정책적 결정을 지원하는 기술을 말한다.

예를 들어, 디지털 트윈 기반 도시관리 시스템에서는 교통흐름, 대기질, 에너지 사용량 등의 실시간 데이터를 수집하여, 도시 전역의 변화 상황을 가상의 도시환경에서 시뮬레이션할 수 있다. 이를 통해 특정 도로에 차량흐름이 몰릴 경우 우회로 개방 시나리오를 시험하거나, 특정 지역의 전력 소비 급증에 따른 에너지 분배 정책을 사전에 검토할 수 있다.

또한 건축 분야에서는 건물의 구조적 안정성, 냉난방 효율, 조명 계획 등을 디지털 트윈 모델에서 사전에 구현하고 분석함으로써 시공 전 설계의 타당성과 비용 대비 효과를 극대화할 수 있다. 이 기술은 특히 대규모 신도시, 산업단지, 혁신지구 개발 등과 연계되어 적용되며, 국토교통부의 '디지털 트윈 국토사업'이나 싱가포르의 '버추얼 싱가포르(Virtual Singapore)' 등이 구체적인 사례라고 할 수 있다.

스마트 시티와 디지털 트윈의 도입은 단순한 기술 구현을 넘어, 도시 관리의 패러다임을 '반응적 관리'에서 '예측적 관리'로 전환시킨다는 점에서 의미가 크다. 향후 도시계획, 재난관리, 공공시설 운영 등 다양한 분야에서 그 활용 범위는 더욱 확대될 것으로 예상된다. 다만, 실시간 정보의 정확성 확보, 데이터 거버넌스 체계 구축, 프라이버시 보호 등의 제도적 과제 역시 병행하여 논의되어야 할 것이다.

제2절

ESG(Environment, Social, Governance)와 부동산

1 ESG 개념의 확산과 부동산 적용

최근 부동산 산업에서는 단순한 수익성 중심의 개발에서 벗어나 환경(Environment), 사회(Social), 지배구조(Governance)를 포괄하는 ESG 개념이 중요한 가치 기준으로 자리 잡고 있다. ESG는 원래 기업의 지속가능경영 평가 기준으로 도입되었으나, 최근에는 투자자와 정책당국, 소비자 등 다양한 이해관계자들의 요구에 따라 부동산 개발과 운영에도 적극적으로 적용되고 있다.

1) E: 환경(Environment) 측면

부동산 부문에서 '환경' 요소는 에너지 효율성, 탄소배출 저감, 자원 순환 가능성 등을 중심으로 평가된다. 탄소중립 달성을 위한 글로벌 흐름에 발맞추어 건축물의 설계와 시공 단계부터 제로에너지빌딩(ZEB), 신재생에너지 시스템(태양광, 지열 등) 적용이 확대되고 있으며, 냉난방 부하 저감을 위한 고단열 설계, 고효율 기기 사용 등의 기술적 조치도 병행되고 있다.

환경 성과를 객관적으로 측정하고 인증하기 위한 제도로는 "녹색건축물 인증(G-SEED)"과 미국의 "LEED 인증(Leadership in Energy and Environmental Design)"이 대표적이다. 이러한 인증은 건물의 에너지효율 등급, 온실가스 배출량, 자원 절약 정도 등을 종합적으로 평가하며, 공공건물이나 대규모 민간건물의 경우 인증 획득이 입지 경쟁력 확보에 중요한 요인이 되고 있다.

2) S: 사회(Social) 측면

ESG의 '사회' 요소는 부동산의 사회적 포용성과 주거복지 기여도를 평가하는 항목이다. 대표적으로는 고령자, 장애인 등 교통약자의 접근성 향상, 지역사회와의 공존을 위한 커뮤니티 공간 확보, 공공 임대주택의 질적 개선 등이 이에 해당한다.

특히 고령화가 빠르게 진행되고 있는 한국사회에서는 고령자 전용 주택, 무장애(barrier-free) 설계, 커뮤니티케어 연계 주거[2] 등이 주목받고 있으며, 「장애인 · 고령자 등의 편의증진 보장에 관한 법률」은 이러한 설계 기준을 제도적으로 명시하고 있다. 또한 젊은 층과 1인가구를 대상으로 하는 셰어하우스, 사회적 주택, 협동조합형 임대주택 등이 새로운 유형의 사회적 부동산으로 부상하고 있다.

주요 적용 사례에는 고령자 복합주거단지, 도시재생형 공공임대주택 등이 있으며, 이들은 단순한 주거 제공을 넘어 삶의 질 향상과 사회적 약자 보호라는 공익적 가치를 함께 실현하고자 하는 목적을 가진다.

3) G: 지배구조(Governance) 측면

'지배구조' 요소는 부동산 개발과 투자 과정에서의 투명한 의사결정 체계와 이해관계자 보호를 강조한다. 개발 프로젝트 또는 부동산 투자기구(REITs 등)에서 의사결정의 공정성, 정보공개 수준, 지속가능성 보고 체계 등이 주요 평가 기준으로 작용하며, 이는 투자자의 신뢰를 좌우하는 핵심 요인으로 인식되고 있다.

한국에서는 「자본시장과 금융투자업에 관한 법률」을 통해 부동산투자회사(REITs)의 정보 공시의무와 지배구조의 투명성이 법제화되어 있으며, 이해 상충 방지를 위한 내부규정 마련, 책임 있는 투자원칙(PRI) 준수 등의 조치가 점차 확대되고 있다.

특히 국민연금, 교직원공제회 등 대형 기관투자자들은 최근 ESG 점수가 우수한 부동산 프로젝트를 우선적으로 투자 대상으로 선정하는 추세를 보이고 있으며, 이는 개발자와 시행사의 경영 구조에도 변화를 유도하고 있다.

2) 커뮤니티케어 연계 주거란, 돌봄이 필요한 주민(고령자, 장애인 등)이 병원이나 시설이 아닌 자신이 살던 지역사회 내에서 계속 살아갈 수 있도록 주거, 보건의료, 요양, 돌봄 등 다양한 서비스를 통합적으로 제공하는 지역사회 중심의 복지정책을 의미한다. 이는 고령화 사회에 대응하고 시설 중심의 돌봄에서 벗어나 지역 기반의 자립적 생활을 지원하기 위한 것으로, 정부는 2018년부터 보건복지부 주관의 커뮤니티케어 선도사업을 통해 지자체 단위에서 본격적으로 추진하고 있다.

2 ESG 적용 부동산 프로젝트 사례와 시사점

최근 ESG(Environmental, Social, Governance) 기준이 부동산 투자 의사결정에서 핵심적인 지표로 작용함에 따라, ESG 점수가 낮은 자산에 대한 시장의 평가도 실질적인 리스크로 인식되고 있다. 특히 국제기관들은 ESG 등급이 낮은 부동산 자산의 경우 공실률 증가, 자산가치 하락, 금융기관의 자금조달 거절 등의 재무적 불이익이 실현되고 있음을 경고하고 있다.

국제 회계 · 컨설팅 기업 EY(Earnst & Young)의 2022년 보고서[3)]에 따르면, 미국 대도시권 내에서 LEED(친환경 건축 인증)를 받지 않은 오피스 빌딩은 인증을 받은 건물에 비해 임대료는 평균 10%, 자산가치는 최대 21%까지 낮게 평가되었다. 예를 들어, 뉴욕 맨해튼과 샌프란시스코의 A급 오피스 빌딩 중 LEED 인증이 없는 자산은 글로벌 ESG 투자펀드의 투자대상에서 배제되었으며, 해당 자산군은 코로나19(COVID-19) 팬데믹 이후 급격한 공실 증가와 함께 자산가치 하락이 동반되었다. 이는 친환경 설비 미도입으로 인한 에너지 효율성 저하, 고정비 증가, ESG 정보의 불투명성 등이 투자자 신뢰를 약화시켰기 때문이라고 설명하고 있다.

GRESB(Global Real Estate Sustainability Benchmark)는 전 세계 주요 기관투자자들이 부동산 및 인프라 자산의 ESG 성과를 평가할 때 널리 활용하는 신뢰도 높은 국제 시스템이다. 2021년 보고서("Annual Real Estate Results", GRESB, 2021)에서는 전체 참가자 대상 ESG 점수 하위 25%에 해당하는 자산들이 글로벌 연기금 및 ESG 펀드 투자 대상에서 제외되고 있으며, 이러한 자산들은 대출 조건 면에서도 불리한 대우를 받고 있다는 사실이 관련 사례 분석에서 언급되고 있다.

Harvard Business School의 Malmendier & Serafeim ESG 성과가 우수한 기업과 부동산 프로젝트가 장기적으로 자산 수익률이 높고, 위기 상황(예: 금융 위기, 시장 급락)에서의 회복 탄력성도 뛰어나다는 연구 결과를 발표하였다.[4)] 이는 ESG 요소가 단순한 평판 관리 도구를 넘어서, 실질적인 재무 성과와 위험 관리를 개선하는 구조적 요소임을 시사한다.

---

3) EY(Earnst & Young LLP), *Looking at ESG's Positive Impact on Property Values*, (2022) https://www.ey.com/en_us/insights/real-estate

4) Serafeim, G. (2020). *How to Build Enduring ESG Impact*. Harvard Business Review.

이상의 사례들은 ESG가 단순한 윤리적 선언을 넘어서 시장에서 투자 리스크로 실질적으로 작용하고 있다는 점을 보여준다. ESG 등급이 낮은 부동산 프로젝트는 투자자 이탈, 자산가치 하락, 금융기관의 평가절하로 이어지며, 결국 사업성 자체가 흔들릴 수 있다. 이에 따라 개발 초기 단계에서부터 ESG 요소를 통합한 계획 수립과 성과 관리가 필수적이며, 부동산 컨설팅 및 금융 분석에서도 ESG 지표는 핵심 고려 요소로 부상하고 있다.

3 한국의 부동산 관련 ESG 정책

최근 우리나라에서도 ESG(Environmental, Social, Governance) 요소를 부동산 분야에 체계적으로 반영하기 위한 정책과 제도적 기반이 점차 확대되고 있다. 이러한 움직임은 단순한 친환경 인증의 확대를 넘어, 부동산 개발·운영·투자 전반에 걸쳐 ESG를 실질적 평가기준으로 적용하고자 하는 방향으로 나아가고 있다.

먼저 법제 기반 측면에서, 「녹색건축물 조성 지원법」과 「에너지이용합리화법」을 중심으로 에너지 효율 등급제도와 G-SEED(녹색건축물 인증제도)의 적용 범위가 확대되고 있다. 이를 통해 일정 규모 이상의 건축물은 설계·시공 단계에서부터 에너지 절약과 탄소 저감을 고려한 친환경 요소를 반영해야 하며, 공공부문 건축물에는 G-SEED 인증이 사실상 의무화되고 있다.

또한 금융투자 분야에서는 기업의 지속가능성을 평가할 수 있는 ESG 정보의 공시를 의무화하기 위한 제도 개편이 추진되고 있다. 특히, 「자본시장과 금융투자업에 관한 법률」의 개정을 통해 ESG 공시와 관련한 단계적 로드맵이 수립되고 있으며, 이는 기존의 재무정보 중심 공시 체계를 보완하는 방향으로 진행되고 있다.

현행 자본시장법은 상장기업이 사업보고서 및 반기보고서를 통해 재무적 성과와 기업현황을 정기적으로 공시하도록 규정하고 있다. 그러나 ESG 공시는 이에 더해 환경(Environment), 사회(Social), 지배구조(Governance) 등 비재무적 요소를 포함한 기업의 지속가능성과 관련된 정보를 투자자 및 이해관계자에게 투명하게 공개하도록 요구하는 제도이다.

이러한 공시 강화의 배경에는 기후변화, 탄소배출, 공급망 인권 등 지속가능성 이슈가 기업가치와 금융 시스템 안정성에 중대한 영향을 미치고 있다는 인식의 확산이 자리하고 있다. 이에 따라 유럽연합(EU)의 CSRD(Corporate Sustainability Reporting Directive), 미국 증권거래위원회(SEC)의 기후정보공시안, 일본 금융청의 지속가능성 공시 가이드라인 등 주요국들은 ESG 정보공시 기준을 마련하고 관련 법·제도를 정비하고 있다.

한국에서도 이러한 국제적 흐름에 대응하여 일정 규모 이상의 코스피 상장사를 대상으로 ESG 공시를 의무화하는 계획이 수립되어 있으며, 단계적으로 적용 대상을 확대해 나갈 예정이다.

이러한 변화는 부동산투자회사(리츠, REITs)와 같은 상장 부동산 금융상품에도 직접적인 영향을 미치게 된다. 리츠는 자산의 구성, 임차인의 환경·사회적 위험, 운용사의 ESG 전략 등이 투자자 평가 요소로 포함됨에 따라, ESG 관련 공시의무 준수 여부가 자본시장 내에서의 신뢰 확보와 투자유치에 중요한 요소로 작용하게 될 것으로 전망된다.

제3절

부동산 조각투자: 자산소유의 민주화

1 조각투자 개념 및 구조

부동산은 본질적으로 고가의 자산이며, 통상적으로는 대규모 자본을 보유한 법인이나 고액 개인 투자자에 의해서만 매입 또는 투자되는 경우가 많았다. 이러한 구조는 일반 개인 투자자가 부동산 자산에 접근하기 어려운 장벽으로 작용해 왔다. 그러나 최근 금융기술(FinTech)의 발전과 자본시장 규제의 완화에 따라, 소액으로도 부동산 자산에 투자할 수 있는 구조가 등장하였으며, 이를 '부동산 조각투자'라고 부른다. 조각투자를 논할 때 항상 수반되는 단어가 바로 '토큰 증권'이다. STO(토큰 증권 발행, Security Token Offering)는 조각투자의 발행 형태의 하나로 디지털화(Digitalization)된 「자본시장법」상의 증권을 발행하는 것을 말한다.

조각투자는 특정 부동산 자산을 여러 단위로 분할한 후, "디지털 형태의 증권(Digital Asset Backed Securities)"으로 발행하여, 개별 투자자들이 이를 거래소에서 사고팔 수 있도록 한 신종 투자 방식이다. 이러한 방식은 자산 유동화 기법과 블록체인 기술이 결합된 형태로, 투자의 문턱은 낮추고 자산의 유동성은 높이는 이중 효과를 기대할 수 있다.

최근 블록체인 기술을 기반으로 한 부동산 디지털 유동화증권(DABS: Digital Asset Backed Securities) 플랫폼 서비스가 출시되면서 국내에서도 새로운 부동산 간접투자 상품으로 부동산 증권형 토큰(STO: Security Token Offering)[5)]에 대한 관심이 증가하고 있다. 전통적인 부동산 간접투자 수단인 REITs(부동산투자회사)[6)]나 부동산 펀드와 구조적으로 유사하지만, DABS는 블록체인 기반의 디지털 증권화 기술을 활용하여 소액 단위로 분할 발행되고, 온라인 플랫폼 또는 디지털 증권거래소에서 투자자 간 자유로운 매매가 가능하다는 점에서 차별화된다.

조각투자 구조의 일반적인 흐름은 다음과 같다. 먼저 자산운용사나 핀테크 기반의 플랫폼 사업자가 상업용 건물(예: 오피스, 리테일 등)을 기초자산으로 확보한 뒤, 해당 자산에서 발생하는 수익(임대료, 매각차익 등)을 근거로 "증권형 수익권(DABS: Digital Asset Backed Securities)"을 발행한다. 이후 이를 투자자에게 소액 단위(예: 1좌당 5,000원 또는 10,000원)로 분할 판매하고, 발행된 증권은 일정한 조건하에 디지털 거래소에서 자유롭게 매매할 수 있게 된다.

2 블록체인과 부동산 조각투자

1) 블록체인 기반과 필요성

블록체인(Blockchain)은 말 그대로 '블록(block)'들이 '체인(chain)'처럼 순차적으로 연결된 구조의 분산형 데이터 저장 기술을 의미한다. 여기서 각 '블록'은 일정한 시간 동안 발생한 정보를 담고 있으며, 이 블록들이 시간 순서대로 연결되어 데이터의 위·변조를 방지한다. 블록체인의 가장 큰 특징은 특정한 중앙 서버가 데이터를 저장하고 관리하는 방식이 아니라, 여러 참여자가 동시에 동일한 정보를 나누어 보관하고 서로 검증하는 방식(분산원장기술, DLT: Distributed Ledger Technology)이라는 점이다.

전통적인 부동산 거래는 등기, 계약서, 중개인, 은행 등 여러 기관이 개입하며, 시간과 비용이 많이 소요된다. 특히 조각투자처럼 많은 개인이 소액으로 참여하는 경우, 누가 언제 어떤 지분을 샀는지 추적이 어렵고, 배당 처리에 시간이 오래 걸리

5) DABS(수익증권)는 자본시장법상 '증권'(투자계약증권 등)이고 STO(증권형 토큰)는 증권이면서, 기술적으로 '토큰' 형태라는 점이 다르다. 또한 DABS(수익증권)는 디지털화되었으나 특정 플랫폼 내 발행하고 주로 사모 또는 플랫폼 중심의 한정된 유통을 하는 반면 STO(증권형 토큰)는 블록체인 기반의 탈중앙화 토큰이며, 스마트 계약 기반 공개모집(공모 또는 사모)이 가능하다는 차이점이 있다.

6) 리츠(REITs)의 경우 소액투자가 가능하나 건물이 아닌 리츠 법인에 투자한다는 점에서 부동산 DABS와 투자 대상에 차이가 있고, 기관투자자 중심의 사모 리츠 시장이 발달되어 소액투자가 가능한 공모 비중이 작으며 대형 건물 중심이라고 할 수 있다.

고, 중복 투자나 이중 매도 등 신뢰성 관련한 문제가 발생할 가능성이 있으며, 수익 분배나 매각 시 절차가 불투명한 부분 등의 문제점이 생길 수 있다. 그러나 블록체인은 이러한 문제를 기술적으로 해결할 수 있는 수단으로 주목받고 있다.

2) 부동산 조각투자에서 블록체인의 활용

부동산 조각투자에서 블록체인은 다음과 같은 방식으로 활용된다. 첫 번째로 실물 부동산을 디지털로 증권화(Digital Asset Backed Securities, 또는 Security Token)하여, 그 소유권이나 수익권을 토큰 형태로 분할 발행하는 데 사용된다. 두 번째로 투자자 정보와 거래 기록의 관리에서도 블록체인은 중요한 역할을 한다. 투자자가 토큰을 매수하거나 매도할 때, 모든 거래 내역은 블록체인에 자동으로 기록된다. 이러한 거래 기록은 참여자 모두에게 공개되어 있어 위·변조가 불가능하며, 이중 매매나 허위 거래를 방지할 수 있다. 블록체인은 분산원장기술(DLT)을 기반으로 하여, 중앙 서버에 의존하지 않고도 신뢰성 높은 거래 시스템을 구현할 수 있도록 한다. 세 번째로 스마트 계약(Smart Contract) 기능을 통해 거래 자동화가 가능하다. 스마트 계약이란 일정한 조건이 충족되면 자동으로 실행되는 전자계약으로, 블록체인 네트워크 위에서 구동된다. 예를 들어, “해당 부동산에서 발생한 월 임대료 수익의 3%를 각 투자자에게 자동으로 배당하라”는 조건을 스마트 계약에 미리 입력해 두면, 배당금 분배가 별도의 중개인이나 수동 절차 없이 자동으로 수행된다. 이로 인해 거래비용이 절감되고, 투자자 입장에서는 보다 투명하고 신속한 수익 분배가 가능해진다.

3) 부동산 조각투자 향후 전망

한국에서는 부동산 디지털 유동화증권(DABS: Digital Asset Backed Securities)을 중심으로 한 조각투자가 혁신 금융 서비스의 형태로 먼저 시도되었으며, 부동산 증권형 토큰(STO: Security Token Offering)은 2023년 금융위원회의 「토큰 증권 가이드라인」을 통해 제도화 방향이 제시되었다. 특히, STO는 향후 블록체인 기술을 활용한 자산 유동화, 글로벌 자본시장 연계, 투자자 보호 체계를 갖춘 제도권 금융 상품으로 자리 잡을 가능성이 높다. 또한 향후 전통 부동산 투자 방식과 금융산업의 경계를 허물고, 보다 개방적이고 투명한 자산운용 모델을 제시할 것으로 기대된다.

제4절

포스트 코로나19(Post COVID-19) 시대 부동산 산업의 변화

2020년 초 세계적으로 확산된 코로나19(COVID-19) 팬데믹은 전염병의 유행이라는 보건 위기를 넘어, 인간의 공간 이용 방식과 도시 구조, 사회경제적 활동 전반에 걸쳐 심대한 영향을 끼쳤다. 특히 부동산은 인간의 주거와 활동을 물리적으로 담는 공간인 동시에 자산으로서 기능하기 때문에, 팬데믹 이후의 변화는 부동산 산업의 구조와 수요 전반에 걸쳐 근본적인 전환을 촉발하였다.

1 주거공간의 복합화와 공간 수요의 변화

코로나19(COVID-19) 팬데믹 이후 사회 전반에 걸쳐 재택근무와 원격수업이 일상화되면서, 주거 공간에 대한 수요 구조에도 변화가 나타났다. 기존에는 주거 공간이 단순히 휴식과 거주의 기능에 집중되었다면, 이제는 업무 · 교육 · 여가가 복합적으로 이루어지는 다기능적 공간으로의 전환이 이루어지고 있다.

이러한 변화는 주택의 내부 평면 설계뿐 아니라 주거지 입지 선택에도 영향을 미쳐, 도심 소형주택의 선호는 다소 약화되고 교외 지역의 중대형 평면 주택 수요가 증가하는 양상이 관찰되었다. 미국의 경우 피닉스나 덴버 등 저밀도 도시의 주택 가격 상승률이 뉴욕, 샌프란시스코 등 고밀도 도시에 비해 더 크게 나타났다.[7)]

7) *Pandemic-Induced Revaluation of Urban Real Estate* (NBER Working Paper, 2021)에서는 코로나19

2 비대면 기반시설 수요의 확대

코로나19(COVID-19) 팬데믹 이후 전자상거래와 비대면 소비가 급속히 확산되면서, 물류 및 정보통신 인프라에 대한 수요가 동시에 증가하였다. 이 가운데 도심형 물류시설, 라스트마일 배송 인프라, 마이크로 풀필먼트 센터(MFC: Micro Fulfillment Center)는 새로운 부동산 자산군으로서 주목받고 있다.

도심형 물류시설은 인구 밀집 지역 내에 위치한 소규모 물류 거점으로, 주문된 상품을 실시간으로 출고하여 짧은 시간 안에 배송할 수 있도록 지원하는 역할을 한다. 이와 연계된 라스트마일 배송 인프라는 대규모 물류센터에서 최종 소비자(주거지, 사무실 등)까지 상품을 전달하는 마지막 단계의 물류 경로를 구성하는 공간적 · 기술적 장치들을 의미한다. 이 마지막 구간은 전체 물류비의 약 40~50%를 차지할 정도로 비용 부담이 크고, 동시에 소비자의 만족도와 직결되기 때문에 기업의 경쟁력을 좌우하는 핵심 요소로 평가된다.

특히 마이크로 풀필먼트 센터(MFC)는 대형 물류센터에 비해 소형화된 자동화 창고로, 주거지 인근 상업시설이나 유휴공간에 설치되어 실시간 재고관리와 주문처리를 가능하게 한다. 이러한 MFC는 주문 즉시배송이나 새벽배송 등 빠른 소비자 응답이 요구되는 환경에서 그 중요성이 크게 부각되고 있으며, 아파트 단지 지하, 도심 상업지 내 공실 공간 등을 활용한 입지 전략이 활발히 전개되고 있다.

한편, 디지털 업무 환경의 확산, 클라우드 컴퓨팅 기반의 서비스 수요 증가에 따라 데이터센터는 고부가가치 부동산으로 부상하고 있다. 안정적인 전력공급, 고속 통신망 인프라, 보안성이 요구되는 데이터센터는 기술기업 및 금융기관 등의 주요 수요처를 중심으로 지속적인 수요가 창출되고 있으며, 일부 국가에서는 데이터센터 전용 단지 조성을 위한 공공정책도 함께 추진되고 있다.

이처럼 물류와 디지털 기반 인프라는 비대면 경제의 중심 자산으로 자리매김하고 있으며, 부동산 시장에서 새로운 투자 및 개발 전략의 핵심축으로 작용하고 있다.

(COVID-19) 팬데믹 전후 뉴욕과 샌프란시스코의 ZIP 코드 단위 데이터를 활용한 분석 결과, 교외 지역의 집값 상승률이 도심 지역을 상회함을 실증적으로 보여주고 있다.

3 공유경제 기반 부동산 서비스의 위기와 회복 가능성

공유경제 기반 부동산 서비스는 한때 공간의 효율적 활용을 통해 자산의 접근성을 높이는 혁신 모델로 주목받았다. 공유오피스, 셰어하우스, 차량공유 등은 초기에는 고정비 절감, 유연한 공간 이용, 스타트업 친화적 구조 등의 장점으로 각광받았으나, 코로나19(COVID-19) 팬데믹은 이러한 공유경제 모델에 심대한 위기를 초래하였다.

특히 다수가 밀집해 공간을 이용하는 공유오피스는 공공 위생과 감염 우려로 수요가 급감하였고, 그 여파로 글로벌 대표 기업인 위워크(WeWork)는 2023년 파산보호를 신청하였다.[8] 국내에서도 패스트파이브, 스파크플러스 등 주요 공유오피스 업체들이 임대차 구조조정, 점포 축소, 운영 방식 전환 등의 조치를 취하며 생존을 위한 전환을 시도하고 있다. 이러한 사례는 공유경제 모델이 외부 충격에 얼마나 취약한지를 보여주고 있다.

그럼에도 불구하고 팬데믹 이후 비대면·하이브리드 근무 환경이 지속됨에 따라 공유오피스는 다시금 유연한 공간 운영의 대안으로 주목받고 있다. 미국 기반 공유오피스 기업 익스펜시브(Expansive)는 2024년 발표한 보고서를 통해 "유연한 오피스 수요는 고정형 사무실보다 빠르게 회복 중이며, 중소기업과 원격근무 기반 조직에게 특히 적합한 공간 솔루션으로 재조명되고 있다"고 분석하였다.[9]

한국 역시 수도권을 중심으로 하이브리드 근무 환경 확대와 창업 지원 정책에 힘입어 공유오피스 입주율이 점차 회복세를 보이고 있다. 특히 1인 창조기업, 프리랜서, 플랫폼 노동자의 증가와 맞물려, 유연하고 접근성 높은 업무공간에 대한 수요가 유지되고 있다는 점에서, 공유경제 기반 부동산 모델은 위기를 극복하고 진화할 가능성을 지닌다.[10]

이러한 변화는 공유경제 모델이 단순한 일시적 유행을 넘어, 기술 발전과 노동 환경 변화에 따라 재조정 가능한 플랫폼으로서의 가능성을 여전히 보유하고 있음을 시사한다.

---

8) The New York Times. (2023). *WeWork files for bankruptcy*. Retrieved from https://www.nytimes.com/2023/11/06/business/wework-bankruptcy.html

9) Expansive. (2024). *What's driving the resurgence in flex workspace?* Retrieved from https://www.expansive.com/whats-driving-the-resurgence-in-flex-workspace/

10) CBRE Korea. (2024). 2024 Korea Flexible Office Market Report

4 공공 오픈스페이스에 대한 수요 확대

코로나19(COVID-19) 팬데믹으로 인해 실내활동이 제한되면서 시민들의 여가·휴식 공간에 대한 수요가 실외로 분산되었다. 이에 따라 도시 내 공원, 녹지, 수변 공간 등 오픈스페이스에 대한 요구가 증가하였으며, 도시계획에서도 이러한 수요에 대한 대응이 중요한 정책 과제로 부각되고 있다.

실제로 도시공원의 보존과 확충을 위한 '도시공원 일몰제' 대체사업이 추진되고 있으며,[11] 생활권 내 녹지 접근성을 확보하기 위한 정책도 강화되고 있다. ESG (Environment, Social, Governance) 관점에서 이러한 공공공간은 지속 가능한 도시환경을 조성하는 데 핵심 요소로 자리 잡고 있다.

5 오피스 시장의 구조 변화

재택근무와 원격회의의 확산은 전통적인 업무공간 수요를 감소시켰고, 이에 따라 오피스 빌딩의 공실률이 상승하는 현상이 나타났다. 미국의 경우 2023년 기준 샌프란시스코는 약 26%에 이르는 공실률을 기록하였고, 뉴욕·시카고 등 주요 도시들도 20% 내외의 높은 공실률을 보이고 있다.[12] 이러한 변화는 오피스 자산을 중심으로 투자하던 리츠(REITs)의 수익률 저하로 이어지고 있으며, 투자 포트폴리오가 물류센터, 데이터센터, 주거용 자산 등으로 분산되는 경향이 나타나고 있다. 부동산 투자시장에서 자산유형 간 선호도의 재편이 이루어지고 있는 것이다.

일부 글로벌 시장에서는 최근 들어 AI·테크 기업을 중심으로 한 오피스 공간의 재확보 시도가 이루어지며 회복의 가능성이 제기되고 있으나, 여전히 팬데믹 이전

11) 서울특별시. "도시공원일몰제 대응 성과 및 향후 과제" …(2020). 서울시는 132개소, 약 118㎢ 공원을 실제 보상 매입 또는 도시자연공원구역 지정으로 유지했다.

12) Trepp. (2024). San Francisco Office Vacancy Hits 32.5% in Q4 2023. Retrieved from https://www.trepp.com/

수준의 수요 회복은 쉽지 않다는 전망이 지배적이다.

반면, 한국의 오피스 시장은 비교적 안정적인 흐름을 보이고 있다. 2025년 현재, 서울 주요 비즈니스 권역(예: 강남, 종로, 여의도)의 그레이드 A 오피스(Grade A Office)[13] 공실률은 약 2~3% 수준의 낮은 수준을 유지하고 있으며, 임대료 역시 소폭 상승세를 나타내고 있다. 이는 우량 입지에 대한 수요가 여전히 견조하다는 점을 시사한다.

이상의 내용을 종합하자면 포스트 코로나19(Post COVID-19) 시대의 부동산 산업은 전반적으로 유연성, 안전성, 지속가능성이라는 새로운 가치 기준에 따라 재편되고 있다. 주거 · 업무 · 여가의 공간이 융합되고, 물류 · 데이터 등 비대면 기반의 자산이 부각되며, 공공성과 환경성에 대한 요구도 증가하고 있다. 따라서 부동산학은 기존의 자산가치 중심적 시각을 넘어, 변화된 사회구조에 대한 이해와 통합적 대응 능력을 갖추는 방향으로 전환되어야 하며, 교육 · 정책 · 실무 모두에서 이에 걸맞은 전략과 접근이 필요하다 할 수 있다.

13) 그레이드 A 오피스(Grade A Office)란 건물 연식이 최신이고, 대형 오피스 수요를 충족할 수 있는 입지 · 시설 · 관리 기준을 충족하는 최상급 오피스를 말한다.

REFERENCES

강미나, 『국민임대주택 수요추정 연구』, 국토연구원, 2007.
강정훈 · 장성의, 『부동산학원론 기본강의』, 박문각, 2018.
강충구 · 정창무, 「주택가격 결정요인의 경제적 가치 변화에 관한 정태적 · 동태적 연구」, 『국토계획』, 제36권 제6호, 2001.
경응수, 『현대감정평가원론』, 교육과학사, 2014.
고진수 · 최막중, 「노년가구의 주거 소비 특성 — 연령, 건강, 독거효과를 중심으로」, 『국토계획』, 제47권 제3호, 2012.
고재식 · 오인종 외, 『부동산투자론』, 신광문화사, 2011.
곽태원, 「부동산 양도소득세의 동결효과와 그 해소 방안」, 『서강경제논집』, 서강대학교 경제학연구원, 1993.
________, 『토지는 공유되어야 하는가?』, 한국경제연구원, 2005.
국토교통부, 『새로운 패러다임의 개발이익환수 개선방안 마련 연구』, 국토연구원, 2014.
권호근 · 성연동 외, 『부동산투자론』, 형설출판사, 2018.
김갑열 · 강정규, 『부동산학개론』, 부연사, 2021.
김경환, 「주택시장관리정책」, 『주택문제해소대책』, 현대경제사회연구원, 1991. 5.
김경환 · 김정호 편, 『도시와 시장원리: Edwin Mills의 도시정책선집』, 자유기업센터, 1998.
김경환 · 김종석 옮김, 『맨큐의 경제학』, 제9판, 교보문고, 2021.
김경환 · 말페지 · 김정호, 『재산권, 규제, 주택시장의 성과』, 자유기업원, 2009.
김경환 · 서승환, 「부동산 투기와 자산가격의 거품」, 『한국경제연구』, 제4권 제2호, 1990. 12.
________, 『도시경제』, 제4판, 홍문사, 2009.
김경환 · 손재영, 『부동산 경제학』, 건국대학교출판부, 2020.
김경환 외, 『부동산시장의 선진화를 위한 기반정비 연구』, 국토연구원, 2004.
김덕례, 「주택산업의 국가경제 영향과 위기극복을 위한 대응과제」, 2019. 11. 5.

김선영 역, N. 퍼거슨, 『금융의 지배: 세계 금융사 이야기』, 민음사, 2010.
김원규 · 김행조, 『부동산학원론』, 남두도서, 2015.
김영곤 · 이현석 · 서후석 · 지규현 · 이명식, 『한국리츠: 구조의 이해와 경영』, 한국리츠협회, 2012. 3.
김영곤 · 김진 · 노승한 · 박원석 · 정성훈 · 지규현 역, Brueggeman, W. and J. Fisher, 『부동산 금융과 투자』, 제15판, 2017.
김용민 · 이창석, 「부동산과 인간과의 관계에 관한 일고」, 『부동산학보』, 39, 2009.
김용진 · 손재영, 「중고령 자가거주가구의 주택다운사이징 요인」, 『주택연구』, 제22권 제1호, 한국주택학회, 2014.
김윤상 · 박창수 편역, H. 죠지, 『진보와 빈곤』, 살림, 2008.
김정호(金正浩), 『한국의 토지이용규제(개정증보판)』, 한국경제연구원, 1995.
_______, 『왜 우리는 비싼 땅에서 비좁게 살까』, 삼성경제연구소, 2005.
_______, 『땅은 사유재산이다』, 자유기업원 · 나남출판, 2006.
김정호 · 김경환 · 하영원, 『시장현상과 대중경제지식』, 한국경제연구원, 1994.
김준형, 「RIR은 국내 임차가구의 주거비부담을 측정할 수 있는가?」, 『국토계획』, 54(4), 2019.
김준형 · 김경환, 「고령화와 주택시장: 은퇴 전후 주택소비 변화를 중심으로」, 『부동산학연구』, 제17집 제4호, 2011.
김진유 · 이창무, 「어메니티요소가 주택가격에 미치는 영향력의 시계열적 변화」, 『국토계획』, 제40권 제1호, 2005. 2.
남영우, 『도시공간구조론』, 법문사, 2007.
대한주택공사, 『가구중심형 주택소요 예측모형 개발』, 2001.
민성훈, 『부동산투자론』, 한숲, 2020.
박경섭 · 최성만, 『Excel을 활용한 부동산 금융투자(제2판)』, 부연사, 2005.
박원석, 『부동산투자론』, 양현사, 2013.
방경식 외 1인, 『부동산학총론』, 부연사, 2016.
배영균, 『부동산학개론』, 부연사, 2021.
백수동, 「시장금리가 올라가면 주택 가격은 하락한다?」, 건국대학교 부동산도시연구원 편, 『부동산 상식의 허와 실』, 한국경제신문, 2018.
복거일, 「농업과 농민에 대한 선입관」, 자유기업원 웹사이트 오피니언 게재 칼럼, 2002. 11. 18.
삼성경제연구소, 「주택시장 불안과 금리」, SERI 경제포커스, 제116호, 2006. 11. 6.
서광채, 『감정평가학 입문』, 웅지, 2012.
서순탁 · 정희근, 『저성장시대 토지은행제도의 문제점과 개편방향』, 한국토지공법학회, 2016.
서승환, 「분양가 자율화와 주택가격」, 『주택연구』, 제2권 제2호, 1994. 10.
_______, 『한국부동산시장의 거시계량분석』, 홍문사, 1994.
_______, 『미시경제학』, 제7판, 홍문사, 2011.

서안나 · 김재익, 『주거비 과부담 임차가구의 특성과 이질성에 관한 연구』, 주택도시금융연구, 2019.
손재영, 「토지조세의 개편방향에 관한 연구: 토지보유과세 강화의 정당성에 대한 검토」, 한국개발연구원 정책자료 92-04, 1992.
_______, 「우리나라 부동산문제 해결을 위한 정책과제」, 『응용경제』, 제9권 제2호, 2007.
_______, 「부동산개발금융의 선진화 방안」, 조 만 · 차문중 편, 『글로벌 금융위기 이후 주택정책의 새로운 패러다임 모색(하)』, 제10장, 한국개발연구원, 2012. 10(B).
_______, 「주택 전세제도는 사라질 것인가?」, 건국대학교 부동산도시연구원 편, 『부동산 상식의 허와 실』, 한국경제신문, 2018.
손재영 편, 『한국의 부동산 금융』, 건국대학교출판부, 2008.
손재영 편, 『부동산 금융의 현황과 과제』, 한국개발연구원, 2012. 12(A).
손재영 · 김경환, 「도시형토지의 지역별 과부족」, 『경제학연구』, 제43집 제3호, 1995. 6.
손재영 · 윤민선, 「서울시 오피스 건물의 자본환원율 결정요인」, 『국토계획』, 제42권 제2호, 2007. 4
신동훈 · 장희순, 「가구 특성의 변화가 주택수요에 미치는 영향」, 『주거환경』, 10(1), 2012.
안정근, 『부동산평가이론』, 양현사, 2013.
안정근, 『현대부동산학』, 양현사, 2019.
양영준, 『부동산학개론』, 부연사, 2020.
오동훈 · 이재순, 「부동산학의 연구경향에 관한 분석」, 『부동산학연구』, 2005.
유선종, 『부동산학원론』, 박영사, 2020.
유재우, 『아파트 외부공간 요소가 가격에 미치는 영향—강남 · 강북지역 아파트 사례를 중심으로』, 건국대학교 부동산대학원 석사학위논문, 2007. 8.
유희준 외, 「주택 시장 분석을 통한 주택정책의 재평가와 주택문제 해소방안에 관한 연구」, 『대한건축학회 논문집』, 6, 1990.
윤영식, 『부동산개발론(이론과 실무)』, 2016.
윤주현, 「분양가격규제 및 완화의 시장파급효과」, 『국토』, 제11권 제4호, 1993. 4.
윤효묵 · 이덕형 외, 『부동산학원론』, 고시동네, 2016.
이규선, 「미국 저축대부조합 파산 사례와 LTCM 위기 분석」, 『산업은행월보』, 제623호, 한국산업은행, 2007.
이래영, 『현대 부동산투자론』, 탑북스, 2013.
이용만, 「전월세시장의 변화에 대한 이론적 분석과 정책적 시사점: 임차인 관점을 중심으로」,
이용만 · 박헌수 · 이창무, 『부동산 실거래 가격에 기초한 주택가격지수 개발』, 한국감정원, 2007. 11.
이준하 · 김호철, 「브랜드가 아파트 가격형성에 미치는 영향분석」, 『도시행정학보』, 2008-01 21, 2008.

이준희 · 송준혁, 「자산가격 결정모형을 이용한 우리나라 주택가격 분석」, 『한국개발연구』, 제29권 제1호, 2007. 6.

이중희, 「부동산 관련 증권화 상품」, 손재영 편, 『부동산 금융의 현황과 과제』, 제5장, 한국개발연구원, 2012. 12.

______, 「분양가격 규제의 경제적 효과」, 한국주택은행 조사자료 144, 1992.

이진원 역, E. 글레이저, 『도시의 승리』, 해냄, 2011.

이창무 · 박지영, 「가구특성을 고려한 장기주택수요 예측모형 — 보완된 Mankiw-Weil 모형을 적용하여」, 『국토계획』, 제44권 제5호, 2009.

이창무 · 이재우, 『한국 부동산 임대시장의 새로운 해석』, 부동산 114, 2008.

이창무 · 정의철 · 이현석, 「보증부월세시장의 구조적 해석」, 『국토계획』, 제37권 제6호, 2002. 11.

이창무 · 조 만 · 김현아, 「소득대비 주택가격 비율(PIR)의 산정방식 및 그 수준에 대한 국제비교」, 『주택연구』, 2012. 11.

이창석, 『부동산학개론』, 형설출판사, 2014.

이태교 외, 『부동산정책론』, 법문사, 2018.

이현석 · 강승일, 「부동산펀드: 부동산투자회사와 부동산집합투자기구」, 손재영 편, 『부동산 금융의 현황과 과제』, 제7장, 한국개발연구원, 2012. 12.

이현석 · 신종칠 · 박성균, 「시장변화에 따른 부동산PF 개선방안 연구」, 『도시행정학보』, 제24집 제1호, 2011. 3.

이홍일 · 박철한, 「국내 건설투자의 중장기 변화 추이 연구 — OECD 국가들의 경제성장 단계별 건설투자 추이 분석을 중심으로」, 『건설이슈포커스』, 건설산업연구원, 2009. 10.

이희연, 『경제지리학(2판)』, 법문사, 1996.

전용식 · 윤성훈 · 채원영, 『국내경제의 일본식 장기부진 가능성 검토』, 보험연구원, 2014. 5.

정규일, 「자산가격과 유동성 간의 관계분석」, 『금융경제연구』, 제255호, 한국은행, 2006.

정수연 · 김태훈, 『서울지역의 아파트 층별효용비율 산정에 관한 연구』, 한국부동산연구원, 2007. 2.

정의철, 「주거여건의 추이와 장기주거수요 전망」, 차문중 편, 『주택시장 분석과 정책과제 연구』, 제2장, 한국개발연구원, 2004.

______, 「고연령 가구의 주택점유형태 변화 결정요인 분석: 55세 이상 자가점유 가구를 중심으로」, 『국토연구』, 제77권, 2013.

______, 「인구구조 변화에 따른 장기주택수요 전망」, 국민경제자문회의 중장기전략 작업반, 『제3기 중장기 전략 인구반 최종보고서』, 2017. 3.

정의철 · 이경애, 「고연령 소유가구의 주거이동 및 주택점유형태 결정요인 분석」, 『주택연구』, 제21권 제3호, 2013.

정의철, 조성진, 「인구구조 변화에 따른 장기주택수요 전망에 관한 연구」, 『국토계획』, 40, 2005.

정진희, 『토지 과세평가의 수직적 형평성과 불평등도에 관한 연구』, 건국대학교 대학원 박사학위 논문, 2010.

정홍재, 「주택소요추정방법의 적정성 검증에 관한 연구: 수도권을 중심으로」, 서울시립대학교 대학원, 2006.

정희남 · 한만희, 『부동산 산업론』, 국토연구원, 2014.

조덕호, 「Filtering Theory and Housing Policy Alternatives」, 『국토계획』, 제30권 제4호, 1995.

조 만 외, 『인구사회구조 변화에 대비한 주택정책 검토』, 한국개발연구원, 2012.

조 만 · 차문중 편, 『글로벌 금융위기 이후 주택정책의 새로운 패러다임 모색』, 제14장, 한국개발연구원, 2012.

_______, 「한국의 부동산시장은 합리적인가? : 주택시장을 중심으로 한 합리성 검증」, 『감정평가연구』, 제10집, 2000.

조주현, 『부동산학원론』, 건국대학교출판부, 2010.

_______, 「주택밀도가 주택가격에 미치는 영향에 관한 연구」, 『사회과학논총』, 건국대학교 사회과학연구소, 1998.

_______, 『부동산학원론』, 건국대학교출판부, 2010.

주택산업연구원, 『주택건설투자의 경제적 파급효과 분석』, 2004. 11.

진미윤 · 김경선, 「주택수요 평가지표의 개발과 적용 연구」, 『국토연구』, 2010.

진미윤 · 허재완, 「수도권 주택시장의 수급불균형 특성 분석」, 『국토계획』, 44, 2009.

진영남 · 손재영, 「교육환경이 주택가격에 미치는 효과에 관한 실증분석: 서울시 아파트시장을 중심으로」, 『주택연구』, 제13권 제3호, 2005.

차문중 외, 『주택시장 분석과 정책과제 연구』, 한국개발연구원, 2004.

채미옥, 「서울시 지가의 공간적 분포특성과 지가결정요인에 관한 연구」, 『국토계획』, 제33권 제1호, 1998. 2.

최 광 · 이성규, 「우리나라 경제학원론 대학 교과서에서의 자본주의 시장경제와 정부의 역할에 대한 서술 현황과 대안모색」, 『경제학연구』, 제58집 제3호, 2010.

최막중, 「서울대도시지역 지가구조 변화의 통시적 분석」, 손재영 편, 『토지시장의 분석과 정책과제』, 한국개발연구원 연구논문집 93-02, 1993. 12.

_______, 「도농 지가관계를 이용한 도시토지시장의 범위와 규모 및 수급불균형에 관한 실증분석: 서울대도시지역을 중심으로」, 『국토계획』, 제29권 제3호, 1994. 8.

최명근, 「부동산 보유과세부담수준에서 본 위헌 가능성」, 『(월간)조세』, 212호, 2006. 1.

_______, 『부동산학원론 기본강의』, 하우패스, 2020.

최승문 · 신상화, 『부동산 보유세의 세부담 및 경제적 효과 분석』, 한국조세재정연구원, 2018. 12.

최요철, 「가계소비의 자산효과 분석과 시사점」, 『조사통계월보』, 한국은행, 2007. 10.

하성규, 『서민주거안정과 주택소요』, 한국사회정책, 1994.

한만희 · 조 만, 『부동산투자금융론』, 보성각, 2008.

한영기 · 장광수 · 박양수 · 박승환 · 김준태 · 김용선, 「가계부채 상황에 대한 분석 및 평가」, 『부채경제학과 한국의 가계 및 정부부채』, 한국은행, 2011. 7.

허재완, 「분양가 자율화가 주택시장에 미칠 효과에 관한 실증분석」, 『국토계획』, 제28권 제3호, 1993. 8.

홍선관 외 역, M. 마일즈 외, 『부동산 개발의 원칙』, 이다미디어, 2006.

홍완표, 『부동산학개론』, 부연사, 2014.

Aastveit, Knut Are, Bruno Albuquerque, and Andre Anundsen, "Changing Supply Elasticity and Regional Housing Booms", CAMP Working Paper Series No. 4/2019, Norwegian Business School, 2019.

Abraham, Jesse M. and Patric H. Hendershott, "Bubbles in Metropolitan Housing Markets", *Journal of Housing Research*, 7(2), 1996.

Adrian, Tobias and Hyun Song Shin, "Money, Liquidity, and Monetary Policy", *AEA Papers and Proceedings*, 99, 2009.

Akerlof, George A. and Robert J. Shiller, "Why do Real Estate Go Through Cycles?", Chapter 12, *Animal Spirits: How Human Psychology Drives the Economy, and Why It Matters for Global Capitalism*, Princeton University Press, 2009.

André, Cristophe, "A Bird's Eye View of OECD Housing Markets", *OECD Economics Department Working Papers*, No. 746, OECD Publishing, 2010. 2.

_______, "Improving the Functioning of the Housing Market in the United Kingdom", *OECD Economics Department Working Papers*, No. 867, OECD Publishing, 2011.

Andrews, Dan, Aida Caldera Sánchez, and Åsa Johansson, "Housing Markets and Structural Policies in OECD Countries", *OECD Economics Department Working Papers*, No. 836, OECD Publishing, 2011.

Apgar, William C. and H. James Brown, *Microeconomics and Public Policy*, Scott, Foresman and Company, 1987.

Banzhal, H Spencer and Nathan Lavery, "Can the Land Tax Help Curb Urban Sprawl?: Evidence from Growth Patterns in Pennsylvania", *Journal of Urban Economics*, 67(2), 2010.

Barker, Kate, *Review of Housing Supply: Securing our Future Housing Needs*, Interim Report-Analysis, 2003. 12.

Blanchard, Oliver J. and Mark W. Watson, "Bubbles, Rational Expectations and Financial Markets", *NBER Working Paper*, No. 945, 1982.

Brunnermeir, Markus K. and Isabel Shanebel, "Bubbles and Central Banks: Historical Perspectives, 2015.

Case, Bradford, Henry O. Pollakowski, and Susan M. Wachter, "On Choosing Among House Price Index Methodologies", *Real Estate Economics*, 19(3), 1991.

Case, Karl E. and John M. Quigley, "How Housing Booms Unwind: Income Effects, Wealth Effects and Feedbacks Through Financial Markets", *European Journal of Housing Policy*, 8, 2008.

Case, Karl E. and Robert J. Shiller, "The Efficiency of the Market fo Single-Family Homes", *The American Economic Review*, March 1989.

_______, "What Were People Thinking? Homebuyer Behavior in Hot and Cold Markets", mimeo., 2010. 5.

Case, Karl, E., Quigley, John M., and Robert J. Shiller, "Comparing Wealth Effects: The Stock Market versus the Housing Market", *Advances in Macroeconomics*, 5, Article 1, Berkley Electronic Press, 2005.

Chinloy, Peter, *Real Estate: Investment and Financial Strategy*, Kluwer Academic Publishers, 1988.

Cho, Man and Kyung-Hwan Kim, "Housing Price Dynamics", in S. Smith, ed., *International Encyclopedia of Housing and Home*, Elsevier, 2012.

Cho, Man, Kyung-Hwan Kim, and Bertrand Renaud, *Real Estate Volatility and Economic Stability: An East Asian Perspective*, KDI Research Monograph 2012-01, Korea Development Institute, 2012.

Cooter, Robert and Thomas Ulen, *Law and Economics*, 6th edition, Addison-Wesley, 2012.

Cruz, Prince Christian R., "Transactions Cost and Housing Affordability in Asia", *International Real Estate Review*, 11(1), 2008.

Davis, Adian, "Property Tax Circuit Breakers in 2018", Institute on Taxation and Economic Policy, 2018. 9.

Demographia, *15th Demographia International Housing Affordability Survey*, 2019.

DeSalvo, Joseph S., "Teaching the DiPasquale-Wheaton Model", *Journal of Real Estate Practice and Education*, 20(1), 2017.

DiPasquale, Denise and William C. Wheaton, *Urban Economics and Real Estate Markets*, New Jersey, Prentice Hall, 1996.

Durden, Tyler, "America's Demise In One Simple Chart—The Path To A FIRE Economy", 2019. 6. 5.

European Mortgage Federation(EMF), "Hypostat 2018: A Review of Europe's Mortgage and Housing Markets", 2018.

Fischel, William A., *The Economics of Zoning Laws: A Property Rights Approach to American Land use Controls*, The Johns Hopkins University Press, 1985.

Fisher, Ronald C., *State and Local Public Finance*, 2nd edition, Irwin, 1996.

Geltner, David M., Norman G., Jim, Clayton, and Piet Eichholtz, *Commercial Real Estate Analysis and Investments*, Second edition, Cengage, 2007.

Glaeser, Edward L. and Joseph Gyourko, *Rethinking Federal Housing Policy*, American Economic Institute, 2008.

Glaeser, Edward L., Gyourko, Joseph, and Albert Saiz, "Housing Supply and Housing Bubbles", *Journal of Urban Economics*, 64, 2008.

Glick, Rueven and Kevin J. Lansing, "Global Household Leverage, House Prices, and Consumption", *FRBSF Economic Letter*, January 11, 2010.

Goodman, Allen C. and Thomas G. Thibodeau, "Where are the Speculative Bubbles in the US Housing Markets?", *Journal of Housing Economics*, 17, 2008.1.

Gyourko, Joseph, "Understanding Commercial Real Estate: Just How Different From Housing Is It?", *NBER Working Paper*, 14708, 2009. 2.

Harris, Benjamin H., "Tax Reform, Transaction Costs, and Metropolitan Housing in the United States", Tax Policy Center, Urban Institute and Brookings Institution, 2013. 6.

Harrison, Fred, *The Power in the Land*, Universe Books, 1983.

Harsman, Bjorn and John Quigley, eds., *Housing Markets and Housing Institutions: An International Comparison*, Kluwer Academic, Boston/Dordrecht/London, 1991.

Harvey, Jack, *Urban Land Economics*, 3rd edition, McMillan, 1992.

Kim, Kyung-Hwan, "Korea: Could Real Estate Price Bubble Caused the Crisis?" in Mera, K. and B. Renaud, eds., *Asia's Financial Crisis and the Role of Real Estate*, Sharpe, 2000.

_______, "Housing and the Korean Economy", *Journal of Housing Economics*, 13, 2004.

Kim, Kyung-Hwan and Bertrand Renaud, "The Global House Price Boom and its Unwinding: An Analysis and a Commentary", *Housing Studies*, 24(1), 2009.

Kim, Kyung-Hwan and Man Cho, "Structural Changes, Housing Policy and Housing Affordability in Korea", *Housing Studies*, 25(6), 2010. 12.

Kim, Kyung-Hwan, Sock Yong Phang, and Susan Wachter, "Supply Elasticity of Housing", in S. Smith, ed., *Internaitonal Encyclopedia of Housing and Home*, Elsevier, 2012.

King, Thomas and Peter Mieszkowski, "Racial Discrimination, Segregation and the

Price of Housing", *Journal of Political Economy*, 81(3), 1973.

Knight, J. R., Jonathan Dombrow, and C. F. Sirmans, "A Varying Parameters Approach to Constructing House Price Indexes", *Real Estate Economics*, 23, 1995.

Leamer, Edward, "Housing is the Business Cycle", *NBER Working Paper*, 13428, 2007.

Lincoln Institute, "Significant Features of the Property Tax: State-by-State Property Tax at a Glance", 2018.

Lisi, Gaetano, "Real Estate Macroeconomics and the Four-Quadrant Model: DiPasquale- Wheaton-Colwell Meet Mortensen-Pissarides", *Journal of Real Estate Practice and Education*, 18(1), 2015.

Malpezzi, Stephen and Susan Wachter, "The Role of Speculation in Real Estate Cycles", *Journal of Real Estate Literature*, 13(2), 2005.

Mankiw, N. Gregory and David N. Weil, "The Baby Boom, the Baby Bust and the Housing Market", *Regional Science and Urban Economics*, 19, 1989.

Mayo, Stephen and Stephen Sheppard, "Housing Supply under Rapid Economic Growth and Varying Regulatory Stringency: An International Comparison", *Journal of Housing Economics*, 5(3), 1996.

McDonald John F. and Daniel P. McMillen, *Urban Economics and Real Estate*, 2nd edition, Blackwell, 2010.

Mills, Edwin S., "Is Land Taxation Practical?", *Illinois Real Estate Letter*, University of Illinois, Fall 1998.

Muellbauer, John, "Housing and the Macroeconomy", in S. Smith, ed., *International Encyclopedia of Housing and Home*, Elsevier, 2012.

________, "The Housing Market and the UK Economy: Problems and Opportunities", in John Ermisch, ed., *Housing and the National Economy*, Avebury, 1990.

NBER, *Pandemic-Induced Revaluation of Urban Real Estate*, Working Paper, 2021.

Olsen, Edgar O., "An Econometric Analysis of Rent Control", *Journal of Political Economy*, 80, 1972.

O'Sullivan, Arthur M., *Urban Economics*, 7th edition, McGraw-Hill, 2009.

Quigley, John M., "Real Estate and the Asian Crisis", *Journal of Housing Economics*, 10, 2001.

________, "Transaction Costs and Housing Markets", Fisher Center for Real Estate and Urban Economics, Working Paper W02-005, February 2004.

Rosen, Sherwin, "Hedonic Price and Implicit Markets: Product Differentiation in Pure Competition", *Journal of Political Economy*, 1974.

Rouwendal, Jan and Peter Nijkamp, "Homeownership and Labour-Market

Behaviour: Interpreting the Evidence", *Environment and Planning A*, 42, 2010.

Samuleson, Paul A., "Pure Theory of Public Expenditures", *Review of Economics and Statistics*, 36, 1954.

Serafeim, George, *How to Build Enduring ESG Impact*, Harvard Business Review, 2020.

Sheppard, Stephen, "Hedonic Analysis of Housing Markets", in J. V. Henderson and J–F Thisse, eds., *Handbook of Regional and Urban Economics*, Vol. 3, 1999.

Shieh, Chang–Tai and Enrico Moretti, "Housing Constraints and Spatial Misallocation", *American Economic Journal*, 11(2), 2019.

Shiller, Robert J., "Market Volatility and Investor Behavior", *American Economic Review*, Papers and Proceedings, 80(2), 1990.

________, *Irrational Exuberance*, 2nd ed., Princeton University Press, 2005.

________, *The Subprime Solution*, Princeton University Press, 2008.

Stiglitz, Joseph E., *Economics of the Public Sector*, 3rd edition, Norton, 2000.

________, *Freefall: Free Markets and the Sinking of the Global Economy*, Penguin Books, 2010.

Wang, Ko and Zhou, "Overbuilding: A Game–theoretic Approach", *Real Estate Economics*, 28(3), 2000.

Wheaton, William, "Real Estate Cycles: Some Fundamentals", *Real Estate Economics*, 27(2), 1999.

서울특별시, 도시공원일몰(실효) 대응 성과, Retrieved from https://news.seoul.go.kr/env/city_park_plan, 2020.

EY(Earnst & Young LLP), *Looking at ESG's Positive Impact on Property Values*, Retrieved from www.ey.com/en_us/insights/real–estate–hospitality–construction/looking–at–esg–s–positive–impact–on–property–values 2022.

The New York Times, *WeWork files for bankruptcy*, Retrieved from https://www.nytimes.com/2023/11/06/business/wework–bankruptcy.html, 2023.

CBRE Korea, *Seoul Flexible Office Market Report*, Retrieved from https://www.cbrekorea.com/en/insights/reports/2024–seoul–flexible–office–market, 2024.

Expansive, *What's driving the resurgence in flex workspace?*, Retrieved from https://www.expansive.com/whats–driving–the–resurgence–in–flex–work–space/, 2024.

Trepp, *San Francisco Office Vacancy Hits 32.5% in Q4 2023*, Retrieved from https://www.trepp.com/, 2024.

찾아보기

INDEX

가

나

다

라

마

바

사

아

자

차

카

타

파

하

기타